KB122284

전기통신사업법연구

이상직 · 박규홍 · 계경문 · 고환경 · 권오상 · 권헌영 · 김 남 · 김영수
김현호 · 류동근 · 신종철 · 오병철 · 유현용 · 윤혜선 · 이희정 · 정필운

法 文 社

서   문

최근 한 사람이 여러 미디어 기기를 보유하는 현상이 보편화되고, 망고도화가 급속히 진행되어 UHD급의 멀티미디어 콘텐츠를 언제 어디서라도 즐길 수 있는 시대가 되었다. 불과 십수년 전만 하더라도 해외에 있는 지인과 통신을 하려면 매우 복잡한 전화번호를 눌러 상당히 비싼 요금을 부담하면서도 가까스로 목소리를 듣는 것으로 만족하여야만 하였으나, 지금은 세계 어디에 있더라도 스마트폰만 있으면 서로 얼굴을 마주보면서 담소를 나눌 수 있다. 향후 5세대 통신이 상용화될 2020년에 이르면 사물인터넷(IoT), 빅데이터, 클라우드 컴퓨팅은 우리의 일상생활 속에 깊숙이 파고들어 마치 물과 공기 같은 존재가 될 것이다.

현재의 통신기술은 지구 반바퀴를 돌아야 하는 머나먼 거리를 실시간으로 연결하는 것을 가능케 한다. 이렇듯 중요성이 매우 높은 통신 인프라 운용과 이를 이용한 서비스가 바로 '전기통신역무'이고, 전기통신역무를 제공하는 사업을 영위하거나 영위하려는 자들의 사업 전반을 규율하는 것이 전기통신사업법이다. 통신 산업은 대규모장치산업으로서 자연독과점적 성격을 가지는 탓에 전기통신사업법은 시장 진입을 위한 인허가규제, 약관 등을 통한 역무제공 등 행위규제, 경쟁환경 조성 및 불공정행위 금지, 기업결합에 대한 인허가 등 많은 규제를 포함하고 있다.

게다가 산업적으로 통신 산업은 유선과 무선의 통합, 1인 다기기 보유, 망고도화로 인한 방송플랫폼화 등의 현상이 진행되고 있다. 이미 2008년부터 2009년경 사이에 이동통신사업자인 SK텔레콤은 유선전화 및 방송사업자인 SK브로드밴드를 인수하였고, KT는 KTF를 흡수합병하였으며, LG유플러스는 LG텔레콤과 데이콤, LG파워콤을 합병하였고 최근 SK텔레콤이 CJ헬로비전을 합병하려는 시도 등 메가 단위의 사업자간 인수합병이 일어나고 있다. 이러한 통신사업자들의 인수, 합병은 모두 전기통신사업법에 따라 정부의 인허가를 받아야 완료될 수 있다. 즉, 전기통신사업법의 해석에 따라 이러한 천문학적인 거래의 성사 여부가 결정될 수 있는바, 전기통신사업법의 중요성을 재차 강조하더라도 지나치지 않다.

사단법인 전파통신과 법 포럼은 2013년 「전파법연구」를 출간한 데 이어, 3년여의 산고 끝에 새로이 전기통신사업법에 대한 심도있는 전문연구서를 내놓게 되었다. 전파통신과 법 포럼은 정보통신 및 방송 산업과 관련한 관료, 법학자, 공학자, 연구자, 법조인, 관련 업계종사자들 중 최고의 전문가로 구성되어 있어서, 다양한 관점에서의 학제간 연구와 더불어 진정한 의미의 관산학연의 협업을 실현하고 있다. 전파통신과 법 포럼은 결성된 이래 전파, 통신, 방송산업에 관한 깊이 있는 이해를 바탕으로 올바른 법제도의 방향을 제시함으로써 전파, 방송, 통신의 올바른 미래를 만들고자 노력해 왔다.

본 연구서는 (i) 기간통신사업, 별정통신사업, 부가통신사업 등 통신사업을 시작할 때에 필요한 인허가 및 그 법적 성격, (ii) 국민생활에 직접적으로 영향을 미치는 통신시장에 대하여 공정한 경쟁환경을 조성하고 불공정행위가 발생할 경우 이를 통제하기 위한 통신망간 상호접속, 무선통신시설의 공동활용, 도매제공, 금지행위 등 경쟁 관련 제도, (iii) 통신서비스 이용자 보호, 재정신청 등 분쟁해결제도, (iv) 전기통신 설비규제 등 전기통신과 관련된 중요한 쟁점을 망라하고 대안을 제시하고 있다.

본 연구서의 집필 과정에서 포럼 회원 간에 헤아릴 수 없이 많은 토론과 공방이 있었고, 그로 인해 본래 계획보다 집필이 늦어지게 되었다. 그러나 이러한 학문적 열정이 있었기에 부끄럽지 않은 양적·질적 수준을 갖춘 전기통신사업법 연구서를 내놓게 되었다고 자부한다.

본 연구서의 발간 과정에서 집필위원장으로서 다양한 의견들을 조율하고 이끌어 온 이상직 변호사, 포럼의 총무로써 국내외를 오가며 정열을 가지고 끊임없는 독려와 의견을 주신 오병철 교수에게 특히 감사의 말씀을 전하고, 아울러 궂은 일을 마다하지 않고 원고 수집과 교정 및 편집을 맡아준 박규홍 변호사의 노고를 치하한다. 끝으로 통신산업의 발전을 위한 좋은 아이디어를 머리 속의 생각으로 남지 않고 한 권의 책으로 세상의 빛을 볼 수 있도록 애써 주신 법문사 사장님과 장지훈 부장께 감사를 드린다.

2016년 여름

사단법인 전파통신과 법 포럼 의장 김   남

차 례

제2장 전송계층에 대한 규제   류동근 · 이희정 · 이상직 · 신종철

제3장 플랫폼 계층과 콘텐츠 계층에 대한 규제   고환경 · 윤혜선 · 권오상

제4장　시장지배력남용 및 경쟁제한행위에 대한 규제 정필운 · 고환경 · 이상직 · 권오상

제5장　이용자보호　　　　　　　　　　　　오병철 · 김현호 · 신종철

제 1 절　이용자의 개념 ·· 259

제6장 분쟁해결제도
계경문

제7장 전기통신설비 규제
권현영 · 박규홍 · 김영수

제8장 국제전기통신업무

류동근 · 오병철

제 1 절 국제전기통신업무에 관한 통상규범 ······························ 367

제 2 절 국제전기통신업무에 관한 전기통신사업법 ···················· 370

전기통신사업법 이해의 기초

제1장 전기통신사업법 이해의 기초

제1절 전기통신기술과 다양한 서비스

1. 전기통신기술

1) 전기통신기술의 과학적 원리와 법칙

가) 과학철학적 견해

전기통신은 유선·무선·광선 또는 그 밖의 전자적(電磁的) 방식으로 부호·
문언(文言)·음향 또는 영상을 송신하거나 수신하는 것이다.[1] 전기통신은 자연현
상에 존재하는 자연력의 일종인 전기(電氣) 및 자기(磁氣)의 힘(전자기력)을 이용
하며, 유선·무선·광선은 모두 인공적으로 발생된 전자기력을 전달하는 매개체
로서 작용한다. 과학철학의 입장에서 볼 때 다수의 사람들에 의하여 객관적으로
받아들여지는 과학적 원리와 법칙은 과학자의 주관적인 사상과 천부적이고 직관
적인 능력에 의하여 우연적으로 발견되는 경우가 있다. 이러한 과학철학의 입장을
부정하는 논리적 과정을 취하지 않더라도 수많은 실험과 관찰을 통하여 발견된(귀
납적 과학방법론) 전자기력의 과학적 원리와 법칙은 다수의 사람들에 의하여 재현
되고 그 정당성을 반증하는 경험 사례가 없으므로 필연적으로 수학의 이론적 도구
의 힘을 빌려 완성된 후 일반화되었으며(연역적 과학방법론), 수많은 과학기술자의
노력에 의하여 보편적으로 활용 및 적용되어 왔다.[2][3][4][5]

---

1) 전기통신사업법 제2조(정의) 제1호.
2) James Ladyman, Understanding Philosophy of Science, Taylor & Francis e-Library,

　　전자기력에 대한 과학적 원리와 법칙이 자연에 존재하는 모든 현상에 완전하게 오류 없이 적용하고 예측할 수 있다는 주장에 대한 절대적인 증명이나 반증은 불가능하다. 이러한 원리와 법칙이 적용되지 않는 자연현상을 발견함으로써 그 원리와 법칙이 수정 또는 폐기되나,[6][7] 전기통신의 경우 사람들의 열정과 상상력으로 전기통신에 관한 일반적인 과학적 원리와 법칙의 밑바탕에서 고도의 인위적이고 작위적(作爲的)인 방식으로 전자기력을 생성, 가공, 결합, 변환 및 합성하여 인간의 의사소통의 편익을 증진하는 목적, 용도 및 방식에 응용한 결과이다.

　　전자기력과 아이작 뉴턴 역학의 고전적인 과학이론은 거시적인 관점에서 전기통신에 관한 많은 자연현상을 잘 설명하고 새로운 자연현상을 예측하며 내부적 정합체계가 일정하나, 원자 내부의 미시 세계와 광속에 가깝게 운동하는 물체의 자연현상에 대하여 설명하지 못하므로 이러한 자연현상의 설명에는 알버트 아인슈타인 등 혁명적인 현대 과학자의 상대성 이론과 양자역학 등의 현대 과학이론이 도입되었다.

　　예를 들어 GPS(Global Positioning System) 측위 위성 내부 시계는 세슘원자시계로 $1/10^{13}$의 정확도를 가지고 있으나 지구 주위를 매우 빠른 속도로 돌고 있기 때문에 알버트 아인슈타인의 상대성 이론을 적용하여 세슘원자시계의 시간을 보정한다. 알버트 아인슈타인의 특수 상대론에 따르면 정지해 있는 시계보다 움직이고 있는 시계가 천천히 가고, 일반 상대론에 의하면 중력이 약한 곳보다 강한 곳의 시계가 천천히 간다. 즉, GPS 측위 위성은 시간당 14,000km로 움직이므로 특수상대성이론에 의한 시간 팽창으로 지표면에 비해 하루에 7.2 마이크로초 정도로 시간이 느리게 간다. 한편, 지상에서 20,200km 상공에 있으므로 일반상대성이론에 의한 지구의 중력장에서 지표면에 비해 하루에 45.6 마이크로초 정도 시간이

2002.

3) Popper, Objective Knowledge: an Evolutionary Approach, Oxford: Clarendon Press, 1975.

4) 윤재민, "자유 논문: 포퍼의 과학철학 방법론과 부정성", 기독교철학(제10권), 한국기독교철학회, 2010, 127-146면.

5) 이상욱. "토론: 역사적 과학철학과 철학적 과학사", 한국과학사학회지(제24권 제2호), 한국과학사학회, 2002, 251-268면.

6) 차머스, 현대의 과학철학, 서광사, 1994.

7) 김명자 역, 과학혁명의 구조, 동아출판사, 1992.

더 빨리 간다. 따라서 하루에 38.4 마이크로초만큼 GPS 측위 위성의 시간이 지표면에 비해 더 빨리 가므로 하루에 38.4 마이크로초의 시간 오차를 보정해 준다.[8]

나) 전기통신 일반원리

전기통신은 인간의 의사소통에 의미를 지닌 부호·문언(文言)·음향 또는 영상 등의 정보를 시간 및 공간상에 전자기력의 강약으로 변환한 전기통신신호를 사용하여 유선·무선·광선 또는 그 밖의 전자적 방식으로 송신자와 수신자 사이에 전달된다. 전기통신신호는 전자기력을 시간 및 공간상에 연속적인 강약으로 나타내는 아날로그 방식과 이를 디지털화하여 0과 1의 두 가지 강도로 나타내는 디지털 방식이 있다. 송신자로부터 발신된 전기통신신호는 다양한 전기통신기기를 통하여 수신자에게 전달되며, 이 신호는 사람이 판독할 수 있는 부호·문언·음향 또는 영상으로 다시 변환한다.

전자기력이 전달되는 속도는 제임스 클라크 맥스웰의 이론적 결과에 따라 예측한 빛의 속도(초당 300,000km로 진행하므로 지구 반지름이 6,378km이면 초당 지구를 7.5번 회전하는 속도임)와 같다. 서울과 부산 사이의 거리가 450km이므로 서울에서 송신된 유선 또는 광선 방식의 전기통신신호는 1.5밀리초(0.0015초)가 지연된 후 부산의 수화자에게 전달된다. 지구 적도상에서 35,768km 높이에 위치한 전기통신위성을 이용하면 전송거리가 늘어남에 따라 전기통신신호의 전송 지연 시간도 증가한다. 이는 장거리 국제전화에서 전기통신위성을 사용하여 통화할 경우 약간의 지연이 있음을 느끼는 정도이다.

디지털 방식을 사용하여 전기통신신호를 전달하면 정보의 손실 또는 오류를 방지하거나 수신자가 정정 또는 수정하기 용이하도록 가공할 수 있으며, 전달거리에 따라 발생하는 전기통신신호강도의 감소를 원래의 강도로 재생 복원할 수 있는 장점으로 인하여 전송거리와 무관하게 정보 전달 품질이 향상되므로 해가 갈수록 디지털 방식의 전기통신이 발전하고 있다. 경제적인 측면을 본다면 전기통신 장치의 복잡성이 적은 아날로그 방식이 저렴하나, 디지털 방식에 비하여 오류 방지 및 정정이 불가능하며 전송구간의 다양한 전송매체에 유입되는 원하지 않는 무작위

---

8) Kline, Paul A., "Atomic Clock Augmentation For Receivers Using the Global Positioning System", Ph.D. Dissertation, 1997, pp. 113-115.

적인 전기적 영향(이를 잡음이라 함)으로 전기통신신호의 재생 시 정보를 원상 복구하지 못하고 경우에 따라서는 원하지 않는 형태로 왜곡되는 등 정보 전달 품질이 떨어져서 수신된 정보가 변형되거나 해독이 불가능할 경우도 있다.

디지털방식의 전기통신에서 시간상으로 나타나는 0과 1의 전자기력의 강도는 전기통신설비에서 동일한 시점으로 동기를 유지해야 한다. 또한 시간적으로도 그 위치가 변동하지 않아야 한다. GPS 위성의 경우 루비듐 주파수 표준기와 세슘 주파수 표준기가 탑재되어 사용자들에게 정확하고 정밀한 위치와 시각을 제공하고 있다.9) 즉, 시간의 정확성과 동기를 유지하기 위해서 정확한 시계가 필요한데, 주파수의 변동이 없다고 여겨지는 원자의 고유진동수를 기준주파수로 하여 1967년 제13차 국제도량형 총회에서 "초(second)는 세슘-133원자(^{133}Cs)의 바닥상태에 있는 두 초미세 준위간의 전이에 대응하는 복사선의 9,192,631,770 주기(Hz)의 지속 시간이다"라고 정의하였다. 따라서 현재 가장 정확한 시계는 세슘원자시계로 3×10^{-16} 수준의 불확도를 나타낸다. 불확도란 참값이 알려지지 않은 상태에서 반복측정을 통해 측정값의 퍼짐 정도를 나타낸 것으로, 측정결과의 신뢰성과 관계가 있다.10) 이 값은 6천만 년에 1초도 틀리지 않는 값이다.11) 미국 상무부 산하 국립 표준기술연구소(NIST)는 홈페이지를 통해 2014년 4월 3일 현재 3억년에 1초의 오차가 발생하는 세슘 원자시계 'NIST F2'를 가동했다. 톰 오브라이언 NIST 시간·주파수 분과장은 "현대 무선통신 네트워크는 100만분의 1초도 일치시켜야 하고 전력망과 인공위성위치정보(GPS)는 10억분의 1초도 맞춰야한다"며 정확한 원자시계 개발의 필요성을 역설했다.12) 세슘 원자의 주파수보다 $10^4\sim10^5$배 큰 주파수를 이용하여 1초를 세분할 수 있고 다른 조건이 동일하다면 그만큼 더 정확한 주파수 발생 및 측정이 가능한 차세대 광시계가 연구되고 있다.13)

9) 허윤정 외, "우주용 원자 주파수 표준기 기술 동향", 항공우주산업기술동향(제7권 제1호), 2009, 119면.
10) 위의 논문, 122면.
11) 유대혁 / 박창용 / 이원규, "광시계: 10^{-18} 불확도를 향해", 물리학과 첨단기술, 2010. 5, 19면.
12) Insight Science, 2014년 4월 4일자.
13) 유대혁 외, 위의 논문, 20면.

다) 유선방식의 전기통신 원리

유선방식의 전기통신은 유선의 선로설비를 이용하여 시간과 공간에 따라 전기적 힘을 받는 전자의 운동과 분포에 의하여 그 전기적 힘의 강약이 수신자의 전기통신 기기에 전달되는 방식으로 유선의 전기통신회선설비인 선로설비의 가설이 필수불가결하다. 이때 선로설비에 존재하는 전자의 운동과 분포가 외부로부터 방해 또는 간섭을 받지 않도록 하고, 또한 선로설비에 존재하는 전자의 운동과 분포의 시간과 공간에 따른 전기적 힘의 변화가 외부에 방해 또는 간섭을 주지 않도록 선로설비를 외부와 전기적으로 차폐 또는 차단하여야 한다.

전기적 힘의 발견은 고대인들의 여러 가지 고고학적 발견에 의하여 밝혀지고 있다. 프랑스의 찰스 오거스텡 드 쿨롱이 전기적인 힘에 대한 과학적인 실험과 관찰을 통하여 이에 대한 일반적인 법칙을 세웠다. 즉, 전기적인 성질을 지닌 물체 간에 작용하는 힘의 법칙은 뉴턴의 만유인력과 유사한데, 만유인력은 2개의 물체 간에 끌어당기는 힘(인력)만 있는 반면에 전기적 힘은 인력과 반발력이 있음을 발견하였다. 결국, 같은 전기적 성질을 지닌 물체 사이에는 반발력이 작용하고 서로 다른 전기적 성질을 지닌 물체 사이에는 인력이 작용한다. 이후 여러 과학자들의 가설과 추론 및 실험에 의하여 모든 물체는 원자로 구성되어 있고 원자는 양극의 성질을 지닌 양성자와 전기적 성질이 없는 중성자로 이루어진 원자핵, 원자핵 주위를 돌고 있는 음극의 전기적 성질을 지닌 전자로 형성되어 있음을 알아내었다. 현대의 과학은 전자현미경의 발명으로 원자를 구별할 수 있다.

자연계에 존재하는 힘은 질량을 지닌 물체의 중력, 전기적 성질을 지닌 물체의 전자기력, 원자핵을 구성하는 양성자와 중성자 사이의 매우 가까운 거리에서 양성자 사이의 전기력을 극복할 만큼 강하여 양성자를 원자핵에 붙들어 둘 수 있는 강력, 원자핵 내부에서 직용하고 전기력과 비슷하며 양성자를 중성자로 바꾸거나 중성자를 양성자로 바꾸는 약력이 있으나 전자기력이 자연계에 존재하는 힘의 대부분을 차지한다. 생명체 내부의 생명력도 대부분은 전자기력에 의하여 유지되고 있다. 전기통신회선 선로설비에서 전기적 성질을 지닌 원자 내부의 전자는 외부로부터 전기적 에너지를 받아 원자핵의 구속력을 벗어나서 자유롭게 운동하며 이 운동으로 전기통신신호가 수신자의 전기통신기기에 전달된다.

라) 무선방식의 전기통신 원리

무선방식의 전기통신(무선통신)이란 전파(電波)를 이용하여 모든 종류의 기호·신호·문언·영상·음향 등의 정보를 보내거나 받는 것을 말한다. 전파를 보내는 전파 송신설비는 송신장치와 송신공중선계(送信空中線系)로 구성하고, 전파를 받는 전파 수신설비는 수신장치와 수신공중선계(受信空中線系)로 구성한다. 송신장치는 무선통신의 송신을 위한 고주파 에너지를 발생하는 장치와 이에 부가되는 장치이고, 송신장치에서 발생하는 고주파 에너지를 공간에 복사하는 설비가 송신공중선계이다. 송신공중선계에서 공중선의 급전선(給電線)에 공급되는 전파송신 전력이 공중선전력(空中線電力)으로 송신공중선계 자체의 작은 고주파 에너지 손실을 제외한 공중선전력이 공간으로 복사(輻射)하고 이를 수신 공중선계에서 받는다.

공중선 즉, 안테나를 통하여 공간에 방사(放射)된 전자기력을 전파(電波)라고 한다. 송신장치에서 발생된 전자의 운동(진동)이 다양한 형태의 송신안테나에 공급되면 송신안테나에서 공간상에 전자기력의 시간적, 공간적 변화를 일으켜서 그 변화가 수신 공중선계를 구성하는 수신안테나에 복사(輻射) 전파(傳播)하여 수신 안테나와 전기적으로 연결된 수신 장치의 전자의 운동에 변화를 주어 전기통신신호로 전달되는 것이다. 즉, 안테나는 전기통신신호를 운반하는 전자의 운동이 시간과 공간에 전자기력의 변화를 일으키거나 시간과 공간에서 전파(傳播)된 전자기력이 전자의 운동에 변화를 일으켜 유선에서와 같이 선로설비 또는 유선의 전송설비를 구비하지 않아도 공간상에 전기통신신호가 전달되도록 하는 역할을 한다. 송신공중선계의 안테나에서 방사된 전자기력은 이를 수신하는 데 적합한 안테나를 장치한 모든 수신 공중선계가 수신할 수 있다.

전기통신신호는 결국 전자에 전달된 전자기력에 의하여 진동하여 발생된 전파(電波)가 마치 연못에 돌을 던졌을 때 물결이 퍼져나가는 것과 같이 공간을 파동형태로 전파(傳播)된다. 전파가 공간상에 진행할 때 전자기력의 세기가 진행거리에 따라 일정하게 반복되는데 전파의 파장은 그 반복되는 한 주기를 의미하고, 전파의 파장과 주파수를 곱하면 광속과 같은 전파의 속도가 도출된다. 광선도 전자기력의 일종으로 파장이 매우 짧아서 직진성이 강하다. 인공적인 유도없이 공간을 전파하는 3,000GHz(기가는 1,000,000,000배수임) 이하 주파수의 전자기파인

(ITU, 국제전기통신연합의 전파에 대한 정의) 전파(電波)를 이용하여 부호를 보내거나 받는 전파(電波)통신은 첫째, 전파(무선)를 이용하는 것일 것. 둘째, 부호를 보내거나 받는 것일 것. 셋째, 통신방식일 것 등의 3가지 조건을 갖춘 것을 말한다. 그런데 전파의 범위를 3,000GHz 이하로 한정한 것과 통신방식이라는 어구는 ITC(International Telecommunication Convention, 현재의 ITU)에서 규정한 것을 그대로 따른 것이다.[14]

초장파(VLF, Very Low Frequency, 3kHz에서 30kHz까지의 주파수, 킬로는 1,000배수임)는 주로 지표면을 따라 전파되거나 낮은 산을 넘어서 전파되는 성질이 있다. 현재 항공, 해상의 무선항행용 전파를 발사하고 있는 오메가항행(10.2kHz)에 사용하고 있는 외에는 사용되지 않는다.

장파(LF, Low Frequency, 30kHz에서 300kHz의 주파수)는 아주 멀리까지 전파되는 성질이 있어 1930년경까지는 전신용으로 사용되었다. 대규모의 안테나와 송신설비가 필요하기 때문에 그 후 단파통신의 발전에 따라 현재는 주로 무선 비콘(Radio Beacon, 특정 무선신호를 반복적으로 송출하여 자신의 위치를 나타내는 용도로 무선표지라고 함)과 항공기, 선박 항로 안내용 전파(Automatic Direction Finder, LORAN-C 등)로 사용되고 있다.

중파(MF, Medium Frequency, 300kHz에서 3MHz까지의 주파수, 메가는 1,000,000배수임)는 지상으로부터 약 100km에 형성된 전리층인 E층에 반사시켜 전파한다. 단파처럼 지구의 뒤쪽까지 도달할 수는 없으나, 전송이 안정적이고 원거리까지 송신할 수 있기 때문에 라디오 방송 전파로 오래전부터 사용하고 있다. 송신기와 송신 안테나 등 대규모 설비가 필요하며, 라디오 외에 선박 및 항공기 통신용(NDB, Non-Directional Radio Beacon)으로 사용되고 있다.

단파(HF, High Frequency, 3MHz에서 30MHz까지의 주파수)는 지상에서 약 200~400km에 형성된 전리층인 F층에 반사했다가 지표로 다시 반사를 반복하면서 지구의 뒤쪽까지 전파하는 성질이 있다. 원양 선박 통신 및 국제선 항공기 통신 외에 세계 각국의 국제 방송에 사용되며, 아마추어 무선에도 사용되고 있다.

초단파(VHF, Very High Frequency, 30MHz에서 300MHz까지의 주파수)는 전

---

14) 한국전파진흥원, (2008 정책연구) 전파법 해설집 및 업무편람 발간 연구, 미래창조과학부, 2008, 41면.

리층에서의 반사는 약하고 직진성이 강한 성질을 가지고 있다. 산과 건물이 있더라도 어느 정도 돌아서 전달되는 회절성이 높은 전파이다. 이 전파는 단파에 비해 많은 정보를 전송할 수 있기 때문에 TV방송(VHF)과 FM 방송에 사용된다. 또한 근거리 이동통신에도 적합하며, 콜택시, 무선호출, 항공관제(항공기 관제용 VHF통신, VHF 전방향 무선표지, 항공기계기착륙, 항공기 착륙 안전시설) 등에도 사용된다.

극초단파(UHF, Ultra High Frequency, 300MHz에서 3GHz까지의 주파수)는 초단파에 비해 직진성이 더 강하고 정보의 전송량이 많으며, 소형 안테나와 송·수신 설비로 통신할 수 있기 때문에 이동통신에 가장 많이 사용하고 있는 전파이다. 휴대전화, MCA(다중채널접속방식), 개인 무선통신 등 많은 육상이동통신에 사용되고 있다. 또한 UHF TV도 이 전파를 사용하고 있으며, 전자레인지에 사용되는 전파(2,450MHz)도 극초단파이다. 극초단파 중에서 마이크로파에 가까운 1GHz 이상을 준 마이크로파라고 한다.

마이크로파(SHF, Super High Frequency, 3GHz에서 30GHz까지의 주파수)란 파장이 짧으며 정보 전송량이 매우 많고 직진성이 강한 성질이 있다. 따라서 특정 방향을 향해 전파를 발사하는 것에 적합하며, 주로 고정지점간(수 km에서 수십 km) 통신에 사용되고 있다. 전화국 첨탑에서 흔히 볼 수 있는 파라볼라(parabola, 접시) 안테나는 마이크로파용으로 전화국과 전화국을 연결하는 무선 중계용으로 사용하고 있다. 또한 위성통신, 위성방송 외에 비행장 또는 항구 등에서 사용하고 있는 각종 데이터도 이 주파수대 전파의 직진성을 이용하고 있다. 마이크로파 중에도 10~30GHz를 준 밀리미터파라고 한다.

밀리미터파(EHF, Extremely High Frequency, 30GHz에서 300GHz까지의 주파수)는 빛과 같이 직진성이 강하지만 비나 안개에 의해 영향을 많이 받아 비가 올 때는 전파가 멀리 전달되지 않아 근거리 통신에 이용된다. 이 전파는 영상 전송용 간이무선과 우주 관측용 전파 망원경 등 한정된 분야에서만 이용되어 왔으며, 최근 자동차 충돌방지 레이더 등에 실용화되고 있다.

서브밀리미터파(300GHz에서 3000GHz까지의 주파수)는 빛의 영역에 근접하는 주파수대에 들어가는 전파이다. 현재의 기술로는 거대한 설비가 필요하고 안개나 수증기 등에도 흡수되기 때문에 전기통신용 전파로 사용하기에는 부적합하나,[15] 최근 테라헤르츠 대역을 이용하여 군사무기, 탐지, 보안검색, 투시 등의 분야에 대해 많은 연구를 수행 중이다. 보통 3,000GHz 이상은 적외선, 가시광선, 자외선, X선, 감마선, 우주선 영역이다.

전파는 직진, 굴절, 반사, 회절과 산란의 특성이 존재한다. 즉, 전파는 공간에서 장애물이 없으면 직진하고(직진성), 다른 물체를 투과할 때 그 진행 방향이 굴절되고(굴절성), 호이겐스의 원리에 의하여 장애물 뒤쪽의 전파가 직접 직진하여 도달할 수 없는 지역에도 전파가 도달되고(회절성, 回折性), 전파의 파장과 그 크기가 비슷한 물체에 충돌 시 사방으로 산란되고(산란성), 대기의 전리층이나 금속 등 물체에 부딪혔을 때 반사한다(반사성). 전파의 주파수가 낮을수록 회절성이 강하고 감쇠가 적으나 전송 가능한 정보량은 적어 해상·항공통신 등 장거리통신에 적합하며, 주파수가 높을수록 직진성이 강하고 감쇠가 심하나 대량의 정보 전송이 가능하므로 고정통신, 초고속 통신(1초 동안에 다량의 전기통신 정보를 전달) 등에 적합하다.

마) 전기통신 전송 용량에 대한 원리

전기통신회선설비와 안테나 내부에서 자유롭게 운동하는 전자와 공간상에 전파(傳播)된 전파(電波)가 매 초당 진동하는 횟수를 주파수(시간적인 측면에서 나타나는 현상임)라 하고 그 단위를 Hz(헤르츠)로 표시한다. 부호·문언·음향 또는 영상에 대한 정보가 전기통신신호로 변환될 때 그 진동하는 주파수 범위(이를 주파수 대역이라고 함)가 다르며, 음향의 경우 대략 20Hz에서 20,000Hz까지이고 영상의 경우는 0Hz에서 6,000,000Hz까지의 주파수 범위를 지닌다.

전자의 운동은 작위적으로 작동시키지만 공간상으로 불균일하며 시간적으로 불규칙한 열(Heat)에 의하여 무작위적으로 운동하여 작위적으로 제어할 수 없는 현상이 모든 전기통신설비에 나타난다. 이러한 전기통신설비 내부의 전자의 열운동에 따라 전자기력의 세기의 불규칙하고 무작위적이며 예측할 수 없는 변화가 전기통신신호에서 잡음으로 포함된다. 전기통신 잡음은 원하지 않는 전자기력이지만 이를 제거하는 것은 매우 어렵다.

---

15) Ho-Jin Song, Tadao Nagatuma, "Present and Future of Terahertz Communications", IEEE Transactions on Terahertz Science and Technology, volume 1, issue 1, Sept. 2011.

클로드 섀논(Claude Shannon)과 하틀리(Hartley)에 따르면, 전송구간의 전송매체(유선, 무선, 광선 등)에서, 송신측에서 전송하여 수신측에 도달한 작위적인 전기통신신호의 세기와 무작위적인 잡음세기의 비율과 전기통신신호에 포함된 주파수에 따른 감쇠가 허용기준에 따른 전송매체의 허용주파수 대역폭(무선의 경우에는 전파 혼신을 방지하기 위하여 전파관리 기관에서 정하는 대역폭)을 곱한 값에 비례하는 정보량을 최대로 전송할 수 있다.

따라서 전기통신에서 가능한 한 잡음을 억제하고 감소시켜야 하며, 유선통신에서는 저주파수의 전기통신신호를 사용하는 것보다는 광선을 사용하여 전기통신을 수행하는 광케이블의 전송 정보량이 크고, 무선통신에서는 주파수가 낮은 저주파보다 주파수가 높은 고주파에서 허용가능한 주파수 대역폭이 크므로 주파수가 높은 고주파에서 전송할 수 있는 정보량이 크다. 그러나 무선통신에서 주파수가 높아질수록 전파의 진행거리에 따라 전파의 세기의 감쇠가 크므로 넓은 구역을 서비스하려면 전파송신출력을 높여 송신 전기통신신호의 세기를 크게 하거나 전파송신설비를 늘려야 한다.

영상통신 등 멀티미디어 통신 시 송신측에서 음성, 영상(정지화상, 동영상), 문언 또는 부호의 송신정보를 잃지 않으면서 그 송신정보량을 줄이는 음성, 영상, 문언 또는 부호의 압축 기술을 사용하여 제한된 전송정보량을 지닌 전송매체에 가능한 한 많은 정보를 전송하고 전송매체를 다수의 이용자가 공유할 수 있는 다중화 전송방식이 효율적이다.

전송설비의 설치 및 유지 보수에 드는 비용이 매우 크기 때문에 전송설비를 다수의 사용자가 공유하여 사용할 수 있도록 시간적으로 분할한 시분할 전송방식을 사용하고 있다. 전기기술자인 해리 나이퀴스트(Harry Nyquist)는 1924년과 1928년 전기통신의 전송이론에 대한 2개의 논문에서 아날로그 전기통신신호의 주파수 대역(또는 범위)이 한정되어 있을 경우 그 최대 주파수의 2배 이상의 비율로 전기통신신호의 대표값으로 표본하면(표본값) 원래의 아날로그 전기통신신호를 복원할 수 있다는 이론을 제안하였다. 이 이론을 토대로 표본값은 8개의 0과 1의 디지털값(8bit)으로 표현된다. 음성의 경우 최대 주파수를 4,000Hz라고 하면 이의 2배인 초당 8000개의 표본값으로 표현되고 표본값 사이의 시간 간격은 그 역수인 1/8,000초 즉, 125 마이크로초(μs)가 된다. 이 시간 간격 내에 24개 또는 32개의 음성 표본값의 디지털 전기통신신호를 시간적으로 배치하여 전송하는 방식(시분할 다중화 방식)을 활용하여 전송설비를 효율적으로 이용하게 되었다.

2) 전기통신회선설비와 전송기술방식

전기통신회선은 송화자와 수화자 사이에 존재하는 선로설비, 교환설비 및 전송설비에 의하여 지정되는 전기통신경로이다. 전기통신회선은 정보의 전달에 대한 이용 목적에 따라 독점 배타적으로 이용하는 전용회선방식, 전기통신 통화요구가 발생할 때마다 교환설비와 전송설비의 물리적인 유휴회선(다른 사용자가 이용하지 않는 전기통신회선의 상태)을 설정하여 사용자에게 할당하고 통화 중에는 할당된 전기통신 회선을 독점 배타적으로 이용하나 통화가 종료되면 할당된 전기통신회선을 해제하여 다른 이용자에게 전기통신회선 사용을 할당할 수 있는 방식의 회선교환방식과 전기통신회선을 모든 사용자가 공유하여 사용할 수 있는 인터넷 또는 패킷통신 방식이 있다.

가) 전용회선(전용선, Dedicated Line)방식

전용회선방식을 사용하는 이유는 방송용 등 특정 송·수신 지점 사이에 독점 배타적으로 전기통신회선설비를 임대하여 지속적이고 신속하게 실시간으로 전기통신신호의 송·수신이 필요하기 때문이다. 전용회선은 이용자가 전기통신회선 경로의 설정 또는 해제 절차 없이 전송 절차만으로 송·수신하기 때문에 통신할 때마다 회선교환방식처럼 전기통신회선경로 설정 또는 해제 절차가 필요 없으며, 다른 이용자와 전기통신회선을 공유함으로써 야기되는 전송지연을 제거할 수 있으나 이용 요금이 다른 전기통신회선 이용 방식에 비하여 고가이고 송·수신 지점 사이에 전기통신신호가 전송되지 않는 시간이 많을 경우에는 전기통신회선 이용 효율이 낮다.

나) 회선교환(Circuit Switched)방식

회선교환방식은 전기통신회선의 경로를 설정, 유지 및 해제하기 위하여 전송설비의 경로 설정, 유지 및 해제에 필요한 전기통신회선의 시험, 전원공급, 과전압 보호 및 상태 감시와 신호음, 통화 중 신호음, 호출음, 발신자가 입력한 착신전화번호 식별 및 번역, 착신자에 대한 호출신호 전송, 사용자 전기통신기기에서 아날로그의 전기통신신호가 발생할 경우 이를 디지털 신호로 변환하는 등의 전기통신 회선 경로에 대한 보호, 통제, 감시, 전기통신 신호변환 및 제어를 위한 장치가 필요하다. 회선교환방식에서 전기통신회선 경로에 대한 관리 및 통제는 교환설비에서 수행되므로 사용자의 전기통신기기는 교환설비에 유선, 무선 또는 광선을 이용한 선로 설비를 이용하여 사용자와 교환설비 사이의 물리적, 전기적, 기능적 접속이 필요하다.

교환설비는 가입자 접속부, 전기통신통화로 제어부와 전송설비 접속부로 구성되어 있다. 교환설비 사이는 전송설비에 의하여 접속되어 있고 교환설비와 가입자 간에는 선로설비로 접속한다. 이동무선전화는 이용자의 전기통신기기가 공간상에 그 위치가 고정되어 있지 않고 이동하기 때문에 전기통신사업자의 교환설비와 이용자의 전기통신기기는 전파를 사용하여 유휴 주파수와 유휴식별부호를 사용하여 전기통신회선 경로를 설정한다.

교환설비는 시분할 다중화 전송방식을 활용하여 전기통신기기에서 아날로그 전기통신신호가 생성될 경우 교환설비에서 이를 디지털로 변환하여 시간적으로 각각의 음성 표본값에 대한 디지털값을 시간적으로 재배치하는 시분할 방식의 교환 방식과 공간상의 디지털 전자소자를 반도체 스위치로 구성한 다수의 격자점을 이용하여 이를 공간상에서 정해진 시간간격 단위로 전기통신회선경로를 설정하는 공간분할 교환 방식을 활용하여 전기통신회선경로가 결정된다.

교환설비에서 모든 가입자 선로설비에 대하여 교환설비 내부의 회선경로와 교환설비 사이의 전송회선설비를 일대일로 설치하지 않고 1년을 평균하여 하루 중에 가장 통화가 빈번히 시도되는 시간대에서 시도되는 통화도수와 가입자 당 평균 통화시간으로 결정되는 통화량을 기준으로 하여 전기통신회선설비 용량을 구비하는 것이 효율적이다. 통화가 폭주하면 교환설비의 통화처리 용량과 전송설비 용량의 한계로 처리할 수 없는 상황이 발생하고 가입자가 시도한 통화는 차단되어 (Call Blocking) 전기통신서비스가 불가능한 경우도 있다.

회선교환 방식은 교환설비와 전송설비를 경제적으로 설치하고 효율적으로 운영하고자 고안된 방식이나 전기통신회선경로의 설정, 유지 및 해제하는 절차가 필요하고 전기통신회선 경로가 설정되어 유지되고 있는 상태에서 전기통신 신호가 실시간으로 전송하더라도 많은 시간이 유휴로 되어 있는 경우가 있을 때는 비효율적이다.

다) 인터넷 또는 패킷통신방식

인터넷 또는 패킷통신방식은 전기통신회선 경로의 설정, 유지 및 해제 절차가 필요 없고 다수의 사용자가 전기통신회선 경로를 공유할 수 있다. 이 방식의 교환설비의 역할은 전송자료 외에 발신자의 주소정보, 착신자의 주소정보와 흐름, 오류제어 및 폭주제어 등의 자료 전송을 제어하기 위한 전송제어정보를 추가하고 교환설비 사이의 전송경로를 전송자료별로 교환설비에서 지정하거나 가상의 전송경로를 지정하여 사용자 정보를 전송한다. 이 방식은 전송설비에 전송자료가 폭주할 경우 전기통신회선의 병목현상에 의하여 전송자료가 대기하는 시간이 발생하여 전송 대기지연이 일정하지 않다는 것이다. 그러나 전송설비를 다수의 사용자가 공유하여 효율적으로 운영할 수 있다.

인터넷 또는 패킷통신방식은 통신 상대방 사이에 상호 전송 절차와 전송자료 형식으로 미리 정해진 통신규약(프로토콜)을 사용한다. 이러한 통신 규약은 물리적 전송회선간의 물리적, 기능적, 전기적 기능을 정의한 물리계층(Physical Layer), 물리적 전송회선을 공유하도록 물리적 전송회선에 존재하는 논리적 전송회선에 대하여 전송오류를 검출하며 재전송하고 공유회선을 다수가 접속할 때 상호 간에 접속충돌을 제어하는(이는 연선, 동축 케이블, 광 케이블 등의 유선 전송매체와 적외선, 레이저, 마이크로파, 라디오 등의 무선의 전송매체 등의 전송제어를 위한 논리적인 계층) 매체접근제어(MAC)계층을 둔다. 전송절차와 전송자료 형식을 정의한 데이터링크제어계층(Data Link Control Layer), 인터넷 또는 패킷 전송망에서 전송장치 사이의 전송자료에 대하여 전송자료량을 통제하며 전송경로를 제어, 유지하고 관리하는 망계층(Network Layer)을 둔다. 인터넷에서는 망계층을 IP(Internet Protocol)라 하고 패킷의 전달 여부를 보장하지 않으므로 패킷을 보낸 순서와 받는 순서가 다를 수 있다.

전송계층(Transport Layer)은 전송망에서 송신자와 수신가 사이의 논리적 전송회선을 사용하여 전송된 자료의 송신 순서와 전송량을 제어하여 송신자와 수신자 사이의 통신 신뢰성을 확보하고 다양한 종류의 멀티미디어 전송자료를 다중화하는 기능을 제공한다, 인터넷에서는 전송계층을 TCP(Transmission Control Protocol)라 한다. 세션계층(Session Layer)은 응용계층(Application Layer)의 소프트웨어 프로그램 사이의 연결을 확립, 유지, 단절시키는 수단을 통하여 응용계층의 소프트웨어 프로그램 사이의 통신에 대한 제어 구조를 제공한다. 인터넷에서는 SIP(Session Initiation Protocol)가 세션계층에 해당한다. 표현계층(Presentation Layer)은 전송자료 형식에 대한 데이터 표현(syntax)차이를 해결하기 위한 표현 형식의 변환과 전송자료의 암호화, 압축, 형식 변환 등의 기능을 제공한다, 응용계층은 이용자가 인터넷 환경을 이용할 수 있는 서비스를 제공한다. World Wide Web 자료를 웹브라우저에서 검색하여 이용자의 단말에 보여주는 HTTP(Hyper Text Transport Protocol), 이용자의 단말에 저장된 자료를 전송하는 FTP(File Transfer Protocol), 원격 단말의 응용프로그램 실행하는 RPC(Remote Procedure Call)와 카카오톡, Skype 등이 응용 계층에 해당한다.

회선교환방식에서 가입자는 전화번호를 부여받는 데 반하여 인터넷 또는 패킷통신 방식에서는 인터넷 주소를 부여받으며 교환설비, 전송설비 외에 부가통신용 서버 등에 내장된 응용 소프트웨어에 의하여 부가적인 전기통신 서비스를 받는 것이 대부분이다.

3) 전기통신서비스[16] 방식

오늘날 전기통신서비스는 전기통신설비, 전기통신회선설비 및 인터넷을 통하여 제공한다. 전기통신회선설비는 교환설비, 전송설비 및 선로 설비로 구성한다. 이러한 설비로 제공할 수 있는 서비스는 타인의 통신을 매개하거나 타인의 통신용으로 제공하는 것이다. 즉 전기통신서비스는 전화·인터넷 접속 등과 같이 음성·데이터·영상 등을 그 내용이나 형태의 변경 없이 송신 또는 수신하게 하는 기간통신역무, 기간통신역무용 전기통신설비를 임대하여 전기통신역무를 제공하거나 기간통신역무의 재판매의 형태로 전기통신역무를 제공하는 별정통신역무와 기간통신역무 외의 부가통신역무가 있다. MVNO(Mobile Virtual Network Operator, 소위 알뜰폰이라는 상표명으로 서비스를 제공)는 통신망·주파수가 없는 사업자가 기존사업자의 설비·서비스를 도매로 제공받아 이용자에게 통신서비스를 제공할

---

16) 전기통신사업법은 서비스(Service)라는 용어를 "역무(役務)"로 번역하여 사용하고 있으나, 본서에서 기술적 내용을 설명할 때에는 사회에서 널리 통용되는 용어를 그대로 전달하기 위하여 "서비스"와 "역무"를 혼용하기로 한다.

수 있는 제도로 미래창조과학부는 도매제공 의무대상으로 SKT(MNO, Mobile Network Operator)의 전기통신서비스(음성, 데이터, 단문메시지) 중 셀룰러(2G), IMT-2000 (3G), LTE를 지정하고 있다.[17]

가) 유선전화

유선전화는 유선방식의 선로설비를 이용하여 음성·데이터·영상 등을 실시간으로 전달한다. 유선방식의 전화에서 기간통신역무 이용자는 기간통신 사업자에 가입하여 기간통신사업자의 교환설비에서 가입자 댁내의 전기통신기기인 유선전화기까지 전자기적으로 접속된 선로설비를 제공받고 교환설비의 기억장치에 가입자에게 부여된 전화번호가 등록된다. 교환설비는 등록된 송화자의 전화번호와 물리적인 선로설비를 일대일로 대응시켜서 송화자의 전화기에서 발신의사를 나타내는 오프후크(off hook, 송수화기를 들어올림), 수화자의 전화번호를 나타내는 다이얼 펄스(Dial Pulse) 또는 푸시버튼(Push Button) 신호를 감지하여 수화자까지 기간통신사업자의 전기통신회선설비를 사용하여 통화로(전기통신회선경로)를 설정하고 수화자 전화기의 벨(Bell)을 울려서 수화자가 오프후크하면 송화자와 수화자는 이 통화로를 이용하여 실시간으로 통화한다. 통화 종료를 나타내는 온후크(on hook, 송수화기를 내려놓음)가 송화자 또는 수화자에서 감지되면 통화로는 전기통신회선설비의 경로지정이 해제되어 다른 이용자가 이용할 수 있도록 하고 기간통신사업자는 송화자와 수화자의 전화번호 정보, 통화시간, 통화로 경로의 과금 정보를 이용하여 가입자에게 통화요금을 청구한다.

시내전화는 유선전화 이용자가 가입한 전기통신사업자의 단국(端局) 교환설비에서 착신자가 발신자와 동일한 가입자이면 단국 교환설비 자체 내부의 통화로가 지정되고, 착신가입자가 타국(他局) 가입자이면 단국 교환설비간 접속된 중계 전송설비를 경유하여 통화로가 지정되거나 집중국(tandem, 교환설비간 중계기능만 보유함) 교환설비를 경유하여 교환 접속된다. 시외전화는 단국 교환설비에서 시외국 교환설비를 경유하며 국제전화는 국제관문국 교환설비를 경유하여 교환 접속된다. 집단전화는 기업 등 다수의 인원이 동일한 건물에서 밀집되어 있는 환경에서

---

17) 미래창조과학부 고시 제2014-108호, "도매제공의무사업자의 도매제공의무서비스 대상과 도매제공의 조건·절차·방법 및 대가의 산정에 관한 기준", 2014년 12월 30일.

집단 내부에서는 구내통신과 같은 방식으로 서비스하고 집단 외부와는 일반 유선 전화와 같은 방식으로 서비스할 수 있다.

나) 콜백 역무(Call Back Service)

국제전화 콜백 역무(Call Back Service)는 통화하려는 가입자의 발신 국가와 착신 국가 사이의 국제전화요금이 다른 점을 이용하여 국제전화요금이 비싼 국가에서 발신하여 국제전화요금이 싼 국가로 착신한 경우 국제전화요금이 싼 국가에서 발신하여 국제전화요금이 비싼 국가로 착신하는 것으로 통화 전환하는 국제전화역무이다.[18] 이러한 콜백서비스를 제공하는 기술방식은 9가지로 조사되었는데(ITU, 1996년) 90% 이상의 통화가 이루어지는 지정번호방식에 의한 우리나라와 미국 사이의 통화절차를 살펴본다(우리나라에서 미국으로 발신하는 국제전화 요금이 미국에서 우리나라로 발신하는 국제전화요금보다 비싸다고 가정함).

우리나라의 이용자는 국내의 국제전화사업자의 국제전화역무를 이용하여 미국의 콜백 역무 사업자의 콜백 교환설비를 호출하면 우리나라의 이용자는 콜백 교환설비에서 두세번 호출음을 들은 후 통화를 끊는다(이 통화는 국내의 국제전화 교환설비에서 불완료 호로 처리되어 국내의 국제전화사업자는 이용자에게 국제전화요금을 청구하지 않는다). 이때 미국의 콜백 역무 사업자의 콜백 교환설비는 자동적으로 우리나라의 이용자에게 통화접속을 시도하여(이를 콜백이라 함) 우리나라 이용자가 수화기를 들고 미국의 통화 상대방 전화번호를 누르면 미국의 콜백 교환설비는 미국의 통화 상대방을 연결하고, 미국의 통화 상대방이 수화기를 내려놓으면 국제전화가 종료되고 국제전화요금은 미국의 콜백 역무 사업자가 우리나라의 이용자에게 청구한다.

미국의 연방통신위원회(FCC)가 1994년 콜백 역무 사업자를 재판매사업자로 승인하자 미국의 국제전화사업자인 AT&T®는 이를 불법이라고 제소하였고, 세계 각국의 국제전화사업자와 개발도상국 정부가 불법임을 주장하였다. 이에 대해 FCC는 1995년 콜백 역무가 공공의 이익에 부합하며 이용자에게 혜택을 부여하는 것으로 규정하고 합법임을 재확인하였다. 이러한 미국의 입장에 경쟁이 도입된 통

---

18) 이상직, 통신법 개론: 전기통신 사업과 공정경쟁, 진한도서, 1999, 91면.

신선진국들이 찬성하는 입장을 보이면서 갈등이 확대되어 ITU에서까지 논의가 이루어져 1994년 일본의 교토에서 개최된 ITU 전권위원회에서 콜백 역무가 본격적인 의제로 채택되었다. 이후 2년간의 연구와 회의 끝에 1996년 6월 국제통신망에 위해를 가하는 신호음 연속송출방식(Hot Polling)과 응답신호억제방식(Answer Signalling Suppression)을 금지하고,[19] 콜백 역무를 명시적으로 불법이라고 규정한 국가에 대해서는 콜백 역무를 제공하지 않도록 함으로써 콜백 역무를 사실상 합법화하였다. 이처럼 콜백 서비스에 대한 합법성과 경제적 영향 문제를 둘러싸고 관련 당사자들(개도국 및 선진국 정부, 국제통신사업자, 콜백 사업자 등) 사이에 끊임없는 논란과 갈등이 있었으나, 우리나라는 WTO 기본통신협상 이후 1997년 10월 별정통신사업자 제도를 마련하여 1998년 1월부터 합법적으로 제공하였다.[20] 콜백 역무를 이용하면 기술방식의 측면에서 볼 때 미국을 경유하여 북한의 전화가입자와 직접 통화할 가능성이 있고 실제로 통화가 이루어지므로 대북통신은 관련 법률에 의하여 통일부 장관의 승인이 필요하다.

이외 발신번호자동식별(ANI) 콜백서비스, SMS(Short Message Service, 단문메시지) 콜백 서비스, E-mail 콜백서비스, 콜백 URL SMS 서비스,[21] 콜백 번호 단문 메시지 서비스 등의 변형된 형태의 서비스가 있다.

다) 인터넷전화

인터넷접속 방식에 의한 음성통화는 인터넷전화라고 하며 가입자 댁내의 인터넷 방식의 전기통신이 가능한 전기통신기기까지 접속된 인터넷 가입자 선로설비에 인터넷 방식의 전송 규약(프로토콜이라 함)을 사용하여 음성을 송수신한다. 인터넷 접속 방식의 음성통화에서 음성은 인터넷 방식의 전기통신에서 사용할 수 있는 디지털 방식의 0과 1로 전송되어야 한다. 인터넷 방식의 음성통화는 송화자와 수화자 간의 전송경로가 고정되어 있지 않고 음성의 전기통신신호가 실시간으로

---

19) 김진기, "콜백 서비스의 규제 및 시장 동향", 정보통신정책(제9권 제3호), 1997. 2, 5-7면.

20) 최현우 / 윤경림 / 안병훈 / 김인준, "국제전화 콜백서비스의 생성원인과 경제효과 분석", 한국경영과학회 1996년 학술대회논문집(제2권), 1996. 1, 182-185면.

21) Seung-Hyun Kim, Seunghun Jin, "Security-Enhanced Callback URL Service in Mobile Device", 『The 9th International Conference on Advanced Communication Technology』(Vol.3), 12-14 Feb. 2007, pp. 1500-1504.

전송되지 않는다. 따라서 많은 사용자로 인터넷 전송경로가 폭주하면 음성 통화가 통화 중에 끊기는 현상을 피할 수 없으나 최근에는 인터넷전화의 기술 진보와 인터넷 회선설비 용량의 증가로 실시간 유선음성전화(회선교환방식)의 통화 품질 수준의 서비스가 가능하다.

　인터넷전화는 인터넷전화기(IP 전화기), IP(Internet Protocol) 교환기, 방화벽 (외부로부터 인터넷 전화 서비스의 위해적인 침입을 방지하기 위한 장치), 인터넷 전화망을 유선전화망(PSTN, Public Switched Telephone Network)과 연동하기 위한 TG(Trunk Gateway)로 구성한다. 일반 유선전화기를 인터넷전화망에 접속하여 사용하고자 할 경우에는 일반 유선전화기를 AG(Access Gateway)에 접속하거나 인터넷 전화망에 일반 유선전화교환기설비를 이용하여 일반 유선전화기를 연결하고 유선전화교환설비는 TG와 외부 유선전화망과 연동하도록 한다.22) 인터넷 전

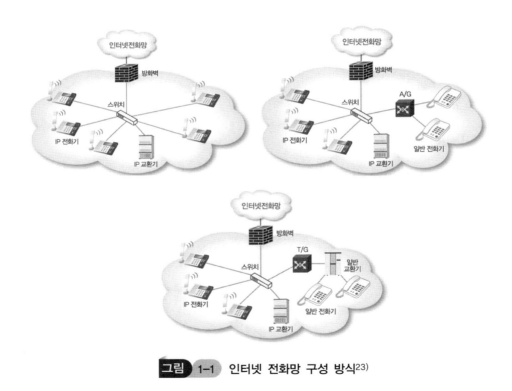

그림 1-1 인터넷 전화망 구성 방식23)

---

22) 행정안전부, "행정기관 인터넷전화 도입·운영 지침", 2009. 11. 9, 5-6면.

화기, IP 교환기, TG, AG와 방화벽은 무정전전원장치에 연결된 IP 스위치를 경유하여 접속되어 상호 간에 전송자료가 교환되고 작동에 필요한 전원을 IP 스위치에서 PoE(Power of Ethernet, IEEE 802.3af 표준)방식으로 공급받는다.

인터넷 전화기는 IP 기반 전화기로서 기능에 따라 음성 통화, 영상 통화 그리고 부가기능 등을 이용할 수 있다. 인터넷 전화기를 이용하여 전화서비스를 제공받기 위해서는 인터넷 전화기를 IP 교환기에 등록하는 과정이 필요하며, 이를 위해 IP 교환기에는 사전에 각 인터넷 전화기 사용자에 대한 계정이 미리 생성, 등록되어 있어야 한다.[24] IP 교환기란 소프트웨어를 기반으로 인터넷 전화의 호 처리 기능을 담당하는 시스템을 의미한다. IP 교환기는 인터넷 프로토콜인 SIP(Session Initiation Protocol)을 이용해서 번호 번역 및 경로설정, 음성 또는 화상 부호화 자동변환, TG 제어, 가입자 관리, 가입자 부가서비스 기능, 운용관리 기능 등을 수행한다. IP 교환기의 전화서비스는 PSTN망과 IP망 또는 IP망 상호간, PSTN 상호간의 연동 호 처리 서비스 기능을 제공한다.[25]

통신망은 여러 종류가 있으며 각각의 통신망들은 정보의 표현방식과 프로토콜이 상이할 수 있다. 따라서 각 통신망을 연결하여 정보를 주고받기 위해서는 서로 다른 망간에 연결을 제어하는 장치나 소프트웨어가 필요하며 이것을 게이트웨이(Gateway)라고 한다. AG는 일반 유선전화기를 수용하거나 아날로그 국선을 인터넷망으로 수용하는 게이트웨이 역할을 수행하고 SIP 프로토콜을 지원하며, 일반 유선전화에 대한 음성 부호화 / 복호화기능을 수행한다.[26] TG는 PSTN 교환기와 중계선 연결을 하는 장치로 유선전화방식의 음성신호와 IP 방식의 음성신호 사이의 전기통신 신호형태를 변환한다.[27]

한편 인터넷 방식의 선로설비에 접속된 개인용 컴퓨터 사이에 개인용 컴퓨터에 내장된 응용 프로그램을 사용하여 인터넷 전화가 가능하나 이는 전기통신역무에 포함되지 않는다(예를 들어 Skype의 경우를 말한다). 전화 · 인터넷 접속 방식의

---

23) 행정안전부, 한국정보화진흥원, "행정기관 인터넷전화 도입 · 운영 가이드라인", 2012. 9, 9-11면.
24) 위의 책, 9면.
25) 위의 책, 7면.
26) 위의 책, 9면.
27) 위의 책, 9면.

전기통신설비를 이용하여 데이터·영상 등의 송수신도 가능하나 데이터·영상 등은 음성에 비하여 더 많은 전기통신회선 설비용량이 필요할 경우도 있다.

4) 이동통신서비스 기술방식

이동통신망은 이동단국, 기지국설비, 이동중계 교환설비, 전송설비 등 전기통신회선 설비로 구성되어 있다. 이동단국과 기지국설비 사이는 무선접속 구간이고 기지국설비, 이동중계 교환설비와 전송설비는 유선 또는 무선접속으로 구성되나 대부분 유선접속 구간이다. 무선접속구간에서는 전파의 특성에 의하여 기지국과 이동단국 사이의 다수의 경로로 수신된 전파는 상호 간섭을 일으켜 그 세기가 상쇄되거나 증가한다(페이딩, Fading).[28] 이동단국과 기지국에서 송출된 전파는 그 진행된 거리제곱에 반비례하여 전파의 세기가 감소하고(경로손실), 이동단국과 기지국 사이에 존재하는 나무나 빌딩 등의 장애물의 주변 환경에 따라 진행거리에 반비례하여 전파 세기의 감소가 일정하지 않고 어느 정도 범위에서 그 세기의 변동이 있다(Shadowing). 이동단국의 이동속도에 따른 도플러 효과가 발생하고, 동일한 주파수를 사용하는 기지국 간의 전파 간섭에 의한 혼신이 발생한다. 한편, 전파가 도달하지 못하는 지하철이나 주차장 등에는 무선중계기를 사용하여야 한다.

가) 아날로그 이동통신망

아날로그 이동통신망은 회선교환방식을 채택하고 이용자 당 무선채널 대역폭은 25kHz로 아날로그 무선접속 방식(FM 변조 방식)을 사용한다. 음성서비스를 위주로 하며 데이터, 단문 메시지와 화상 전화 서비스는 제공하지 않는다. 통화품질이 유선전화에 비하여 다소 떨어지고 800MHz 대역에서 10MHz 주파수를 할당받아 셀룰러 방식을 사용한다. 음성통화로가 기지국설비 당 제한되어 있고 인접 기지국과 주파수 혼신을 회피하기 위한 기지국별 주파수 계획에 따라 하나의 기지국설비가 서비스할 수 구역 범위에서 동시에 통화할 수 가입자 수 즉 가입자 수용 용량이 제한된다. 회선교환방식의 통화 신호 제어는 별도의 공통 채널을 사용한다.

1G(제1세대) 이동통신망 구조는 이동국(Mobile Station, 이동통신 단말기), 기지국

---

28) 이상직, 앞의 책, 76면.

(Base Station, Cell Site)과 이동전화교환기(MTSO, Mobile Telephone Switching Office)로 구성된다. 이동국은 무선송수신기, 안테나와 이들을 제어하는 장치로 구성된다. 기지국은 이동국과 이동전화교환기 사이의 음성 통화로를 설정 및 제어한다. 이동전화교환기는 모든 기지국을 조정하고 유선전화망과 상호 접속하여 이동전화호를 처리하며 과금과 이동통신망에 대한 운영 유지 보수 기능도 수행한다.[29]

나) 디지털 이동통신망(음성)

디지털 방식의 무선방식의 이동무선전화에서는 기간통신사업자의 이동교환설비에서 다수의 이용자에게 공통의 주파수를 사용하여 통화로 경로 지정 정보를 수신하여 송화자와 수화자의 지역에 위치한 무선전송설비인 기지국에서 사용 가능한 주파수와 무선통화로 식별부호(부호분할다중접속, CDMA, Code Division Multiple Access)를 설정한다. 이동무선전화는 유선전화와 다르게 착신 가입자가 고정되어 있지 않고 이동하므로 이동무선전화 사업자의 이동교환설비에서 이동무선 착신가입자의 가입자 위치인식장치(Home Location Register)의 데이터베이스에 저장된 가입자 정보, 위치정보 및 과금 관련 정보를 조회하여 방문자 위치인식장치(Visit Location Register)를 통해 가입자에게 착신된다. 이동무선 교환설비는 이동무선 가입자 단말기가 작동하고 있는 중에는 이동단국과 위치 관련 정보를 송수신하여 이동무선 가입자의 이동에 따른 위치를 추적하고 갱신한다.

음성서비스용 디지털이동통신망은 이동교환설비, 기지국설비, 디지털이동통신망 운용관리 설비와 이동단국으로 구성된다. 이동단국은 무선송수신기, 안테나, 이들의 제어 장치와 이동단국 등록번호를 내장하고 있다. 기지국설비는 무선송수신기와 기지국안테나로 구성한 기지국(BTS, Base Transceiver System)과 구역별로 다수의 기지국의 무선자원을 제어 관리하고 관할 기지국 사이의 핸드오버(이동단국이 관할 기지국의 전파수신 가능 구역을 벗어날 경우 다른 관할 기지국의 무선접속을 연결해 주는 서비스) 등 무선접속 관련 처리를 관장하는 기지국 제어 설비(BSC, Base Station Controller)로 구성된다. 이동교환설비는 관할구역의 이동단국의 음성 호를 처리하는 이동중계교환기(Mobile Switching Center), 모든 이동단국 가입자의 정보를 등록 저

---

29) William C. Y. Lee, Wireless and Cellular Telecommunications, 2006, 3rd Ed., pp. 23-24.

장하고 있는 가입자 위치인식장치(HLR, Home Location Register), 관리대상 모든 기지국에서 서비스 가능한 이동단국의 정보를 일시적으로 등록 저장하고 있는 방문자 위치인식장치(VLR, Visitor Location Register), 이동단국의 서비스 가입 인증 확인용 가입자인증장치(AuC, Authentication Center), 모든 이동단국 가입자의 등록번호를 등록 저장하고 있는 가입자 등록번호식별장치(EIR, Equipment Identification Register)로 구성된다. 그 외 단문메시지 처리용 단문메시지처리장치(SMC, Short Message Service Center), 팩스와 음성메일 처리용 VMS / FMS (Voice / Fax Mail System)과 유선전화망, 데이터망과 상호접속 연동처리용 IWF (Inter-Working Function) 설비가 있다.[30]

디지털 이동통신망에서 음성 호 처리 과정을 살펴본다. 이동단국 MS_A에서 호출할 이동단국 MS_B의 전화번호를 누른 후 통화키를 누르면 이동단국 MS_A를 관할하는 기지국 BS_A에서는 이동단국 MS_A에서 오는 신호를 인식하고 신호를 보내온 이동단국 MS_A의 번호와 호출할 이동단국 MS_B의 번호를 접수하여 이동중계교환기 MSC_A로 송출한다. 이동전화 교환기 MSC_A가 이동단국 MS_A의 현재 정보(예를 들어 발신금지 상태, 요금정보, 인증정보 등)에 관하여 O_VLR(Originating Visitor Location Register, 관리대상 모든 기지국의 이동단국에 대한 정보를 일시적으로 등록 저장하는 장치로 관리대상 모든 기지국에 주기적으로 신호를 보내 이동단국의 전원이 켜져 있을 경우 이동단국의 정보를 관할 기지국으로 송신함)에게 자료를 요청하면 O_VLR은 등록되어있는 이동단국 MS_A에 관련된 정보를 이동중계교환기 MSC_A에게 제공한다. 이동단국 MS_A에 관한 인증이 끝난 후(이동단국 인증장치와 이동중계교환기간의 이동단국 인증확인 절차 수행), 사용 가능한 무선채널이 있을 경우 기지국 BS_A는 이동중계교환기 MSC_A의 지시를 받아 통화를 할 수 있는 무선채널을 이동단국 MS_A에 지정해 준다. 이동중계교환기 MSC_A가 이동단국 MS_B가 등록되어있는 T_VLR(Terminating Visit Location Register, 호출할 이동단국에 대한 정보를 일시적으로 등록 저장하는 장치)로 접속하여 이동단국 MS_B의 관련된 정보를 요청하면 T_HLR은 등록되어 있는 이동단국 MS_B의 자료를 이동중계교환기 MSC_A에게 제공한다. 확인이 끝나면

---

30) William C. Y. Lee, Wireless and Cellular Telecommunications, 2006, 3rd Ed., pp. 24-25.

이동중계교환기 MSC_A에서는 호출하는 이동단국의 MS_B의 번호를 관리하는 해당 이동중계교환기 MSC_B로 "이동단국 MS_A가 이동중계교환기 MSC_B 관할의 이동단국 MS-B와 통화를 요청한다."라는 호출신호를 넘겨준다. 이동중계교환기 MSC_B가 T_VLR에게 현재 이동단국 MS_B에 관한 위치 정보 및 착신 관련 정보 등을 요청하면 T_VLR은 이동단국 MS_B에 관련된 자료를 이동중계교환기 MSC_B에게 제공한다.

정보를 넘겨받은 이동중계교환기 MSC_B에서는 자기 관할 구역 내의 모든 기지국으로 호출신호를 보낸다. 각 기지국에서는 다시 자기 관할 구역 내의 모든 이동단국으로 호출신호를 보낸다(paging). 자기를 찾는 호출신호를 알아차린 이동단국 MS_B는 가장 신호가 강하게 오는 기지국으로 자기의 위치를 알리는 응답신호를 보낸다. 응답신호를 받은 기지국 BS_B는 이동단국 MS_B가 응답하였음을 이동중계교환기 MSC_B로 보고한다. 무선 채널이 비어 있을 경우 기지국 BS_B는 이동중계교환기 MSC_B의 지시를 받아 호출에 응답한 이동단국 MS_B에 무선 채널을 지정하고 이동단국 MS_B에 벨을 지시한다. 이동단국의 벨이 울리는 것을 수신자가 듣고 이동단국의 통화키를 누르면 벨이 중단되고, 기지국 BS_B가 이동중계교환기 MSC_B로 호출된 이동단국 MS_B가 응답하였음을 보고한다. 이동중계교환기 MSC_B는 이동중계교환기 MSC_A와 연결한 상태에서 두 이동단국을 서로 연결하여 통화가 이루어진다. 통화가 끝난 후 사용자가 종료키를 누르면 이동단국은 기지국으로 통화가 끝났음을 알리는 종료신호를 보낸다. 기지국은 이 종료신호를 접수하고 무선채널과 관련 디지털이동통신망 관련 설비를 복구 처리한다.

디지털 이동통신망에서 단문메시지 서비스 절차를 살펴본다. 단문메시지(SM, Short Message)는 문자 메시지를 송수신할 수 있는 이동단국을 통하여 이동중계교환기로 송출된다. 이동중계교환기에서는 문자 메시지인 것을 확인 후 SMC에게 문자 메시지를 보낸다. SMC는 이동중계교환기에게 확인(접수 통지) 메시지를 보내어 문자 메시지를 받았음을 알리고 문자 메시지를 받을 이동단국의 위치를 HLR에게 요청한다. HLR은 문자 메시지를 받을 이동단국을 서비스하는 SMC로 응답하면 SMC는 문자 메시지를 받을 이동단국을 서비스하는 이동중계교환기에게 문자 메시지를 전달하고 이동중계교환기에서 문자 메시지를 받을 이동단국으로 문자 메시지를 보낸다. 이동단국은 이동중계교환기에게 문자메시지를 수신했다

는 결과를 전송한다. 이동중계교환기는 SMC에게 메시지 전송동작의 결과를 보
낸다(전달 성공).

다) 디지털 이동통신망(데이터 또는 패킷 서비스용)

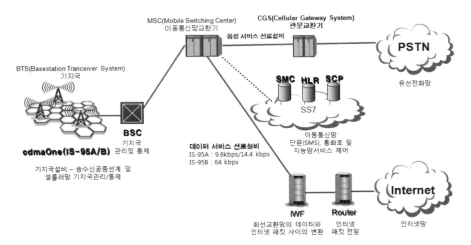

그림 1-2 IS-95(cdmaOne) 음성 / 데이터 이동통신망(동기식)

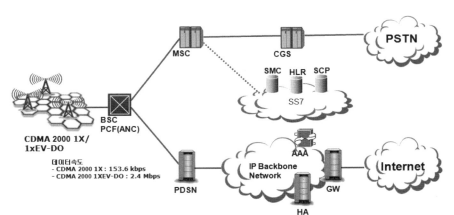

AAA(Authorization, Authentication and Accounting) : 인증, 권한부여 및 과금을 위한 서버
PDSN(Packet Data Serving Node) : 패킷 라우팅, 단말 이동성관리, 과금 정보 전달
PCF(Packet Control Function) : BS와 PDSN사이의 패킷 전송을 제어
HA(Home Agent) : 가입자 정보관리, Mobile IP 할당 및 제어
PSTN: Public Switched Telephone Network, SS7: Switching Subsystem No-7, SCP: Signaling Control Point, BSC: Base Station Controller
CGS: Cellular Gateway System(관문 교환기), SMC: Short Message Center, HA: Home Agent, GW: Gateway

그림 1-3 cdma2000 1x / 1xEV-DO 패킷 이동통신망(동기식)

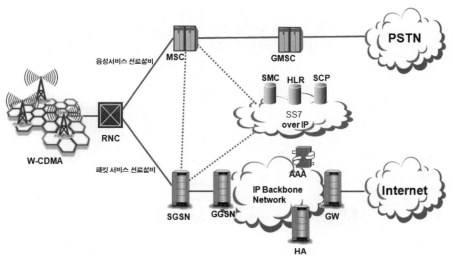

W-CDMA: Wideband Code Division Multiple Access, RNC: Radio Network Controller, MSC: Mobile Switching Center
GMSC: Gateway MSC, SGSN: Serving GPRS Supporting Node, GGSN: Gateway GPRS Support Node
HA: Home Agent, GW: Gateway, AAA: Authorization, Authentication and Accounting

출처: 미래창조과학부(구 정보통신부)

그림 1-4 W-CDMA 패킷 이동통신망(비동기식)

　　CDMA 기술방식의 데이터 이동통신망은 동기식으로(GPS 위성의 기준 동기 신호를 이동통신망의 동기신호의 기준으로 사용함) IS-95, cdma2000 1x, cdma2000 1xEVDO를 거치면서 인터넷 패킷 서비스용 이동통신망으로 발전한 이후 서비스 개발이 중단되었다. 단말기와 이동통신망 사이의 무선접속 구간은 BTS(Base Transceiver System)에서 처리된다.

　　W-CDMA(Wideband - Code Division Multiple Access) 인터넷 패킷 서비스용 디지털 이동통신망은 비동기식으로(GPS 위성의 동기 신호를 이동통신망의 동기 신호의 기준으로 사용하지 않음) MS(Mobile Station), Node B, RNC(Radio Network Controller), SGSN(Service GPRS Support Node), GGSN(Gateway GPRS Support Node)와 CGF(Charging Gateway Function)로 구성된다. 이동단국 MS는 음성 및 데이터 서비스용 단말기이다. Node B는 기지국과 유사하게 무선송수신기, 기지국 안테나와 무선송수신기 제어 장치로 구성된다. RNC는 BSC(Base Station Controller)와 유사하며 관할하고 있는 다수의 Node B의 무선자원을 제어하고

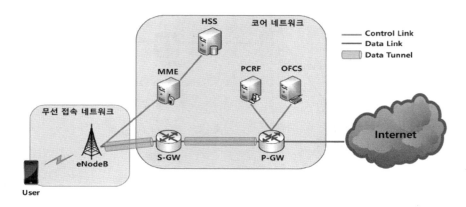

그림 1-5 4G LTE 디지털이동통신망 구조(All-IP)

Node B와 RNC 사이의 데이터를 패킷 형태로 상호 변환하는 PCU(Packet Control Unit)를 내장하고 있다. SGSN은 HLR(Home Location Register)과 상호 연동하여 회선교환방식의 음성서비스용 디지털 이동통신망의 VLR(Visitor Location Register)을 내장한 MSC(Mobile Switching Center)와 유사하며 이동성(Roaming)을 관리하고 보안과 무선접속을 제어한다. GGSN은 인터넷과 같은 외부 패킷 데이터 통신망과 상호 접속하여 연동 처리한다. CGF는 과금 처리용이다.[31] GPRS는 General Packet Radio Service의 약자로 무선이동통신망에서 패킷 데이터 서비스를 운용하기 위하여 정의한 것이다. CS(Circuit Switching) Domain의 MGW(Media Gateway)는 회선교환망의 멀티미디어 트래픽을 처리하고 SS7(Signaling System 7)은 이동통신망의 통화호와 지능망 서비스관련 제어신호에 대한 통신규약으로 SCP(Service Control Point)는 지능망에 전달된 통화호와 지능망 서비스관련 제어신호를 처리한다.

W-CDMA에서 발전된 4G LTE(Long-Term Evolution) 디지털 패킷 이동통신망은 음성 및 데이터 서비스에 대하여 단말과 무선접속구간에서부터 모두 IP(Internet Protocol) 기반의 통신방식을 사용하며 크게 단말이 접속하는 무선 접속 구간과 단말이 보낸 패킷을 인터넷으로 전달하는 코어 네트워크의 두 부분으로 구성된다. 또한 이동통신망에서는 두 종류의 링크가 존재하는데 하나는 단말의 데

<hr />

31) William C. Y. Lee, Wireless and Cellular Telecommunications, pp. 25-26.

이터를 전달하기 위한 데이터 링크이며, 다른 하나는 단말의 상태를 지속적으로 확인하고 관리하기 위한 제어 링크이다. 단말이 이동통신망에 접속하면 두 종류의 패킷을 코어 네트워크로 보내게 되는데 하나는 일반적으로 우리가 인터넷을 사용하여 콘텐츠를 주고받는 데이터 패킷이고 다른 하나는 코어 네트워크에 단말의 위치 정보, 단말의 현재 상태 등을 지속적으로 업데이트하기 위한 제어 패킷이다. 제어 패킷은 이동통신망 내 단말이 지속적으로 연결될 수 있도록 전화나 인터넷을 사용하지 않을 때에도 통신 링크를 끊지 않고 연결해주는 역할을 한다. 전화나 메신저 어플리케이션의 푸시 알림이 가능한 것도 제어 패킷의 지속적인 교환을 통해 가능한 것이다. 데이터 링크에서는 단말의 패킷을 효과적으로 전달하고 단말별로 가입 상품 또는 이동통신사의 정책에 따른 차별적인 통신 성능을 지원하기 위해 데이터 터널을 생성하는 것이 특징이다.

무선 접속 네트워크에서 LTE 기지국 역할을 하는 eNodeB는 단말기의 데이터를 받아 코어 네트워크로 전달해주는 역할을 하며, 단말의 신호 세기를 지속적으로 감지하여 신호가 약해지면 단말에게 다른 인근 기지국에 접속하도록 요청하는 단말 이동성 지원 역할도 담당한다.

코어 네트워크에는 여러 개의 기능들이 존재하는데, 코어 네트워크 내의 기능도 크게 단말의 데이터를 전달하기 위한 기능들과 단말의 상태를 판단하고 제어하기 위한 기능으로 나눌 수 있다. 기지국과 연결되어 있는 두 개의 기능 중 MME (Mobility Management Entity)라고 하는 기능은 단말과 제어 메시지를 주고받는 기능으로써, 단말 사용자에 대한 인증을 통해 이동통신망에 가입된 사용자의 단말 인지를 확인하고 보안을 위한 절차를 수행한다. MME의 주된 기능은 그 이름에서도 알 수 있듯이 단말의 이동 시에도 이동통신망으로의 연결이 끊어지지 않게 하는 이동성 지원 역할이며, 이동성 지원 역할을 수행하기 위해서 단말과의 제어 메시지 교환을 통해 단말이 인근의 적합한 기지국을 찾아 접속 할 수 있도록 돕는 역할을 수행한다. S-GW(Serving Gateway)는 기지국으로부터 오는 단말의 데이터 패킷을 처리하는 기능으로 단말의 데이터 패킷을 P-GW(Packet Data Network Gateway)로 전달하는 역할을 담당한다. P-GW는 단말의 데이터 패킷이 인터넷으로 나가는 지점으로, 여러 개의 S-GW와 연결되어 있다. P-GW는 단말의 IP 주소를 할당하는 기능을 가지고 있어, 외부와 통신 시 단말의 IP 주소 정보를 통해 단말의 현재 위치로 패킷을 전달할 수 있도록 한다. PCRF(Policy and Charging Rule Function)는 코어 네트워크 내 P-GW와 연결되어 있는 기능으로 사용자의 요금 상품에 따라 차별적인 서비스를 제공하도록 하는 기능이다. 예를 들어, 데이터 사용이 제한적인 요금 상품을 사용하는 가입자의 경우 일정 데이터가 소비되면 통신이 되지 않도록 하거나, 통신 속도를 낮추는 규칙을 설정하여 P-GW를 통해 적용할 수 있다. 이 외에 이동통신 사업자 내 가입자들의 정보를 가지고 있는 HSS(Home Subscriber Server), 데이터 사용량 측정을 통해 과금 정보를 적용하도록 하는 OFCS(Offline Charging System) 등이 추가적으로 이동통신망에서 동작하고 있다.[32]

5) 지능망 서비스

가) 지능망 구조 및 서비스

전기통신망과 통신단말기의 보급이 늘어나고 사용자가 새로운 서비스를 요구하며 통신시장에 경쟁의 원리가 도입되면서 전기통신사업자는 착신과금서비스, 신용통화서비스(CC, Credit Card Calling), 가상사설망(VPN, Virtual Private Network) 서비스, 대표전화서비스 등 부가서비스를 도입하기 시작한다. 부가서비스의 종류가 늘어나면서 부가서비스의 도입, 개발 및 검증 기간을 줄이고 교환설비에서 운영하는 소프트웨어와 무관하게 부가서비스의 도입 및 개발을 통합적이고 체계적으로 관리, 운영할 필요성이 대두된다. 이에 따라 교환설비 사이에 교환 서비스를 처리하는 데 필요한 제어신호를 공통 전송설비를 활용하여 처리하는 공통선 신호방식(SS7, Signalling System 7)의 통신제어처리 규약(Protocol)을 이용하여 부가서비스를 처리하는 지능망 서비스가 출현한다. 지능망 서비스는 전기통신 회선설비와 부가서비스를 제어하는 컴퓨터와 서비스 관리용 데이터베이스를 추가하여 전기통신회선설비는 정보의 전달 기능을 담당하고 컴퓨터와 데이터베이스를 공통선 신호방식과 결합하여 단순한 정보전달과 서비스 제어를 계층적으로 분리하여 새로운 부가서비스를 신속하고 편리하게 생성, 관리한다.[33]

---

32) 김영한, "이동통신망에서의 인터넷 서비스 구조", 정보와 통신 열린강좌(이동통신기술의 이해) Vol. 32, No. 9, 한국통신학회, 2015. 8. 31.
33) 최고봉, 지능망 기술, 홍릉과학출판사, 1996, 3-4면.

지능망은 가입자가 지능망의 부가서비스의 요청을 감지하는 지능망 서비스 교환설비와 지능망 서비스 교환설비와 공통선 신호방식으로 접속된 지능망 서비스 제어설비에서 요청된 서비스를 제어한다. 지능망 서비스 관리설비는 전용데이터 전송설비로 접속된 지능망 서비스 제어설비에 지능망 서비스에 필요한 서비스 가입자의 데이터 기록을 관리하며 최신 서비스 절차와 데이터를 제공한다. 지능망 서비스 관리 설비는 지능망 서비스 제어설비와 결합된 형태로 구성할 수 있다. 가입자는 지능망 서비스 관리 설비에 기록된 자신의 서비스 데이터를 변경할 수 있다.[34]

나) 착신과금 지능망 서비스 절차

착신과금서비스를 예로 들어 지능망 서비스 절차를 설명하면 다음과 같다. 착신과금 서비스 이용자는 착신과금 서비스 식별번호 080(미국은 800)과 착신과금서비스 가입자 식별번호(예를 들어 111-1111)을 입력한다. 지능망서비스 교환설비는 서비스 식별번호 080을 분석하여 착신과금서비스가 요청되었다는 것을 감지하여 서비스 가입자 번호(111-1111)와 발신번호를 공통선 신호방식을 사용하여 지능망 서비스 제어설비로 송신하여 착신과금서비스 처리를 요구한다. 지능망 서비스 제어설비는 서비스 가입자번호(111-1111)를 실제 착신번호로 번역하여 지능망서비스 교환설비로 공통선 신호방식을 통하여 송신한다. 서비스 이용자가 서울 지역에서 080-111-1111로 발신하면 서비스가입자의 서울지사의 실제 전화번호(예를 들어 02-6022-1896)를 지능망서비스 교환설비에 송신하여 전기통신회선 경로를 연결한다. 이때 지능망서비스 제어설비는 착신자(02-6022-1896)의 과금 정보를 송신하여 착신자에게 통화요금을 부과한다.[35]

다) 사전선택제

식별번호를 이용한 사업자선택(Call-by-call Carrier Selection)은 착신자의 전화번호를 입력하기 전에 특정 사업자를 지정하는 식별번호를 먼저 입력함으로써 사용자가 유선전화 서비스의 제공사업자를 선택하는 제도이다. 사업자 사전선택제(CPS: Carrier Pre-Selection)는 식별번호를 사용자가 입력하지 않고 사전에 선

---

34) 위의 책, 4-6면.
35) 위의 책, 4-7면.

택한 대체(alternative)·경쟁(competitive) 사업자를 통해 특정 유형의 통화 또는
모든 유형의 통화를 이용할 수 있도록 하는 제도이다. 식별번호를 이용한 사업자
선택과 사업자 사전선택제는 경쟁·대체 사업자가 자체망(특히, 가입자망) 구축없
이 잠재적 소비자에게 유선전화서비스를 제공할 수 있도록 하여 유선전화서비스
의 경쟁을 활성화하기 위해 도입된 제도이다.[36)]

라) 번호이동성 서비스

번호이동성(Number Portability)은 이용자가 자신의 전화번호를 변경하지 않
고 전기통신사업자, 가입지역, 서비스 등을 변경할 수 있도록 하는 제도이다. 번호
이동성의 문제는 장거리 전화시장에서 미국의 AT&T®가 1981년에 Toll
Free(800) 서비스를 제공한 이후 MCI, Sprint 등 전기통신사업자가 장거리 전화
시장에 진입하여 동 서비스를 제공하면서 시작되었다. 800번호(800-N○○-○○○
○)는 몇 개의 집단으로 이들 회사에 분배되었으나 이용자가 타 사업자로 변경하
려면 기존의 800번호를 포기하고 새로운 800번호를 변경된 사업자로부터 부여받
아야 하였다. 800번호는 상품판매 등 영업용으로 사용되던 착신과금서비스로 800
번호 자체가 영업 이미지를 나타내고 각종 광고 및 홍보물에 표기되기 때문에 800
번호를 변경하는 것은 상당한 영업비용의 부담을 의미하므로 MCI와 Sprint는
AT&T®에 비하여 상대적으로 저렴한 요금으로 800번 서비스를 하였으나, 기존의
AT&T® 800번 서비스 이용자는 MCI나 Sprint의 800번 서비스로 변경을 포기하
여 MCI와 Sprint는 신규 800번 서비스 이용자를 확보하기가 어려웠다. 1991년 9
월, 미국연방통신위원회는 1993년 3월부터 800번의 번호이동성을 제공하도록 각
지역전화회사들에 명령하여 각 지역전화회사는 지능망 기술을 이용하여 800번 서
비스에 대해 장거리 전회회사 등에 접속할 수 있도록 하였다.[37)]

번호이동성을 실현하는 기술방식으로는 지능망을 이용하는 방식과 교환설비 자체
를 이용하는 방식이 있다.[38)] 번호이동성 제공 기술방식의 유형은 ITU-T 표준 구분

36) 오기석, "유럽지역의 사업자 사전선택제(Carrier Pre-Selection) 도입 현황", 방송통신정책(제
    16권 제3호), 정보통신정책연구원, 2004, 68-72면.
37) 김상기, "지능망을 이용한 번호 이동성 제공", 전자통신동향분석(제12권 제1호), 한국전자통
    신연구원, 1997. 2, 51면.
38) 이종태, "번호이동성 구현방안 및 정책이슈", 대한전자공학회 심포지엄 논문집, 대한전자공

법[39]에 따라 대표적으로 RCF(Remote Call Forwarding), CDB(Call DropBack), QoR(Query on Request), ACQ(All Call Query) 방식의 네 가지가 있다. QoR, ACQ 방식은 지능망 방식이고, RCF, CDB 방식은 비지능망 방식이다.

QoR방식에서는 변경 전 기존 사업자의 착신교환기에서 착신가입자의 이동여부를 조사하여, 이동된 가입자의 경우 해제 메시지를 발신교환기에게 전송하고 호 해제 메시지에 포함된 호 해제 원인값이 '번호이동'이면 발신(또는 중계) 사업자의 교환기에서 번호이동성 데이터베이스(NPDB, Numbering Plan Database)를 조회하고 전기통신 회설 설비 접속 정보를 획득하여 이동된 가입자로 전기통신회선 설비를 접속한다. 예를 들어 1544-1234 전화번호 이용자가 A 사업자에서 C 사업자로 변경되었다고 하자. 이동전화 이용자가 1544-1234로 착신을 요구하면 이동전화 이용자의 사업자 B의 교환기는 착신 전화번호 1544-1234의 변경 전 사업자인 A 사업자로 착신신호 정보를 전달한다. 착신 신호 정보를 받은 A 사업자는 자신의 지능망으로 착신번호 1544-1234의 번호이동 여부를 조회하여 번호이동 착신번호이면 호 해제 메시지에 호 해제 원인값을 '번호이동'으로 표시하여 B 사업자로 전달한다. B 사업자 교환기는 A 사업자로부터 '번호이동' 호 해제 메시지를 받으면 자신의 NPDB로 착신번호 1544-1234에 대한 번호이동 사업자를 조회하여 C 사업자로 변경되었음을 NPDB에서 확인 정보를 받으면 B 사업자는 C 사업자로 착신신호 정보를 전달한다. B 사업자는 A 사업자와 동일한 신호 절차 과정을 거쳐서 C 사업자의 착신 전화번호이면 착신호를 접속한다. QoR 방식에서 전기통신 회선은 이용자가 가입한 B 사업자와 착신전화번호의 변경 후 가입한 C 사업자 사이에 지정되고 통화중 유지된다. QoR 방식은 번호이동정보를 중립적 기관에서 관리하므로 사업자간 공정한 경쟁이 가능하고 적용 서비스에 제약이 없는 장점이 있으나, 도입 비용과 기간이 많이 드는 단점이 있다.[40]

ACQ 방식에서는 발신(또는 중계) 교환기가 전체 호에 대해 번호이동성 데이터

학회, 1998. 1, 154-164면.

39) ITU-T E.164의 구분법.(ITU-T, Operation, Numbering, Routing and Mobile Services- International Operation-Numbering Plan of the International Telephone Service: The International Public Telecommunication Numbering Plan, ITU-T Recommendation E.164- Supplement 2: Numbering Portability, ITU, 1998. 11.)

40) 신종철, 통신법 해설-전기통신사업법의 해석과 사례, 진한엠앤비, 2013, 119-122면.

베이스(NPDB)에 조회하고 그 결과에 따라 착신가입자에 대한 전기통신 회선설비 접속 정보를 획득하여 전기통신회선을 접속하는 방식 즉, 모든 호에 대해 변경 전 기존 사업자의 교환설비에 접속하지 않고 각각의 전기통신 사업자의 번호이동성 데이터베이스에서 이동여부를 조회하여 전기통신 회선설비를 접속한다.[41] ACQ 방식은 QoR 방식과 같이 많은 시간과 비용이 요구되나 번호이동율이 높은 경우 (40%이상) 적합한 방식이다.

RCF 방식은 변경 전 기존 사업자망에서 교환기 데이터베이스를 조회한 후 변경사업자의 망으로 연결해주는 방식이다. 예를 들어 1544-1234 전화번호 이용자가 A 사업자에서 C 사업자로 변경되었다고 하자. 이때 C 사업자는 1544-1234 전호번호에 대하여 1801-1234의 매개번호를 부여하였다고 하자. 이용자가 1544-1234로 착신을 요구하면 이용자의 사업자 B의 교환기는 착신 전화번호 1544-1234의 변경 전 사업자인 A 사업자로 착신신호 정보를 전달한다. 착신 신호 정보를 받은 A 사업자는 자신의 지능망으로 착신번호 1544-1234의 번호이동 여부를 조회하여 번호이동 착신번호이면 매개번호 1801-1234를 확인하고 B 사업자 교환기는 매개번호 1801-1234가 가입된 C 사업자로 착신신호 정보를 전달하여 착신호를 접속한다. RCF 방식에서는 이용자가 가입한 A 사업자와 변경전 사업자 B, 변경 후 사업자 C 사이에 전기통신회선의 경로가 지정되어 통화중 유지된다.

CDB 방식은 변경 전 사업자의 착신교환기에서 착신가입자의 이동여부 및 이동된 가입자에 대한 전기통신 회선설비 접속 정보를 획득하여 발신(또는 중계) 사업자의 망으로 회선을 되돌리고 발신 또는 중계망에서 전기통신 회선설비를 접속하는 방식이다.

국내에서는 2002년 시내전화 번호이동성이 RCF 방식으로 제공되기 시작하면서 처음으로 도입되었고, 시내전화 번호이동성, 2G 간 이동전화 번호이동성, 3G간 이동전화 번호이동성, 2G와 3G간 번호이동성이 제공되고 있으며, 2008년부터 인터넷전화(070)와 유선전화 간 번호이동성이 제공되고 있다. 시내전화와 인터넷 전화의 번호이동은 RCF 방식이 이용되고 있으며, 이동전화의 번호이동은 QoR 방식이 이용되고 있다.[42]

---

41) 나성현 / 김봉식 / 전수연 / 김지영, "인터넷전화 번호이동성 및 번호이용료 제도 연구", 정보통신정책연구(제8권 제46호), 정보통신정책연구원, 2008. 12, 31-36면.

시내전화 번호이동성은 음성은 RCF 방식으로, SMS(Short Message Service)는 QoR 방식으로 제공하는 혼합 방식의 번호이동성 서비스 구조를 도입하였다. 음성호 발신자가 이전 사업자(donor network)의 착신자 번호 500-5555로 전화를 걸면 이전 사업자는 착신자 번호 500-5555에 대하여 교환기에 저장되어 있는 타 사업자로 이동된 200-1234 번호(매개번호)를 이용하여 타사업자의 전기통신망(recipient network)의 이동된 번호로 접속하게 된다. 발신망에서 SMS를 보내면 이전 사업자에서는 번호 이동한 경우 호 해제 메시지(release message)를 보내면서 그 원인값을 '번호이동'으로 표시하면, 발신망은 내부의 번호이동성 데이터베이스를 조회하여 최종 착신망으로 SMS 메시지를 전달한다.[43] [44]

한편, 방송통신위원회는 전기통신번호 이동성을 효율적이고 중립적으로 시행하기 위하여 번호이동의 등록·변경업무 등을 수행하는 전문기관으로 사단법인 한국통신사업자연합회를 지정하고 있다.[45]

2. 전기통신의 역사

1) 전기통신의 태동과 발전

전기통신은 어떻게 태동하였고 그 과정에서 어떤 과학적 법칙과 원리가 발견되어 이를 활용한 어떤 장치와 서비스가 개발되고 발전되었는지 살펴본다.

가) 유선전화

1837년 사무엘 모스는 최초로 전신기를 발명하여 모스부호를 사용하여 문언을 전기통신신호로 변환하고 이를 워싱턴에서 볼티모어까지 장거리를 유선으로 송수신하였다. 1876년 알렉산더 그라함 벨은 한 장치 내에서 음향을 전기통신신호로 변환하고 전기통신신호를 음향을 변환하여 처리하는 최초의 자석식 전화기를 발

---

42) 신종철, 앞의 책, 121면.
43) 정영식 / 박창민, "번호이동성 서비스를 위한 표준화 기술 동향", 전자통신동향분석(제22권 제6호), 한국전자통신연구원, 2007. 12, 59-65면.
44) 김상기 / 전경표, "AIN 기반의 시내 전화 번호 이동성", 한국정보과학회 학술발표논문집, 한국정보과학회, 1997. 4, 859-862면.
45) 신종철, 앞의 책, 122면.

명하여 유선으로 원거리 전기통신을 할 수 있는 송수신기기로 1877년 벨 전화기 회사를 설립하였다.

자석식 전화기의 송화기는 토마스 에디슨에 의하여 개량되어 음성에 의한 공기의 압력변화인 음압(音壓) 변화가 탄소입자에 전달되고 탄소입자에 존재하는 전자의 전기적 힘의 변화를 일으켜 이 전기적 힘의 변화가 전기통신신호로 수화기에 전달되고 수화기의 진동판을 진동시켜 공기 중에 음압의 변화로 환원한다.

자석식 전화기를 이용한 전기통신이 늘어나자 모든 사용자 사이에 선로설비를 설치하여야 하므로 선로설비가 사용자 수에 따라 기하급수적으로 증가하는 문제가 발생하였다. 이를 해결하기 위하여 해당 지역에 사용자의 선로설비를 자석식 교환대에 집중시키고 교환대에 교환원으로 하여금 사용자 선로설비를 접속하게 함으로써 사용자 수만큼 선로설비만 설치한다. 자석식 교환설비는 1878년 최초로 운영되었다.[46]

자석식 전화기와 자석식 교환대를 사용한 전기통신에서 발신자는 자석식 전화기의 발전기를 회전하여 발생한 전기로 자석식 교환대에 연결된 표시등을 점등하여 발신 요구를 교환원에게 알리면 교환원은 자석식 교환대에 설치된 접속선을 이용하여 발신자와 통화하여 발신자가 통화하려는 상대방 착신자를 확인한다. 교환원은 착신자의 선로와 접속하여 착신 가능 여부를 확인한 후 발신자 선로와 착신자 선로를 상호 접속하여 발·착신자 사이에 통화로를 완성한다. 발신자 또는 착신자가 수화기를 내려놓으면 교환대에 표시등이 점등되어 교환원은 발·착신자 사이의 접속선을 끊는다. 자석식 전화기는 교환대에서 전기통신에 필요한 전원을 공급해주는 공전식 전화기와 공전식 교환대로 1891년 개량되었다.[47]

공전식 전화기와 공전식 교환대를 사용한 전기통신의 편의성에 따라서 그 수요가 폭발적으로 늘어나면서 교환원에 의하여 통신비밀이 유출되어 자신의 사업에 막대한 피해를 입은 미국의 스트로저는 1899년 전기기계적인 스위치의 상하, 회전 운동을 이용하여 사용자 사이의 선로설비를 자동으로 접속할 수 있는 스트로저 방식의 자동식 교환설비를 개발하였다. 이로써 교환원이 필요 없는 교환설비의 자동화 방식에 대한 개발이 각국에서 진행되어 독일의 지멘스에서는 스트로저 자

---

46) 이하철 / 김종철 / 박문수 / 차송, 전자교환기 공학, 홍릉과학출판사, 2003, 33면.
47) 위의 책, 34면.

동교환기의 느린 동작시간과 높은 고장 발생률의 결점을 극복하기 위하여 전기접점에 귀금속을 사용하고 전동기의 회전운동을 이용한 EMD(Edelmetal Motor Drehwhler) 자동 교환기를 1955년 개발하였다. EMD 교환기에서 전기접점의 회전 운동에 의해 수명이 단축되는 결점을 없애기 위하여 1926년 스웨덴의 에릭슨에서 격자형태의 접속점을 사용한 크로스바 자동교환기를 개발하였다. 크로스바 교환설비는 전기통신회선이 수직과 수평이 교차하는 접점(격자점)에 전기적 접점 스위치를 구성하고 이 스위치의 접속과 절단 동작은 공통제어장치를 이용함으로써 전기적 접점 스위치 동작의 정확성과 안정성이 높고 수명이 긴 장점이 있다. 이 크로스바교환기 원리는 1960년 미국의 벨 연구소에서 컴퓨터와 기계식 접점을 이용하여 소프트웨어로 교환기의 동작을 제어하는 반전자식 교환기로 개발한다. 1970년 초부터 전자공학의 발달로 이러한 반전자식 자동교환기는 반도체 스위치와 컴퓨터 및 소프트웨어를 사용한 디지털 전자교환기로 전환되었다.[48]

나) 무선전신

영국의 제임스 클라크 맥스웰은 전기와 자기에 관한 과학적 원리와 법칙을 토대로 전자기력이 공간에서 빛의 속도로 전파되는 파동(전파)임을 이론적으로 증명하고 1864년 광선 즉 빛이 전파라는 가설을 제창한다. 독일의 실험물리학자인 하인리히 헤르츠는 제임스 클라크 맥스웰의 전자기력에 대한 이론적 예측에 따라 1888년 일련의 실험 장치를 고안하여 전파의 존재를 발견한다. 그 결과를 토대로 1895년 이탈리아의 마르코니가, 독일의 물리학자 하인리히 헤르츠가 발견한 전파와 프랑스의 물리학자 브랜리가 발명한 검파기(coherer, 무선전신의 초기에 무선신호의 수신에 사용)원리를 사용하여 수정검파기를 개발하고 자신이 고안한 안테나와 접지단자를 결합하여 처음으로 전파에 의한 무선통신방식(무선전신)을 발명한다. 무선전신에 성공한 후 1897년 모스 부호를 사용하여 무선전신을 이용한 영국과 캐나다 사이의 대서양 횡단 무선통신을 시현한다. 1900년에는 영국군함에 최초로 무선전신장치를 설치함으로써 육지와 해상이동체간 통신의 필요성 및 유효함을 인식하게 되고, 일반 선박에도 항행안전, 인명과 재산의 보호 및 육상과의 연락수단 등의 목적을 위해서 선박에 무선전신국을 설

---

48) 위의 책, 21-42면.

치하기 시작한다. 즉 마르코니 무선통신회사가 영국에 설립되고, 뒤이어 미국에도 마르코니 무선전신회사를 설립한다. 이들 회사는 주로 선박에 마르코니식 무선통신기기와 무선통신사를 배치하여 선박을 통신상대방으로 하기 위한 해안국을 경영하는 것을 주된 사업 목적으로 삼는다.

이와 같이 무선전신은 국방, 항해, 항공 등 중요한 통신시설로서 지위를 확보하며, 1906년 진공관의 발명으로 보다 우수한 전파를 받을 수 있는 기기(수신기)가 제작되고, 1913년에는 전파를 보내는 기기(송신기)가 진공관식 송신기로 대체되면서 무선통신에 박차를 가하기 시작하는데, 그 후 트랜지스터 및 집적회로의 발명은 전자 기술 분야의 급속한 발달과 더불어 유·무선통신분야에 일대변혁을 일으켜 왔다. 오늘날 전파는 무선통신용, 방송용, 공업용, 의료용, 군사용 및 우주용 등으로 광범위한 이용분야를 갖게 된다.

다) 무선 이동전화

사업용 무선전화는 1946년 미국에서 하나의 고정국의 송신공중선계에서 공중선전력이 크도록 전파를 방사하여 넓은 지역에서 수동교환방식을 사용하여 Push-to-Talk 방식의 이동무선단말의 공중통신용 무선전화 서비스(휴대하기에 너무 무겁고 크므로 주로 차량에 부착)를 제공하다가 다이얼 자동접속, 양방향 통신 및 다중 무선 접속이 실현된다. 1978년 미국의 전기통신사업자인 AT&T®에서 전파 주파수의 사용 효율을 극대화하기 위하여 전파 영역을 셀이라고 부르는 다수의 기지국(송신공중선계 포함)에서 분담하고 해당 기지국에서 송출하는 공중선전력을 해당 셀 지역의 이동무선단말에서만 수신 가능하도록 그 크기를 조정하여 지리적으로 어느 정도 떨어진 셀에 동일한 주파수를 사용(주파수 재사용이라 함)함으로써 전파 간섭을 회피하는 AMPS(Advanced Mobile Phone Service)의 셀룰러 방식의 공중통신용 이동무선전화의 상용서비스를 시카고에서 개시하였다.

AMPS 방식은 북유럽의 NMT방식, 영국의 TACS 등 80년대 전 세계적으로 도입되었으나 아날로그 방식의 음성 서비스로 통화품질이 다소 떨어지고 급증하는 사용자 용량을 수용할 수 없으며 멀티미디어 서비스의 요구에 따라서 유럽의 GSM, 미국의 CDMA 등 디지털 방식의 이동무선전화가 도입되었다. 동영상 스트리밍 등 고속 멀티미디어 서비스의 사용이 급증함에 따라서 GSM, CDMA 방식에 데이터 서비스로는 그 수요를 감당할 수 없어 사용자 주파수 대역을 늘리고 늘어난 주파수 대역에서 다중 무선 통신을 효율적으로 수용할 수 있는 OFDM 통신방식과 패킷교환방식의 인터넷 방식을 채택한 LTE 방식의 공중통신용 고속 멀티미디어 인터넷 이동무선통신 서비스가 시작되었다.

우리나라 이동통신사업은 1960년 서울 및 수도권 일부 지역 정부기관을 대상으로 수동교환방식의 이동무선전화 서비스를 제공함으로써 시작되었다. 1961년 6월 가입자 80명에서 시작하여 일반이용자에게 확대한다. 그 후 약 20여 년 동안은 단방향 통화만 가능한 수동방식의 차량전화서비스가 제공된다. 그러나 1980년대에 들어 이동통신 수요의 급격한 양적 팽창과 새로운 통신기술 발달에 의해 국내에서도 이동통신사업의 중요성이 대두되기 시작하였다. 이러한 통신사업의 변화에 대응하고 한편으로는 1988년 서울올림픽을 지원할 목적으로 1984년 3월 한국전기통신공사의 자회사로서 이동통신을 전담하는 한국이동통신을 설립하여, 1984년 5월 서울·안양·수원·성남 등 수도권지역에 3000회선의 시설의 AMPS 방식의 아날로그 셀룰러 이동전화서비스로 1세대(1G) 무선이동통신사업을 시작하였다.[49][50] 그 후 1988년 5월 한국이동통신이 공중전기통신사업자로서 본격적으로 이동통신사업을 시작하면서 서비스 제공이 점차 지방으로 확산되어 1991년 말에 전국망 서비스가 이루어져 1993년 말에 이르러서는 전국 74개 시 전역과 읍 및 인접 고속도로 주변지역에서 이동전화 서비스가 제공된다. 한편 통신사업 구조조정의 일환으로 1994년 제2이동전화사업자인 신세기통신 선정과 함께 한국이동통신이 민영화되면서 이동전화사업은 독점체제를 종식하고 복점체제로 접어들었다. 그리하여 1996년 4월 신세기통신과 한국이동통신이 디지털 방식의 2세대(2G) 무선이동전화사업인 CDMA(Code Division Multiple Access) 부호분할다중접속의 상용서비스를 제공함으로써 본격적인 경쟁이 이루어지기 시작하였다.

1996년 KTF®(016, 현 KT로 합병됨), 한솔PCS(018, KTF®로 합병됨), LG텔레콤(019, 현 LG유플러스®) 등 3개 컨소시엄이 CDMA 방식의 PCS(Personal Communications Service, 개인휴대통신) 사업권을 획득하여 1997년 10월 1일 이동

---

49) 김응효, "전기통신 40년의 회고", 전자공학회지(제13권 제5호), 대한전자공학회, 1986. 10, 429-434면.
50) 편집부, "시사 속 역사 | 이동통신의 발달사", 초암네트웍스(계간(논) 14), 2007. 5, 196면.

통신 서비스를 시작했다. PCS 사업자들은 한국이동통신(011)과 신세기 이동통신 (017, 2002년 4월 1일에 현 SKT로 합병됨)과 경쟁하였으나 사용 주파수 대역만 850MHz(한국이동통신, 신세기 이동통신)와 1.8GHz로 사용 가능한 휴대폰이 달랐다.

1세대와 2세대를 구분하는 가장 큰 기준은 무선이동전화 단말기와 무선이동전화 사업자의 기지국설비 사이의 무선접속이 FM(Frequency Modulation)의 아날로 그 무선 접속방식(채널 대역폭 25kHz)에서 디지털 무선접속방식으로의 변혁이다. 여기에는 CDMA(코드분할 다중접속방식)의 상용서비스가 큰 몫을 했다. 처음 서비스 방식을 정할 때 미국 퀄컴(Qualcomm)사의 CDMA 방식과 유럽형 이동전화 GSM(Group Special Mobile)의 기술적 기반이 되는 TDMA(Time Division Multiple Access)시분할 다중접속방식이 경합을 벌였지만, CDMA 방식이 최종 채택돼 1996년 1월1일 세계 최초로 CDMA 방식의 이동통신 서비스가 시작되었다. 이후 애초의 우려를 깨고 승승장구해 우리나라가 이동통신 강국으로 자리 매김하는 데 결정적인 역할을 하였다.[51]

1996년 1월부터 1996년 9월까지 우리나라의 CDMA 가입자 수는 100만으로 증가하였다. 1999년 64kbps(kilo bit per second)의 데이터 속도를 지닌 CDMA 1X가 개발되고 2000년에 1.25MHz 채널 대역폭을 사용하여 정지 시 2Mbps, 이동 중 384kbps의 데이터 전용 시분할 다중전송방식 CDMA 1X EVDO(Evolution- Data Only), 2004년에 1.25MHz 채널 대역폭에서 2Mbps의 데이터와 음성을 전송할 수 있는 EVDV(Evolution-Data and Voice)가 개발되어 서비스가 제공되었다. EVDO와 EVDV를 CDMA2000 1X 방식이라 한다.[52] 한편, 한국이동통신(주)의 1G 이동통신서비스사업을 인수한 SKT의 1G 이동전화 서비스는 1999년에 종료되었다.

KT는 LTE서비스를 위한 주파수 대역이 없었기 때문에 조기에 2G 서비스를 종료할 수밖에 없었으나, 그 과정에서 이용자들이 소송을 제기하는 등 극심하게 반발하는 등의 어려움을 겪었다. KT는 결국 2011년 11월 23일 2G 서비스의 종료에 관하여 방송통신위원회의 승인을 받았다. SKT와 LG 유플러스는 2016년 3월까지도 명확한 2G 서비스의 종료계획은 밝히지 않고 있는바, 이용자의 3G 또는

---

51) 위의 책, 196면.
52) William C. Y. Lee, Wireless and Cellular Telecommunications, 2006, 3rd Ed., p. 3.

4G(LTE)로의 전환을 유도하여 자연스럽게 2G 서비스가 종료될 것을 기대하는 것으로 보이나 2G용 주파수 사용만료 기한은 2021년 6월로 정해져 있다.

　제3세대(3G) 무선이동통신하면 가장 먼저 떠오르는 것이 서로 얼굴을 보고 통화하는 화상통화이다. 그러나 2G와 3G를 구분하는 기준은 영상통화 자체보다는 그것을 가능하게 하는 고속데이터 서비스에 있다. 3G의 공식적인 명칭은 국제통신연합(ITU)이 지난 1995년에 확정한 IMT-2000(International Mobile Telecommunication)이다. IMT-2000은 크게 동기식과 비동기식으로 나뉜다. GSM에서 발전한 WCDMA(Wideband CDMA)와 이를 더 발전시킨 HSDPA(High Speed Down-link Packet Access) 하향(이동무선전화 기지국에서 이동무선 단말기로 송신하는 무선회선선로) 고속패킷접속이 비동기식이고, CDMA에서 발전한 1x EVDO(Evolution Data Only)가 동기식이다. 동기식 3G는 2002년 1월에, 비동기식 3G는 2003년 12월에 상용화되었다. HSDPA는 WCDMA의 속도를 높인 기술로서 이전의 기술과 구분하기 위해 3.5G라 부르기도 한다.

　현재 무선이동전화는 제4세대(4G) 이동무선통신인 LTE(Long Term Evolution)라는 OFDMA(Orthogonal Frequency Division Multiple Access, 직교주파수분할 다중접속방식)를 사용한다. 여기에 기지국과 이동무선단말기(스마트폰으로 변화됨)에 다수의 안테나를 사용하여 무선전송용량을 높인 다중안테나 기술이 채택된다. OFDMA와 다중안테나 기술의 두 가지 핵심기술에 무선이동단말에서 인접한 두 개의 기지국에서 무선접속신호를 받을 경우 두 개의 신호가 간섭이 일어나지 않도록 두 대의 인접 기지국에서 상호 협력하는 기술을 추가한 LTE-A(Advanced) 방식을 한국전자통신연구원에서 2011년 1월 개발하였다.[53] 2012년 3월 중순기준으로 전세계 32개국 총57개 LTE네트워크가 상용화되면서 LTE의 사업화가 빠르게 진행되고 있었다.[54] 4G 이동무선통신은 기지국과 이동무선단말 사이에 3G 이전의 회선 교환방식의 음성 위주 저속 데이터 전송에서 탈피하여 음성과 데이터가 고속멀티미디어 인터넷 무선전송기술 방식으로 통합되었다.

---

53) 고호관, "LTE-Advanced 스마트 라이프 만드는 차세대 이동통신", 과학동아(제26권 제3호), 동아사이언스, 2011. 3, 75면.
54) 김정호, "LTE／LTE-Advanced 네트워크 발전단계 및 특성: Network and Protocol Architectures", 대한전자공학회논문지(제49권 제6호), 대한전자공학회, 2012. 6, 71면.

2) 전기통신의 고속화, 첨단화, 통합화 및 고도화

음성통화에서 출발한 전기통신은 디지털 전기통신신호처리, 반도체, 컴퓨터의 발달로 고품질, 고속화, 전기통신회선의 효율적 사용이 가능하게 된다. 또한 음성통화 외에 데이터, 화상 및 영상처리 기술의 발달로 이러한 정보를 이용한 전기통신이 널리 사용된다.

이는 전기통신 전 분야 즉, 교환설비, 전송설비, 유·무선 가입자 선로설비에서 나타난다. 음성, 영상, 화상 및 데이터 등의 정보는 디지털 전기통신신호로 변환되고 전기통신회선 용량을 효율적으로 사용하기 위하여 이러한 정보는 MPEG 표준의 압축 기술을 적용하여 압축 및 다중화하고 회선 또는 패킷 교환 설비에 의하여 전기통신회선 경로를 구성한다. 다수의 사용자에서 다량의 트래픽을 처리해야 하므로 교환설비 용량도 증가한다. 교환설비는 디지털 논리소자, 메모리소자, 스위치소자, 컴퓨터 등으로 구성된다. 이들 설비 내부의 전자의 운동 또는 진동에 의하여 전기통신신호가 처리되기 때문에 고속, 대용량 처리에는 한계가 있다. 향후 다량의 멀티미디어 정보를 처리하기 위하여 발광 소자, 수광 소자, 광논리 소자, 광메모리 소자, 광신호 증폭기, 광스위치 소자 및 광컴퓨팅 등의 광통신 기술이 연구 개발되고 있으며 이들에 의해 고속, 고품질, 대용량 멀티미디어 전기통신 서비스가 가능해 진다.[55]

전송설비도 멀티미디어 전기통신서비스에 따라서 대용량 전송을 위하여 광전송 선로가 도입되어 FTTC(Fibre to the Curb)와 FTTH(Fibre to the Home)등 전송설비뿐만 아니라 가입자 선로설비도 광전송 설비가 사용되기에 이른다.

이동무선통신기술도 더욱 고속화와 첨단화로 혁신되면서 주파수 사용효율의 증대, 셀 소형화, D2D(Device to Device) 즉 기지국을 경유하지 않고 이동무선단말기 간의 무선통신도 가능하도록 5G 무선통신 기술로 무선통신 기술이 변혁을 시도하고 있다. 셀룰러 방식은 넓은 지역을 서비스하는 매크로 셀에 소형 셀들이 중첩하여 존재하고 매크로 셀의 소형 셀의 기지국들이 협력하여 고속 전송용량의 영역을 확대하거나 셀 경계 및 셀 평균 용량을 향상시킨다. 또한 기지국에 massive

---

55) 이하철 외, 앞의 책, 271-302면.

MIMO(Multiple Input Multiple Output) 기술로 수백 혹은 수천 개의 안테나를 장착하여 전송용량과 송신 전력 효율을 달성한다. 최근에는 20~50GHz 후보 대역을 이용하여 기지국과 단말 간 massive MIMO 기술(기지국 16×16 array, 단말 4×4 array) 활용 연구를 수행 중이다.[56)]

전기통신사업자 사이에 경쟁이 치열해지면서 새로운 수익을 창출하기 위하여 사람과 사람 사이의 멀티미디어 전기통신 서비스에 머무르지 않고 방송과 통신의 융합, 사람과 사물 간의 통신 및 사물과 사물 사이의 통신 서비스가 출현한다. 특히 사물과 사물 사이의 전기통신서비스는 전기, 가스, 수도 등의 원격검침, 보안경비에 대한 무선보안, 무선 신용카드 결제, 위치 추적 전자장치를 활용한 호출방식과 안심귀가를 지향하는 브랜드 택시, 위치 추적 전자장치를 이용한 무선 전자 팔찌 또는 전자발찌, 전기의 생산, 운반, 소비 과정에 전기통신기술을 사용한 지능형 전력망 스마트 그리드 등에 활용된다.

미래 데이터 통신량은 유선에서 무선으로 그 비중이 증가하고 있으며 그 규모도 급격히 증가될 것으로 예측되고 있다. 유선망과 무선이동통신망 자원을 효율적으로 운영하고 유선망 사업자가 무선이동 서비스 영역으로 확장하기 위하여 이동통신 단말에 무선랜 인터페이스를 추가하여 동일한 무선 단말로 실내에서는 무선랜을 통한 통신서비스를 제공하고 실외에서는 이동통신망을 이용한 통신 서비스를 제공하는 유무선 융합 서비스로 발전한다. 향후 유무선 융합에 따라 이동성을 지원하고 광기술을 기반으로 중앙 집중식의 통신량 처리보다는 분산된 전기통신망에서 대용량의 통신량과 소형 셀을 수용한다. 무선접속 기술과 전기통신망의 다양한 접속기술을 수용하는 융합망 기술로 개별적이고 독립적으로 적용하고 있는 상이한 접속제어, 통신량 제어 및 이동성 제어를 단일화하는 기술, 망자원의 유연성과 개방성을 통하여 유무선 정보 전달망에 부가 가치를 생성하는 콘텐츠 기술로 부가통신사업자의 진입을 용이하게 하도록 망자원의 동적 가상화를 실현한다.[57)] 무선이동통신망 기술의 변혁과 혁신은 신규 무선주파수를 발굴하고 신뢰성과 보

---

56) 예충일 / 고영조 / 남준영 / 노태균 / 신준우 / 안재영 / 송평중, "B4G 이동 통신 기술 동향", 전자통신동향분석(제28권 제6호), 전자통신연구원, 2013, 77면.
57) 문정모 / 박노익 / 이상호 / 김영진, "5G망을 위한 유무선 융합 네트워크 기술", 전자통신동향분석(제28권 제6호), 전자통신연구원, 2013, 1면.

안성이 높으며 고속광대역멀티미디어 전송이 가능한 무선기술이 등장하여 서비스 이용자의 편익을 증대할 것으로 기대한다.

3) 인터넷의 등장과 확산

회선교환방식에서 전기통신설비를 이용 중에 배타적으로 묶어 두지 않고도 각 각의 독립적인 컴퓨터를 연결하기 위하여 패킷교환이라는 기술을 도입하여 각기 다른 방식의 전기통신절차를 적용한 상호 배타적인 전기통신망사업자가 출현하였 다. 이들의 상이한 전기통신망 사이의 접속을 위하여 더욱 더 개방된 구조의 전기 통신 규칙을 적용한 인터넷이 1977년 미 국방부 소속 고등연구소의 소프트웨어 개발 자금을 받은 미국의 스탠포드 대학의 빈튼 서프 등에 의해 개발되어 1981년 인터넷은 일반에게 완전 공개되었다. 최초의 인터넷은 개인용 컴퓨터의 기능이 고 도화되어 있지 않고 그 보급이 일반화되어 있지 않아 대규모 컴퓨터를 활용하는 전문적인 사용자 사이에 전문분야에 대한 정보검색 등 컴퓨터 통신이 극히 제한적 인 용도로 사용되었다. 개인용 컴퓨터의 기능과 속도가 개선되고 그 보급이 일반 화되자 정보검색에 대한 월드와이드웹(www)이라는 프로그램이 등장하고 이에 대한 웹브라우저의 개발로 인터넷 통신은 대중화되었다.

인터넷 IP장비의 진보로 인해 교환설비에 대한 개념이 모호해지고, 교환기능 을 제공하는 장비들이 개발되고 있다.[58] All-IP화, 융합화로 네트워크와 서비스가 논리적으로 분리되면서 망이 없는 사업자에 대해서도 네트워크 접근에 대한 확대 해석이 필요하다는 견해가 있다.[59] 과거 각 서비스가 독립적인 플랫폼으로 제공되 어 수직적 규제체계를 적용하는 데 별 어려움이 없었지만, All-IP화 및 융합에 따 라 하나의 네트워크로 모든 서비스를 제공하는 것이 가능해지고, 기존의 체계로는 명확하게 정의하거나 규제하기 어려운 새로운 경계 영역에 걸쳐 있는 매체들이 등 장함에 따라, 수평적 규제체계가 새로운 대안으로 등장한다. 수평적 규제란 현재 방송법, 전기통신사업법, 인터넷멀티미디어방송법(IPTV법) 등과 같이 사업자별 규제(수직적 규제)가 아닌 전송인프라(네트워크), 콘텐츠, 플랫폼 등 각 계층별로 동 일한 규제를 적용하는 것을 의미하며 수평적 규제체계에서는 공정경쟁과 관련 네

---

58) 방송통신위원회, "별정통신 제도개선을 위한 국내·외 사례 조사", 2008. 12. 31, 13면.
59) 위의 책, 16면.

트워크에 대한 지배력이 콘텐츠 및 전송서비스 계층 전체에 확대되는 것을 차단하는 것이 주요 이슈로 등장하며, 이에 따라 네트워크를 갖지 못한 사업자에게 네트워크에 대한 접근성을 높이는 것이 주요한 과제로 등장한다.[60]

3. 전기통신시장의 정책과 규제

1) 국제 및 국내 표준화

가) 국제전기통신 표준화 기구 탄생 과정

초기에 마르코니를 옹호하여 영국에 설치된 마르코니 무선전신회사는 설치운용과 마르코니식 무선기기의 제작, 판매에 있어서 영국과 이탈리아의 해군 및 상선을 비롯하여 세계의 모든 선박에 대하여 거의 독점권을 가졌다. 즉, 마르코니식 무선전신기기를 사용한 영국 해안국이나 선박은 마르코니식이 아닌 다른 나라의 무선설비를 설치한 무선국이나 다른 나라의 선박과 교신을 거부하는 등 많은 문제점이 발생하였다. 그 후 마르코니식 무선통신회사의 기술독점과 다른 시설의 무선국과의 교신 거부 및 타 전기통신설비의 출현 그리고 무선국 수의 증가에 따라 무선통신은 이제 한 국가의 통제만으로는 도저히 처리하기 어려운 실정이 되었다. 국제간의 전신업무는 초기 유럽에서 현저하게 발달하여 관계되는 두 나라 또는 수개국간에는 각각 협정이나 협약을 맺어 그 업무를 취급하고 있었으나, 각국은 각기 상이한 업무 및 취급조건을 규정하고 있었기 때문에 불편한 점과 통일되지 못한 것이 많았다.

마침내 1903년 독일, 오스트리아, 스페인, 프랑스, 헝가리, 이탈리아, 러시아, 미국 및 영국 등 8개국의 대표를 베를린에 초대하여 예비회의를 개최하고 상호통신의 의무, 통신요금의 문제, 기술문제 및 조난통신의 신속한 처리문제 등을 토의하고 그 후 1906년 베를린 예비회의에서 의제로 삼았던 문제들을 기초로 하여 최종적으로 만국무선전신연합(International Radio-telegraph Union, 이하 IRU라고 한다)을 발족하였다. IRU와 전파통신규칙은 1908년 7월 1일 이후 협약체결국 상호간에 실시되는데, IRU는 오늘날의 국제통신규약의 효시라 할 수 있고 전파사회의

---

60) 위의 책, 17면.

발전을 기약하면서 발족하였다.

IRU 창립 이후, 1912년 영국 런던, 1927년 미국 워싱톤 회의를 거쳐, 1932년 스페인 마드리드에서 제4회 전권위원회를 개최한다. 한편, 무선전신은 모르스(Morse)에 의하여 발명된 후, 그 이용은 점차 확장되어 미국과 유럽 각국 사이에도 성행하였다.

만국전신연합은 창설된 이후 12차 총회를 거듭하다가, 1932년 마드리드에서 개최된 제13차 회의를 마지막으로 국제전기통신연합(International Telecommunication Union, 이하 ITU라고 한다)에 흡수됨으로써 만국무선전신연합과 같이 해산하였다. 원래 유선전신 및 무선전신은 전기통신에 속하는 것이며 한 통의 전보처리에 있어서 각각 다른 규정을 병용하여야 한다는 것은 매우 불편하며 불합리한 일이었다. 그러므로 이들 기구는 서로 다른 규칙과 규정을 통일할 필요를 인식하였고 전체적인 전기통신의 발달과 효율적인 운영을 위해서 양자의 합병이 불가피하다는 의견이 각국 간에 점증하였다. 따라서 1932년 마드리드에서 개최된 제13차 만국전신회의와 제4차 만국무선전신회의가 동시에 개최된 것을 계기로 양 연합 79명의 대표자는 그 합병을 심의 가결하여 ITU 및 국제전기통신협약(ITC)을 성립시켰다.

ITU의 소재지는 원래 스위스의 베른이었는데 1947년 미국의 애틀랜틱시티 회의에서 스위스의 제네바로 변경을 결정하여 1948년에 이전하였다. 초기 ITU의 미비하였던 협약들은, 제2차 세계대전 때문에 협약의 개정과 검토를 위한 회의는 거듭 연기되었으나 통신기술과 그 이용은 전쟁으로 인하여 발달과 확대를 가져온다. 즉, 전파병기로 쓰이던 레이더 등 무선기기는 해상과 항공에 있어서 항행용으로 사용하고, 무선다중방식의 방송국의 증설 또는 TV, 기타 새로운 분야의 전파이용이 개척·확대됨으로써 무선통신로와 통신량이 끊임없이 증가되었다. 따라서 혼신의 제거, 통신방해의 방지 및 효율적인 전파이용에 관한 문제를 해결하지 않으면 안 되게 되었다.

제2차 세계대전으로 약 15년간 정체되었던 1932년 마드리드 협약은 단일조약으로서 현행 협약의 모체가 되었으나, 형식적으로는 미국의 애틀랜틱시티, 아르헨티나의 부에노스아이레스, 제네바, 말라가의 토레노몰리노스, 케냐의 나이로비 및 프랑스의 니스 회의 등을 거쳐 각각 폐기되고 새 협약이 맺어진 것으로 되어 있다. 그러나 실제적으로는 이들 회의에서 마드리드 협약의 일부가 개정 또는 보완된 것에 불가하다. 마드리드 협약에 의한 국제회의는 이집트의 카이로에서 ITU의 주관청(主管廳) 회의가 개최되어 부속규칙의 개정 보완이 한번 있었다. 이 시기는 전기 방전식에서 진공관식으로, 또는 장파로 전환하는 전파과학의 큰 변혁기로 무선통신규칙상 또는 제도상 많은 개정이 있었다.

카이로 회의 이후 세계평화가 파괴되어 한동안 국제회의를 개최할 기회를 갖지 못하였다. 그러던 중 1947년 미국이 애틀랜틱시티에 70여 개국을 초청하여 처음으로 전파통신에 관한 국제회의를 개최하고 협약을 맺었으며, 새로운 국제정세와 전파과학 및 무선통신 현황에 부응하기 위한 새로운 제도에 대하여 검토하고 부속무선통신규칙을 대폭 개정·보완하였다. 1989년 니스 협의에서는 종전의 ITC를 폐기하고 국제전기통신헌장 및 협약(International Telecommunication Constitution and Convention)으로 이원화 하였고, 그 후 1992년 스위스(제네바) 추가전권위원회에서 동 헌장 및 협약을 개정하였다.

기존협약은 13장, 82개의 조문과 3개의 부속서로 되어 있으며 4개의 부속업무규칙에 의하여 보완되어 왔으나, 니스 협의에서는 나이로비 협약 제1부(기본규정, 1-700항)는 헌장으로, 제2부(일반규칙, 201-571항)는 협약으로 분할하였는데, 헌장은 전문(Preamble), 47개 조문 및 1개 부속서로 구성되었고, 주요내용은 국제전기통신연합의 기본 구조와 정신에 관한 사항이며, 협약은 7개의 장, 35개의 조문, 1개 부속서, 1개 선언 및 유보서로 구성되어 있으며 주요내용은 주로 운용, 절차적인 사항이다. 이것이 바로 현재의 유효한 조약이 된 것이다.

나) 전기통신 국내외 표준의 종류

전기통신표준은 각종 통신망과 장치, 기기들을 통해 다양한 서비스를 제공 또는 이용하는데 필요한 통신주체간의 합의된 공통 규약이라 할 수 있으며, 표준의 종류는 국제표준, 지역표준, 국가표준, 단체표준, 사업자(사내) 표준 등으로 구분할 수 있다.

국제표준은 세계 모든 국가가 참여하여 합의가 도출되는 표준으로서 법적 표준의 문제를 국제법적 효력을 가지는 규범 차원에서 다루는 ITU 권고(Recommendations)와 자발적인 민간 중심으로 표준을 제정하는 ISO / IEC JTC1 등이 있다. 지역표준으로는 유럽의 ETSI가 대표적이다. 국가표준으로는 우리나라의 국가산업표준인

KS와 국가정보통신표준인 KICS가 있고 일본의 JIS, 미국의 ANSI 등이 있다. 단체표준은 우리나라의 TTA, 일본의 TCC, ARIB, 미국의 T1, TIA, EIA 등을 들수 있다.[61]

단체 표준은 특정기관, 사업단체(조합 등), 학회 등이 구성원 내부(사업자, 산업체, 연구소, 이해당사자 등)에서만 적용될 수 있도록 하기 위하여 관계자의 합의에 의하여 제정 사용하는 표준을 말하며, TTA의 정보통신단체표준은 TTA 협회, 사업참가사의 공동 이익을 도모하고 이용자를 보호하기 위하여 정보통신표준화 운영규정에서 정하는 소정의 절차에 따라 표준총회에서 채택하여 TTA 협회 총장이 공고하는 표준이다. 국가표준인 한국정보통신표준(KICS)은 TTA 표준 중 통신사업자, 제조업체, 연구소, 정부부처 등 국가 전체에 영향을 주는 표준으로 정부의 정책상 필요하거나 적용대상이 특정집단에 한정하더라도 그 파급효과가 국가 전체에 미치거나, 국내 개발 기술로서 국제표준화 기구에서 정식 표준(안)으로 채택되거나, 외국 기술의 단순한 번역이 아닌 것으로 실질적 표준화 활동을 통해 채택된 것은 적절한 선정 기준 및 절차를 통해 선정한 후 일정기간의 표준채택 예고기간을 두고 문제가 없을 시 관계부처가 고시한다.

2) 국제 및 국내 주파수 관리 정책[62]

주파수 관리의 목적은 무선전기통신 사이에 전파 간섭을 회피하고 주파수를 효율적으로 활용하며 분배하기 위한 것이다. 과거 주파수 소요가 크지 않았을 당시에는 주파수 관리가 용이하고 주파수의 효율적 활용과 분배보다는 전파 간섭을 회피하는 데 초점을 두고 국가 기관이 주도하여 주파수의 용도, 사용 주체, 전파이용기술 방식 및 송신출력 등 모든 사항을 일방적으로 결정하는 명령과 통제(Command and Control) 방식을 채택한다. 이에 따라 국내 및 국제용 전파 주파수 대역의 대부분이 방송 및 통신용으로 할당되어 추가로 할당할 수 있는 대역이 더 이상 남아 있지 않은 실정이다. 1990년대 이후 무선 이동전화와 무선인터넷의 무

---

61) 장명국, "정보통신분야에서 국가표준과 단체표준의 관계 및 역할", TTA 저널(제53호), 1997. 10, 20면.

62) 전형석 / 이혁재, "미래의 스펙트럼 관리 정책과 동적 스펙트럼 관리 기술이 나아가야 할 방향", 한국통신학회지(제24권 제9호), 한국통신학회, 2007. 9, 5-14면.

선통신산업의 급속한 발전으로 무선통신기기 사용의 폭발적인 증가에 따라 전파 자원으로서의 주파수의 중요성이 기하급수적으로 증대한다. 한 가지 주목할 만한 사항은 미국 연방통신위원회(FCC, Federal Communications Committee)를 비롯한 많은 단체와 기관에서 전파 주파수 사용률을 측정한 결과 무선 이동전화와 방송의 상업용 전파 주파수 대역을 제외한 대부분의 주파수 대역의 사용률이 10% 내외로 나온다는 다소 충격적인 사실이다. 그러나 무선통신산업의 발전과 주파수 이용 효율의 관점이 중요시 되더라도 항공, 군사, 천문, 위성, 기상 및 재난안전 등 국가 안보와 공공용 주파수의 경우에는 명령과 통제 방식으로 주파수를 관리될 수밖에 없다.

무선이동전화 이용의 급증에 따른 주파수 소요 증가로 주파수에 대한 경제적 가치가 높아짐으로써 경제학자 등에 의하여 오랫동안 주장해온 바 주파수에 대한 재산권을 인정하고 재화로 취급함으로써 주파수의 할당과 분배에 있어서 거래를 허용하는 시장원리를 도입하여 주파수의 독점적 사용권한을 부여하는 시장관리방식이 운용된다. 시장관리 방식은 사업자 간의 경쟁을 유도하고 사업자의 이윤을 극대화하는 과정에서 주파수의 이용 효율을 향상시키는 방식으로 1989년 뉴질랜드에서 최초로 주파수 할당 경매(auction)를 시도하였고 미국이 1990년대 PCS 대역을 경매 제도를 통해 분배하는 데 크게 성공한다. 독일, 영국, 네덜란드가 3G 주파수 사업자 선정에서 경매 제도를 운용한다. 그러나 경매 방식은 대기업에 의한 주파수 매집 및 담합의 위험성이 항상 존재하므로 프랑스와 국내에서 행정적 유인 가격(Administrative Incentive Price)을 통해 주파수 가치를 기회비용에 근거하여 추정하고 최초 주파수 할당 시 심사대가 할당 방식으로 선정된 사업자에게 해당하는 비용을 징수한다. 심사대가 할당 방식은 사업자 선정에서 투명성 부족과 사업자 선정 과정에서 막후교섭(lobby) 활동이 과열되는 단점이 지적되고 있다.

이러한 명령과 통제, 경매, 심사대가 할당 방식은 국가가 특정 주파수 대역에 대해 사용자에게 배타적 이용권한을 부여하는 면허 방식이나 배타적 사용 권한을 인정하지 않고 누구나 특정 주파수 대역을 사용할 수 있는 비면허방식의 ISM (Industrial, Scientific, Medical), U-NII(Unlicensed National Information Infrastructure) 대역을 운용 관리하고 있다. 비면허방식의 주파수 대역으로 2000년대 이후 와이파이(WiFi) 등 수십 미터 이내의 근거리 무선통신(1km까지 가능한 슈퍼 와 이파이도 등장함) 시장의 폭발적 성장의 토대가 되었고 다양한 서비스와 기술 개발을 촉진하였으나 명확한 주파수 사용 권한이 정의되어 있지 않아 무분별한 주파수 사용과 이에 따른 전파 간섭으로 전파 통신 품질의 저하를 초래할 수 있다. 이를 극복하기 위해 전파 간섭 보호 기능을 포함하는 혁신적인 기술의 개발이 필요하지만 전파 간섭 문제를 원천적으로 해결할 수 없기 때문에 주파수 관리 측면에서 규제할 필요성이 있다.

명령과 통제, 경매, 심사대가 할당의 면허 방식과 비면허 방식은 서비스와 기술이 제한되는데 SDR(Software Defined Radio), CR(Cognitive Radio) 등 새로운 전파 자원 활용 기술과 동태적 주파수 관리 및 접속 기술 등 전파 자원 관리 기술이 연구되고 있어 사업자간과 사업자와 국가기관 간 실시간 주파수 거래, 주파수 사용 허가를 받지 않은 2차 사용자가 주파수 사용 허가를 받은 1차 사용자의 전파 통신에 장애를 일으키지 않도록 매우 낮은 송신 출력으로 단거리 대용량 데이터 전송의 초광대역 무선통신(UWB, Ultra Wideband)의 중첩(underlay) 방식, 1차 사용자 전파 주파수를 상시 탐색하여 1차 사용자가 사용하지 않는 주파수 대역을 사용하는 오버레이(overlay) 방식의 주파수 공용방식, 비면허주파수 대역을 경쟁에 의하여 접속하지 않고 중앙집권체제에 의하여 전파 자원의 접속 및 관리를 통합 관리하는 방식의 창조적 주파수 관리 방식으로 전파 자원의 효율적인 활용을 추구할 필요가 있다. 비면허대역 주파수의 중앙집권체제 역할은 국가 기관이 담당하는 것이 적합하나 국가 기관은 공공의 편익을 우선하므로 관리 정책 수립의 과정이 매우 느리고 유연하지 못할 뿐만 아니라 기술 추세를 제대로 반영하는 데 어려움이 있어 기술 발전을 저해한다는 견해가 있다. 공공 주파수 관리에 있어서 최소한의 국가 기관의 통제는 필요하나 산업계가 시장자율에 의한 주파수 통제가 이루어지도록 주파수 관리 정책을 개선할 여지가 있다.

3) 전기통신설비 및 기기에 대한 기술기준

전기통신기술 적용에 대한 전반적인 지침은 전기통신 표준에 기반을 두고 있으며 표준은 권고표준과 강제표준으로 나눌 경우 강제표준에 기술기준이라는 법률용어를 사용한다.[63] 전기통신에 의한 디지털 정보화 사회의 급속한 진전과 세계 경제의 국제화 조류에 따라 전기통신설비의 전기통신망 상호 접속, 연동, 운용이

전기통신 기술과 전기통신기기의 표준화와 상호운용성(호환성)으로 실현 가능하게 된다. 전기통신 기술 및 기기의 표준화를 앞세워 전기통신시장을 선점하면 수요자의 규모의 경제와 전기통신망의 외부적 효과, 최악의 경우 기술 표준에 적합하지 않은(호환성이 없음을 의미) 기술이 시장에서 퇴출 또는 도태되는 과도한 무기력증(Excess Inertia)으로 다른 기술의 대체가 용이하지 않고 표준화 경쟁에서 패배에 따른 위험도가 지나치게 크다.[64]

미국은 전기통신분야 기술 표준 채택에 있어서 한국 정부의 지나친 간섭과 단일 표준 채택을 문제 삼고 있다. 전기통신에 있어서 기술기준으로 다루어야 할 범위와 수준은 국가마다 전기통신망의 환경에 따라 다르게 운용되고 있다. 전기통신에 관한 기술기준은 국가 간 상호 인정(MRA) 추진으로 국가마다 다르게 제정된 기술기준을 상호 조율하는 추세에 있으며 국제 규격 및 기술기준을 국내 실정에 맞게 수용·규정하고 있다.[65][66]

무선설비(방송수신만을 목적으로 하는 것은 제외한다)는 주파수 허용편차와 공중선전력(공중선의 급전선(給電線)에 공급되는 전력)등 국가기관이 정하여 고시하는 기술기준에 적합하여야 한다. 무선설비 등에서 발생하는 전자파가 인체에 미치는 영향을 고려하여 전자파 인체보호기준, 전자파 등급기준, 전자파 강도 측정기준, 전자파 흡수율 측정기준, 전자파 측정대상 기자재와 측정방법, 전자파 등급 표시대상과 표시방법과 그 밖에 전자파로부터 인체를 보호하기 위하여 필요한 사항을 국가기관이 정한 기술기준에 적합하여야 한다. 전자파장해를 주거나 전자파로부터 영향을 받는 기자재에 대한 전자파장해 방지기준 및 보호기준(전자파적합성기준)을 국가기관이 정한다.

---

63) 양준규 / 왕진원, "정보통신 기술기준 및 표준 개선방안 연구", 한국통신학회 학술대회논문집, 한국통신학회, 2001. 7, 1170면.
64) 박웅 / 박기식, "Dynamic Patterns 분석에 의한 정보통신 표준화 정책방향 연구", 한국정책학회 하계학술발표논문집, 한국정책학회, 2001, 674면.
65) 강부미 / 손종 / 박종봉 / 진병문, "국내외 정보통신 표준화 및 기술기준 법체계", 한국통신학회 학술대회논문집, 한국통신학회, 2005. 6, 627-630면.
66) 강영홍 / 함형일 / 양준규, "정보통신 기술기준과 국가표준의 상호 연계방안 연구", 한국정보통신학회논문지(제11권 제9호), 한국정보통신학회, 2007. 9, 1634-1641면.

4. 전기통신시장의 특수성

전기통신산업은 지역적으로 멀리 떨어진 인간의 일상적인 의사소통을 위한 국민생활과 국가안보 및 국가경제활동에 필수불가결한 전기통신서비스 수요를 공급해 준다. 전기통신산업은 유·무선 전기통신서비스를 막론하고 각국에서 해당 국가의 국민 전체를 대상으로 하는 것을 전제로 하므로 국가의 영토와 지역별 인구밀집도, 트래픽 발생량을 수용할 수 있는 전기통신설비를 구축, 운영한다. 이러한 전기통신설비의 구축과 운영에는 막대한 투자비와 운영비가 소요된다.

한편, 무선 전기통신서비스에서는 전파가 필수적으로 사용되어야 하고 사용할 수 있는 전파의 주파수 범위도 제한되어 있으며 전파는 사업용 무선 전기통신 서비스가 개시되기 이전에 중파 및 단파 라디오 방송, 초단파 TV 방송, 해상 및 항공의 무선항행, 무선측위, 조난통신, 위성통신과 군사용, 기상관측용 레이더 등으로 분배 및 할당되어 있기 때문에 사업용 무선 전기통신서비스에 사용할 수 있는 전파의 주파수 범위는 극히 한정되어 있다. 즉, 무선전기통신서비스에 사용할 수 있는 주파수를 무한정으로 제공할 수 있는 자원이 아니므로 희소성을 지니고 있다고 하겠다. 또한 전파의 주파수는 전파의 간섭에 의하여 무선통신에 혼신이 발생하여 무선통신이 불가능하므로 전기통신사업자는 전파의 주파수를 독점, 배타적으로 사용해야 한다.

이러한 전기통신산업의 막대한 투자, 운영비와 전파 주파수의 희소성과 독점, 배타적 사용에 의하여 각국은 이용자의 편익을 도모하고 공공복리의 증진을 위하여 국가가 공적서비스의 개념에 의하여 독점적/일원적으로 구축 및 운영하였으나 전기통신시장의 국가에 의한 완전 독점에 따른 시장지배력의 증가와 이에 따른 타 전기통신사업자와 상호접속의 거부로 인한 이용자의 불편, 전기통신사업에 대한 경영합리화 의식이 희박해지고 전기통신서비스 정신의 저하, 노동의욕의 감퇴 등의 폐해를 낳게 되었고 전기통신 기술의 진보와 발전으로 저렴한 비용으로 동등한 전기통신설비를 구축, 운영할 수 있고 주파수의 효율적 이용기술이 개발되어 다양한 기술과 서비스와 통신요금을 갖추고 전기통신서비스 시장에 진입할 수 있는 기회와 여건이 마련된다. 이에 따라 각국은 전기통신사업의 적절한 운영과 전기통신의 효율적 관리를 통하여 전기통신사업의 건전한 발전을 위하여 독점체제에서 경쟁체제로 이행한다.

전기통신시장의 경쟁체제에도 불구하고 시장지배력과 전기통신설비, 전파 주파수의 독점 문제 등의 전기통신시장의 특수성으로 인하여 전기통신설비의 상호접속 거부, 전기통신요금의 인하 압력 원인 상실, 불공정 계약과 보편적이고 공익적 서비스의 배제 등의 현상이 발생할 가능성이 존재하고 이에 따른 이용자의 편익에 손해를 입힐 가능성이 있으므로 국가의 강제 집행력에 의하여 규제할 필요성이 있다. 즉, 전기통신사업은 국가의 자원인 영토, 영해, 영공과 전파 주파수를 사용하고 이는 국가의 국민에게 공통적인 자원이므로 전기통신사업에 대한 규제는 국민의 공통, 공적 자원에 대한 사용에 있어서 공익성을 보장하기 위한 것이다. 그러나 한편으로 자유로운 전기통신시장의 진입과 경쟁을 보장하여 전기통신사업의 건전한 발전을 도모할 필요성이 있다.

1) 전기통신망 설비의 구비와 필수설비

유·무선 전기통신서비스를 제공하는 전기통신사업자는 교환설비, 전송설비, 기지국설비의 전기통신설비와 전원설비, 전기통신설비의 운영, 관리를 위한 전기통신회선 관리 설비를 구축, 운영하는 데 대규모 투자와 운영비용이 소요되고 이들 설비를 구비하지 않으면 시내, 시외, 국제 유선, 이동무선전화 및 초고속 인터넷 서비스를 제공할 수 없다.

유선전화망은 사용자 유선전화단말기를 가입자 선로설비로 시내단국교환기와 접속하고 시내전화는 시내집중교환기로, 시외전화는 시외교환기로, 국제전화는 국제전화교환기로 접속하여 서비스한다. 시내단국교환기는 탠덤교환기로 접속하여 서비스할 수 있다. 유선 인터넷 서비스는 가입자 데이터단말기를 가입자선로로 인터넷 라우터에 접속하여 서비스한다.

이동무선통신은 전파 주파수를 다중화하여 다수의 사용자가 동일한 기지국의 전파 범위에서 동일한 주파수로 무선접속하고 무선통신망은 이동무선단말기(스마트폰)의 이동성을 관리하고 로밍을 처리하며 광대역 멀티미디어 정보를 불특정 다수에게 송신하는 방송형 서비스, 특정 집단의 다수에게 송신하는 일대다 서비스와 일대일 사이에 송수신하는 일대일 서비스를 제공한다. LTE 이동무선통신설비는 모두 인터넷 방식으로 처리되어 음성도 인터넷전화와 같이 동일한 방식으로 서비스하나 이동무선통신설비가 CDMA인 경우에는 회선교환방식으로 음성통화가 처리된다.

자본주의 경제체제에서 전기통신사업은 다른 사업과는 비교할 수 없는 방대한 초기 투자비용과 대규모, 대용량, 고가의 전기통신설비를 장치하고 24시간 고장과 장애가 없도록 상시 유지, 운영 및 관리하는 사업이라는 특수성으로 인하여 신규사업자가 진입하기에는 그 장벽이 매우 높고 그에 따라 시장독과점이 나타날 가능성이 상존하며 실제 시장독과점의 행위가 나타나므로 이에 대한 법적 규제는 정당한 것이다.

유선전기통신설비에서 가입자선로를 보유한 전기통신사업자는 시장지배력을 확보하게 되고 전기통신시장에 다수의 사업자가 시장에 진입 시 설치비용과 공간적 제약으로 인하여 가입자 선로설비를 설치할 수 없는 상황이 발생한다. 가입자선로설비는 동 설비가 없으면 사업수행이 불가하거나 사업운영에 장애로 작용하는 필수설비로서 통신시장 진입에 있어서 독점력의 근원이 된다. 가입자선로설비를 보유한 시장지배적 전기통신사업자는 동 설비를 신규사업자에게 제공하는 것을 거부하며 자신의 가입자 선로설비에서 발생한 트래픽을 신규사업자의 가입자에 전송되는 것을 제한하는 경우가 발생하여 상이한 전기통신사업자의 이용자 간에 전기통신서비스가 불가능하다. 이동무선전기통신설비에서도 전파의 주파수도 필수설비로서 기능을 한다.

한편, 전기통신시장은 폐쇄적이고 부분적인 환경에서 개방적인 구조로, 음성 중심의 회선교환방식에서 데이터 중심의 인터넷망으로, 유선망의 고정된 환경에서 무선망으로 빠르게 변화되고 있고 전기통신 서비스 환경도 전기통신사업자 중심에서 이용자 중심의 환경으로 이동하고 있다. 더구나 Google®, Facebook, 스마트 TV, 카카오톡®, 네이버®처럼 광대역 고속 인터넷 멀티미디어 전기통신설비를 활용하여 디지털 콘텐츠, 앱(Application), IT솔루션(Information Technology Solution), e-러닝(Learning), e-헬스(Health) 등 광대역 고속 인터넷 멀티미디어 전기통신설비 위에서 생산, 유통, 소비되는 비전기통신 서비스의 가상재화에서 발생하는 수익이 전통적인 전기통신설비에 의한 수익을 초과하고 있는 실정이다. 한국통신은 전기통신설비에 과부하를 유발하여 기존 이용자의 통신서비스에 영향을 준다는 이유로 스마트 TV의 앱에 의한 인터넷 접속을 거부했던 사례가 있었다.

그러나 초고속인터넷통신사업자의 인터넷 전화와 이동무선전화망의 유선 대체 현상의 심화로 시내전화의 가입자선로설비가 시장지배력의 원천인 필수설비의 역할에 대한 지속 가능성에 의문이 있다. 또한 전파 주파수도 기존에 이용하지 못한 주파수 대역이 지속적으로 개발되고 주파수 공유와 주파수 사용 여부를 인지하여 사용할 수 있는 인지무선 기술 등 주파수 이용 기술이 효율화됨에 따라 동일한 주파수 대역에서 더 많은 용량의 정보가 처리되고 있다. 이러한 기술이 고도화, 첨단화되고 모든 가입자선로설비와 전송설비가 광케이블로 전환되고 주파수 이용기술이 고도화, 효율화 및 신규 주파수대역이 발굴되더라도 가입자선로설비와 주파수의 제약으로 인한 필수설비의 특수성은 해소되기 어려우므로 이에 대한 규제 필요성은 지속적으로 제기될 것으로 보인다.

2) 전기통신설비의 외부적 효과

이러한 외부효과는 과거 독과점 시장과 규제를 용인하는 경제논리로 소수의 사업자가 다수의 가입자를 확보하면 가입자당 평균운영비용이 감소하여 저렴한 통신요금으로 전기통신서비스를 제공할 수 있다는 규모의 경제논리와 한 사업자가 다양한 전기통신서비스를 제공하면 가입자의 편익이 증가한다는 범위의 경제논리가 적용되어 왔다.

전기통신사업자는 계속적, 반복적으로 전기통신역무를 제공하는데, 전기통신역무는 용역에 해당하므로 물리적인 형태를 가진 재화와 구별된다. 또한 전기통신은 정보를 주고받는 사람 사이의 상호의존성에 의하여 이루어진다는 특성으로 인하여 통신주체 일방의 행위가 시장 이외의 경로를 통하여 다른 통신 주체에게 영향을 미치게 되는데 이를 외부성이라 하고 통신망의 외부성과 통화의 외부성이 있다.

전기통신사업은 사업자 사이에 상호접속이 되어 있지 않을 경우 가입자가 많을수록 더 많은 상대방과 통신을 할 수 있게 되어 더 많은 통신서비스의 편익을 제공받는다는 외부적 효과의 특수성이 있다. 이를 통신망의 외부성이라고 하고 전기통신역무에 가입하려고 하거나 이미 가입한 사람의 수가 많을수록 통화할 수 있는 대상이 증가하고, 이에 비례하여 그 효용이 커지는 것을 말한다. 통신망의 외부성은 이용자가 시내 전화망에 접속하기 위하여 지불하는 기본료의 영향을 많이 받는다. 즉, 잠재적 이용자는 기본료가 높은 경우에 전기통신역무에 가입하는 것을 꺼리게 될 것이므로 통화할 수 있는 대상의 증가폭이 감소함으로써 통신망의 외부성이 축소되는 것이다.

통화의 외부성은 전기통신설비를 통하여 통화가 이루어졌을 때 수신자가 요금을 부담하지 않고 송신자가 요금을 부담함으로써 발생하는 외부적 효과이다. 이동전화 부가역무인 자동연결역무와 통화의 외부성과의 관계가 문제이다. 자동연결역무란 이동전화 가입자가 타인으로부터 걸려온 전화를 직접 받을 수 없는 경우에 일반전화 또는 국제전화로 자동으로 연결해 주는 부가역무이다. 우리나라에서 전기통신요금은 발신자가 부담하는 것이 원칙이다. 그러나 이동전화 가입자가 자동연결역무를 이용하였을 때 통신과정이 두 개의 통화로 이루어진다. 요금도 두 개의 통화에 대하여 각각 부과된다. 두 개의 통화란 발신자로부터 이동전화가 1차 통화, 이동전화로부터 자동 연결된 2차 통화를 의미한다. 자동연결통화 요금은 수수료와 통화료로 구분되는데. 수수료는 부가 역무망을 이용한 것에 대한 대가이며, 통화료는 자동 연결되는 통화에 대한 이용대가이다.[67]

3) 보편적 역무

보편적 역무(Universal Service)는 모든 전기통신이용자가 언제 어디서나 적절한 요금으로 제공받을 수 있는 기본적인 전기통신역무를 말한다. 즉, 보편적 역무는 모든 국민이 시간과 장소의 제약과 차별없이 다양한 전기통신서비스를 저렴하게 이용할 수 있는 것을 말한다.[68]

자본주의 경제체제의 경쟁 환경에서 공기업이 아닌 사기업의 전기통신사업자는 자신의 사업이익을 극대화하는 데 초점을 두기 때문에 전기통신서비스의 요구가 많지 않은 지역에는 전기통신설비를 구축하지 않거나 그 규모와 서비스를 축소할 가능성이 있다. 이는 기본적으로 헌법상에 보장된 국민의 통신 기본권을 보장하고 확대하며 이용자의 편익과 공공의 복리를 위하여 이에 대한 규제의 근거로 보편적 역무의 제공이 대두된다.

보편적 역무는 통신시장 내 경쟁이 도입되면서 출현한 것으로 국민의 기본 통

---

67) 이상직, 앞의 책, 50면.
68) 신종철, "보편적 역무제도", 통신정책동향(제42호), 한국통신사업자연합회, 2007, 64-69면.

신서비스 이용권을 보장하는 정책적 수단이다. 기본 통신서비스 제공을 시장에 맡길 경우 특정지역 또는 특정계층 이용자의 사회적 배제나 정보화 격차가 발생할 수 있다. 이와 같은 시장 실패 현상에 대해 정부가 개입하여 법률에 근거해 기본적인 정보통신서비스를 보편역무로 지정하여 국민에게 지속적으로 제공될 수 있게 보장하는 것이다. 보편역무로 지정되는 기본 통신서비스는 기술발전, 보급률 등 기술 및 시장 추세에 따라 유동적이다.[69]

시대의 흐름에 따라 전기통신 기술방식과 전기통신망의 고도화 및 첨단화에 따라 전통적인 음성 중심의 전기통신서비스에서 문언, 영상의 초고속 통신서비스로 이행하고 있다. 이러한 기술변화 추세에 맞추어서 보편적 역무로서 기본적인 전기통신역무에 대한 범위를 확대할 필요가 있다.

4) 전기통신이용자 식별번호

전기통신서비스는 이용자에게 번호를 부여하여 상호 식별할 수 있다. 국내의 전기통신 이용자 식별번호체계는 국가, 지역, 서비스, 사업자별 상이한 식별번호와 이용자가 선택하는 번호로 구성된다. 미국은 유선전화와 무선이동전화 서비스의 번호체계를 동일하게 하여 최초 서비스 가입을 신청한 지역의 국번만을 사업자가 지정하고 나머지 7자리는 이용자가 자유롭게 선택할 수 있으나 국내는 미국과 달리 사업자별 식별번호 방식과 서비스별 식별번호 방식을 병행하여 사용한다. 이러한 사업자 식별번호 차이가 시장지배력의 원인으로 작용할 수 있다는 견해와 우려로 무선이동전화 서비스에 대하여 번호이동정책이 2004년 시행되어 장기적으로 무선이동전화는 010 번호로 통합되었다. 유선 전화에서도 인터넷 전화 식별번호 070을 부여하고 기존 시내전화 번호를 이용한 번호이동정책이 2008년 시행되었다.

향후 사물인터넷, 홈네트워크 등 사물과 사물 간 또는 사물과 사람 간 원격제어 서비스가 보편화되고 인터넷 통신 방식으로 통합될 것으로 예상되므로 이에 대한 전기통신 이용자 식별번호 체계의 통합 개선과 인터넷 주소와 전기통신 이용자 식별번호의 통합 운영이 필요할 것으로 예상된다.

---

69) https://m.kics.or.kr/storage/paper/event/summer/publish/10B-15.pdf(2014년 7월 17일 방문)

5) 전기통신역무의 비저장성

전기통신역무는 미리 생산해서 저장해 둘 수 없고 이용자의 역무제공의 요청이 있을 때에는 즉시 제공되어야 한다. 즉, 역무의 제공과 이용이 동시에 이루어짐에 따라 전기통신역무의 재고는 존재하지 않게 된다. 이러한 연유로 인하여 전기통신사업자는 충분한 통신설비를 갖추어야 한다.[70] 충분한 전기통신설비용량은 역무제공 지역의 단위시간당 최번시(busy hour, 가장 통화가 비번한 시간대) 통화 시도수와 평균통화시간, 통화종류(음성, 데이터, 영상)에 따라 결정한다.

제2절 전기통신사업법의 연혁 및 입법례 등

1. 연　혁

우리나라 전기통신사업법은 「공중전기통신사업법」에서 그 유래를 찾을 수 있다. 「공중전기통신사업법」은 법률 제3686호로 1983년 12월 30일에 제정되었다. 이 법은 공중전기통신사업의 운영과 공중전기통신역무의 효율적인 제공 및 이용에 관한 사항을 정하여 공중전기통신사업의 발전을 기하고 이용자의 편의를 도모함으로써 공공복리의 증진에 이바지함을 목적으로 한다. 목적에서 현재의 용어와 많이 다른 점이 발견되는데 우선 공중전기통신사업이라는 표현이다. 공중전기통신은 「전기통신기본법」에 의거하여 "전기통신설비를 이용하여 타인의 통신을 매개하거나 기타 전기통신설비를 타인의 통신의 이용에 제공하는 것을 말한다"고 정의하고 있다. 용어는 다르지만, 그 의미는 현재의 전기통신역무와 크게 다르지 않는 것을 알 수 있다. 당시에는 전신업무와 전화업무를 규정하고 있었을 뿐이다. 공중전기통신사업법이 현재의 명칭과 동일하게 전기통신사업법으로 변경된 것은 1991년 12월 14일 개정을 통해서 이다.[71]

최초의 「전기통신사업법」에서는 전기통신사업자를 '일반통신사업을 경영할 수

---

70) 이상직, 앞의 책, 51면.
71) 시행 1991. 12. 14, 법률 제4439호, 타법개정.

있는 자로 지정받은 자', '특정통신사업을 경영할 수 있는 자로 허가받은 자' 및 '부
가통신사업을 경영할 수 있는 자로 등록한 자'로 구분하고 있다. 전기통신사업의
종류를 기간통신사업과 부가통신사업으로 구분하고 기간통신사업은 전기통신설
비를 설치하고 전기통신역무를 제공하는 사업으로서 일반통신사업과 특정통신사
업으로 세분한다. 또한, 일반통신사업은 전기통신회선설비를 설치하고 특정통신사
업을 경영하는 자가 제공하는 전기통신역무외의 전기통신역무를 제공하는 사업은
이를 일반통신사업으로 하며, 전기통신회선설비를 설치하고 기술적 또는 지역적으
로 제한된 전기통신역무를 제공하는 사업을 특정통신사업으로 정의하고 있다. 부
가통신사업은 일반통신사업을 경영할 수 있는 자로 지정받은 일반통신사업자 또는
특정통신사업을 경영할 수 있는 자로 허가받은 특정통신사업자로부터 전기통신회
선설비를 임차하여 전기통신역무를 제공하는 사업으로 한다고 규정하고 있었다.

　　이러한 사업자 및 역무구분체계가 현재와 유사하게 기간통신사업, 별정통신사
업, 부가통신사업의 체계로 개정된 것은 1997년 8월 28일의 개정을 통해서다.[72]
당시 개정으로 기간통신사업은 전기통신회선설비를 설치하고, 이를 이용하여 공
공의 이익과 국가산업에 미치는 영향, 역무의 안정적 제공의 필요성 등을 참작하
여 전신·전화역무등 정보통신부령이 정하는 종류와 내용의 기간통신역무를 제공
하는 사업으로 하고, 별정통신사업은 기간통신사업자의 전기통신회선설비 등을
이용하여 기간통신역무를 제공하는 사업, 그리고, 정보통신부령이 정하는 구내에
전기통신설비를 설치하거나 이를 이용하여 그 구내에서 전기통신역무를 제공하는
사업으로 정의하였다. 부가통신사업은 기간통신사업자로부터 전기통신회선설비를
임차하여 기간통신역무외의 전기통신역무를 제공하는 사업으로 정의하였다.

　　이러한 체계 중 특히 기간통신역무는 2007년 12월에 기간통신역무가 통합되기
이전까지 지속되었다. 당시 기간통신역무는 전화역무, 가입전신역무, 인터넷접속
역무, 인터넷전화역무, 기타역무, 주파수를 할당받아 제공하는 역무, 그리고 전기
통신회선설비임대 역무로 구분되어 있었다. 2007년 12월의 개정으로 2010년 3월
개정전까지 유선전화와 유선인터넷 등을 제공하는 역무라고 할 수 있는 전화역무,
가입전신역무, 인터넷접속역무, 인터넷전화역무, 기타역무가 전송역무로 한데 묶

---

72) 시행 1998. 1. 1, 법률 제5385호, 1997. 8. 28, 일부개정.

이게 되었다. 이후 2010년 3월 개정을 통하여 무선, 이동통신 역무라고 할 수 있는
주파수를 할당받아 제공하는 역무와 회선설비를 임대하는 전기통신회선설비 임대
역무까지 모두 통합되어, 유무선, 전화, 인터넷 모두 기간통신역무라는 한 가지 명
칭하에 속하게 되었다.

2. 해외 입법례

미국 통신산업의 규제는 1934년 통신법[73]에 근간을 두고 있다. 특히 1934년 통
신법에 기초하여 1982년 경쟁분야[74]와 독점분야[75]간에 내부상호보조를 할 수 없
도록 구조적으로 분리되어 1996년 통신법[76] 개정 이전까지의 통신시장 구도 형성
의 기반이 되었다. 하지만, 1934년 미국의 통신법이 통신산업 기술발전과 소비자
의 욕구를 수용하기에 한계라는 지적에 따라 이에 대한 근본적인 개혁이 요구되었
고 이에 1996년 통신법이 개정되었다.

1996년 통신법개정 이전에는 통신산업이 자연독점산업으로 인식되어 FCC는
AT&T에 통신사업의 독점권을 인정해주는 대신 사적 독점의 폐해를 제거하기 위
한 각종 규제를 시행하는 한편, 경쟁사업자의 진입을 허용하지 않았다. 1996년 통
신법이 개정되기 이전에 미국 통신법과 관련된 미국 통신시장과 정책의 주요 변화
들은 다음과 같다. 1984년 1월에 AT&T가 분할되었고, AT&T 접속료 제도가 도
입되었다. 1985년에는 할인요금을 선택할 수 있는 선택적 통화요금제가 인가되었
다. 1989년에는 AT&T에 대한 요금규제를 공정보수율방식에서 요금상한방식으
로 이행하기도 하였다. 1990년대 들어와서 1991년에 BOC[77]에 대한 요금규제를
요금상한방식으로 이행하였으며, 1992년에는 시내전화회사의 비디오전송서비스
제공을 인가하였다. 1993년에 착신자과금서비스인 800번 서비스의 번호이동이 실
시되었다. 이어서 1994년에는 통신법에 따라 BT / MCI, AT&T / McCAW대형합
병 인가하였다. 1995년 공화당 주도의 통신법 개정안이 상원을 통과(6월)하고, 연

---

73) Communications Act of 1934.
74) 장거리통신, 통신기기.
75) 지역전화, 시내전화.
76) Telecommunications Act of 1996.
77) Bell Operating Company를 의미함.

이어 하원을 통과(9월)하여 1996년 통신법 개정에 이르게 되었다.

1996년 통신법 개정 이후 통신정책 경과의 주요 내용 및 파급효과는 장거리통신, 지역전화, 방송, 케이블방송, 전화영상서비스, 상호소유, 인터넷, 보편적서비스 등으로 나누어 볼 수 있다. 장거리통신의 경우 7개 지역전화회사(BOC)가 경쟁 조건표(Competitive Check List)를 충족한다는 조건하에 장거리 분야에 진입을 허용하였고, 이에 따라 장거리서비스의 요금인하 효과가 기대되었다. 지역전화분야에서는 장거리사업자 및 케이블TV 사업자에게 시내통신시장을 개방한 것이 가장 큰 변화였다. 방송분야에서는 TV에 폭력과 외설적 프로그램을 차단하는 장치(V-CHIP)를 부착할 것을 의무화하였다. 케이블방송사업자들에게는 대규모 케이블TV 사업자에 대해서 3년 내에 모든 요금규제를 철폐하였고, 전국적으로 가입자 총수의 1%미만을 보유한 소규모 사업자에 대해서는 즉시 요금규제를 철폐하였다. 이에 케이블방송의 요금인상이 전망되기도 하였다. 당시에도 전화를 이용한 영상서비스에 대한 언급이 있는데, 전화선 또는 위성 등 다른 매체를 이용하여 전화사업자가 TV service를 제공할 수 있도록 허용하였다. 이는 케이블방송의 요금인하 압력 요인으로 작용할 것으로 전망되기도 하였다. 상호소유[78]에 있어서 전화사업자와 케이블방송 사업자간 상호지분 참여를 금지하여 왔던 것을 해제하였다. 이에 따라 통신과 방송사업자간 전략적 제휴들이 촉진될 것으로 전망되었다. 인터넷에 있어서 1996년 미국 통신법에서는 미성년자 접근을 차단하지 않고 외설적인 내용을 제공하는 온라인 컴퓨터 서비스업자 또는 이용자는 범죄자로 간주하였다. 보편적서비스는 전국 어느 곳이나 전화서비스 제공을 보장하고, 주 또는 FCC가 보편적 서비스 비용부담 방법을 결정하게 되었다.

일본에는 우리나라의 전기통신사업법과 동일한 명칭의 전기통신사업법[79]이 존재한다. 2003년 7월 17일 시행된 전기통신사업법 일부개정[80]이 현재 일본 전기통신사업법의 새로운 틀을 제공하고 있다. 이 개정은 일본 정보통신 관련 정책인

---

78) Cross-Ownership.
79) 電氣通信事業法及び日本電信電話株式會社等にする法律の一部を改正する法律案の槪要, 總務省, New competition framework – Amendments to the Telecommunications Business Law etc., Ministry of Public Management, Home Affairs, Posts and Telecommunications, 2003. 4. 9.
80) 정식명칭은 "전기통신사업법 및 일본 전신전화주식회사 등에 관한 법률 일부개정"이다.

e-Japan 계획이 가장 큰 틀이며, 그 안에서 통신사업의 경쟁정책방안이 통신사업법 개정으로 이어진 것이다. 당시 일본 전기통신사업법의 개정은 '전화의 시대'로부터 '인터넷의 시대'에의 급속한 변화에 대응하기 위하여 이루어졌다고 일본 총무성이 밝히고 있다. 구체적으로는 지배적 사업자에 대한 규제를 유지하여 기초적 전기통신역무[81]를 적절하고, 공평하게, 안정적으로 제공함과 동시에, 전기통신사업자의 신규서비스 제공을 촉진하고, 사업자 자율규제를 추진해, 새로운 단말기의 신속한 시장보급을 촉진하고 이를 통하여 경제 활성화 및 국제 경쟁력 강화를 꾀함에 있다. 개정(안)의 주요내용은 크게 3가지로 구분된다. 첫째는 제1종 전기통신사업 및 제2종 전기 통신사업의 사업 구분을 폐지하는 것이다. 제1종과 제2종 전기통신사업 구분을 폐지함과 동시에 관로권에 대한 사항도 변경되었으며, 동시에 요금에 대한 부분도 개정되었다. 둘째는 기술기준 적합성 여부에 대한 자율 확인제도를 도입한 것이다. 단말기의 기술 기준적합성을 단말기 제조업자 등이 스스로 확인하도록 제도를 신설한 것이다. 세 번째는 동NTT와 서NTT 전화역무 관련 접속료가 동일 수준이 되도록 조정하였다. 동NTT의 잉여분을 서NTT의 부족분으로 보충하는 것이다. 기존에는 전기통신회선설비를 설치하는 제1종 사업자는 시장진입을 위해 허가를 필요로 하고, 공전공 접속이나 국제전화서비스를 제공하는 특별 제2종 사업자는 등록, 그 외 일반 제2종 사업자는 신고를 필요로 했었다. 이번 개정(안)은 전기통신회선설비 설치 유·무에 따른 현재의 제1종 전기 통신사업 및 제2종 전기 통신사업의 사업 구분을 폐지하여 대규모 통신설비[82]를 보유한 사업자에 대해서는 등록으로 진입기준을 낮추고, 그 외의 사업자에 대해서는 신고를 적용하였다. 하지만, 과거 개정전 체계하에서는 허가를 받은 사업자가 관로권을 인정받아 전기통신회선설비를 직접 구축할 수 있었는데, 허가제도가 폐지되고 제1종 사업자가 없어지는 개선(안)에 따르면 전기통신회선설비를 설치하고자 하는 사업자는 어떻게 해야 하는가 하는 의문이 발생한다. 이 부분은 인프라 구축의 원활화를 위해 관로권[83](Right of Way)과 관련되는 인정제도(Certification of

---

81) 우리 전기통신사업법의 '보편적 서비스'와 유사하다.

82) 제1종 전기통신회선설비(등록)와 2종 전기통신회선설비(신고)를 구분하여 제1종 전기통신회선설비를 대규모 설비(시, 현, 촌 등 기준 명확화 추진)로 구분, 제1종 전기통신사업자의 설비는 대규모 전기통신회선설비로 재분류, CATV 사업자 중 전국망을 보유한 사업자도 대규모 전기통신회선설비 보유 사업자에 포함된다.

Business)를 도입하는 것으로 해결하였다. 과거 사업권과 관로권이 일체로 허가를
통해서 부여되던 것을 전기통신회선설비의 설치가 필요한 사업자만이 이를 신청
하여 승인절차를 통해서 설비설치가 가능하도록 한 것이다. 구체적으로는 관로권
을 갖는 사업자를 인정 전기통신사업자[84]로 칭하고, 전기통신회선설비를 설치해
전기통신역무를 제공하기 위해서는 법인명칭, 주소 등 기초자료, 전기통신사업의
업무구역, 전기통신사업용으로 제공하는 전기통신설비의 개요, 사업 계획서, 이외
총무성령으로 정하는 서류를 첨부하여 총무성에 제출하면, 총무성은 재정능력 및
기술능력, 사업계획의 확실성과 합리성, 신청자의 이전 법률위반 여부를 기준으로
심사하여 관로권을 승인한다. 제1종과 제2종의 구분폐지는 통신사업 분류가 단순
히 설비보유 여부만이 아니라 서비스제공을 위해 필요한 필수설비의 시장지배력
을 가지고 있는지 여부로 판단되어야 함을 강조한 것이기도 하다. 따라서 1종과
2종의 구분을 폐지하여도 현재 필수설비인 PSTN설비뿐만 아니라 데이터망을 대
규모로 보유하고 있는 사업자에 대해서는 등록을 받는 것을 기본으로 하고 있다.
일본의 통신사업 경쟁정책은 다음의 3가지로 구분해 볼 수 있다. 첫째는 네트워크
개방형과 기능분리형으로 나누어지는 비구조적 경쟁정책이고, 둘째는 구조적 경
쟁정책이며, 세 번째는 신규참가 촉진형 경쟁정책이다. 이번 1, 2종 구분폐지는 세
번째 신규참가 촉진형 경쟁정책에 속한다고 할 수 있다. 제도개선을 통하여 신규
사업자의 시장진입을 활성화하고, 새로운 서비스의 보급을 위하여 노력하겠다는
의지의 표현으로 해석 가능하다.

3. 다른 법령과의 관계

전기통신과 관련해서는 기본적으로 「전기통신기본법」에서 그 정의 등을 정하고
있다. 전기통신기본법은 전기통신에 관한 기본적인 사항을 정하여 전기통신을 효율적
으로 관리하고 그 발전을 촉진함으로써 공공복리의 증진에 이바지함을 목적으로 하
고 있다. 전기통신기본법에서는 전기통신에 관한 기본적인 사항만 정하고 있고, 그 구
체적인 내용은 특별법이라고 할 수 있는 전기통신사업법 등에서 정하고 있다. 전기통

---

83) 일본에서는 이를 공익사업특권이라고 한다.
84) 사업법 개정전 제1종 전기통신사업자에게 부여되던 관로권은 인정하기로 하였다.

신사업법은 '전기통신사업'의 적절한 운영을 통하여 '전기통신사업'의 건전한 발전을 도모하는 것을 그 목적으로 하고 있다. 현행 전기통신기본법[85]은 2장에서 6장까지 대부분 삭제되고 1장 총칙의 정의부분과 전기통신기본계획의 수립 정도만 남아있다. 동법 5조에 따르면 전기통신기본계획은 미래창조과학부장관이 전기통신의 원활한 발전과 정보사회의 촉진을 위하여 수립하여 이를 공고하여야 한다. 전기통신의 이용효율화에 관한 사항, 전기통신의 질서유지에 관한 사항, 전기통신사업에 관한 사항, 전기통신설비에 관한 사항, 전기통신기술(전기통신공사에 관한 기술을 포함한다. 이하 같다)의 진흥에 관한 사항 등을 포함하여야 한다.

정부는 2010년 3월 방송과 통신의 융합에 대응하기 위하여 「방송통신발전기본법」을 제정하였다. 방송통신발전기본법은 방송, 통신에 관한 사항이 「방송법」과 「전기통신기본법」, 「전기통신사업법」 등에 분산되어 있어 법률 수요자들이 관련 법령을 이해하는 데 어려움이 있을 뿐 아니라 방송통신관련 정책을 추진하는데도 관련 기관들과의 혼선이 발생하여 정책추진의 효율성이 저하될 우려가 있는바, 방송통신에 관한 기본적인 사항을 하나의 법률로 통합하여 이러한 혼선을 제거함과 동시에 방송과 통신이 융합되는 새로운 커뮤니케이션 환경에 대응할 수 있는 방송통신정책의 기본이념을 밝히고, 방송통신의 진흥에 관한 사항 및 방송통신 재난관리 등에 관한 사항을 정함으로써 방송통신의 발전과 국민복리 증진에 이바지하기 위하여 제정되었다.[86] 따라서, 「방송통신발전기본법」은 전기통신에 관한 내용과 방송에 관한 내용을 융합하기 위하여 그 정의부터 「전기통신기본법」, 「전기통신사업법」과 「방송법」의 정의들을 조화롭게 명기하고자 하고 있다. 「방송통신발전기본법」 제2조의 정의부분에서 "방송통신"이란 유선·무선·광선(光線) 또는 그 밖의 전자적 방식에 의하여 방송통신콘텐츠를 송신(공중에게 송신하는 것을 포함한다)하거나 수신하는 것과 이에 수반하는 일련의 활동 등을 말하며, 「방송법」 제2조에 따른 방송, 「인터넷 멀티미디어 방송사업법」 제2조에 따른 인터넷 멀티미디어 방송, 「전기통신기본법」 제2조에 따른 전기통신을 포함하는 것으로 규정하고 있다.

「전기통신사업법」에서 정하는 것 중 시장에 미치는 영향이 가장 큰 것 중에 하

85) 시행 2013. 3. 23, 법률 제11690호, 타법개정.
86) 방송통신발전기본법 제정이유, 법제처 국가법령정보센터.

나는 아마도 기간통신사업자의 허가일 것이다. 동법 제6조 기간통신사업의 허가
에서는 기간통신사업을 경영하려는 자는 미래창조과학부 장관의 허가를 받아야
한다고 규정하고 있는데, 이들 중 특히 이동통신사업에 관련해서는 「전파법」에서
정하는 바를 따르도록 하고 있다. 미래창조과학부장관은 「전파법」 제8조(전파진흥
기본계획) 제3항 제2호87)에 따른 주파수 이용계획 등을 고려하여 기간통신사업의
허가에 관한 기본계획을 매년 수립할 수 있도록 하고 있으며, 「전파법」 제10조(주
파수할당)에 따른 주파수할당을 받아 새로 기간통신사업을 경영하려는 자는 주파
수할당 공고 이후에 주파수할당과 기간통신사업의 허가를 미래창조과학부장관에
게 함께 신청하여야 한다.

방송과 통신시장의 경쟁상황평가와 관련해서는 「방송법」, 「전기통신사업법」,
그리고 「방송통신발전기본법」에서 모두 다루고 있다. 「전기통신사업법」 제34조 경쟁
의 촉진에서 미래창조과학부장관은 전기통신사업의 효율적인 경쟁체제의 구축과
공정한 경쟁환경의 조성을 위한 경쟁정책을 수립하기 위하여 매년 기간통신사업
에 대한 경쟁상황 평가를 실시하여야 한다고 규정하고 있다. 또한, 「방송법」 제35
조의5 방송시장경쟁상황평가위원회에서는 방송통신위원회는 인터넷 멀티미디어
방송을 포함한 방송시장의 효율적인 경쟁체제 구축과 공정한 경쟁 환경을 조성하
기 위하여 방송시장경쟁상황평가위원회를 둔다고 하면서, 매년 방송시장의 경쟁
상황 평가를 실시하고 평가가 종료된 후 3개월 이내에 국회에 보고하도록 하고 있
다. 「방송통신발전기본법」 제11조는 미래창조과학부장관 또는 방송통신위원회는
방송통신시장의 효율적인 경쟁체제 구축과 공정한 경쟁환경 조성을 위한 경쟁정
책을 수립하기 위하여 방송통신시장의 경쟁 상황에 대한 평가를 실시할 수 있다고
규정하면서, 동법 시행령에서 방송통신서비스의 수요 대체성 및 공급 대체성, 방
송통신서비스의 제공을 위한 지리적 범위, 방송통신서비스의 판매와 관련된 거래
적 특수성, 방송통신서비스에 대한 이용자의 특성 등을 고려하여 단위시장을 획정
하여야 한다고 규정하고 있다. 이는 방송과 통신서비스에 대해서 「방송법」과 「전기
통신사업법」에서 각각 정하는 바와 동일하다.

---

87) 2호는 "중장기 주파수 이용계획"이다.

제3절 수평적 규제체계의 도입

1. 수평적 규제체계의 의의

1) 스마트 융합 네트워크로의 진화

정보통신기술(ICT)의 급속한 발전과 방송, 통신, 미디어, 인터넷 등의 지속적인 발전에 따른 스마트 융합 네트워크는 콘텐츠·플랫폼·네트워크·디바이스(CPND: Contents-Platform-Network-Device) 생태계를 활성화시키는 방향, 즉 다양한 콘텐츠와 디바이스 등을 수용하고, 클라우드컴퓨팅, 사물지능통신, 빅데이터 등 인터넷 신산업을 통해 끊임없이 미래인터넷으로 발전하고 있다. 방송통신위원회가 지난 2010년 발표한 「미래인터넷 추진전략(안)」[88]은 현행 인터넷의 문제점을 해결하면서 다양한 유형의 디바이스와 새로운 융합서비스를 수용할 수 있는 네트워크 인프라를 구성하겠다는 계획을 제시하고 있다. 위 계획에 따르면 미래인터넷은 현재 인터넷 문제점을 극복하여 공급자 중심 서비스에서 위치정보, 상황정보, 개인의 취향 등이 유기적으로 연계된 수요자 중심의 서비스를 강화하고, 네트워크 층에서는 방송, 통신, 컴퓨팅, 센서망 등이 모두 융합된 초광대역 스마트 인프라로 진화해 나간다는 점을 강조하고 있다. 여기에서 특히 끊김 없는 네트워크 및 다양한 융합 네트워크로 진화하는데 있어서 전파자원의 최적 활용은 무엇보다도 매우 중요한 고려 요인이 될 것이다. 또한 스마트 융합 네트워크로의 진화는 C-P-N-D 가치사슬이 네트워크를 중심으로 한 수직적 결합구조에서 콘텐츠, 플랫폼, 디바이스의 역할이 상대적으로 중요해지고 유기적으로 연계되는 수평적 분화구조로의 전환을 촉진시키고 있다. 이것은 방송과 통신으로 표현되는 미디어별 규제에 대한 의미가 퇴색되었음을 의미한다. 스마트 융합시장에서는 C-P-N-D 가치사슬을 구성하는 서비스 계층을 분류한 후, 동일계층에서는 '동일서비스·동일규제' 원칙을 적용하고, 계층별로는 상이한 규제를 적용하는 수평적 규제체계가 요구된다. 즉, 시장지배력을 가진 네트워크사업자가 시장지배력을 콘텐츠와 같은 다른 분야로

---

88) 방송통신위원회, 미래인터넷 추진전략(안), 2010.5, 참조.

전이시킬 수 있는 가능성을 최소화해야 한다. 이를 위하여 다양한 콘텐츠와 서비스가 차별 없이 다양한 네트워크를 넘나들 수 있도록 할 수 있는 네트워크의 개방성이 수반되어야 한다.[89] 이를 위해 전파자원에 대한 이용제도의 경우에도 전파자원의 효율적 이용을 위하여 주파수의 분배와 할당, 무선국이나 방송국의 개설과 각종 인증 및 전파감시도 방송과 통신을 구분하는 수직적 규제체계를 지양하고 수평적 규제체계로 재편성되어야 할 필요가 있다고 생각된다. 그래서 어떠한 산업이나 서비스라도 전파이용에 대한 지위를 획득하는 절차를 통일적으로 구성하고, 또한 무선국의 개설절차와 각종 행정적 규제 역시 수평적으로 계층 간 특성에 맞도록 구성하는 노력이 요구된다고 할 것이다.[90]

2) 수평적 규제체계 도입의 필요성

주로 수평적 규제체계 모델을 주장하는 학자들에 따르면 수직적 규제체계 모델은 상호접속을 어렵게 만들고, 네트워크의 구조적 변동이 야기하는 보편적 서비스의 변화, 결합 서비스와 콘텐츠의 차별, 네트워크 접근성의 의무화 문제, 보안 및 안전의무, 시장왜곡과 투자왜곡 등의 문제를 해결해 주지 못한다고 한다.[91]

표 1-1 수직적 규제체계와 수평적(계층형) 규제체계의 비교

구분	수직적 규제체계	수평적(계층형) 규제체계
구조	네트워크, 서비스, 콘텐츠의 수직적 통합	네트워크, 서비스, 애플리케이션, 콘텐츠가 수평적으로 분리
구분	네트워크 전송방식에 따른 구분	최종 서비스의 형태에 따른 구분
규제	사업자에 따른 규제	서비스 자체에 대한 규제

출처: 차성민, "통신시장의 변화에 따른 통신사업자 규율 방안 - 기간통신사업자와 별정통신사업자간 규제형평성을 중심으로 - ", 「IT와 법 연구」(2010년 제4집), 경북대학교 IT와 법 연구소, 2010. 2, 131면 참조.

---

89) 한국방송통신전파진흥원, "스마트 융합시대의 방송통신전파의 향방", 동향과 전망: 방송 · 통신 · 전파(통권 제57호), 2012. 12, 29-33면 참조.
90) 김남 외 10인, 스마트시대에 대비한 전파관계법령 종합정비방안 연구(연구기관: 사단법인 전파통신과 법 포럼), 방송통신위원회, 2012. 12, 247면 참조.
91) Sicker. D., "FURTHER DEFINING A LAYERED MODEL FOR TELECOMMUNICATIONS POLICY", 2002, pp. 4-11; 차성민, "통신시장의 변화에 따른 통신사업자 규율 방안 - 기간통신사업자와 별정통신사업자간 규제형평성을 중심으로-", IT와 법 연구(2010년 제4집), 경북대학교 IT와 법 연구소, 2010. 2, 130-131면에서 재인용.

수평적 모델을 주장하는 또 다른 학자는 이러한 수직적 규제체계 모델이 가지고 있는 문제점을 네 가지 유형으로 지적하며, 기본적으로 수직적 모델의 문제점은 네트워크 간의 융합을 반영하지 못하는 것이라고 주장한다. 구체적으로 보면, 첫째로 수직적 모델은 개별 서비스 간의 분명한 경계가 있다는 것을 가정하고 있지만, 실질적으로 융합환경에서는 네트워크를 기반으로 하는 서비스 구분은 의미가 없어진지 오래이고, 둘째로 융합된 네트워크상의 서비스들 대부분이 두 개 이상의 산업군에 속하고 있어 일관된 규제를 적용하기가 어려운 상황이며, 셋째로 융합된 네트워크상의 서비스들이 상호접속이 필요함에도 이러한 부분에 대해 수직적 모델이 명확한 답변을 해주지 못하고 있다. 그리고 넷째로 서비스와 네트워크, 소비자를 수직적으로 묶어 병렬적으로 범주화하는 규제작업으로 인해 네트워크의 구조적 변동을 반영하지 못한다는 것이다.[92]

2000년대에 접어들면서 인터넷프로토콜(IP) 네트워크의 급속한 보급 및 기술진보에 따른 융합서비스의 확산에 따라 통신시장은 수평적 규제체계라는 새로운 화두를 접하게 된다. 유럽연합(EU)의 방송통신 규제 프레임워크 수립에 따라 등장하게 되는 수평적 규제체계의 개념은 기술진화 및 서비스 융합에 따른 경쟁촉진 및 신규 서비스 활성화 등을 배경으로 하고 있다.[93] 즉, 과거 각 서비스가 독립적인 네트워크·플랫폼을 통해 제공되었음에 따라 수직적 규제체계를 적용하는데 어려움이 없었으나, All-IP 및 융합에 따라 하나의 네트워크로 모든 서비스를 제공하는 것이 가능해지면서 '동일계층·동일규제'를 특징으로 하는 수평적 규제체계로 전환할 필요성이 제기되었다. 국내의 경우 IPTV 법제화 및 상용화에 2~3년의 시간이 소요되는 등 융합에 따라 기존의 법체계로는 명확하게 정의하거나 규제하기 어려운 경계영역의 서비스들이 지속적으로 등장하고 있는 반면, 수직적 규제체계하에서는 경계영역 서비스에 대한 새로운 규제틀 마련이 필요함에 따라 서비

---

92) Werbach, K., "A Layered Model for internet policy", Journal on Telecommunications and High Technology Law Vol.1 No.1, 2002, p. 37; 차성민, 위의 글, 131면에서 재인용.
93) EU는 1997년 녹서(Green Paper)를 통해 융합의 개념, 융합으로 나타나는 변화, 이러한 변화에 대응하기 위한 규제방향 등을 제시하였으며, 전자통신네트워크와 서비스에 대한 새로운 규제프레임워크를 제안한 리뷰(1999년) 및 규제프레임워크(2002년)를 통해 네트워크·전송계층의 수평적 규제틀을 마련하였다. 특히, EU는 통신서비스에 해당하는 전송계층에 대해 경쟁 활성화와 이를 통한 투자확대에 초점을 맞추고, 콘텐츠 계층에는 콘텐츠의 사회문화적 영향력을 규제하는 것에 주안점을 두고 있다.

스 도입이 지체될 수 있다는 문제점이 주로 제기되었다.[94]

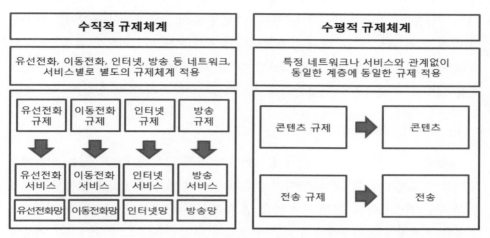

출처: 나성현 / 김태현 / 강유리, 전기통신사업법 개정에 대비한 허가 및 양수합병제도 개선방안 연구
(정책연구 10-11), 정보통신정책연구원, 2010. 11, 155면 참조.

그림 1-6 수직적 규제체계와 수평적 규제체계의 비교

수평적 규제체계를 도입할 경우 예상할 수 있는 장점은 첫째, 무엇보다도 신규 융합매체에 대한 유연하고 즉각적인 규제 적용이 가능해진다. 기존 수직적 규제체계 하에서는 신규 매체의 분류나 규제적용방식, 규제관할기관 등에 대한 갈등이 존재했지만, 수평적 규제체계 하에서는 사업자별로 각기 다른 규제를 받는 것이 아니라 콘텐츠와 플랫폼 등 각 계층에 대한 일관된 규제를 적용받게 됨으로써 신규 융합매체의 등장에도 항상 유연하게 대처할 수 있고 즉각적인 규제를 적용할 수 있게 되는 것이다. 둘째, 수평적 규제체계 하에서는 기존의 방송규제와 통신규제 간 정도의 차이가 없어지기 때문에 신규 매체의 분류를 둘러싼 규제기관별 갈등도 감소할 것으로 기대할 수 있으며, 동시에 다수의 규제기관의 중복된 규제를 받는다거나 규제의 공백이 생기는 현상도 방지할 수 있다. 셋째, 기존의 수직적 규제는 동일 콘텐츠라 하더라도 서로 다른 규제를 받는 경우가 발생할 수 있는데,

---

94) 나성현 / 김태현 / 강유리, 전기통신사업법 개정에 대비한 허가 및 양수합병제도 개선방안 연구
(정책연구 10-11), 정보통신정책연구원, 2010. 11, 154-155면 참조.

그러한 가능성을 제거함으로써 불합리한 규제를 줄여 사업자들의 시장진입을 활성화하게 되고 이는 궁극적으로 친경쟁적이고 공정경쟁 환경을 만드는 데에 긍정적인 역할을 할 것이라 예상할 수 있다. 넷째, 다수의 사업자들이 불합리한 규제를 받지 않고 시장에 진입하며 공정한 경쟁환경에서 콘텐츠나 기술이 유통됨으로써 콘텐츠의 질적 향상과 다양성을 확보할 수 있을 것이다. 이는 결국 이용자의 선택권을 넓히고 기회비용을 낮춤으로써 소비자 후생에 기여할 수 있다.[95]

3) 수평적 규제체계의 의미

오늘날과 같이 방송과 통신의 융합현상이 급속도로 전개되고 있는 상황에서 수평적 규제체계란 수직적인 칸막이식 규제가 아닌 방송과 통신에 있어서의 네트워크 부분(전송계층)과 콘텐츠 부분을 별도로 묶어서 유사한 서비스에 대해서는 동일한 규제체계를 적용해야 한다는 것으로서 수평적 계층으로 구분하는 계층규제 모델에 근거하고 있다. 즉, 유사한 서비스를 제공함에 있어서 어떤 네트워크를 사용하느냐에 따라서 각기 다른 강도의 규제를 적용하는 것이 아니라 동일한 규제를 적용하는 것이 바로 수평적 규제체계인 것이다. 다시 말하면, 수평적 규제체계는 서비스를 구성하고 있는 요소기능을 수평적으로 분리하여, 동일한 특성을 지니고 있는 요소기능을 각기 하나의 계층으로 구분하고, 동일한 계층(서비스)에 대해서는 동일한 규제원칙을 적용하며, 서로 다른 계층간에는 규제간섭을 최소화하는 규제체계를 말한다. 한편, 여러 학자들에 의해서 제기된 다양한 계층규제 모형들은 각각 조금씩 상이한 계층구분을 채택하고 있지만, 규제정책적인 관점에서 계층규제 모형들은 대부분 4개 내지 5개의 계층으로 구분되고 있으며, 이는 대체로 물리적 망 계층(physical infrastructure layer), 논리적 망 계층(logical infrastructure layer), 응용서비스 계층(applications or services layer) 및 콘텐츠 계층(contents layer)을 공통적으로 포함하고 있다.[96]

수평적 규제체계를 적용하기 위해서는 계층구분이 선행되어야 하는데, 아직까지 국제적으로 일반화된 계층구분은 없는 것으로 보이며, 다만 국가에 따라 계층

---

95) 이상우 외 7인, 앞의 책, 42면 참조.
96) 보다 자세한 내용은 이상우 외 7인, 통신방송 융합환경하의 수평적 규제체계 정립방안에 관한 연구(연구보고 07-06), 정보통신정책연구원, 2007. 12, 31면 이하 참조.

구분이나 수평적 규제체계를 적용하는 방식이 다양하다. 즉, EU는 계층을 전송 (carriage)과 콘텐츠(content)로 구분하고 규제체계를 전면적으로 개편하였으나, 미국은 기존의 방송과 통신의 틀 안에서 상호 규제 균형화를 추구하고 있으며, 일본도 기존 틀 안에서의 점진적인 개편에 이어 전반적인 개편을 위해 네트워크, 서비스·플랫폼, 콘텐츠로 계층을 구분하고 통신 관련 법률을 통합하여 「정보통신법(가칭)」을 제정하는 계획을 수립하고 있다. 계층과 형식은 다르지만 이들 국가들은 방송과 통신의 규제체계를 수평적으로 개편함으로써 통합화 및 융합화에 대응하고 있는 것이다.[97]

2. 해외 주요국의 수평적 규제체계로의 전환

1) 유럽연합(EU)

EU와 OECD는 각 회원국에게 방송과 통신 영역에 있어서 전송(carriage or transmission)계층과 콘텐츠(content)계층을 구분하여 규제하는 수평적 규제체계를 도입할 것을 권고하고 있다. EU의 프레임워크지침(DIRECTIVE 2002/21/EC)[98]에 따르면 네트워크와 콘텐츠로 규제를 분리하는 방안을 권고하면서, 유·무선 통신망, 방송망을 포함한 모든 전자통신네트워크와 전자통신서비스에 대해서는 최소한의 규제를 적용함으로써 경쟁이 촉진될 수 있도록 하고, 콘텐츠에 대한 규제에 대해서는 표현의 자유, 미디어의 다원성, 공평성, 문화적·언어적 다양성, 소수인종의 보호 등의 문제로 보면서, 이는 시청각 정책에 대한 원칙 및 가이드라인(Principles of Guideline for the Community's Audiovisual Policy in the Digital Age)과 국경 없는 텔레비전 지침(Television without Frontiers)에서 다루기로 하고 있다. OECD의 보고서에 따르면 네트워크와 콘텐츠가 분리된 수평적 규제체계

---

97) 고순주, "EU, 미국, 일본의 방송통신에 관한 수평적 규제 법체계 개편 비교분석", 과학기술법연구(제13집 제2호), 한남대학교 과학기술법연구원, 2008. 2, 204-205면 참조.

98) DIRECTIVE 2002/21/EC OF THE EUROPEAN PARLIAMENT AND OF THE COUNCIL of 7 March 2002, on a common regulatory framework for electronic communications networks and services (Framework Directive), Official Journal of the european communities, L 108/33; 황서웅, "방송·통신 융합에 따른 규제 개선방안 연구", 고려대학교 대학원, 2007. 6, 106-107면에서 재인용.

를 제안하면서 전통적인 수직적 규제체계에 비하면 수평적 규제체계는 비슷한 특성의 서비스에 대하여 동일한 규제를 적용할 수 있기 때문에 어떤 특정 네트워크나 기술을 선호하지 않아 중립성 유지에 유리하고 네트워크와 콘텐츠의 상대적 진화속도가 다를 경우에도 큰 문제가 되지 않는 장점이 있기 때문에 수평적 규제체계를 제안하고 있다.[99]

Telecommunications	Broadcasting
Content	Content
Carriage	Carriage

Content
Carriage

그림 1-7 OECD의 수평적 규제체계 도입

수평적 규제에 있어서 한 계층을 차지하는 전송(transmission)계층은 EU 프레임워크지침(DIRECTIVE 2002 / 21 / EC)에 따르면 전자통신네트워크(electronic communications network)와 전자통신서비스(electronic communications service)를 포괄하는 개념이다.[100] 전자통신네트워크는 전자적 신호를 전자적으로 전달하는 전송시스템과 부대설비(유선, 무선, 케이블, 위성 네트워크를 모두 포함)를 말하고, 전자통신서비스란 전자통신네트워크에서 전기적 신호를 전달하는 서비스로서 통신서비스 및 방송을 제공하기 위해서 사용되는 전송서비스(통신, 케이블, 위성, 지상파방송서비스의 전송부분을 포함)를 말한다. 그리고 전자통신네크워크나 전자통신서비스에서 이용되는 콘텐츠를 제공하거나 이러한 콘텐츠에 대한 편집을 하는 서비스는 제외된다(EU 2002, L 108 / 38-39). OECD 보고서에 따르면 전송계층을 'carriage of communications services'라는 용어를 사용해서 표현하면서 이는 통신네트워크, 위성네트워크, 케이블TV네트워크, 지상파네트워크뿐만 아니라 조건적 접속시스템과 같은 연합된 서비스를 포함하는 모든 전기적 통신서비스를 포함하는 개념이라고 말

---

99) OECD(2004), THE IMPLICATIONS OF CONVERGENCE FOR REGULATION OF ELECTRONIC COMMUNICATIONS, DSTI / ICCP / TISP(2003)5 / FINAL; 황서웅, 앞의 글, 107면에서 재인용.

100) 박동욱, "융합환경에서의 방송통신사업 분류체계와 진입규제", 경제규제와 법(제3권 제2호), 서울대학교 공익산업법센터, 2010. 11, 114면 참조.

하고 있다. 한편, EU와 OECD 모두 전송계층에 대한 규제의 목적은 경쟁의 유지 및 촉진이라고 지적하고 있다. 경쟁이야 말로 소비자에게 가장 적정한 가격과 양질의 서비스를 제공받게 하는 수단이 되는 것이기 때문이다.[101]

OECD 보고서에 의하면 콘텐츠의 광범위성과 그들의 다른 영향력 때문에 모든 콘텐츠 서비스에 대해서 동일한 규제를 하는 것이 최상의 정책은 아니라고 한다. 예를 들면, 누구나 무료로 사용할 수 있는 지상파 라디오나 텔레비전을 통해서 제공되는 콘텐츠는 유료TV(pay per view)나 접속이 제한된 서비스(point to point service)를 통해서 콘텐츠가 제공되는 경우보다 더 많은 개입을 통한 규제가 필요하다고 할 수 있다. 이러한 이유로 인해서 콘텐츠계층에 대한 규제를 일반화 할 수는 없지만, 콘텐츠에 대한 규제는 ① 미디어의 다원성 및 미디어의 교차소유, 개개의 방송업체의 크기에 대한 규제, ② 문화적 다양성 및 지역 콘텐츠에 대한 의무적인 할당과 그 육성정책, ③ 뉴스와 현황보도에 있어서의 정확성과 공평성을 기하기 위한 기준의 설정, ④ 콘텐츠의 제공자와 사용자 사이의 지적 재산권 정책에 관한 사항, ⑤ 콘텐츠의 품위, 그에 대한 검열과 언론의 자유에 관한 기준의 설정, ⑥ 광고의 유형과 분량에 대한 제한, ⑦ 공공방송을 지원하기 위한 방법에 관한 사항을 포함하게 된다.[102]

2) 미국

미국은 통신법의 단일법 체계로서 통신법(Telecommunication Act of 1996) 내에서 방송과 통신 서비스에 대해 포괄적으로 규제한다. 통신서비스는 Title II, 지상파방송서비스는 Title III, 케이블서비스는 Title VI에서 각각 규제하는 수직적 규제체계의 형태를 가지고 있다. 1996년 이전에는 통신사업자의 비디오서비스 제공, 방송사업자의 통신서비스 제공이 불가능하였으나, 1996년 통신법 개정을 통해 통신사업자와 방송사업자 간 상호진입을 허용하였다. 수직적인 법체계에 비해 미국의 통신사업 관련 분류제도를 수립하면서 1970년대에 이미 수평적 규제체계의 개념을 도입하였다. 미국의 통신역무 분류제도는 제2차 Computer Inquiry(1976)를 통해 형성되었다. 미국은 컴퓨터 기반 서비스의 활성화를 도모하기 위해 전통적 통신서비스와 컴퓨터 기

---

101) 황서웅, 앞의 글, 107-108면 참조.
102) 황서웅, 앞의 글, 108-109면 참조.

반 서비스를 개념적으로 분리하고 이에 대한 규제를 최소화하는 분류체계를 통신법 개정에 반영하였다. 방송과 통신의 융합이 진전되고 통신서비스와 정보서비스 간 경계가 모호해지면서 규제왜곡의 논란이 발생하였다. FCC는 통신사업자의 인터넷접속사업과 달리 케이블사업자의 인터넷접속서비스를 정보서비스로 구분하여 왔다. Brand X 판례로 알려진 인터넷접속서비스에 대한 양 사업자 간 규제 불균형 논란은 통신사업자가 제공하는 인터넷접속서비스를 정보서비스로 분류하면서 종식되었다. 그러나 인터넷접속서비스가 정보서비스로 분류되면서 FCC가 망중립성 원칙을 ISP 에 적용할 수 있는 권한을 상실하면서 이에 대한 서비스 분류의 논란이 다시 제기되고 있다. VoIP 서비스를 비롯한 IP-Enabled 서비스에 대한 분류에 대해서도 많은 논란이 제기되고 있다. 융합화 추세와 이에 따른 서비스 구분의 자의성 등으로 인해 미국에서도 수직적 규제체계에서 수평적 규제체계로의 전환을 위한 통신법상의 분류 체계 개편논의가 진행되고 있다.[103]

3) 일본

일본은 2010년 방송과 통신의 법체계 통합작업을 통해서 기존의 방송법, 유선라디오방송법, 유선텔레비전방송법, 전기통신역무이용방송법을 「방송법」으로, 기존의 전기통신사업법, 유선방송전화법을 「전기통신사업법」으로 각 통합하였고, 이에 따라 현재는 방송법, 전기통신사업법, 전파법, 유선전기통신법 등 4개의 관리법이 존재한다. 일본 방송법제는 2010년 이전에는 방송관련법과 통신관련법이 병존하고, 그 외 2001년 제정된 전기통신역무이용방송법이 융합서비스를 별도로 규제하는 형식을 취하였다가, 이러한 규제체계가 동일사업자의 방송통신 융합서비스에 대한 중복규제를 유발하고 사업자로 하여금 인·허가의 취득, 계약약관, 회계보고 신고 등을 방송과 통신 영역에서 각각 별도로 실시해야 하는 불편을 야기한다는 문제점이 지적되었다. 이에 따라 일본 총무성은 수평적 규제체계로의 전환을 위하여 2010년까지 가칭 「정보통신법」으로 일원화하는 법률 제정작업을 추진하였으나, 위와 같이 4개 관련 법으로 통합하는 수준에서 작업을 마무리 하였다.[104] 그러나 이와 같이 기존 방송관련법, 통신관련법을 각 개정하고 통합한 것만

---

103) 박동욱, 앞의 글, 117면 참조.
104) 보다 자세한 내용은 박민성, "일본, '정보통신법(가칭)' 무산 원인과 통신·방송 관련법 주요

으로는 방송통신 융합현상에 따른 다양한 신규 서비스를 포섭하기 어렵고 현실의 변화를 충분히 반영하지 못하였다고 볼 수 있다.[105]

2010년 일본 방송법 등의 법체계 개정은 1950년 방송법이 제정된 이래로 60년만에 이루어진 가장 큰 개혁이라는데 그 의의가 충분히 있다고 볼 수 있다. 그렇지만 방송·통신의 융합이라는 관점에서 본다면 미디어 현실의 변화를 충분히 반영하지 못한 불충분한 개혁이라는 의견이 나올 수 있다. 즉, 방송과 통신의 경계가 모호해지고 새로운 형태의 미디어 서비스가 쏟아져 나오고 있는 상황에서, 기존 방송·통신 관련법을 개정하는 것만으로 이를 수용할 만한 방송·통신의 법체계가 되기는 어렵다는 것이다. 또한, 개정된 법률의 내용적 측면에서도 새로운 미디어 서비스의 도입과 촉진에 초점을 맞추는 것 보다는, 기존의 방송서비스 역할에 관한 개정이 주를 이루고 있다는 점에서도 이번 개정 법률만으로는 새로운 미디어 서비스를 수용하기에 적합하지 않을 수 있다는 평가가 가능하다. 이러한 관점에서 2010년 일본의 방송·통신 관련법 개정안은 「정보통신법(가칭)」을 통해 새로운 형태의 융합 서비스의 도입과 촉진이라는 최초의 구상에서 크게 후퇴한 것처럼 보인다. 그러나 2010년 개정 방송·통신 관련법이 기존의 과도하게 세분화되어 규제하던 관련 법률을 방송과 통신을 중심으로 크게 묶었다는 점, 방송과 통신이 융합되는 현실을 반영하기 위한 규정이 일부 포함되어 있다는 점을 고려해 본다면, 개정 방송·통신 관련법에서도 융합환경에 대한 고려가 반영되었다고 평가할 수 있다.[106]

3. 전기통신사업법상 수평적 규제체계의 도입

1) 기간통신역무[107]의 통합과정

전술한 바와 같은 수평적 규제체계의 흐름을 배경으로 2010년 전기통신사업법

개정 내용", 방송통신정책(제23권 2호 통권 501호), 정보통신정책연구원, 2011. 2, 16-19면 참조.
105) 손금주, "방송·통신 융합서비스에 대한 규제체계", 경제규제와 법(제6권 제2호 통권 제12호), 서울대학교 공익산업법센터, 2013. 11, 132면 참조.
106) 박민성, 위의 글, 20-21면 참조.
107) 전통적으로 전기통신사업법과 전파법 등 통신 관련 법령은 일본의 영향을 많이 받아 왔다. 이로 인해 법률용어라고 보기에는 생소한 것이 적지 않게 있다. 여기에서 역무(役務)가 대표적인 예인데, 이는 서비스(service)와 동일한 용어로 해석되어도 무방할 것이다. 따라서 본서에서는

개정을 통해 단행된 기간통신역무 통합은 기존 전화, 가입전신, 인터넷접속 등 세부적인 허가단위로 구분되던 기간통신역무를 하나의 허가단위로 통합함으로써 기존의 기간통신사업자가 별도의 허가절차 없이 추가적인 서비스를 제공하는 것을 목적으로 하고 있다. 즉, 과거 A라는 기간통신역무를 제공하던 사업자가 B라는 기간통신역무를 제공하기 위해서는 역무 추가에 따른 변경허가가 필요했으나, 기간통신역무 통합에 따라 변경허가라는 절차 없이 서비스 제공이 가능해진 것이다. 다만, 기간통신역무 통합과는 별도로 주파수, 번호 등 통신자원의 획득과 관련되어서는 별도의 규제가 존재하며, 역무통합은 허가단위의 통합만을 의미하고, 상호접속, 번호 등 개별 규제에 있어서의 서비스 구분은 존재하고 있는 상황이다.[108]

표 1-2 기간통신역무의 통합 추진 과정

2007년 12월 이전	2007년 12월 ~ 2010년 3월	2010년 3월 이후
전화역무	전송역무	기간통신역무
가입전신역무		
인터넷접속역무		
인터넷전화역무		
기타역무		
주파수를 할당받아 제공하는 역무	주파수를 할당받아 제공하는 역무	
전기통신회선설비 임대역무	전기통신회선설비 임대역무	

출처: 나성현 / 김태현 / 강유리, 앞의 책, 156면 참조.

2) 기간통신역무의 세부 역무구분

전기통신의 분류제도는 통신역무의 특성에 따라 세부역무를 분류하고, 해당되는 통신사업자를 정의하는 분류체계로 구분하며, 이를 기준으로 해당 역무별 혹은 사업자별로 각각 적용되는 규제를 분류하는 체계를 말한다.[109] 전기통신사업법에서 전기통신역무란 전기통신설비를 이용하여 타인의 통신을 매개하거나 전기통신

특별하게 구별할 필요가 있지 않으면 역무와 서비스의 용어를 혼용하여 사용하도록 할 것이다; 신종철, 통신법해설 - 전기통신사업법의 해석과 사례-, 진한엠앤비, 2013. 2, 27면 참조.
108) 나성현 / 김태현 / 강유리, 앞의 책, 155-156면 참조.
109) 이종화 외 7인, ICT 생태계 발전에 따른 전기통신사업법 개편방안 연구(연구기관: 정보통신정책연구원), 미래창조과학부, 2013. 11, 5-6면 참조.

설비를 타인의 통신용으로 제공하는 것을 말하고(전기통신사업법 제2조 제6호),[110]
전기통신역무는 다시 기간통신역무[111](법 제2조 제11호)와 기간통신역무 외의 전기
통신역무인 부가통신역무(법 제2조 제12호)로 구분하고 있다. 그리고 전기통신사업
은 전기통신회선설비의 구축여부에 따라 기간통신역무를 제공하는 기간통신사업
과 별정통신사업으로 구분하고, 부가통신역무를 제공하는 사업은 부가통신사업으
로 분류하고 있다.

위 [표 1-2]에서 살펴본 바와 같이 국내 기간통신역무는 2007년 12월, 2010년
3월을 기점으로 역무가 단계적으로 통합되었다. 2007년 12월 이전에는 전화역무,
가입전신역무, 인터넷접속역무 등 7개의 역무로 분류되어 있었으나, 2007년 12월
부터 2010년 3월까지의 제도개선을 통해 전화역무, 가입전신역무, 인터넷접속역무
등 5개의 역무가 모두 전송역무로 통합되었고, 2010년 3월에 이르러 그간 개별적
으로 구분되었던 세부 역무가 전부 기간통신역무로 통합되었다. 그러나 전기통신
사업법 제2조 제11호 단서에 근거한 고시(기간통신역무가 아닌 전기통신서비스, 미
래창조과학부 고시 제2013-57호)를 통해 기간통신역무가 아닌 전기통신서비스, 즉
부가통신서비스를 정하도록 규정하고 있는데, 같은 고시에 의하면 부가통신역무
는 기간통신역무를 이용하여 음성·데이터·영상 등의 전자기 신호를 그 내용이
나 형태의 변경 없이 송신 또는 수신하는 전기통신서비스로 개념정의하고 있다(같
은 고시 제2조). 여기에서 주목할 점은 인터넷전화서비스를 부가통신역무가 아닌
기간통신역무로 규정하고 있다는 것이다. 다만, 인터넷전화는 기간통신역무로 분
류하지만 동일한 인터넷사이트에 가입한 회원 간에 컴퓨터를 이용하여 음성 등을
송신하거나 수신하는 것을 기간통신역무에서 제외하고 있다. 그래서 인터넷전화
서비스 중 전기통신설비를 이용하여 통화권의 구분 없이 인터넷을 통하여 음성 등
을 송신하거나 수신하게 하는 전기통신서비스는 기간통신역무로 보고 있다(예컨

---

110) 이하에서 본문에서 괄호안의 전기통신사업법은 모두 '법'으로 약칭한다.
111) 전기통신사업법 제2조 제11호는 ""기간통신역무"란 전화·인터넷접속 등과 같이 음성·데
이터·영상 등을 그 내용이나 형태의 변경 없이 송신 또는 수신하게 하는 전기통신역무 및
음성·데이터·영상 등의 송신 또는 수신이 가능하도록 전기통신회선설비를 임대하는 전기
통신역무를 말한다. 다만, 미래창조과학부장관이 정하여 고시하는 전기통신서비스(같은 법
제6호의 전기통신역무의 세부적인 개별 서비스를 말한다. 이하 같다)는 제외한다."라고 규
정하고 있다.

대, 070 인터넷전화 등). 다만, 동일한 인터넷사이트에 가입한 회원 간에 컴퓨터를 이용하여 음성 등을 송신하거나 수신하는 것은 부가통신역무로 보고 있다(예컨대, Skype 등).[112]

즉, 현행 전기통신역무의 분류는 기본적으로 불특정 다수에 대한 전송의 정의에 부합하는지의 해석 여하에 따라 기간통신역무나 부가통신역무로 구분하는 상태이다. 예를 들어 E-mail, MIM, mVoIP, SNS 등은 동일한 인터넷사이트에 가입한 회원 간에 스마트폰을 이용하여 음성 등을 송신하거나 수신하는 것으로, 공중(public)이 아닌 회원 간에만 송신·수신한다는 측면에서는 부가통신역무에 해당하나, 스마트폰이 전화기인지 컴퓨터인지의 해석 여하에 따라 기간통신역무 혹은 부가통신역무로 구분이 가능하다고 할 수 있다.[113]

표 1-3 전기통신역무의 세부 서비스 분류

구분	세부 서비스 분류	
전송역무	가. 일반전화가입자접속서비스	나. 시내전화서비스
	다. 시외전화서비스	라. 국제전화서비스
	마. 공중전화서비스	바. 전화번호안내서비스
	사. 전화부가서비스	아. 인터넷가입자접속서비스
	자. 인터넷전용회선서비스	차. 인터넷백본접속서비스
	카. 인터넷전화서비스	타. 구내통신서비스
	파. 기타전송서비스	
2. 주파수를 할당받아 제공하는 역무	가. 이동통신(셀룰러 또는 PCS)서비스	나. 이동통신(IMT2000)서비스
	다. 이동통신(LTE)서비스	라. 주파수공용통신서비스
	마. 선박무선통신서비스	바. 위성통신서비스
	사. 이동통신부가서비스	아. 와이브로서비스
	자. 기타 주파수를 할당받아 제공하는 서비스	
3. 전기통신 회선설비 임대역무	가. 국내회선설비임대서비스	나. 국제회선설비임대서비스
	다. 기타회선설비임대서비스	
4. 부가통신역무	기간통신역무 외의 전기통신역무	

---

112) 신종철, 앞의 책, 31-32면 참조.
113) 2010년 전기통신사업법 개정 이전에는 공공의 이익과 국가산업에 미치는 영향, 역무의 안정적 제공의 필요성을 고려하여 전신역무, 전화역무 등을 기간통신역무로 분류하였으나, 현재는 기능상 전송에 해당되고 예외조항에 해당하지 않는 역무를 기간통신역무로 분류하고

한편, 전기통신사업법은 부가통신역무를 기간통신역무 외의 전기통신역무를 의미하고(법 제2조 제12호), 특수한 유형의 부가통신역무란 저작권법 제104조에 따른 특수한 유형의 온라인서비스제공자의 부가통신역무를 말한다고 규정하고 있다(법 제2조 제13호). 전기통신사업 회계분리기준(미래창조과학부 고시 제2013-197호) 제3조에 따르면 전기통신역무는 기간통신역무와 부가통신역무로 구분되며, 기간통신역무의 세부분류는 전송역무, 주파수를 할당받아 제공하는 역무 및 전기통신회선설비 임대역무로 명시하고 있다.

3) 기간통신역무의 통합에 대한 한계

앞에서 언급한 바와 같이 기간통신역무의 통합은 기존에 개별적으로 서비스별로 허가를 받아야 했던 것을 기간통신역무로 통합하여 단일화함으로써 하나의 허가만 있으면 별도의 추가적 허가절차 없이 다른 서비스를 개시할 수 있다는 점에서 진입장벽을 낮추는데 큰 기여를 한 것이라고 볼 수 있다.

그러나 기간통신역무로 통합되었다고 하더라도 규제 당국의 기간통신역무의 세부적인 서비스에 대한 규제가 하나로 통합되는 것은 아니다. 즉, 상호접속(interconnection), 설비제공(unbundling), 보편적 역무(universal service), 회계분리(accounting) 등 개별적 규제에 있어서는 시내, 시외, 국제전화, 전기통신회선설비임대, 초고속인터넷, 인터넷전화서비스 등을 개별적으로 파악하여 규제하는 것이 필요한 것이다. 예를 들면, 보편적역무손실보전금 산정방법 등에 관한 기준(미래창조과학부 고시 제2014-32호) 제4조는 장애인과 저소득층에 대한 요금감면서비스의 감면비율에 대해 시내전화서비스, 시외전화서비스, 이동전화서비스, 개인휴대통신서비스, 인터넷가입접속서비스, 인터넷전화서비스 등을 구분하여 구체적으로 적시하고 있다. 즉, 향후에도 규제 당국은 사업자가 기간통신역무 허가를 통해 다양한 서비스를 제공하는 경우에는 규제의 필요에 따라 개별적으로 서비스의 종류를 획정하여 규제하는 것이 불가피하다고 하겠다.[114]

있어서 신규 서비스 출현시 기간통신역무에 해당하는지에 대한 유권해석이 필요하다; 이종화 외 7인, 앞의 책, 5-6면 참조.
114) 신종철, 앞의 책, 32-33면 참조.

제2장

전송계층에 대한 규제

제1절 기간통신사업 진입규제

1. 기간통신사업의 의의

전기통신역무는 전기통신설비를 이용하여 타인의 통신을 매개하거나 전기통신설비를 타인의 통신용으로 제공하는 것을 말한다. 별정통신역무 및 부가통신역무와 달리, 기간통신역무는 전화·인터넷접속 등과 같이 음성·데이터·영상 등을 그 내용이나 형태의 변경 없이 송신 또는 수신하게 하는 전기통신역무 및 음성·데이터·영상 등의 송신 또는 수신이 가능하도록 전기통신회선설비를 임대하는 전기통신역무를 말한다(다만, 미래창조과학부장관이 정하여 고시하는 전기통신서비스는 제외).[1)]

기간통신사업은 전기통신회선설비를 설치하고, 그 전기통신회선설비를 이용하여 이러한 기간통신역무를 제공하는 사업이다. 따라서, 기간통신사업자는 기간통신사업 즉 전기통신회선설비를 설치하고, 그 전기통신회선설비를 이용하여 이러한 기간통신역무를 제공하는 사업자이다.

---

1) 역무구분의 정의 및 규제 변화는 정보통신정책연구원, "전기통신사업법 개정에 대비한 허가 및 양수합병제도 개선방안 연구", 정책연구(10-11), 2010. 11, 149면; 정보통신정책연구원, "통신서비스 정책의 이해", 법영사, 2005, 79면 참조.

2. 기간통신사업 규제의 필요성

통신, 방송, 전기, 가스, 난방, 운송 등 공중의 이익과 직결되는 산업을 공익산업(Public Utility)이라 하며, 이들 분야는 서비스의 성질상 다른 경제영역에 비해 강한 규제를 받는 것이 세계 보편적인 현상이다.[2] 이 영역은 각 서비스가 가진 특성에 따른 기술적 경제적 규제가 수반될 뿐 아니라, 특히 과거 국가독점사업에서 민영화와 자유화가 도입되어 시장형성의 초기단계에 있다는 점에서 유효경쟁형성을 위한 특별경쟁정책을 요구한다.

통신산업은 대표적인 공익사업의 하나이다. 이는 국민 개개인의 생활과 밀접한 관계를 가지고 있다. 한 개인의 생존에 필수적이라는 의미를 넘어서, 개개인들의 삶을 연결시키는 기능을 통해 하나의 사회가 존속해나갈 수 있는 기틀을 마련해 주는 공익적인 속성이 강한 서비스로 받아들여지고 있다. 통신서비스의 공익성은 그 서비스를 제공하려는 자의 자격요건 등에 대한 엄격한 기준을 요구하며, 이와 같은 요구에 따라 통신시장에서는 허가제도와 같은 진입규제가 존재해 왔다.

1) 공익산업 개념의 문제

일반적으로 공익산업이라 할 때, 흔히 전력, 가스, 통신, 수도, 철도산업 등이 공익산업으로 분류되지만, 공익산업에 대한 객관적이고 통일적인 분류는 존재하지 않는다는 점에서 명확한 정의가 이루어지지는 않는다. 또한, 공익산업의 핵심적 개념은 '공공의 이익'이라 할 수 있지만, 그러한 '공공의 이익'이란 개념 자체도 명확한 것은 아니다. 한편, 공익산업은 통상 정부, 즉 공적 부문에 의한 규제를 받으며, 전통적인 공익산업에 대해서는 정부가 직접 공기업의 형태로 운영하거나, 경쟁을 제한하는 진입규제 또는 가격규제 등의 통제가 행해지는 것이 일반적이다.

이러한 관점에서 공익산업을 규제산업과 동일한 개념으로 이해하기도 하는 바, 이러한 입장을 전제로 하는 경우에는 정부규제의 필요성이 공익산업의 핵심적인 특성으로 나타나게 될 것이다. 즉 공익산업이라고 하여 당연히 자연과학적인 관계

---

2) 통신산업 규제의 특수성 및 공정거래법과의 관계에 대해서는 김윤정, "통신산업의 시장지배적 사업자 규제에 관한 연구", 서울대학교 박사논문, 2012, 9면 이하 참조.

로 진입규제제도가 획일적으로 설정되는 것은 아니며, 진입규제제도는 공익산업에 대한 정책적인 판단이 개입될 수밖에 없는 것이다.

2) 진입규제의 의의와 법제도적 의미

진입규제란 일반적으로 개인이나 기업 등과 같은 민간경제주체가 자발적으로 시장에 진입하여 사업을 개시하는 행위에 대하여 행정, 즉 공적 부문에서 일정한 제약을 가하는 조치이다. 본래 자유경제시장에 있어 시장에의 진입은 헌법상 보장된 영업의 자유 등에 기초하여 자유로운 것이 원칙적이며, 따라서 이 경우 시장에의 진입제한은 시장경제원리 등에 따라 자연적으로 발생하는 진입제한이 기본적인 형태일 것이다.

반면 공익산업과 같이, 당해 시장이 직접 공익과의 관련성을 가지는 경우에는 공익의 보호를 본질로 하는 행정의 개입필요성이 존재하며, 그러한 필요성에서 (법률에 근거하여) 행정에 의한 공법적 진입제한이 행해지는 바, 이러한 공적 부분에 의한 법제도적 진입제한이 좁은 의미에서의 진입규제라 할 수 있다. 그러한 점에서 대부분의 공익산업은 공기업 등의 형태로 공적 부문에 의해서 직접 운영되거나 진입규제제도가 일반적으로 시행되고 있는데, 이는 공익산업이 가지는 자연독점성이라는 특성으로부터 비롯된다 하겠다. 자연독점적인 공익산업에 있어 진입규제에 대한 규제근거는 중복투자의 방지, 자연독점의 유지가능성, 보편적 서비스의 제공 등을 말한다.[3] 결국 진입규제의 필요성 및 형태에 대한 결정적인 요소는 당해 시장에 대하여 보호되어야 할 공익의 내용과 크기에 비례하는 것이라고 할 것이며, 이것이 진입규제의 법제도적 의미라 하겠다.

한편, 통신서비스 시장이 확대되고 기술이 급속이 발전하면서 자연독점적인 요소는 경감되고, 네트워크 고도와, 지속적인 기술개발 투자 등 동태적 효율성의 중요성이 부각되었다. 이러한 관점에서 진입규제, 즉 허가제도는 통신시장 경쟁도입의 핵심적인 수단이다. 규제당국은 허가제도를 통해 시장의 구조, 서비스별 경쟁도입 단계 및 사업자 수, 경쟁 정도 및 양상 등 전반적인 통신시장 규제의 틀을 실현시킬 수 있다. 허가제도는 통신시장 자유화와 경쟁체제를 구축하는 주요한 수단으로서 중추적이 역할을 하게 되었다. 따라서, 통신시장 자유화와 경쟁체제하에

---

3) 정보통신정책연구원, 방송통신 산업 규제체계 개선 연구현안연구(14-05), 2014. 12, 11면 이하 참조.

서는 기본적인 의무를 충실히 수행하지 못할 수 있는 사업자가 통신시장에 진입하는 것을 방지하는 것이 허가의 기능이며, 경쟁체제에서의 허가는 사업자의 최소한 사업역량을 평가하고 권리와 의무를 부여하는 과정이라 한다.[4]

전기통신사업법은 미래창조과학부가 판단하기에 규제의 필요성이 크다고 생각되는 통신서비스를 기간통신역무로 지정하고, 기간통신역무를 제공하는 사업자를 기간통신사업자로 정의함으로써, 기간통신사업자를 중심으로 특별히 규제하는 방식을 채택하고 있다. 통신시장의 경우 기간통신사업자들에 대한 진입규제로써 허가제도를 채택하고 있지만, 통신시장에 대한 경쟁논리의 도입에 따라, 유선통신 사업자에 대한 진입규제는 상당부분 완화된 상태이다.[5] 즉, 실제 허가제도의 운영에 있어 SO 등 소규모유선통신사업자에 대해 진입 시 최소한의 자격 요건만을 요구하는 등 허가가 반려되는 경우는 매우 예외적인 경우에 속한다.

3. 기간통신사업의 허가

1) 허가의 의의

사전규제로서 진입규제와 관련하여, 기간통신사업자가 되기 위해서는 미래창조과학부장관의 허가를 받아야 하지만(법 제6조), 별정통신사업자는 일정한 사항을 갖추어 미래창조과학부에 등록하는 것으로 족하며(법 제21조), 부가통신사업자의 경우에는 신고만으로도 족하다(법 제22조). 또한, 이용약관 규제와 관련하여, 일정한 시장규모 및 시장점유율 이상의 기간통신사업자로서 미래창조과학부의 지정을 받은 경우에는 미래창조과학부로부터 이용약관의 인가를 받아야 하며(법 제28조 제2항), 나머지 일반 기간통신사업자의 경우에는 이용약관을 신고만 하면 된다(법 제28조 제1항). 그리고, 「설비제공 및 상호접속 등 규제」와 관련하여 필수설비를 보유한 사업자 또는 일정한 시장규모 및 시장점 유율 이상의 기간통신사업자로서 미래창조과학부의 지정을 받은 사업자의 경 우에는 설비제공 및 상호접속 등의 제공의무를 갖는다(법 제35조 내지 제42조).

한편, 현행 전기통신사업법 및 전파법의 규정에 따라 주파수 할당이 필요한 무

---

4) 정보통신정책연구원, "통신서비스 정책의 이해", 2005, 법영사, 83면.
5) 서울대학교 공익산업법센터, 방송통신법연구V, 2008, 70면 이하 참조.

선통신서비스의 경우에 기존 기간통신사업의 허가를 받은 사업자는 추가적인 허가절차 없이 주파수를 할당을 받아 사업을 개시할 수 있으나, 신규사업자의 경우 서비스 제공을 위해 허가와 주파수 할당을 모두 받아야 한다.

과거에는 주파수 할당이 사업허가와 통합운영되어 별도의 할당심사 없이 사업허가를 받 은 자에게 주파수를 할당하였으나, 2008년 전기통신사업법 개정 과정에서 기간통신 역무 통합에 따른 허가단위의 일원화 및 진입규제의 완화가 추진됨에 따라, 전파법에 별도의 주파수 할당 절차의 근거가 마련되었다. 과거의 경우 무선통신사업 추진을 위해서는 사업허가와 주파수 할당이 모두 필요 했으며, 그 절차가 주파수 할당공고로부터 시작되었으나, 실질적인 사업자 선발은 허가절차를 통해서 결정되고, 허가절차를 통해 선발된 사업자에게 주파수가 할당 되는 방식을 취하였다. 그러나, 현재는 주파수 할당과 사업허가가 서로 독립적인 행정절차로 규정하여, 기존 사업자의 경우 주파수 할당 절차만을, 신규사업자의 경우 사업허가와 주파수 할당 절차를 모두 거쳐야 비로소 사업을 개시할 수 있다. 신규사업자는 주파수 할당 공고 이후에 주파수할당과 기간통신사업의 허가를 미래창조과학부장관에게 함께 신청하여야 한다(법 제6조 제4항).

최근, 전기통신사업법 개정('14.10.15.)으로 정부가 수립한 「기간통신사업의 허가 기본계획」에 따라 기간통신사업 허가 신청을 하도록 하였다. 이는 기간통신사업 허가의 예측 가능성과 투명성을 높이고 비효율성을 개선하기 위해서라고 하며, 이에 따라, 미래창조과학부는 기간통신사업에 대한 경쟁상황 평가결과 및 주파수 이용 계획 등을 고려하여 허가에 관한 기본계획을 매년 수립할 수 있다.[6]

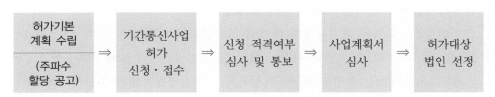

※ 허가신청적격 여부 결정은 허가신청기간 만료 후 30일 이내, 사업계획서 심사는 90일 이내

그림 2-1 기간통신사업(무선사업) 허가 절차

---

6) 미래창조과학부는 "2015년도 기간통신사업 허가 기본계획"을 2015년 11월 18일 발표하였다. 이에는 신규사업자에 대한 정책 지원방안과 심사기준, 추진일정 등을 담고 있다.

2) 기간통신사업허가의 절차

가) 허가의 신청

기간통신사업의 허가를 받고자 하는 자는 허가신청법인의 대표자 또는 설립하려는 법인의 주주 등의 대표자의 명의로 신청한다. 미래창조과학부장관은 기간통신사업의 허가를 할 때에는 ① 기간통신역무 제공계획의 이행에 필요한 재정적 능력, ② 기간통신역무 제공계획의 이행에 필요한 기술적 능력, ③ 이용자 보호계획의 적정성, ④ 전기통신설비의 고도화를 위한 투자계획의 적정성에 관한 사항, ⑤ 기간통신역무 제공계획의 안정성 및 전문성에 관한 사항 및 미래창조과학부 '기간통신사업자 허가신청요령 및 심사기준'에 의해 종합적으로 심사한다.[7]

기간통신사업의 허가를 받으려는 자는 기간통신사업 허가신청서에 법인(설립 예정 법인을 포함한다)의 정관, 법인의 주주명부 또는 주주 등의 주식 등의 소유에 관한 서류와 사업계획서를 첨부하여 미래창조과학부장관에게 제출하여야 한다. 사업계획서는 요약문, 허가신청법인에 관한 기본사항, 영업계획서, 기술계획서로 구성된다. 한편 허가신청은 수시허가제도에 따라 신청인이 언제든지 자유롭게 신청할 수 있다.

나) 허가심사의 진행

미래창조과학부는 허가신청접수 결과를 바탕으로 허가신청역무, 허가대상법인의 수 등을 고려하여 허가심사를 위한 기본계획을 수립·시행하며 동 계획은 허가심사 일정, 장소 및 절차, 허가심사추진반 구성·운영 등 심사위원 선정방법과 기타 허가심사를 위하여 필요한 사항을 포함한다.

미래창조과학부는 허가신청에 대하여 허가신청이 적합한지 여부(이하 "허가신청적격 여부"라 한다)를 특별한 사정이 없는 한 신청일로부터 30일(주파수를 할당받아 제공하는 서비스는 60일) 이내에 결정하여 허가신청법인에게 통보하여야 한다. 허가신청적격 여부는 실질심사가 아닌 형식적 요건에 대한 심사로, 접수된 허가신청서류를 토대로 공공의 이익, 방송통신발전기본법(이하 "기본법"이라 한다), 전기

---

7) 절차에 대한 상세는 기간통신사업자 허가신청요령 및 심사기준(미래창조과학부 고시 제 2016-8호) 참조.

통신사업법, 전파법 및 동 고시 등 관련규정에의 적합여부, 사업법 제7조 및 제8조의 허가 결격사유(국가, 지방자치단체 및 외국인지분제한)에 해당되는지 여부와 전파법」제10조 제1항 제1호에 따른 주파수할당 공고여부 및 같은 법 제41조 제2항에 따른 위성궤도 등의 할당 가능여부 등을 종합적으로 검토한다. 미래창조과학부는 허가신청적격 여부를 검토하기 위해 필요한 경우 공청회 또는 청문회 절차를 거칠 수 있다. 또한 허가신청적격 여부를 허가신청법인에게 통보할 때 역무의 제공 등에 필요한 조건을 붙일 수 있다.

사업계획서에 대한 심사는 허가신청적격으로 결정된 허가신청법인을 대상으로 계량평가와 비계량평가로 구분하여 실시한다. 평가는 100점을 만점으로 기간통신역무의 안정적 제공에 필요한 능력(40점), 기간통신역무 제공계획의 이행에 필요한 재정적 능력(25점), 기간통신역무 제공계획의 이행에 필요한 기술적 능력(25점), 이용자 보호계획의 적정성(10점)으로 구성되며, 이 중 재정적 능력의 수익성(3점), 안정성(3점), 성장성(3점), 신용등급(3점)의 계량평가를 제외하고는 비계량평가이다.

허가신청법인의 자격 등 허가를 위한 심사기준일은 동 고시에서 달리 정하지 않는 한 허가신청접수일부터 3개월 이전의 기간내에서 가능한 한 최근일을 기준으로 한다. 미래창조과학부는 사업계획서 심사중 비계량평가를 위해 정보통신분야의 학식과 경험이 풍부한 자를 20명 이내의 범위에서 심사위원으로 위촉하여 심사하게 할 수 있다. 비계량평가는 심사항목별 평가결과의 최저점과 최고점을 제외한 점수들의 평균점을 부여한다. 다만, 최저점 또는 최고점이 2개 이상일 경우 각 1개만 제외한다. 심사 또는 평가를 보완하고 심사항목간의 일치성 등을 확인하기 위해 필요한 경우에는 허가신청법인을 대상으로 청문을 실시할 수 있다. 이 경우 모든 허가신청법인에게 동등한 기회를 부여하여야 한다. 사업계획서 심사의 경우심사사항별로 100점 만점 기준으로 60점 이상(감점 포함)이어야 하고, 총점은 70점 이상(감점 포함)을 받아야 적격으로 판정한다. 다만, 허가신청 법인간 경합이 있는 서비스의 경우 적격으로 판정받은 법인 중 총점의 고득점순으로 허가대상법인을 선정한다.

다) 허가의 심사결과의 통보

미래창조과학부는 특별한 사정이 없는 한 신청일로부터 60일(주파수를 할당받아 제공하는 서비스는 120일) 이내에 심사결과를 허가신청법인에게 통보한다. 미래창조과학부장관은 기간통신사업을 허가하는 경우에는 공정경쟁 촉진, 이용자 보호, 서비스 품질 개선, 정보통신자원의 효율적 활용 등에 필요한 조건을 붙일 수 있다.

허가대상법인은 법인설립등기, 외자도입신고 및 자본금 납입 등 사업법 및 관련법령에 규정된 필요사항을 이행하고, 이의 사실여부를 확인할 수 있는 증빙서류와 허가조건의 이행을 담보할 수 있는 이행각서 등 필요서류를 심사결과를 통보받은 날부터 90일 이내에 미래창조과학부에 제출하여야 한다. 미래창조과학부는 정당한 사유가 있는 경우 1회에 한하여 제1항에 따른 필요서류의 제출기한을 90일의 범위 내에서 연장할 수 있다. 미래창조과학부는 허가대상법인이 제1항에 따른 의무를 이행하지 아니하거나 선정후 사업계획서의 불이행 등으로 기간통신사업 수행이 어려울 것으로 우려되는 경우에는 선정을 취소할 수 있으며, 경합이 있는 서비스의 경우 허가심사에서의 차점자가 허가대상법인이 된다.

미래창조과학부는 허가대상법인이 사업법 및 관련 법령에 규정된 필요사항을 이행한 경우 허가번호 및 허가 연월일, 상호 또는 명칭 및 대표자 성명, 사업구역, 주된 사무소의 소재지, 자본금 또는 자산평가액, 사업용 주요 설비의 명세 및 설치장소, 기술인력에 관한 사항, 허가 조건을 기간통신사업자 허가대장에 적은 후, 기간통신사업자 허가서(변경허가서를 포함한다)를 발급한다.

3) 기간통신사업허가의 제한

국가 또는 지방자치단체, 외국정부 또는 외국법인, 외국정부 또는 외국인이 제8조 제1항에 따른 주식소유 제한(외국정부 또는 외국인 모두가 합하여 그 발행주식 총수의 100분의 49)을 초과하여 주식을 소유하고 있는 법인은 기간통신사업의 허가를 받을 수 없다.

외국정부 또는 외국인(「자본시장과 금융투자업에 관한 법률」 제9조 제1항 제1호에 따른 특수관계인을 포함한다. 이하 같다)이 「자본시장과 금융투자업에 관한 법률」 제9조 제1항 제1호에 따른 최대주주(이하 "최대주주"라 한다)이고, 그 최대주주가 발행주식 총수의 100분의 15 이상을 소유하고 있는 법인(이하 "외국인의제법인"이라 한다)은 외국인으로 본다. 다만, 기간통신사업자의 발행주식 총수의 100분의 1 미만을 소유한 법인과 대한민국이 외국과 양자 간 또는 다자 간으로 체결하여 발효된 자유무역협정 중 미래창조과학부장관이 정하여 고시하는 자유무역협정의 상대국 외국정부 또는 외국인이 최대주주이고, 그 최대주주가 발행주식 총수의 100분의 15 이상을 소유하고 있는 법인으로 제10조에 따른 공익성심사 결과 미래창조과학부장관이 공공의 이익을 해칠 위험이 없다고 판단한 법인은 외국인으로 보지 않는다.

4) 변경허가

기간통신사업자는 제6조에 따라 허가받은 사항 중 대통령령으로 정하는 중요사항(법 제6조 제1항에 따라 허가받은 기간통신사업의 내용 변경에 관한 사항과 법 제6조 제4항에 따른 허가 조건에 관한 사항을 변경하려면 대통령령으로 정하는 바에 따라 미래창조과학부장관의 변경허가를 받아야 한다. 법 제20조 제1항 본문에 따른 허가의 일부 취소 대상이 된 사업을 다시 제공하려는 경우도 변경허가를 받아야 한다.

기간통신사업의 변경허가를 받으려는 자는 기간통신사업 변경허가신청서에 변경계획을 확인할 수 있는 서류를 첨부하여 미래창조과학부장관에게 제출하여야 한다. 한편, 변경허가의 심사기준, 신청절차 및 신청방법 등에 관하여 필요한 세부사항은 미래창조과학부장관이 정하여 고시한 '기간통신사업자 허가신청요령 및 심사기준'에 의한다.

제2절 기간통신사업의 경영에 대한 규제

1. 보편적 역무

1) 개념 및 배경

전기통신사업법 제2조 제10호에서 규정하고 있는 "보편적 역무"란 모든 이용자가 언제 어디서나 적절한 요금으로 제공받을 수 있는 기본적인 전기통신역무를 말한다. 같은 법 제4조에 따르면 모든 전기통신사업자는 보편적 역무를 제공하거나 그 제공에 따른 손실을 보전(補塡)할 의무가 있다. 다시 말해 모든 전기통신사업자는 모든 이용자가 언제 어디서나 적절한 요금으로 기본적인 전기통신역무를 제공받을 수 있도록 하기 위해 그러한 역무를 직접 제공하거나 이를 제공하는 사업자의 손실 보전을 분담할 의무가 있다.

민영화 이후 민간사업자인 전기통신사업자에 대해서도 이러한 의무 부과가 정당화될 수 있는 것은 통신서비스의 공공성 때문이다. 통신은 개인들간의 협력을 가능하게 하는 수단이므로, 모든 사람들에게 통신은 인격발현과 생존에 필수적인 활동이다. 우리 헌법은 복지국가·사회국가의 이념을 추구하고 이를 실현하는 것을 국가의 임무로 한다. 헌법 제10조, 제34조, 제37조 등에 따라 국가는 국민에 대해 생존배려의 임무를 갖는다. 모든 국민에게 기본적인 통신서비스가 적절한 가격으로 공급되도록 하는 것도 생존배려의 임무에 포함된다. 국가가 이를 직접 공급하지 않는다면, 이를 공급하는 민간기업에 대한 (공익)규제를 통해서라도 그러한 임무를 수행해야 한다.[8] 다만 서비스의 공공성으로 인해 특별한 규제를 받는 사업이라 하더라도, 민간사업자인 전기통신사업자들을 규제함에 있어서는 헌법 제119조 경제질서에 관한 규정이 존중되어야 한다. 통신서비스의 공공성으로 인한 규제의 요청과 통신사업자들의 경제상의 자유와 창의의 존중은 사안에 따라 비례원칙 하에서 적절한 균형점을 찾아가야 한다. 전기통신사업법 제3조가 전기통신사업자에게 정당한 사유 없이 전기통신역무의 제공을 거부하여서는 아니 될 의무, 공평하고 신속하며 정확하게 업무를 처리하여야 할 의무를 부과하고, 요금의 규범적 기준으로 전기통신사업이 원활하게 발전할 수 있고 이용자가 편리하고 다양한 전기통신역무를 공평하고 저렴하게 제공받을 수 있도록 합리적으로 결정되어야 한다고 규정하는 것 역시 이러한 통신서비스의 공공성을 보장하기 위해 사기업에 특별한 규제의무를 부과하는 것이다.

보편적 역무(universal service) 개념은 1907년 AT&T의 슬로건에서 처음 사용되었지만, 이후 각국의 정부가 이를 직접 제공하거나 이를 제공하는 민간기업에 대해 공공성 규제를 하면서 통신서비스정책의 목표로 제시되어 왔다.[9] 역무의 '보

---

8) 이러한 국가의 임수 수행 방식의 변화를 (직접 제공 → 규제) '보장국가' 모델로 설명하기도 한다. 계인국, 보장행정의 작용형식으로서 규제: 보장국가의 구상과 규제의미의 한정, 공법연구 41집 4호, 한국공법학회, 2013.

9) 정보통신정책연구원 편저, 통신서비스 정책의 이해, 정보통신정책 핸드북 1, 법영사, 323면.

편성'은 모든 이용자가 통신서비스에 접근할 수 있어야 한다는 점에 더하여 설령 망의 설치·운영비가 그로 인한 수익을 넘는 지역의 이용자도 균일한 가격으로 서비스를 제공받아야 한다는 의미를 포함한다. 통신서비스 제공에 소요되는 비용, 전화서비스에 대한 수요의 탄력성, 수익성 등이 지역별, 이용자별로 상이한 점을 생각하면 경제적으로 효율적인 요금체계는 지역별, 이용자별로 상이한 요금이 부과되는 체계일 것이다. 따라서 이러한 차이에 관계없이 균일한 요금제를 적용하는 경우 이용자 간의 형평성을 위해 경제적 효율성이 희생된다. 따라서 보편적 역무 제도의 구체화에 있어서는 효율성과 형평성의 균형을 찾는 것이 중요하다.

미국에서 보편적 서비스의 실현 수단이 변천해 온 과정을 잠시 살펴보면 다음과 같다. 1984년 AT&T의 반독점법 위반으로 인한 구조분리(divestiture) 이전까지는 AT&T가 州內(intrastate), 州間(interstate)의 모든 통신서비스를 독점하고 있었으므로, 예컨대 통화량이 많은 주내 통신서비스 가격을 한계비용보다 낮게 책정하고, 주간 통신서비스 가격은 한계비용보다 높게 책정함으로써 망에 대한 초기 투자를 회수함과 더불어 주내 통신서비스의 요금을 저렴하게 유지하려는 공공정책을 달성하는 데 기여하여도 AT&T로서는 문제가 없었다. 따라서 이러한 묵시적 교차보조(implicit cross-subsidies)가 가정용과 기업용 서비스 상호간, 도시와 농어촌지역 이용자 상호간에도 이루어졌다. 그러나 AT&T가 구조분리된 이후에는 주내 통신서비스와 주간 통신서비스의 제공주체가 달라졌고, 상이한 통신서비스의 가격은 각각의 비용과 수익에 따라 독립적이고 투명하게 책정해야 할 필요성이 나타났다. 이러한 산업구조의 변화에 따라 미국의 통신산업 규제기관인 FCC (Federal Communications Commission)는 1984년 구조분리 이후에 州間(장거리) 전화사업자가 州內(시내전화)전화사업자에게 지급하는 착·발신접속료(access charges)를 신설하고 시내전화이용자에게 가입비(subscriber line charge)를 부과하여 종전보다 시내전화이용자의 망투자비용 부담을 증가시켰다. 이후 1996년 통신법(Communications Act) 개정과 함께 州內 통신서비스 시장에도 경쟁이 도입됨으로써 그러한 필요성은 더욱 커졌다. 교차보조는 서비스의 요금을 원가에서 괴리시킴으로써 경제적 효율성 및 경쟁조건을 왜곡시키기 때문이다. 따라서 이러한 효율성의 희생에도 불구하고 통신서비스 이용의 형평성이라는 공공정책적 목표를 추구하기 위해서는 이전과 같이 묵시적인 교차보조를 허용하는 방법이 아니라 행정청이 보편적 서비스로 제공되어야 하는 서비스의 범위를 명확히 하고 이에 대해 '보편적 서비스를 유지·발전시키기 위해 연방과 주 정부 차원에서 구체적이고 예측가능하며 충분한 메카니즘'을 명시적으로 확보할 필요가 생겼다. 1996년 통신법 제정 이후에는 통신시장의 경쟁체제 하에서 통신시장의 왜곡을 최소화하면서 경쟁사업자 간에 이 비용을 공정하게 분담하는 체제가 도입되었다. 가입비 상한을 올리고, 통신사업자들 상호간에 손실보전제도가 정비되어왔다. 2011. 11. FCC는 보편적 역무제도 개혁을 위해 "Connect America Fund Order"라고 약칭되는 행정입법을 발하고,[10] 음성통신 외에도 광대역인터넷서비스의 공급을 위한 여러 정책수단을 도입하고 있다.

1998년 우리 전기통신사업법에도 보편적 역무 제도의 근거규정이 신설되었고, 이후 하위규범이 정비되어 2000년부터 제도가 시행되었다. 보편적 역무 정책(제도)의 핵심 내용은 (1) 어떤 역무를 '보편적 역무'의 범위에 넣을 것인가, (2) 누구에게 보편적 역무를 제공할 의무를 부여할 것인가, (3) 보편적 역무를 제공하는 비용을 어떻게 조달할 것인가로 나누어 볼 수 있다. 아래에서 각각 살펴본다.

2) 보편적 역무의 범위

보편적 역무의 구체적 내용은 정보통신기술의 발전 정도, 전기통신역무의 보급 정도, 공공의 이익과 안전, 사회복지 증진, 정보화 촉진 등을 고려하여 대통령령으로 정하도록 위임되어 있다(법 제4조 제3항). 그 위임을 받아 이를 구체적으로 정하고 있는 전기통신사업법 시행령 제2조에서는 보편적 역무의 내용을 아래와 같이 정하고 있다.

---

10) https://apps.fcc.gov·edocs_public/attachmatch/FCC-11-161A1_Rcd.pdf 동 행정입법의 정식명칭은 "Connect America Fund; A National Broadband Plan for Our Future; Establishing Just and Reasonable Rates for Local Exchange Carriers; High-Cost Universal Service Support; Developing an Unified Intercarrier Compensation Regime; Federal-State Joint Board" 이다.

1. 유선전화 서비스: 미래창조과학부장관이 이용방법 및 조건 등을 고려하여 고시한 지역(이하 "통화권"이라 한다) 안의 전화 서비스 중 다음 각 목의 어느 하나에 해당하는 전화 서비스
   가. 시내전화 서비스: 가입용 전화를 사용하는 통신을 매개하는 전화 서비스[다목의 도서통신(島嶼通信) 서비스는 제외한다. 이하 같다]
   나. 시내공중전화 서비스: 공중용 전화를 사용하는 통신을 매개하는 전화 서비스
   다. 도서통신 서비스: 육지와 섬 사이 또는 섬과 섬 사이에 무선으로 통신을 매개하는 전화 서비스
2. 긴급통신용 전화 서비스: 사회질서 유지 및 인명(人命)의 안전을 위한 다음 각 목의 어느 하나에 해당하는 전화 서비스
   가. 기간통신역무 중 미래창조과학부장관이 정하여 고시하는 특수번호 전화 서비스
   나. 선박 무선전화 서비스: 기간통신역무 중 육지와 선박 사이 또는 선박과 선박 사이의 통신을 매개하는 전화 서비스
3. 장애인·저소득층 등에 대한 요금감면 서비스: 사회복지 증진을 위한 장애인·저소득층 등에 대한 다음 각 목의 어느 하나에 해당하는 서비스
   가. 시내전화 서비스 및 통화권 간의 전화 서비스(이하 "시외전화 서비스"라 한다)
   나. 시내전화 서비스 및 시외전화 서비스의 부대 서비스인 번호안내 서비스
   다. 기간통신역무 중 이동전화 서비스, 개인휴대통신 서비스, 아이엠티이천 서비스 및 엘티이 서비스
   라. 인터넷 가입자접속 서비스
   마. 인터넷전화 서비스
   바. 휴대인터넷 서비스

보편적 역무의 내용은 어떤 통신서비스가 제공되어야 하는가와 그 통신서비스를 보편적으로 제공하기 위해 어떤 수단을 선택할 것인가로 구성된다. 그 수단으로는 (1) 전기통신사업자가 경제적 효율성과 관계없이 망을 설치·운용할 의무를 부과하여 통신서비스에 대한 물리적 접근을 가능하게 하는 것과 (2) 요금을 낮추거나 경제력이 약한 자에 대한 보조금 등을 통해 통신서비스에 대한 경제적 접근을 가능하게 하는 방식의 두 가지로 나누어 볼 수 있다.

3) 보편적 역무 제공 의무자

모든 전기통신사업자는 보편적 역무를 제공하거나 그 제공에 따른 손실을 보전(補塡)할 의무가 있다(법 제4조 제1항). 미래창조과학부장관은 일정한 요건에 해당하는 전기통신사업자에 대하여는 그 의무를 면제할 수 있다(법 제4조 제2항).

> 1. 전기통신역무의 특성상 제1항에 따른 의무 부여가 적절하지 아니하다고 인정되는 전기통신사업자로서 대통령령으로 정하는 전기통신사업자
> 2. 전기통신역무의 매출액이 전체 전기통신사업자의 전기통신역무 총매출액의 100분의 1의 범위에서 대통령령으로 정하는 금액 이하인 전기통신사업자

이에 따라 현재 법 시행령 제5조 제2항에 따르면, 부가통신사업자 및 지역무선호출사업자와 전기통신역무의 연매출액이 300억원 이하인 사업자에게는 보편적 역무 제공의무가 면제된다. 달리 말하면, 전송서비스를 담당하는 기간통신사업자와 별정통신사업자로서 전기통신역무의 연매출액이 300억원 초과인 사업자가 보편적 역무 제공의 의무자가 된다. 의무의 구체적인 내용은 보편적 역무를 제공하는 것과 제공에 따른 손실을 보전하는 것 두 가지가 있다.

먼저 보편적 역무의 제공자는 미래창조과학부장관이 보편적 역무를 효율적이고 안정적으로 제공하기 위하여 보편적 역무의 사업규모·품질 및 요금수준과 전기통신사업자의 기술적 능력 등을 고려하여 대통령령으로 정하는 기준과 절차에 따라 지정할 수 있다. 이 경우 해당 전기통신사업자의 의견을 들은 후 지정할 수 있다. 미래창조과학부장관은 보편적 역무의 제공 현황을 확인하기 위하여 제1항에 따라 보편적 역무제공사업자로 지정된 전기통신사업자에게 보편적 역무제공의 실적과 그 제공에 따른 비용 등에 관한 자료의 제출을 요청할 수 있다. 이 경우 요청을 받은 보편적 역무제공사업자는 정당한 사유가 없으면 그 요청에 따라야 한다.

다음으로, 미래창조과학부장관은 보편적 역무의 제공에 따른 손실에 대하여 대통령령으로 정하는 방법과 절차에 따라 전기통신사업자에게 그 매출액을 기준으로 분담시킬 수 있다. 분담의 구체적인 방안에 대해서는 아래 (라)에서 살펴본다.

한편, 전기통신사업법이 아닌 개별법에서 전기통신사업자에게 보편적 역무제공 의무를 부과하고 있는 경우가 있다. 「장애인차별금지 및 권리구제 등에 관한 법률」 제21조 제4항은 "「전기통신사업법」에 따른 기간통신사업자(전화서비스를 제공하는 사업자만 해당한다)는 장애인이 장애인 아닌 사람과 동등하게 서비스를 접근·이용할 수 있도록 통신설비를 이용한 중계서비스(영상통화서비스, 문자서비스 또는 그 밖에 미래창조과학부장관이 정하여 고시하는 중계서비스를 포함한다)를 확보하여 제공하여야 한다."고 규정하고 있다. 이 법에 의해 통신중계서비스를 제공할 의무를

제2장 전송계층에 대한 규제 | 97

부과받은 기간통신사업자는 이를 직접 제공하거나 미래창조과학부장관이 지정하는 운영기관 등에 위탁하여 제공할 수 있다(법 제4조의2 제1항). 통신중계서비스를 제공하여야 하는 자는 통신중계서비스 제공계획을 회계연도마다 회계연도 개시 후 1개월 이내에 미래창조과학부장관에게 제출하여야 한다. 통신중계서비스에 종사하는 사람 또는 종사하였던 사람은 직무상 알게 된 타인의 비밀을 누설하여서는 아니 된다. 미래창조과학부장관은 통신중계서비스를 직접 제공하거나 위탁하여 제공하는 기간통신사업자나 통신중계서비스를 위탁받아 제공하는 자에게 재정 및 기술 등 필요한 지원을 제공할 수 있다.[11]

4) 보편적 역무의 비용분담

미래창조과학부장관은 보편적 역무제공사업자가 아닌 전기통신사업자에 대하여 보편적 역무제공사업자가 보편적 역무를 제공함으로써 발생하는 손실의 전부 또는 일부를 보전(補塡)하기 위한 자금(이하 "보편적 역무 손실보전금"이라 한다)을 그 매출액을 기준으로 분담시킬 수 있다. "보편적 역무 손실보전금"을 보전받으려는 보편적 역무제공사업자는 해당 회계연도가 끝난 후 3개월 이내에 보편적 역무의 제공에 따른 비용, 수입 및 손실 등이 포함된 보편적 역무제공 실적보고서를 미래창조과학부장관에게 제출하여야 한다. 미래창조과학부장관은 보편적 역무제공 실적보고서를 검증하기 위하여 필요하다고 인정할 때에는 전문기관에 그 검토를 의뢰할 수 있다(법 시행령 제4조).

보편적 역무 손실보전금의 산정 대상이 되는 보편적 역무의 범위는 아래와 같다.

---

1. 제2조 제2항 제1호 가목의 시내전화 서비스 중 서비스 제공에 따른 비용(인구밀도, 회선 수, 통신망 운영의 효율성 등을 고려하여 미래창조과학부장관이 고시하는 방식으로 산정한 비용을 말한다. 이하 제2호와 제6조 제1항에서 같다)이 수입(보편적 역무의 제공에 따른 브랜드 가치 및 가입자 선호도 증대효과 등 간접적 편익을 포함한다. 이하 제2호와 제6조 제1항에서 같다)을 초과하는 지역에서의 시내전화 서비스
2. 제2조 제2항 제1호 나목의 시내공중전화 서비스 중 서비스 제공에 따른 비용이 수입을 초과하는 지역에서의 시내공중전화 서비스

---

11) 시 · 청각 장애인의 통신서비스 접근권 보장을 위한 장애인 통신 가이드라인(방송통신위원회매뉴얼, 2012. 6. 1, 제정).

> 3. 제2조 제2항 제1호 다목의 도서통신 서비스
> 4. 제2조 제2항 제2호 나목의 선박 무선전화 서비스

위의 보편적 역무의 제공으로 인한 손실은 그 역무의 제공에 따른 비용에서 수입을 뺀 금액으로 한다. 잠정 보편적 역무 손실보전금은 그 산정된 금액에 미래창조과학부장관이 정하여 고시하는 손실보전비율을 곱하여 산정한다. 최종적인 보편적 역무 손실보전금은 위 잠정 보편적 역무 손실보전금에서 다음 금액을 뺀 금액으로 한다.

> 1. 제5조 제1항 각 호의 어느 하나의 보편적 역무를 제공하는 전기통신사업자가 해당 보편적 역무 외의 전기통신역무(부가통신역무는 제외한다)의 매출액을 기준으로 분담하는 금액
> 2. 미래창조과학부장관이 보편적 역무 손실보전금을 분담하는 전기통신사업자(이하 "손실분담사업자"라 한다)의 분담능력 등을 고려하여 산정한 금액

손실분담사업자는 위와 같이 산정된 보편적 역무 손실보전금을 손실분담사업자의 전기통신역무(부가통신역무는 제외한다)의 매출액에 비례하여 분담한다. 그 밖에 장애인, 저소득층 등에 대한 전화 서비스의 요금감면 비율과 보편적 역무 손실보전금의 산정방법 등에 관하여 필요한 세부 사항은 미래창조과학부장관이 정하여 고시한다. 이에 따라「보편적역무 손실보전금 산정방법 등에 관한 기준」(미래창조과학부고시 제2015-115호)이 보편적 역무의 내용, 보편적역무 손실보전금 산정, 보편적역무 손실보전금 분담절차 등에 대한 상세한 규정을 두고 있다.

2. 요금 규제 등

시장에서 이루어지는 재화나 서비스의 공급과 관련해서는 독점규제법이나 소비자법과 같이 일반적으로 적용되는 규제체계가 있고, 각 재화나 서비스에 특유한 위험에 대응하기 위하여 마련된 분야별 규제체계가 있다. 통신산업도 일반경쟁규제법인「독점규제 및 공정거래에 관한 법률」의 적용을 받지만, 통신서비스의 특별

한 공공성을 실현하고 망산업의 특수성에 대응하기 위해「전기통신사업법」을 비롯한 별도의 전문규제(sectoral regulation)체계가 도입·적용되고 있다. 행정조직에 있어서도 구 정보통신부, 방송통신위원회와 같이 통신산업에 특화된 규제·진흥기관이 설치된다. 요금규제는 통신서비스의 공공성 및 통신시장의 특수성을 반영한 대표적인 규제 항목이라 할 수 있다. 전기통신사업법 제3조 제3항은 모든 전기통신사업자를 대상으로 적용되지만, 제28조는 기간통신사업자의 "요금 및 이용조건(이하 "이용약관"이라 한다)"에 대한 규제를 정하고 있다. 따라서 이는 기간통신사업자의 경영에 대한 중요한 규제가 된다. 이하에서 이를 상세히 살펴본다.

1) 요금규제의 근거

민간기업이 경쟁시장을 통해 제공하는 서비스에 대해 정부가 가격을 규제하거나 관리하는 것은 이를 정당화할 특별한 공익이 있을 때에만 허용될 수 있다. 통신서비스의 가격에 대해 법률로 규제의 목표를 정하고 행정청에게 다양한 규제수단을 수권할 수 있는 것은 통신서비스의 공공성 때문이다. 통신서비스는 모든 국민의 경제적·사회적 활동을 원활히 하는데 필수적인 요소이므로, 복지국가는 모든 국민이 이를 물리적·경제적으로 원활히 이용할 수 있도록 해 주어야 한다. 통신요금 규제의 특징은 전기, 수도, 가스, 철도 서비스 등 동등한 공공성을 갖지만 통신서비스와 달리 완전히 민영화되지 않고 다양한 형태의 공적 주체에 의해 공급되고 있는 공공서비스와 비교해 보면 잘 드러난다. 이러한 공공서비스의 요금에 대해서는「물가안정에 관한 법률」에 근거한「공공요금 산정기준(기획재정부 훈령 제137호)」이 규율하고 있으나, 민영화와 시장경쟁을 도입한 통신서비스는 그 직접적 규율대상은 아니다.

전기, 수도, 가스, 철도 등과 통신은 공공성 외에도 망(network)을 통해 공급되는 서비스라는 공통점이 있다. 망산업의 경우 그 공급을 민간에 맡기고 시장경쟁을 도입한다 하더라도 망의 설치를 위한 막대한 초기 투자비용과 망외부성 등으로 인해 경쟁사업자의 진입이 용이하지 않다.[12] 이러한 특징으로 인해 경제학에서는 망산업은 자연독점의 경향을 갖는다고 본다. 통상 민영화는 경제적 효율성을 증진

---

12) 통신시장의 특징에 대해 보다 상세하게는 정보통신정책연구원 편저, 통신서비스 정책의 이해, 정보통신정책 핸드북, 법영사, 제1장, 통신시장의 규제: 시장특성 및 정책적 접근방법 참조.

시키기 위한 것이고, 그 성과 중 하나로 시장경쟁을 통한 가격인하를 기대할 수 있다. 그러나 위와 같은 망산업의 자연독점 경향으로 인해 민영화와 시장경쟁을 도입한다 하더라도 유효한 경쟁이 이루어지지 않을 가능성이 높다. 다시 말해 민영화와 시장도입 후에도 통신서비스의 질과 가격의 형성을 민간공급자와 시장에만 맡겨두어서는 그 공공성이 충분히 달성되지 않을 수 있고, 유효한 경쟁이 이루어지는 시장이 안착할 때까지는 더욱 그러하다. 따라서 전기통신사업법 제3조에서 요금에 대한 규범적 기준을 제시하고, 이를 달성할 수 있는 수단으로 이용약관의 인가제와 신고제를 두어 직접적인 사전규제를 하고, 나아가 공정한 경쟁이 이루어질 수 있는 환경을 조성하기 위한 다양한 사전·사후규제권한이 수권되어 있다.

2) 요금규제의 목표

전기통신사업법 제3조 제3항에 따르면, 전기통신역무의 요금은 전기통신사업이 원활하게 발전할 수 있고 이용자가 편리하고 다양한 전기통신역무를 공평하고 저렴하게 제공받을 수 있도록 합리적으로 결정되어야 한다. 이용자를 위한 목표를 보면, 첫째 요금은 저렴할 뿐만 아니라, 공평해야 한다. '공평'은 관점에 따라 모든 이용자가 균일한 가격에 공급받을 수 있어야 한다는 의미로 볼 수도 있고, 가격에 원가 또는 이용량의 차이가 반영되어야 한다는 의미로 볼 수도 있다. 전기통신사업법 제50조에 규정된 금지행위의 유형을 구체화한 전기통신사업법 시행령 별표4에서는 "전기통신이용자의 이익을 현저히 해치는 방식으로 전기통신서비스를 제공하는 행위"의 예로 "부당한 이용자 차별행위"를 들고 있다.[13] 이로부터 제3조 제3항의 '공평'의 한 측면을 볼 수 있다.

다음으로 이용자가 편리하고 다양한 전기통신역무를 제공받을 수 있어야 한다는 점은 곧 전기통신사업법이 기본적 통신서비스의 제공만이 아니라 민간사업자

---

13) 전기통신사업법 시행령 별표4 금지행위의 유형 및 기준(제42조 제1항 관련)
　　5. 이용자의 이익을 해치는 전기통신서비스의 제공 행위
　　마. 부당한 이용자 차별과 관련한 다음의 어느 하나에 해당하는 행위
　　1) 전기통신서비스의 요금, 번호, 전기통신설비 또는 그 밖의 경제적 이익 등을 다른 이용자에 비하여 부당하게 차별적으로 제공하거나 이를 제안하는 행위; 2) 장기이용 또는 다량이용 계약 체결자에게 부당하게 차별적인 조건으로 전기통신서비스를 제공하는 행위; 3) 다른 전기통신사업자로부터 가입을 전환한 이용자 또는 다른 전기통신사업자로 가입을 전환하지 않기로 한 이용자에게 부당하게 차별적인 조건으로 전기통신서비스를 제공하는 행위.

의 투자와 창의로 기술의 발전을 반영한 새로운 전기통신역무를 공급받는 것도 목표로 지향함을 의미한다. 마지막으로, 전기통신사업이 원활하게 발전할 수 있어야 한다는 점은 요금수준의 규제에 있어서 이용자 측면뿐만 아니라 공급자인 민간산업의 발전도 고려되어야 함을 의미한다.

법 제92조는 제3조의 "규정을 위반하거나 이들 규정에 따른 명령을 위반한 경우" 방송통신위원회가 시정을 명할 권한을 부여하고 있다. 그리고 법 제104조는 제92조에 따른 시정명령등을 이행하지 아니한 자에게 1천만원 이하의 과태료를 부과한다. 이러한 법규정으로 보건대 형식적 측면에서 요금에 관한 전기통신사업법 제3조는 단지 선언적인 것이 아니라 법적 구속력이 있는 요금결정의 기준이 된다. 그러나 요금결정과 관련하여 1000만원이하의 과태료는 그 금전적 손실의 크기만으로는 실제로 사업자의 행위에 영향을 미치기 어려울 것이고, 상징적 의미가 있을 것이다.

3) 요금규제의 수단

요금규제의 1차적 수단은 전기통신사업법 제28조에서 규정한 이용약관의 신고와 인가제도라 할 수 있다. 이용약관은 전기통신서비스의 공급자와 이용자 간의 서비스이용계약에 대한 다양한 사항을 담고 있으나, 요금(제)이 그 주요한 내용을 구성한다는 점은 명확하다. 동조 제1항에 따르면, 기간통신사업자는 그가 제공하려는 전기통신서비스에 관하여 그 서비스별로 요금 및 이용조건(이하 "이용약관"이라 한다)을 정하여 미래창조과학부장관에게 신고하여야 한다. 그러나 제1항에도 불구하고 사업규모 및 시장점유율 등이 대통령령으로 정하는 기준에 해당하는 기간통신사업자의 기간통신서비스의 경우에는 미래창조과학부장관의 인가를 받아야 한다. 다만, 이미 인가받은 이용약관에 포함된 서비스별 요금을 인하하는 때에는 미래창조과학부장관에게 신고하여야 한다. 제28조에 근거한 규제의 법적 성질을 보면, 요금이 출시되기 전에 신고를 원칙으로 하되 예외적으로 인가제를 운영하는 사전적 비대칭규제라 할 수 있다.

가) 사전규제와 사후규제

사전규제는 요금제를 시장에 출시하기 전에 시장에 미칠 영향을 예상하여 이를 선제적으로 통제한다는 데 의미가 있고, 사후규제는 일단 사업자의 판단에 따라 요금을 출시하되 시장에 미치는 영향을 보고 규제의 필요 여부를 판단한다는데 차이가 있다. 경쟁시장에 상품을 출시할 때 시점이 중요한 점 등을 생각해 볼때 어떤 서비스에 대해 사전규제를 한다는 것은 경쟁의 조건을 훼손할 가능성이 있다. 특히 규제 과정에 시간이 많이 걸릴 경우 더욱 그러하다. 따라서 통신서비스의 최적의 공급을 위해 시장경쟁에 의존하는 것이 낫다고 판단할수록 정부에 의한사전규제는 바람직하지 않다. 사전규제는 사후규제에 의해서는 충분히 막을 수 없는 공익상 위험이 존재해야 정당화될 수 있다.

사전규제에도 여러 가지 유형이 있다. 앞서 본 바와 같이 전기통신사업법 제28조는 요금 관련 사전규제로 이용약관에 대한 신고제 및 인가제를 채택하고 있다. 먼저 인가제는 당해 요금이 시장에 미칠 영향을 사전에 분석함으로써 그 분석 결과가 명문의 규정상 열거된 여러 기준에 충족하는가를 사전에 판단하는 것이다. 신고제는 그 실질적 규율강도에 따라 자족적 신고와 수리를 요하는 신고로 나눌수 있다. 자족적 신고는 당해 요금의 출시에 관한 정보를 제공하면 그 출시가 허용되고, 이후 그 요금이 시장에 미치는 영향을 분석하여 필요한 경우 규제한다는취지로 해석될 수 있다. 다른 한편, 수리를 요하는 신고로 볼 경우 이는 인가제와상당히 근접하게 되지만, 여전히 심사의 요소 또는 강도가 완화되는 것으로 차이를 인정할 수 있다. 그렇다면 기간통신사업자에 대한 약관 규제가 신고제와 인가제로 이원화되는 것의 의미는 무엇인지, 아래 비대칭규제에 관한 항목에서 살펴본다.

나) 비대칭규제

시장에서의 영향력을 기준으로 하는 비대칭규제는 이용약관에 대해서뿐만 아니라 설비등의 제공, 무선통신시설의 공동이용, 전기통신서비스의 도매제공, 상호접속, 전기통신설비의 공동사용, 정보의 제공 등에 관한 의무부과에 대해서도 마찬가지로 적용된다.(전기통신사업법 제35-제42조) 이는 우리나라와 마찬가지로 국영통신기업을 민영화, 자유화(시장경쟁 도입을 의미함)해 온 EU의 규제체계지침에서 채택한 비대칭규제체계와 유사하다. EU 규제체계지침(Framework Directive)은 통신서비스의 EU 역내 단일시장 형성을 추진하면서 회원국들의 국내 통신규제를 일치시키고자 하였다. 그 기본 방향은 규제완화를 장기적 목표로, 사전규제는 유효경쟁을 형성하기 위해 필요한 규제로 제한하고 향후 유효경쟁이 형성되면 사전규제를 폐지하고 사후적 경쟁규제에 의하도록 전환한다는 것이었다. 이를 위해 시장에 대한 주기적인 경쟁상황평가를 실시하여 유효경쟁이 달성되지 않았다고 판단되는 경우에만 시장지배력(Significant Market Power, SMP)을 가진 사업자에 대해서 사전규제(ex ante regulation)를 부과하고 그 밖의 사업자들은 사후규제(ex post regulation)에 맡겨두는 비대칭규제방식을 도입하였다. 우리 전기통신사업법상 인가제와 신고제의 구별 역시 이러한 유형의 비대칭규제를 의도한 것으로 볼 수 있다.[14) 신고와 인가대상의 구별기준은 사업규모 및 시장점유율 등으로 시행령 제34조가 정하는 기준에 부합하는 자를 방송통신위원회가 해마다 지정·고시한다. 그 기준은 아래와 같다.

---

1. 제38조에 따라 획정(劃定)된 단위시장에서 전년도 매출액을 기준으로 한 시장점유율이 가장 높은 기간통신사업자가 제공하는 전기통신역무 중 시장규모, 이용자 수, 경쟁상황 등을 고려하여 미래창조과학부장관이 정하여 고시하는 기간통신서비스
2. 제1호의 서비스를 제공하는 기간통신사업자가 다른 기간통신사업자와의 「독점규제 및 공정거래에 관한 법률」 제12조 제1항 제1호 또는 제4호에 따른 기업결합을 한 경우 그 다른 기간통신사업자가 제공하는 제1호의 서비스

위의 기준은 그 시장에서 사업자들간에 경쟁이 유효하게 이루어질 수 있는가를 보기 위한 기준이다. 만약 특정 사업자가 시장에서 갖는 영향력이 지나치게 크다면 유효한 경쟁을 통해 소비자 후생을 달성할 수 있다고 기대하기 어렵기 때문에 정부의 더 강력한 규제가 정당화되는 것이다. 이를 기준으로 현재는 「이용약관

---

14) 이원우, "이동통신시장의 공정경쟁에 관한 법제도연구-현행법상 비대칭규제의 문제점과 개선방안을 중심으로-," 한국산업조직학회, 우리나라 이동통신시장의 경쟁상황분석 및 공정경쟁정책 연구, 2004. 7, 188-233면에서는 이용약관에 대한 인가제와 신고제의 규정을 비대칭적 사전규제의 일부로 파악하고 있으며, 이러한 법제도적 차이에도 불구하고 "신고제가 사실상 마치 허가제인 것처럼 운용"되고 있고, 이는 "현행 전기통신사업법이 기간통신역무의 이용약관과 관련해서 시장지배적 사업자에 대하여만 인가제를 채택하고 그 밖의 통상의 기간사업자에 대하여는 신고제를 채택한 입법취지가 행정실무를 통해 몰각되는 상황이 전개"되고 있는 것이며, "따라서 사실상 허가제로 운용되는 신고제를 실질적으로 신고제로 운용할 수 있는 법제도 개선방안이 필요하다"고 지적하며, 해석론과 입법론을 제시한 바 있다.

인가대상 기간통신서비스와 기간통신사업자(미래창조과학부고시)」에서 시내전화와
이동전화에 각각 하나의 사업자가 인가대상사업자로 지정되어 있다.

다) 인가제

미래창조과학부 장관의 고시로 인가대상사업자로 지정된 기간통신사업자가
이용약관에 대해 인가를 신청하면, 미래창조과학부 장관은 법 제28조 제3항에 규
정된 심사기준에 따라 인가여부를 결정한다. 심사기준을 살펴보면 아래와 같다.

> 1. 전기통신서비스의 요금이 공급비용, 수익, 비용·수익의 서비스별 분류, 서비스제공
>   방법에 따른 비용절감, 공정한 경쟁환경에 미치는 영향 등을 합리적으로 고려하여
>   산정되었을 것.
> 2. 기간통신사업자와 이용자의 책임에 관한 사항 및 전기통신설비의 설치공사나 그 밖
>   의 공사에 관한 비용부담의 방법이 이용자에게 부당하게 불리하지 아니할 것.
> 3. 다른 전기통신사업자 또는 이용자의 전기통신회선설비 이용형태를 부당하게 제한하
>   지 아니할 것
> 4. 특정인을 부당하게 차별하여 취급하지 아니할 것
> 5. 제85조에 따른 중요 통신의 확보에 관한 사항이 국가기능의 효율적 수행등을 배려할 것

위의 기준에서 보는 바와 같이 이용약관 인가 심사에 있어서는 요금의 절대수
준 뿐만 아니라 요금의 차별이나 이용형태의 제한 문제 등도 심사하고 있다. 제1
호의 기준은 요금의 절대수준에 대한 심사기준으로 볼 수 있는데, 그 구체적 기준
이 명확한 것은 아니다. 예컨대, 전력, 가스, 철도, 수도 등에 적용되는 「공공요금
산정기준」(기획재정부훈령 제137호) 제2조는 공공요금산정의 기본원칙으로서 "적
정투자보수율을 반영한 총괄원가의 보상"이라는 개념을 적용하고 있다.[15] 위 인가
기준은 명시하고 있지는 않지만, 이러한 공공요금산정기준의 적용 결과와 시장경

---

15) 「공공요금산정기준」 제2조 공공요금산정의 기본원칙: 가. 공공요금은 공공서비스를 제공하
    는데 소요된 취득원가 기준에 의한 총괄원가를 보상하는 수준에서 결정되어야 한다.; 나. 총
    괄원가는 성실하고 능률적인 경영하에 공공서비스를 공급하는데 소요되는 적정원가에다 공
    공서비스에 공여하고 있는 진실하고 유효한 자산에 대한 적정 투자보수를 가산한 금액으로
    한다.; 다. 다만, 가항의 규정에도 불구하고 다른 합리적인 산정방식이 있는 경우에는 기획재
    정부와 협의하여 그 방식을 적용할 수 있다. 다른 합리적인 산정방식에 의하여 공공요금을
    산정하는 경우에도 나항의 원칙은 지켜져야 한다.

쟁의 정도와 성과의 추이, 외국의 통신요금수준과의 비교 등이 실질적인 고려요소
가 될 것으로 생각된다.

라) 신고제

법 제28조 제3항에서는 이용약관의 인가기준만을 제시하고 있고 그 기준이 신
고에도 적용된다는 규정은 없다. 신고에 대한 별도의 기준이 규정되어 있지도 않
다. 신고가 자족적 신고이므로 심사가 전혀 이루어지지 않음을 의미한다고 해석할
수도 있다. 그러나 현실적인 신고제도의 운영이 순수한 자족적 신고로 운영되고
있지는 않은 것으로 보이고, 따라서 이를 수리를 요하는 신고로 보아 인가제보다
심사강도는 낮지만 일정한 심사는 이루어지는 것으로 보자는 견해도 있다.[16] 제28
조 제4항에서 이용약관을 신고하거나 인가받으려는 자가 제출하여야 할 서류는
동일하게 규정되어 있다. 양자는 모두 "가입비, 기본료, 사용료, 부가서비스료, 실
비 등을 포함한 전기통신서비스의 요금산정근거자료"를 방송통신위원회에 제출하
여야 한다. 시행령 제35조에 따르면, 그러한 요금산정근거자료에 "전기통신서비스
의 종류 및 내용, 제공지역, 수수료, 실비를 포함한 전기통신서비스의 요금, 전기통
신사업자 및 그 이용자의 책임에 관한 사항, 그 밖에 해당 전기통신서비스의 제공
또는 이용에 필요한 사항" 등이 포함되어야 한다. 제출받는 자료가 동일하더라도
심사의 실질적 내용과 방식 등은 다를 수 있지만, 실질적으로 심사가 이루어지는
것이 용이해짐은 사실이다. 따라서 강한 규제방식인 인가제 못지않게 신고제도의
실질적인 법적 성질을 어떻게 규정하고 운영할지도 합리적인 규제행정을 위해 검
토되어야 할 중요한 요소이다.

마) 요금관련 사후규제

통신사업자로서는 당연히 자신의 경영활동이 가져올 결과에 대한 예측을 바탕
으로 의사결정을 하게 되므로, 전기통신사업법 상 사후규제가 통신사업자의 경영
판단에 미치는 실질적 영향은 사전규제와 유사한 점이 있다. 법 제50조에 열거된
금지행위의 유형 중 요금의 절대적 수준에 대한 규제와 직결되는 것으로 보이는

---

16) 이용약관 신고제도에 대한 이러한 방향의 상세한 분석으로는 송시강, "행정법상 신고 법리
의 재검토: [전기통신사업법]상 이용약관 신고를 중심으로," 홍익법학(13권 4호), 2012. 12.

금지행위 유형은 "4. 비용이나 수익을 부당하게 분류하여 전기통신서비스의 이용요금…을 산정하는 행위", "5. (신고하거나 인가받은) 이용약관과 다르게 전기통신서비스를 제공하거나 전기통신이용자의 이익을 현저히 해치는 방식으로 전기통신서비스를 제공하는 행위"가 있다. 이 중 4호는 이용요금 산정에 있어서 비용배분원칙의 적용에 관한 것으로 보이고, 약관과 다른 서비스 제공도 소매요금의 절대적 수준에 대한 규제로 보기에는 다소 무리가 있다. 이는 제6호에서 "설비등의 제공 등의 대가를 공급비용에 비하여 부당하게 높게 결정·유지하는 행위"라는 유형과 비교해보면 명확하다. 동법 시행령 별표4의 금지행위의 유형 및 기준에서도 "4. 이용요금 등을 부당하게 산정하는 행위"의 유형 중에는 회계관련 법령을 위반하거나 회계처리기준 등에 어긋나는 방법으로 회계를 정리하여 이용요금을 산정하거나 일정한 전기통신서비스의 비용이나 수익을 부당하게 다른 전기통신서비스의 비용이나 수익으로 분류하여 이용요금을 산정하는 행위 등을 정하고 있다.

4) 요금규제의 완화

가) 외국의 요금규제 완화

EU의 통신규제체계지침에서는 시장에 유효경쟁이 이루어지면 통신시장에 특화된 전문규제가 불필요하다고 선언하고 있다. 이는 통신서비스 시장에서 유효경쟁이 이루어지면 정부의 규제를 통한 시장개입이 오히려 시장경쟁을 왜곡할 수 있으므로 사후적 경쟁규제로 정부의 역할을 재조정하는 것이 적절하다는 인식을 반영한다. 그러한 인식을 전제로 소매요금에 대한 규제는 두 가지 요건이 충족될 때에 시장지배력(significant market power)을 가진 자에 대해서만 이루어질 수 있다. 첫째 요건은 (회원국) 정부가 자국 시장에 대한 경쟁상황평가를 하여 소매시장에 유효경쟁이 이루어지고 있지 않다고 판단하여야 한다. 둘째, 상호접속(interconnection) 또는 다른 통신사업자에게 설비나 서비스를 제공(도매제공)하는 것에 대한 규제(정보 공개 등 투명성, 차별금지, 회계분리, 의무적 도매제공 또는 설비제공, 특정한 상호접속 또는 도매제공에 대한 가격규제, 구조분리 등)를 통해서는 통신산업규제의 목표를 달성할 수 없다고 판단하여야 한다. 이는 곧 소매요금에 대한 규제는 상호접속이나 도매제공에 대한 규제가 실효적이지 않을 경우에 보충적으로 사용되어야 할 수단임을 의미한다. 이러한 경우 사용할 수 있는 소매요금규제의 수단으로는 가격상한제(price cap measures), 개별 요율에 대한 통제, 요율을 비용이나 비교가능한 다른 시장의 가격과 견련되도록 하는 방식 등이 있다.[17]

나) 전기통신사업법 개정안: 유보신고제

최근 우리 통신시장의 경쟁상황도 지배적 사업자가 요금을 이용해 일방적으로 시장에 영향을 미치기가 쉽지 않다는 평가, 인가제와 신고제가 요금의 경쟁이 아니라 오히려 비슷한 요금제로 수렴되는 계기가 되고 있다는 비판, 소매요금에 대한 직접적인 규제가 시장경쟁을 조성하는 데 바람직하지 않다는 이유 등에서 정부는 인가제를 폐지하고 모든 사업자에게 신고제를 적용하는 '이동통신시장 경쟁촉진 및 규제합리화를 위한 통신 정책방안'을 발표하였다.[18] 이 안에서는 절차 간소화, 요금제 출시 기간 단축 및 요금 규제의 불확실성 해소를 위한 대안으로 요금제 신고 후 일정기간(15일) 내에 '이용약관심의자문위원회'의 문제 제기가 없는 경우, 즉시 효력이 발생토록 하여 규제의 예측가능성 제고하는 방안('유보신고제')을 제시하였다. 요금제에 대한 검토기준은 이용자 이익 저해, 공정경쟁 저해 등으로 간소화하되, 과도한 요금인상, 상호보조 등으로 그 기준을 구체화하고, 관계기관, 전문가, 시민단체 등이 참여하는 '이용약관심의자문위원회'의 운영을 통해 객관성과 투명성을 확보하는 것으로 설계하였다. 약관에 문제가 있는 경우 보완을 요구(신고일로부터 최대 30일)하고 보완 시까지 효력 발생을 유보(보완을 하지 않으면 자동 무효처리)하도록 하였다. 시장지배적 사업자의 시장지배력이 해소되는 경우, 모든 사업자에게 완전신고제를 적용할 계획도 밝혔다. 국회에서도 일부 공감대가 형성되어 위와 같은 내용을 담은 전기통신사업법 개정안이 제출되었으나, 2015년 국회 통과가 미루어지면서 규제완화에 대한 논의는 앞으로도 숙제로 남게 되었다.

---

17) Article 17 (Regulatory Controls on Retail Services), Directive 2002/22/EC OF The European Parliament and of the Council of 7 March 2002 on universal service and users' rights relating to electronic communications networks and services (Universal Service Directive) as amended by Directive 2009/136/EC (unofficially consolidated version).

18) 미래창조과학부, 이동통신시장 경쟁촉진 및 규제합리화를 위한 통신정책 방안, 2015.6 http://www.msip.go.kr/web/msipContents/contentsView.do?cateId=mssw11211&artId=1284958.

다) 도매요금규제를 통한 소매요금 관리

외국의 예를 보면, 통신서비스시장이 성숙해질수록 정부의 직접적인 소매요금 규제는 자제되고, 공정하고 저렴한 도매요금을 기반으로 한 공정한 경쟁환경 조성, 재판매활성화 등 궁극적으로 시장경쟁을 통해 요금의 적정 수준을 찾아가도록 하는 방향이 보다 합리적인 규제방식으로 추구되고 있는 것으로 보인다. 실제로 전기통신사업법 상 설비등의 제공, 가입자선로의 공동활용, 무선통신시설의 공동이용, 상호접속 등의 대가산정에 대해 이용요금에 대한 것보다 더욱 직접적인 규제가 이루어지고 있고, 전기통신서비스의 도매제공에 관한 비대칭규제도 도입·시행되고 있다. 위의 소매요금 규제완화의 문제도 도매요금규제나 금지행위 등 사후규제의 여러 요소와 함께 종합적으로 고려되어야 한다. 이러한 규제의 구체적 내용들은 「제4장 시장지배력남용 및 경쟁제한행위에 대한 규제」에서 다룬다.

제3절   기간통신사업 기업결합 등 규제

1. 기업결합의 의미

기업결합은 2개 이상의 기업이 융합하여 하나가 되는 법률적 경제적 현상으로서 자본주의 경제의 자연스러운 현상인바, 기업은 기업결합을 통하여 자신의 부족한 부분을 메우거나 핵심역량을 강화하여 특허 등 기술력, 신상품 개발, 마케팅 등을 강화하여 거듭 성장할 수 있는 기회를 창출할 수 있다. 구주 매입 또는 신주인수 등을 통한 경영권 이전, 합병, 사업양수도 등을 통한 기업결합은 개별적인 법인격을 가진 2개 이상의 기업들이 법에 의하여 요구되거나 법이 금지하지 않는 다양한 방식과 절차를 거쳐 인적, 물적 측면에서 현재 존재하는 기업 수보다 적은 수의 기업으로 합치거나 별개의 법인격을 유지하더라도 단일한 의사결정체계에 포섭되는 일련의 과정과 결과를 의미한다. 기업결합은 기업이 재무, 영업, 경쟁 등 경영 악화에 직면하여 구조조정을 위하여 이용하기도 하고, 기업의 핵심 경쟁력을 확보 또는 강화하기 위하여 이루어지기도 한다. 경우에 따라서 특정인 또는 특정

기업의 계열사 지배를 강화하거나 완화하기 위하여 행하기도 한다.

　기업결합은 효율성과 생산성을 높이는 장점이 있으나 경우에 따라서는 시장에서 독과점을 초래하거나 경쟁을 제한하는 결과를 야기할 수 있는바, 정부의 기업결합 심사, 공익성 심사, 인가 등의 규제를 받기도 한다. 기간통신사업 기업결합에 관하여 인가 등 엄격한 행정행위를 요구하는 것은 기간통신사업이 대규모 네트워크 등 장치산업으로서 국가의 중요한 인프라를 구성하는 점을 고려하여 기업결합을 통해 전기통신역무의 안정적 제공 등 공익을 담보하기 위한 부득이한 조치로 생각된다. 아울러, 기업결합으로 인하여 이용자, 공정경쟁에 미치는 부정적인 영향을 최소화하기 위해서도 인가제가 필요하다고 할 것이다.

　전기통신사업법 제18조는 기간통신사업자가 기업결합을 하고자 하는 경우에 미래창조과학부장관의 인가를 받도록 하고 있다. 1. 기간통신사업의 전부 또는 일부를 양수하려는 자, 2. 기간통신사업자인 법인을 합병하려는 자, 3. 허가받은 기간통신역무의 제공에 필요한 전기통신회선설비를 매각하려는 기간통신사업자(대통령령으로 정하는 주요한 전기통신회선설비를 제외한 전기통신회선설비를 매각하는 경우에는 대통령령으로 정하는 바에 따라 미래창조과학부장관에게 신고사항으로 완화), 4. 특수관계인과 합하여 기간통신사업자의 발행주식 총수의 100분의 15 이상을 소유하려는 자 또는 기간통신사업자의 최대주주가 되려는 자, 5. 기간통신사업자의 경영권을 실질적으로 지배하려는 목적으로 주식을 취득하려는 경우 또는 협정을 체결하려는 경우로서 대통령령으로 정하는 경우에 해당하는 자, 6. 허가를 받아 제공하던 기간통신역무의 일부를 제공하기 위하여 법인을 설립하려는 기간통신사업자는 미래창조과학부장관의 인가를 받아야 한다. 미래창조과학부장관은 인가를 하려면 공정거래위원회와 협의를 하여야 하고, 인가에는 조건을 붙일 수 있다(법 제18조 제5항, 제6항).

　미래창조과학부장관은 기간통신사업자의 기업결합을 인가하려면 1. 재정 및 기술적 능력과 사업 운용 능력의 적정성, 2. 주파수 및 전기통신번호 등 정보통신자원 관리의 적정성, 3. 기간통신사업의 경쟁에 미치는 영향, 4. 이용자 보호, 5. 전기통신설비 및 통신망의 활용, 연구 개발의 효율성, 통신산업의 국제 경쟁력 등 공익에 미치는 영향을 종합적으로 심사하여야 한다. 다만, 기간통신사업의 양수 및 기간통신사업자인 법인의 합병 등이 기간통신사업의 경쟁에 미치는 영향이 경미한 경우에는 심사의 일부를 생략할 수 있다(법 제18조 제2항).

인가를 받아 기간통신사업을 양수한 법인, 인가를 받아 합병한 경우 합병 후 존속하는 법인이나 합병으로 설립된 법인, 인가를 받아 기간통신역무의 일부를 제공하기 위하여 설립된 법인은 해당 기간통신사업의 허가와 관련된 지위를 승계한다(법 제18조 제4항).

미래창조과학부장관은 특수관계인과 합하여 기간통신사업자의 발행주식 총수의 100분의 15 이상을 소유하려는 자 또는 기간통신사업자의 최대주주가 되려는 자, 기간통신사업자의 경영권을 실질적으로 지배하려는 목적으로 주식을 취득하려는 경우 또는 협정을 체결하려는 경우로서 대통령령으로 정하는 경우에 해당하는 자가 인가를 받지 아니한 때에는 의결권 행사의 정지나 해당 주식의 매각을 명할 수 있고, 부여된 인가조건을 이행하지 아니한 때에는 기간을 정하여 조건의 이행을 명할 수 있다. 인가를 받으려는 자는 인가를 받기 전에 1. 통신망 통합, 2. 임원의 임명행위, 3. 영업의 양수, 합병이나 설비 매각 협정의 이행행위, 4. 회사 설립에 관한 후속조치 등을 하여서는 아니 된다(법 제18조 제9항).

2. 기업결합 규제의 필요성

통신산업은 대규모 네트워크를 기반으로 하는 장치산업이다. 이 산업은 전기통신회선설비(네트워크)를 이용하여 전기통신역무를 제공하는 사업으로서, 네트워크의 설치 및 운용에 막대한 비용이 들고, 그 네트워크는 한 가지 역무만을 위하여 제공되는 것이 아니라 시내전화, 시외전화, 국제전화, 이동전화, 초고속인터넷, 전기통신회선설비임대역무 등 다양한 역무에 제공된다. 전기통신회선설비 중 필수설비는 특정 역무를 제공하거나 이용하기 위하여 반드시 이용하여야 하는 설비인데, 필수설비에 해당하기 위해서는 신규사업자가 동종 설비를 구축하는 것이 중복투자에 해당하거나 비효율적이어서 국가자원의 낭비를 가져올 수 있고 그 구축에 과다한 비용이 소요되어 그 설비의 신규 증설이 현저히 곤란할 것이라는 점이 인정되어야 한다. 이와 같은 필수설비를 보유한 사업자는 시장에서 자연스럽게 독점력을 가지게 될 가능성이 있다. 또한 이동통신은 전파의 주파수를 할당 등의 방법으로 부여받아 제공하는 역무로서 효율적인 주파수를 보유하고 있는지에 따라 시장점유율, 매출 증대 등에 중대한 영향을 미치게 된다. 요컨대, 통신산업은 통신 역무가 국민생활에 필수적이라는 점에서 내재하는 공공성과 다양한 외부효과, 규모의 경제, 필수설비 등으로 인하여 자연적 독과점성, 시장지배적 지위의 남용 등의 우려가 상존한다는 점에서 다른 산업이나 시장과 구별되는 특징을 가진다.

위와 같은 특징으로 인하여 통신산업은 정부의 다양한 규제를 받고 있다. 자연독점상태에서는 경쟁이 존재하지 않으므로 독점기업이 효율적인 경영을 추구할 동기가 미약하고 비효율적인 경영에 따르는 비용을 이용자에게 요금으로 전가할 우려가 크다. 결국 통신산업에 있어서는 그 기업결합이 시장에 미치는 효과가 크고, 독과점으로 인하여 요금, 서비스 이용조건 등에서 이용자에게 불리한 결과를 야기할 위험성이 있으므로 정부의 인가 등의 방법으로 규제할 필요성이 생기는 것이다.

3. 기업결합 규제 주체 문제

통신사업의 기업결합에 대하여 공정거래위원회, 미래창조과학부 중 어느 기관이 규율하는 것이 타당한지에 관한 논란이 있을 수 있다. 독점규제 및 공정거래에 관한 법률 제2조는 모든 사업자가 동법의 적용대상이 된다고 명시하고 있다. 다만, 통신사업의 기업결합은 사전규제가 많이 남아있는 시장에 관한 전문성과 경험을 가진 미래창조과학부가 다양한 이해관계를 들어 결정하는 것이 바람직하다.

4. 기업결합의 유형

1) 사업양수도

가) 사업양수도 일반

사업양수도는 회사의 사업목적을 위하여 조직화되고 유기적 일체로서 기능하는 재산 전부를 총체적으로 유상으로 이전함과 아울러 영업활동의 승계가 이루어지는 것을 말한다. 영업 전부의 양도가 있는 경우에는 당초 주주들의 출자동기였던 목적 사업의 수행이 어려워지고 회사 수익의 원천이 변동함으로써 주주들에게 위험을 야기하므로 주주총회의 특별결의를 거치도록 하고 있다. 또한 영업의 중요한 일부를 양도하는 경우에도 주주의 출자동기 등을 고려할 때에 회사의 기본적인 사업목적을 변경시킬 정도에 이르는 경우라면 주주총회의 특별결의가 역시 필요하다고 할 것이다. 개별적인 재산의 처분에 대해서는 대법원 판례(대법원 1964.7.23. 선고 63다829판결)가 단순한 영업재산만의 양도는 설혹 회사의 유일한 재산일지라도 주주총회의 특별결의를 요구하지 않는다고 보고 있으나, 그 재산이 회사 존속의 기초가 되는 영업용 재산인 경우에는 그 양도가 영업의 폐지나 중단을 초래하게 되어 영업의 양도와 차이를 둘 수 없으므로 주주총회의 특별결의가 필요하다고 보고 있다. 물론, 법적 절차를 거쳐 사업을 폐지하거나 사실상 사업을 폐지한 상태에서 중요재산을 양도하는 것은 주주총회의 특별결의가 필요하지 않다고 할 것이다.

나) 기간통신사업의 양수도

기간통신사업의 양수도는 미래창조과학부 허가를 받은 기간통신사업을 제공하는 사업자의 변경을 가져오므로 공정경쟁, 이용자 보호, 사업의 안정적 수행가능성 등을 심사할 필요가 있고, 전기통신사업법은 인가를 받도록 하고 있다(법 제18조 제1항). 양수인은 기간통신사업 양수인가신청서와 양도·양수계약서 사본, 양도·양수인의 정관, 양도·양수관련 증빙서류, 양수인의 주주명부 또는 주주 등의 주식 등의 소유에 관한 서류, 재무지표 및 재무제표 등 양도·양수인의 사업현황, 양수후의 사업계획서, 양도·양수인가 신청사유서, 양도·양수 수행계획서 등 서류를 미래창조과학부장관에게 제출하여야 한다. 다만, 양수인이 전기통신사업법 제7조에 따른 결격사유[19]에 해당되는 경우에는 기간통신사업의 양수인가를 받을 수 없다. 양수인은 전기통신설비의 효율적인 활용을 위하여 양도인의 전기통신설비를 계속 사용할 수 있도록 노력하여야 한다. 양도인과 양수인은 기간통신사업의 양도·양수계약서에 이용자 보호조치를 명시하는 등 이용자 보호를 위해 최선을

---

19) 제7조(허가의 결격사유) 다음 각 호의 어느 하나에 해당하는 자는 제6조에 따른 기간통신사업의 허가를 받을 수 없다.
  1. 국가 또는 지방자치단체
  2. 외국정부 또는 외국법인
  3. 외국정부 또는 외국인이 제8조 제1항에 따른 주식소유 제한을 초과하여 주식을 소유하고 있는 법인

다하여야 한다. 양도인은 이용자의 가입전환 또는 해지시점까지 성실하게 기간통신역무를 제공하여야 하며, 동 시점까지는 기간통신사업자로 본다. 주파수, 무선국 및 전기통신번호는 각각 전파법 및 전기통신번호관리세칙에 따라 처리한다. 미래창조과학부장관은 기간통신사업의 양수를 인가함에 있어서 공정경쟁 및 이용자보호 등에 필요한 조건을 부과할 수 있다(법 제18조 제5항).

다) 기간통신사업의 양수·합병 인가 등의 심사기준

전기통신사업법 제18조 제3항에 근거를 둔 기간통신사업의 양수·합병 인가 등의 심사기준 및 절차(미래창조과학부 고시 제2014-32호 참조)에 따라 기업결합 심사기준 등을 살펴본다. 양수의 인가 심사사항별 세부 심사기준은 1. 재정 및 기술적 능력과 사업운용 능력의 적정성, 2. 주파수 및 전기통신번호 등 정보통신자원 관리의 적정성, 3. 기간통신사업의 경쟁에 미치는 영향, 4. 이용자 보호, 5. 전기통신설비 및 통신망의 활용, 연구 개발의 효율성, 통신산업의 국제 경쟁력 등 공익에 미치는 영향이다.

먼저, 재정 및 기술적 능력과 사업운용 능력의 적정성 항목에서는 기간통신사업 수행에 필요한 재정적·기술적 능력과 사업운용 능력을 심사한다. 그 세부내용으로 가. 소요자금 규모 및 이에 대한 조달 방법의 적정성, 나. 양수인의 재무구조의 건실성, 다. 기술인력의 확보 및 운용계획의 적정성, 라. 역무제공계획의 적정성이 포함된다.

둘째, 주파수 및 전기통신번호 등 정보통신자원 관리의 적정성이다. 한정된 정보통신자원인 주파수와 전기통신번호의 효율적인 배분과 운영을 도모하기 위한 사항으로서 가. 주파수 사용의 효율성 및 공평성, 나. 전기통신번호 이용의 효율성을 고려하여 심사한다.

셋째, 기간통신사업의 경쟁에 미치는 영향이다. 기간통신사업의 경쟁제한 여부를 심사하기 위한 사항으로서 가. 해당 양수로 인한 양수인의 시장점유율 변화추이, 나. 경쟁 사업자의 유휴 전기통신설비 및 신규 전기통신설비 투자 능력 보유 여부, 다. 시장진입의 용이성 여부, 라. 이용자의 가입전환 비용의 과다 여부, 마. 사업자간 공동행위의 용이성 여부를 종합적으로 고려하되, 미래창조과학부장관은 전기통신사업법 제18조 제6항에 따라 공정거래위원회가 제시하는 경쟁제한성 관련 의견을 존중하여야 한다.

넷째, 이용자 보호이다. 통신요금의 인상, 통화품질의 저하, 고객서비스 질의 저하 등 이용자 이익의 저해 여부 등을 판단한다.

마지막으로 전기통신설비 및 통신망의 활용, 연구 개발의 효율성, 통신산업의 국제 경쟁력 등 공익에 미치는 영향이다. 전기통신설비의 공동활용 등에 따른 생산성 증대, 주파수 활용의 효율성 증대, 조직의 통·폐합에 따른 효율성 증대, 연구개발의 효율성 증대, 통신망의 외부성 효과 증대, 국제 경쟁력 강화 등 통신산업의 효율성 증대 여부를 심사한다.

라) 기간통신사업의 양수 인가 등의 심사 절차

미래창조과학부장관은 기간통신사업의 양수 인가신청이 있을 경우에는 특별한 사유가 없는 한 공정거래위원회와의 협의를 거쳐 신청일로부터 60일 이내에 인가여부를 결정하여 양수인에게 통보하여야 한다. 미래창조과학부장관은 기간통신사업의 양수 인가 신청의 심사를 함에 있어 필요한 경우 양도인, 양수인 및 이해관계자 등의 의견을 청취할 수 있다. 이 경우, 정보통신 전문기관 또는 전문가의 의견을 들어 심사를 할 수 있고 그 소요비용을 양수인에게 부담하게 할 수 있다(법 제18조, 법시행령 제20조, 기간통신사업의 양수 합병 인가 등의 심사기준 및 절차 참조).

미래창조과학부장관은 기간통신사업의 양수 인가 심사에 필요한 자료의 제출을 양도인 및 양수인 등에게 명할 수 있고, 이 경우 양도인 및 양수인 등은 성실히 응하여야 한다. 미래창조과학부장관은 특별한 사유가 없는 한 기간통신사업의 양수 인가와 관련하여 미래창조과학부장관에게 제출된 자료중 해당 사업자의 영업비밀과 관련된 자료를 관련 당사자의 동의없이 외부에 공개할 수 없다(법 제18조, 법시행령 제20조, 기간통신사업의 양수 합병 인가 등의 심사기준 및 절차 참조).

양수인은 미래창조과학부장관의 기간통신사업 양수 인가를 받은 날로부터 30일 이내에 1. 사업 양도·양수 사유와 양수인에 대한 개요, 2. 서비스 제공의 변경내용, 3. 이용자가 원한다면 양수인의 서비스 이용을 계속 보장한다는 내용, 4. 정보통신망이용촉진 및 정보보호 등에 관한 법률 제26조에 따른 개인정보의 이전사실, 5. 양도인의 이용약관 중 해지절차 관련규정, 6. 해당 양도·양수관련 문의처 등 이용자에게 필요한 사항을 중앙일간지에 공시하고 가입자에게 개별적으로 통보하여야 한다. 위 통보는 양도인과 양수인의 공동명의로 한다(법 제18조 법시행령 제20조, 기간통신사업의 양수 합병 인가 등의 심사기준 및 절차 참조).

양도인 및 양수인은 미래창조과학부장관의 기간통신사업 양수 인가를 받은 날로 부터 90일 이내에 이용자의 의사에 따라 가입전환 또는 해지업무를 처리하여야 한다. 양수인은 특별한 사정이 없는 한 가입전환에 따른 절차를 대행하여야 하며, 가입전환 에 따른 가입비, 단말기 비용 등 추가비용을 이용자에게 부담시킬 수 없다.

양도인·양수인은 미래창조과학부장관의 인가를 받을 때까지 통신망의 통합 행위, 양도·양수 계약의 이행행위, 임원의 선임행위 등 양도·양수에 따른 후속 조치를 취하여서는 아니된다.

미래창조과학부장관은 부과된 인가조건 등을 이행하지 않는 경우에는 양수인 에게 1. 법 제92조에 따른 시정명령 부과, 2. 법 제20조 및 제90조에 따른 사업의 취소, 사업정지 또는 과징금 부과 등의 조치를 명할 수 있다.

미래창조과학부장관은 직전 연도 기간통신사업 매출액 100억원 이하인 소규모 기간통신사업자에 대한 사업양수도로서 지배관계를 형성하고 있던 기간통신사업 자에 의한 사업의 양수인 경우 통신시장에 미치는 영향이 경미한 것으로 추정하고 심사를 생략할 수 있다(다만, 양수인이 영 제39조 제3항에 따라 지정·고시되는 기간 통신사업자인 경우는 제외). 이 경우, 신청 내용의 사실여부, 이용자보호 조치의 적 절성 등에 대한 심사, 공정거래위원회와의 협의를 거쳐 인가할 수 있다.

최근 사례를 보면, 2015. 2. 미래창조과학부는 세종텔레콤이 전기통신회선설비 임대역무 등 기간통신사업 전부를 온세텔레콤에 사업양수도를 하는 것을 인가하 였다고 한다. 그 결과 온세텔레콤은 통신망을 확보하게 되어 회선 임차료를 절감 할 수 있게 되고 통신시장에서 경쟁력을 확보할 수 있는 상황을 만들었다.[20]

2) 합병

가) 합병 일반

합병이라 함은 상법에 따라 2개 이상의 회사가 결합하여 1개의 회사가 존속하 고 나머지 회사는 소멸하거나 모두 소멸하고 새로운 회사를 신설하고 소멸하는 회

---

20) 디지털타임즈 2015. 3. 31. 기사 참조.

사의 권리의무를 존속하는 회사 또는 신설하는 회사가 포괄적으로 승계하는 것을 말한다. 합병절차는 일반적으로 합병을 하고자 하는 당사자간 합병계약, 합병대차 대조표 등의 공시, 합병결의(주식회사의 경우 출석주식수의 3분의2 이상의 다수 및 발행주식 총수의 3분의 1이상의 결의), 채권자보호절차, 합병등기 등으로 이루어진다. 독점규제 및 공정거래에 관한 법률에 따른 기업결합 심사, 주무 행정관청의 인허가 등 절차를 거치기도 한다. 합병을 하면 회사의 소멸 또는 신설로 소멸하는 회사의 모든 권리의무가 청산절차를 거치지 아니하고 존속 또는 신설되는 회사에 승계되고, 그 권리의무에는 공법상의 권리의무도 포함되는데, 개별 재산에 관하여 별도로 이전행위를 할 필요가 없이 포괄적인 승계가 이루어진다. 또한 소멸회사의 직원은 존속회사 또는 신설회사의 직원이 된다.

나) 기간통신사업의 합병

기간통신사업의 합병은 미래창조과학부 허가를 받은 기간통신사업을 제공하는 사업자 또는 사업의 변경을 가져오므로 공정경쟁, 이용자 보호, 사업의 안정적 수행가능성 등을 심사할 필요가 있고, 전기통신사업법은 인가를 받도록 하고 있다. 기간통신사업의 합병에 관한 절차와 심사 등에 관한 사항은 사업양수도에 관한 절차를 준용한다.

다) 기간통신사업의 합병 인가 사례 – KT와 KTF 합병

참고로 2009년에 있었던 KT와 그 자회사인 KTF의 합병에 관하여 살펴본다. KT는 합병배경으로 유·무선의 분리구조 극복을 통한 신산업 영역 창출과 IT 산업의 재도약 필요성을 제시하며 기업가치 극대화와 성장분야에 대한 투자로 서비스 산업의 수출을 위한 글로벌 경쟁력을 확보하고 IT 산업의 틀 전환을 추진하겠다고 하였다. 이에 대하여 공정거래위원회는 합병으로 인한 유선통신시장에서 이동전화시장으로의 시장지배력 전이 등의 경쟁제한성 우려는 없는 것으로 판단하였으나, 합병 심사과정에서 KT 이외의 경쟁사업자들이 가입자망 고도화 관련 전주·관로 부족에 대한 애로사항을 건의하고 있는 점을 고려하여 유선통신시장 경쟁 활성화 및 향후 유·무선 융합서비스 시대에 대비하는 차원에서 가입자망 고도화를 위해 전주·관로 등의 필수적인 설비에 대한 접근성을 높일 수 있는 적절한 방안을 강구할 필요가 있다고 하였다. 또한 경쟁사업자들은 KT-KTF 합병은 통신시장의 소모적 경쟁을 촉발하고, 투자유인을 저해하며, 미래성장 동력을 약화시키고, 나아가 해외진출 여력을 약화시키므로, ① 필수설비 독점성 해소, ② 유선전화 경쟁 활성화, ③ 공정경쟁 여건보장이 선행되어야 한다고 주장하였다. 또한 이들은, KT의 필수설비와 자금력을 바탕으로 전체 통신시장은 KT그룹과 SK텔레콤그룹으로 복점화되어 후발사업자들의 존립기반이 상실될 우려가 있으므로 ① 저대역 주파수 할당 시 후발사업자 우대, ② 단말기 보조금 경쟁 및 단말기 보조금 차등지급 금지, ③ 전주·관로 등 필수설비 사용권 보장 등이 전제되어야 한다는 주장을 제기하였다. 아울러 공정한 시장경쟁 환경을 조성할 필요가 있으며, 통신시장의 왜곡 가능성을 차단하고 신규 사업자의 시장진입을 활성화하는 등의 정책적 배려가 요구된다는 주장도 있었다.

이에 대하여 당시 합병 심사를 담당한 방송통신위원회는 합병으로 제기될 수 있는 전반적인 사항을 검토한 결과, 경쟁에 미치는 영향 등에는 특별한 문제가 없다고 판단하였다. 다만, 전주·관로 등 설비에 대해서는 장기적으로 애로사항이 될 소지가 있으므로 제도개선과 함께 인가조건을 부여하기로 하고, 공정경쟁과 이용자 보호를 위하여 시내전화 및 인터넷전화 번호이동절차 개선, 무선인터넷 접속체계의 합리적인 개선 등을 인가조건으로 부여하였다. 세부 인가조건을 살펴보면, 전주·관로 등 설비제공 제도의 효율성 제고를 위해 개선계획을 제출하도록 의무를 부과하여 활성화되지 못한 전주·관로에 대한 설비제공 제도를 개선함에 따라 선·후발 사업자들의 경쟁여건이 개선되고, 차세대 네트워크 투자 확대를 도모하였다. 아울러 시내전화 및 인터넷전화 번호이동절차 개선계획을 제출하도록 함으로써 인터넷전화가 활성화 될 것이며, 선·후발 사업자들 간에 공정경쟁을 보장하고 소비자 선택권이 확대될 수 있도록 하였다. 나아가, 무선인터넷 접속체계의 합리적 개선 및 내·외부 콘텐츠 사업자들 간에 차별을 하지 않도록 하여 무선인터넷 시장과 콘텐츠 시장을 활성화하고 소비자 편익이 제고될 수 있도록 하였다.

3) 분할

분할은 합병과 달리 하나의 법인격을 가진 회사의 영업, 재산이 분리되는 것으로, 별개의 회사가 될 수 있고, 경우에 따라서는 다른 회사에 합병되거나 다른 회사와 합병하여 새로운 회사가 될 수도 있다. 즉, 분할이란 1개 회사의 사업이나 재산을 2개 이상으로 분리하고 분리된 사업이나 재산을 바탕으로 회사를 신설하거나 다른 회사와 합병하는 것을 말한다. 분할로 인하여 기존 회사가 해산하고 그를 기초로 2개 이상의 회사가 설립될 수 있고, 기존 회사가 그대로 존속하면서 분리된 사업, 재산을 신설회사가 승계하는 방법도 있을 수 있으며, 분할되어 나온 사업, 재산이 다른 회사에 흡수합병되거나 다른 회사와 합병하여 신설법인을 만들 수도 있다. 분할은 대형화된 기업의 비효율성을 억제하고 신속한 의사결정과 집행, 신규 사업 수행을 위한 위험의 분산, 주주들 간의 이해관계 해소, 특정 사업부문(업무량 과다, 위험요소 많은 부문)에 있어서 다른 사업부문과 임금 등 근로조건을 차별할 필요가 있는 경우 등에 있어서 행해진다.

분할은 이사회 결의, 주주총회 결의 등을 거치는데, 분할계획서 작성, 분할 등기 등 절차를 거쳐 이루어진다. 분할이 있는 경우 기존 회사가 보유하고 있는 법인격이 분할된 사업 및 / 또는 재산을 기초로 설립된 신설회사나 해당 사업 및 / 또는 재산을 합병한 회사에 이전되지 않는다. 분할로 분리되는 사업 및 / 또는 재산의 권리의무관계는 분할계획서(분할합병계약서 포함)에 특정된 바에 따라 신설회사 등에 이전하고 별도의 이전행위를 요구하지 않는다.

전기통신사업법하에서 분할을 통해 제3의 사업자로의 합병이 이뤄지는 경우에는 동 법의 합병에 관한 규정이 적용될 것이다. 또한 전기통신사업법은 분할을 통해 기간통신사업을 경영하는 법인을 설립하는 경우에도 미래창조과학부장관의 인가를 받도록 하고 있다(법 제18조). 분할은 기간통신사업 허가를 받은 사업자 또는 사업의 변경을 가져오므로 이용자 보호, 공정경쟁, 사업의 안정적 영위 등에 관한 사항을 담보할 필요가 있으므로 그 인가규제는 정당성을 가지고 있다고 할 것이다. 그 절차와 심사 등에 관한 사항은 사업양수도에 관한 절차와 동일하다(법 제18조).

최근 사례를 보면, 2012. 11. 20. 방송통신위원회는 KT가 위성 관련 자산을 물적 분할하여 위성사업을 수행하는 자회사 케이티샛(KTsat)을 설립하는 것을 인가하였다. 케이티샛은 그간 KT가 수행하여 오던 위성중계기 임대서비스, 비디오전송서비스, 데이터 전송서비스, 이동위성서비스 등 위성 관련 사업을 별도 법인으로서 수행하게 되었다.[21]

4) 주식양수도

주식양수도는 기존에 발행되어 있는 주식을 주주 간에 매매 등의 방식으로 이전하거나 회사가 새로운 주식을 발행하는 경우에 인수를 통하여 새로운 주주가 참여하거나 기존 주주가 지분율을 낮추거나 유지 또는 높이는 결과를 야기하는 행위를 말한다. 회사의 법인격 소멸이나 회사의 신설 등을 가져오지는 않으나 2개 이상의 회사가 주식 거래를 통해 제휴할 수 있는 기회를 얻기도 하고, 경영권을 행사하는 주주의 변경을 가져오는 경우에는 회사의 운영 등 의사결정에 영향을 미침으로써 2개 이상의 회사간 기업결합을 가능하게 한다.

주식을 양수하고자 하는 자(이하 "주식취득인")는 1. 주식취득 계약서 사본 등 주식취득을 위한 관련 증빙서류, 2. 주식취득인 및 주식피취득인의 정관, 3. 주식취득인 및 주식피취득인의 주주현황, 4. 주식취득인 및 주식피취득인의 사업현황, 5. 주식취득을 하려는 목적 및 사유, 효과분석, 6. 임원겸임계획서(주식피취득인의 임원겸임을 계획하고 있는 경우), 7. 주식취득후 사업계획서(최대주주가 되고자 하는 경우)를 작성하여 제출하여야 한다(법 제18조).

기간통신사업자의 경영권을 실질적으로 지배하기 위한 목적의 주식취득·협정체결 인가 신청은 주식취득인 또는 협정 당사자가 1. 계약서 사본 등 경영권을 실질적으로 지배하기 위한 행위 관련 증빙서류, 2. 주식취득인 또는 협정 당사자 및 상대회사(경영권의 변동이 발생한 기간통신사업자)의 정관, 3. 주식취득인 또는 협정 당사자 및 상대회사(경영권의 변동이 발생한 기간통신사업자)의 주주현황, 4. 주식취득인 또는 협정 당사자 및 상대회사(경영권의 변동이 발생한 기간통신사업자)의 사업현황, 5. 주식취득 또는 협정체결의 목적과 사유 및 효과 분석, 6. 임원겸임계획서(상대회사의 임원겸임을 계획하고 있는 경우에 한정한다), 7. 주식취득 또는 협정 후의 사업계획서를 작성하여 제출하여야 한다(법 제18조, 법시행령 제20조). 주식취득 또는 경영권을 실질적으로 지배하기 위한 목적의 주식취득, 협정체결 등에 관한 심사절차와 기준은 기간통신사업 양수도에 관한 절차와 동일하다(법 제18조).

---

21) 2012. 11. 20. 연합뉴스 기사 참조.

제4절   기간통신사업 퇴출규제

1. 기간통신 사업허가의 취소

1) 허가취소의 의의

　기간통신사업이 국가경제와 국민생활에 지대한 영향을 미치므로 기간통신사업 허가를 취득한 자만이 동 사업을 영위할 수 있도록 전기통신사업법은 규정하고 있다. 기간통신사업자는 설비를 설치하여 기간통신역무를 제공하는 기간통신사업을 영위하는 자이고, 전통적으로 이러한 사업자는 대규모의 자본투자를 바탕으로 하는 네트워크 사업자로 이해되어왔기 때문에 허가(許可)를 통해 시장에 진입되어 왔다. 이러한 기간통신 사업자에 대한 시장퇴출 방식으로 전기통신사업법은 제20조에서 사업허가의 취소를 규정하고 있는데, 기간통신사업 허가의 취소는 적법하고 유효하게 성립된 기간통신사업의 허가에 대해 하자 등을 이유로 효력을 소멸시키는 행정행위이다. 즉, 이러한 기간통신사업허가의 취소에는 강학상의 취소와 철회의 개념이 혼용되어 사용되고 있다고 하겠다. 행정행위의 취소는 일단 유효하게 성립된 행정행위를 위법 또는 부당한 하자가 있음을 이유로 소급적으로 효력을 소멸시키는 행정처분인 반면, 행정행위의 철회는 적법한 요건을 갖추어 완전하게 효력이 발생한 행정행위를 공익 또는 사후의 특별한 사정 등을 이유로 사후적으로 그 행정행위 효력의 전부 또는 일부를 장래를 향해 소멸시키는 것이다.[22]

　따라서, 기간통신사업의 허가취소는 이 두 가지 강학상의 취소와 철회의 요건을 동시에 고려하여 이해하는 것이 필요하다고 하겠다. 이러한 점은, 기간통신사업 허가취소의 효력을 소급하지 않고 장래로 한 점에서도 알 수 있는데, 허가취소의 효력을 장래로 한 것은 이미 기간통신사업자가 허가를 받은 기간통신서비스를 이용자에게 제공하였으므로 이용자의 신뢰보호와 같은 공익적인 이유가 고려되어 강학상의 철회와 같은 효력을 갖는 것이 필요하다는 정책적 이유가 반영된 결과이다.

---

22) 대법원 2006. 5. 11, 2003다37969 판결.

2) 허가취소의 사유

미래창조과학부장관은 일정한 사유가 발생했을 때 기간통신사업 허가의 전부 또는 일부를 취소하거나 1년 이내의 기간을 정하여 사업의 전부 또는 일부의 정지를 명할 수 있다. 즉, 허가에 하자가 있더라도 이용자의 편익과 신뢰보호 등 관련 이익과의 형량을 하여 사업의 전부 또는 일부의 정지를 명할 수 있는 것이다. 이러한 허가 취소의 사유로는, 우선 속임수나 그 밖의 부정한 방법으로 허가를 받은 경우가 있다. 이러한 부정한 방법은 기간통신사업의 허가를 받은 자의 잘못으로 인한 경우로서, 예를 들면 허가를 받은 자가 허가기관에 뇌물을 수수하거나 허가를 신청한 다른 경쟁사업자를 협박하여 허가를 받지 못하게 하는 것이다. 특이한 점은 동 허가 취소사유는 다른 허가취소사유와 달리, 이 사유에 해당하는 경우 반드시 허가의 전부 또는 일부를 취소하여야 한다는 것이다.

둘째, 기간통신사업 허가에 부여된 허가조건과 기간통신사업 양수도 및 법인의 합병에 부여된 인가조건을 이행하지 않은 경우이다. 이러한 허가조건과 인가조건은 강학(講學)상의 부관(附款)의 일종인 부담(負擔)으로서, 전기통신사업법은 공정경쟁 및 이용자 보호 등과 관련된 인가조건을 부여할 수 있도록 하고 있는데, 이러한 허가조건과 인가조건 위반 시 허가의 취소 또는 이에 갈음한 9개월의 사업정지가 가능하다. 셋째, 외국인 초과지분에 대한 매각과 같은 시정명령을 이행하지 않은 경우 허가의 취소나 이에 갈음한 9개월의 사업정지가 가능하다. 이러한 허가취소는 기간통신사업이 국가의 중추 신경망으로서 국가안보와 경제에 핵심적 기능을 하고 있다는 점 등을 고려한 것이다. 넷째, 허가조건에 의해 부여되는 사업의 개시의무에 따른 기간에 사업을 개시하지 않은 경우 허가의 취소나 이에 갈음하는 3개월의 사업정지가 가능하다. 이는 기간통신사업의 국가경제에 대한 영향력을 고려하여 기간통신사업 개시의 지연을 최소화하기 위한 조치이다. 다섯째, 기간통신사업자가 신고하였거나 시장지배적 사업자가 인가받은 이용약관을 지키지 않은 경우 허가의 취소나 이에 갈음하는 3개월의 사업정지가 가능하다. 이용약관은 부합(附合)계약으로서 불특정다수의 이용자가 기간통신사업자와의 원활한 계약을 맺기 위해 필요한 것이다. 이러한 이용약관을 준수하지 않는 것은 공공의 이익을 저해하고 이용자의 이익을 침해하는 행위이므로 허가취소의 사유로 규정하고 있는 것이라 하겠다. 마지막으로, 금지행위에 대한 조치나 시정명령을 정당한 사유 없이 이행하지 않은 경우에 허가의 취소나 이에 갈음하는 3개월의 사업정지가 가능하다. 동 사유에 관해서 기존에는 기간통신사업자가 법령 및 법령에 의한 명령을 위반한 경우 허가의 취소가 가능하도록 규정되어 있었으나, 너무 포괄적이고 예측가능성이 낮은 규정이라는 비판에 따라 정당한 사유 없이 금지행위에 대한 조치나 시정명령을 이행하지 않은 경우로 개정된 바 있다. 한편, 미래창조과학부 장관은 기간통신사업의 정지명령에 갈음하여 과징금을 부과할 수 있다.

3) 허가취소의 절차 등

전기통신사업법의 허가취소의 기준, 절차 그 밖에 필요한 사항은 대통령령으로 정하도록 되어 있으며, 이에 따라 전기통신사업법시행령 [별표 1]에 전기통신사업자의 허가취소 등에 대한 처분기준이 마련되어 있다. 이러한 처분기준은 대통령령으로 되어 있으므로, 대외적 구속력을 갖는다. 정보통신부가 폐지되고 방송통신위원회가 설립되었을 때, 방송통신위원회는 대통령 직속위원회이고 정부부처가 아니므로 대통령령을 제정할 권한이 없어, 기존에 부령(시행규칙)에 규정되어 있던 사항들이 많이 대통령령으로 상향 입법되었다. 대외적 구속력이 없는 부령(시행규칙)과 대외적 구속력이 있는 대통령령의 차이점을 고려하여 법령의 해석을 하는 것이 요구된다고 하겠다. 즉, 부령(시행규칙)과 달리 대통령령인 시행령에 규정된 별표는 허가취소 등 행정행위 시 재량이 인정되기 어렵다. 전기통신사업법시행령 [별표 1]에 따르면, 위반행위가 둘 이상인 경우로서 그에 해당하는 각각의 처분이 다른 경우에는 그 중 무거운 처분기준에 따르도록 하고 있으나, 다만, 둘 이상의 처분기준이 같은 사업정지인 경우에는 각 처분기간을 넘지 않는 범위에서 무거운 처리기준의 2분의1까지 가중할 수 있다. 한편, 처분권자는 가중사유[23]와 감경사유[24]

---

23) 가중사유로서, 1. 위반행위가 사소한 부주의나 단순한 오류가 아닌 고의나 중대한 과실에 따른 것으로 인정 되는 경우, 2. 위반의 내용과 정도가 중대하여 이용자에게 미치는 피해가 크다고 인정되는 경우, 3. 위반행위의 기간 또는 행정처분을 받은 횟수 등에 비추어 가중할 필요가 있다고 인정되는 경우, 4. 그 밖에 전기통신 사업에 대한 정부 정책상 가중할 필요가 있다고 인정되는 경우가 있다.
24) 감경사유로서, 1. 위반행위가 고의나 중대한 과실이 아닌 사소한 부주의나 단순한 오류로 인한 것으로 인정 되는 경우, 2. 위반의 내용과 정도가 경미하여 즉시 시정할 수 있다고 인정되는 경우, 3. 그 밖에 전기통신사업에 대한 정부 정책상 감경할 필요가 있다고 인정되는 경

에 따라 가중하거나 감경할 수 있으나, 다만, 가중하는 경우에는 1년을 초과할 수 없고, 사업정지 처분의 경우 그 처분기준의 2분의1의 범위에서 가중하거나 감경할 수 있으며, 허가취소의 경우 사업정지 1년으로 감경할 수 있다.

4) 허가취소의 효력: 임원의 결격사유 및 주파수 할당취소 등

허가를 취소하게 되면 허가의 전부 또는 일부가 취소되게 된다. 역무통합 이전에는 개별 서비스 별로 허가장이 개별적으로 주어졌으므로, 개별 서비스에 대한 허가가 취소되면, 허가장 전체, 즉 허가의 전부에 대한 취소가 되었다. 그러나 기간통신역무로 역무가 단일화되어 다양한 서비스가 하나의 기간통신역무에 포함됨에 따라 개별 서비스에 대한 취소사유가 발생하면, 허가장 일부에 대한 취소가 불가피하다고 하겠다. 따라서, 허가의 일부취소가 규정되게 되었다. 이러한 허가의 전부 또는 일부 취소에 갈음하여, 이용자 보호 및 공익상의 이유 등으로 1년 내이내의 기간을 정하여 사업의 전부 또는 일부의 정지를 명할 수 있고, 또한 이러한 사업정지명령에 갈음하여 과징금을 부과할 수 있음은 설명한 바와 같다.

한편, 기간통신사업 허가의 전부 또는 일부가 취소된 경우, 허가취소를 받은 법인의 대표자와 원인행위를 한 자는 전기통신사업법 제9조에 따라 당연퇴직하게 된다. 이것이 문제되었던 것이 (구) LGT(현 LG U⁺)의 IMT-2000 사업허가 사업개시의무 위반으로 인한 대표이사 (사장)의 당연 퇴직 사건이다. 당시 3G 이동전화서비스인 IMT-2000과 관련하여, 유럽방식인 GSM에 기반을 둔 비동기식(WCDMA) 허가를 SKT와 KT가 받았고, LG는 미국방식인 CDMA에 기반을 둔 동기식(CDMA-2000) 허가를 취득하였다. LGT는 1차례의 서비스 연기 끝에 결국 사업개시를 포기하였고, 결국 (구)정보통신부는 LGT의 IMT-2000 사업허가를 사업개시의무 위반으로 취소하였는데(2006년), 이에 따라 당시 LG텔레콤의 대표이사(사장)는 당연 퇴직되었다.[25]

이러한 허가취소와 관련된 임원의 퇴직조항에 대해 부당결부 금지의 원칙과 과잉금지의 원칙에 입각했을 때 불합리하므로 폐지되어야 한다는 입장 등이 있으나, 허가를 득한 자의 책임성을 확보한다는 측면에서 유지되는 것이 바람직하다.

우가 있다.

25) 신종철, 통신법해설, 진한M&B, 2013, 149면.

또한, 전파법 제15조의2 1항에 따르면 미래창조과학부 장관은 기간통신사업의 허가가 취소된 경우 주파수 할당을 취소할 수 있다. 이러한 주파수 할당의 취소는 공물의 특허사용관계를 소멸시키는 행정행위라고 할 수 있으며, 임원의 결격사유와 같이 허가취소로 인한 귀책사유에 대한 책임을 묻는 것이다.

2. 기간통신사업의 폐지

1) 사업폐지의 의의

기간통신사업 허가의 취소와 달리 기간통신사업의 폐지는 허가를 받은 기간통신사업자의 자율적인 사업종료이다. 기간통신사업은 국민의 생활과 국가경제에 중대한 영향을 미치는 산업 중 하나이므로, 전기통신사업법 제19조는 기간통신사업자가 경영하고 있는 기간통신사업의 전부 또는 일부를 폐지하려면 60일전까지 이용자에게 알리고, 미래창조과학부장관의 승인을 받도록 규정하고 있다. 미래창조과학부 장관의 폐지승인은 강학상의 사인의 법률효과를 사후적으로 추인하는 인가의 성격보다는 금지의 해제라는 허가의 성격을 갖는다. 과거 기간통신사업의 폐지는 자유롭게 이루어질 수 있는 성격의 행위가 아니므로 엄격하게 제한된다고 이해되어 왔으나, 개정된 전기통신사업법은[26]은 기간통신사업의 폐지승인을 원칙허용방식으로의 전환함에 따라 인가로서의 성격을 갖게 되고 보다 탄력적으로 운영될 것으로 전망된다.

---

26) 동 전기통신사업법 개정은 기간통신사업의 폐지승인을 원칙허용방식으로 전환하여, 이용자 보호계획 및 그 시행이 미흡하여 기간통신사업의 휴지·폐지에 따라 현저한 이용자의 피해 발생이 예상되는 경우 등을 제외하고는 기간통신사업 휴지와 폐지를 원칙적으로 승인하도록 하였다.
  개정 전기통신사업법 제19조 (사업의 휴지·폐지) ③ 미래창조과학부장관은 다음 각 호의 어느 하나에 해당하는 경우를 제외하고는 제1항에 따른 승인을 하여야 한다.
  1. 휴지·폐지 계획에 대한 이용자 통보가 적정하지 못하다고 인정되는 경우.
  2. 휴지·폐지하려는 사업의 내용 및 사업구역의 도면 등 대통령령으로 정하는 구비서류에 흠이 있는 경우.
  3. 이용자 보호조치계획 및 그 시행이 미흡하여 휴지·폐지에 따라 현저한 이용자 피해 발생이 예상되는 경우.
  4. 전시·교전 또는 이에 준하는 국가비상상황에 대응하거나 중대한 재난의 방지 또는 수습을 위하여 해당 기간통신사업의 유지가 긴급하게 필요하다고 인정되는 경우.

기간통신사업의 폐지승인은 그 사례가 많지 않은 제도로서, 무선호출(Beeper),[27] CT-2(Cordless Telephone),[28] 지역사업자의 TRS(Trunked Radio System: 주파수 공용통신)[29] 등의 사업종료와 같이 그 필요성이 크지 않았으나, 2011년 KT의 2G 이동전화서비스(PCS: Personal Communication Service)의 종료사례와 같이 향후 기술진보로 인해 경쟁력을 상실한 통신서비스의 시장퇴출을 위해 많이 이용될 수 있을 것이다.

2) 기간통신사업 폐지 시 절차 및 고려사항

기간통신사업을 폐지하려는 사업자는 사업폐지 예정일 60일전까지 대통령령에 규정된 사업폐지 승인신청과 관련된 서류[30]들을 미래창조과학부장관에게 제출하여야 한다. 이러한 사업폐지 신청에 대해, 미래창조과학부장관은 해당사업의 폐지로 인해 공공의 이익을 해칠 우려가 있으면 그 승인을 해서는 아니되고, 미래창조과학부장관은 동 사업폐지로 인해 별도의 이용자 보호가 필요하다고 판단하면 승인을 신청한 기간통신사업자에게 가입전환의 대행 및 비용부담, 가입해지 등과

---

27) 휴대 전화가 대중화되기 전, 1980년대와 1990년대에 널리 사용되었으나, 이동전화의 사용이 대중화되면서, 동 서비스의 사용자 수가 급격하게 줄어들었다. 1983년부터 무선 호출 서비스가 개시되었으며, 무선 호출 서비스 가입자의 식별번호로 012, 015 등이 이용되었으나, 현재는 012 번호의 전국사업자들이 사업을 종료하고, 015 번호의 일부 지역사업자만이 서비스를 제공하고 있다.

28) CT-2는 발신만 가능한 무선전화이며, 우리나라에서는 CT-2 서비스를 시티폰(cityphone) 서비스라는 명칭으로 한국통신(KT)이 서울 등 대도시를 중심으로 제공한 바 있다. 1996년에 신규 사업자들 역시 대도시를 중심으로 서비스를 제공하였으나 사업성 결여로 사업 면허를 반환하였으며, 한국 통신이 통합 운영하다가 2000년 1월에 전면 중단한 바 있다.

29) TRS는 이동통신과 무전기를 결합한 통신시스템으로서 저렴한 비용으로 가입자간의 그룹통화, 개별통화와 같은 다양한 통신방법이 가능하나, 통화시간의 제한이 있고 같은 망의 가입자 이외의 불특정 다수와는 통신할 수 없는 단점이 있다. TRS는 대형운수업체나 택시회사, 대규모 현장관리업무, 유통사업 분야, 보안서비스 등에 적합하며, 현재 국내에선 한국통신 파워텔이 800㎒ 대역에서 모토롤라의 iDEN 시스템을 이용한 TRS 서비스를 하고 있다. 초기에는 지역사업자들이 존재하였으나 수익성 문제로 대부분의 지역사업자들이 사업을 종료한 바 있다.

30) 기간통신사업 폐지를 위해 필요한 서류로는, 1. 휴지 또는 폐지하려는 사업의 내용 및 사업구역의 도면, 2. 휴지 또는 폐지하려는 사업에 관한 주요 전기통신설비의 명세를 적은 서류, 3. 허가서 (다만, 사업의 전부를 폐지하고자 하는 경우에만 요구된다), 4. 사유서, 5. 휴지 또는 폐지 사실의 통지에 관한 서류, 6. 휴지 또는 폐지에 따른 가입자 보호조치 계획을 적은 서류가 있다.

같은 이용자 보호에 필요한 조치를 명할 수 있다.

　이미 언급한 바와 같이 기간통신사업은 국민의 생활과 국가경제에 지대한 영
향을 미치는 기본산업이므로, 기간통신사업의 휴지 시 국가 전체적인 통신 산업의
발전과 이용자 보호 등의 관점 고려되어야 할 것이다. 이러한 사업폐지 승인과 관
련하여 기존에 고려된 사항들[31]로, 1. 사업폐지 계획의 적합성과 실현가능성, 2. 사
업폐지 사유의 타당성, 3. 사업폐지가 중요통신 등 공익에 미치는 큰 사업인지 여
부, 4. 남은 이용자 수와 특성, 5. 사업자의 가입전환 노력, 6. 국내외의 사례, 7. 대
체 서비스의 유무, 8. 기술발전 추세 등이 있다. 한편, 이렇게 다양한 사업폐지와
관련하여 가장 중요하게 고려하여야 할 점은 이용자보호와 관련된 사안이라고 하
겠다. 최근 KT의 2G 이동전화서비스 사업폐지 승인의 사례에서 나타난 기존 통
신서비스 이용자들과 KT간의 법적 분쟁[32]에서 보듯이 향후 다수의 가입자가 있
는 통신서비스의 고도화를 위한 사업폐지가 향후에도 어려운 문제가 될 것이며,
이러한 문제를 해결하기 위해 이용자보호의 문제가 지속적으로 제기될 것임을 알
수 있다.

제5절　별정통신사업

1. 별정통신사업의 의의

　별정통신사업은 1997년 WTO(World Trade Organization: 국제무역기구) 협정
체결에 따라 외국인의 국내 통신시장진입과 사업자간 경쟁을 촉진하는 한편, 기존

---

31) (구)정보통신부 통신정책국 통신기획과, 기간통신사업의 휴지·폐지승인에 관한 업무처리지
　침 (2002. 9. 12) 등을 참조.
32) KT는 4G 이동전화서비스인 LTE (Long Term Evolution) 사업을 개시하기 위해 2G 이동
　전화서비스 (PCS)의 기간통신사업 일부폐지를 신청하였고(2011. 4. 18), 방송통신위원회의
　승인유보(2011. 6. 24) 등의 우여곡절 끝에 동 서비스의 폐지에 대해 방송통신위원회로부터
　승인을 받았다(2011. 11. 21). 한편, 방송통신위원회의 폐지승인에 대해, 일부 기존 KT 2G
　이동전화가입자는 KT의 2G 서비스 종료에 대한 금지 가처분 신청을 법원에 신청하여 승인
　을 받아내었으나(2012. 12. 7), 결국, 법원항고심을 통해 금지 가처분 신청이 최종적으로 기
　각되었고(2012. 12. 26), 2G 이동전화서비스는 종료되었다.

기간통신사업자의 초과이윤(rent)이 존재하는 시장에 별정통신사업자의 선별적 이윤추구(Cream-skimming 또는 Cherry-picking)를 용인함으로써 요금인하를 유도하기 위해 도입된 제도이다. 이러한 별정통신사업은 기간통신사업과 구별을 가능하게 하는 규제기준으로써 역할을 해왔다 할 수 있는데, 기간통신사업은 설비를 설치하는, 즉 대규모 투자를 전제로 하는 네트워크 사업으로, 별정통신사업은 설치된 설비를 이용하는, 즉 대규모 투자를 전제로 하지 않는 사업형태로 이해되어 왔다. 설비보유를 기준으로 하는 기간통신사업과 별정통신사업의 분류기준은 상호접속, 보편적 역무, 설비제공 등의 개별적 통신시장 규제 적용대상의 구분기준으로 이용되었으며, 설비를 보유한 기간통신사업자와 설비를 보유하지 못한 별정통신사업자 간 권리와 의무의 차이를 다르게 규정하여 차별적으로 규제함으로써 설비기반 경쟁 활성화라는 정책적 목표를 달성하는 데 큰 기여를 하였다고 평가될 수 있다. 그러나 기간통신 역무통합과 대규모의 별정통신사업자의 등장으로 인해 종래의 기간통신사업과 별정통신사업의 구분이 형해화되면서 동 구분으로 인한 규제체계 유지의 타당성과 기간통신사업과 별정통신사업의 차이해소 등에 대한 문제가 제기되고 있는 실정이다.

2. 별정통신사업의 유형

별정통신사업자는 기간통신사업자의 전기통신회선설비 등을 이용하여 기간통신역무를 제공하는 별정 1호 통신사업과 별정 2호 통신사업, 구내에 전기통신설비를 설치하거나 이를 이용하여 전기통신역무를 제공하는 별정 3호 통신사업, 기간통신사업자의 전기통신 도매제공의무 서비스를 도매제공 받아 이용자에게 재판매하는 별정 4호 통신사업으로 사업의 유형을 구별할 수 있다. 한편, 별정 1호 통신사업과 별정 2호 통신사업은 교환기의 설치여부로 구별되는데, 이러한 차이는 별정통신사업의 등록조건에서 확인할 수 있다. 한편, 이러한 별정통신 사업은 등록을 통해 시장에 진입되나, 별정 1호, 2호, 3호, 4호의 개별적 등록요건은 모두 별정통신사업의 유형에 따라 다르게 규정되어 있다.

과거 별정통신사업에서 활발한 논의가 진행된 사업유형은 인터넷 전화(VoIP: Voice over Internet Protocol)로서 별정 1호 통신사업의 형태로 다수의 사업이 수

표 2-1 별정통신사업의 유형

구 분	별정통신사업의 세부내용
별정 1호 교환설비 보유사업	공중망–전용망–공중망 형태의 재판매 사업, 인터넷 전화, 콜 백 등 자체교환설비 등을 구성하여 독자적인 서비스를 직접제공
별정 2호 교환설비 미보유 사업	호 집중사업과 재과금 사업이 있으며, 호 집중사업(Aggregator)은 여러 지역에 산재된 고객들을 영업모집하고 기존 통신사업자로부터 다량 할인을 받아 차액을 수입원으로 하는 사업형태인 반면, 재과금 사업은(Rebiller)은 기간통신사업자의 대량할인 재도를 활용하여 통신사업자로부터 과금자료를 받아 자신의 가입자에게 재과금하는 사업형태
별정 3호 구내통신사업	구내에 전기통신설비를 설치하거나 이를 이용하여 구내에 전기통신 역무를 제공하는 사업형태(구내 교환기 및 LAN 등을 설치하고 구내에 종합적인 통신서비스를 제공)
별정 4호 도매제공 의무 서비스 재판매 사업	기간통신사업자의 전기통신 도매제공 의무서비스를 도매제공 받아 재판매하는 사업형태

행되었으나, 기존의 많은 별정사업자들이 기간통신사업으로 편입되었다. 또한, 별정통신사업에서 활발히 논의가 진행되는 것은 재판매 사업자인 별정 4호 통신사업이라 하겠다. 최근 이동전화 알뜰폰(MVNO: Mobile Virtual Network Operator)가 그 대표적인 형태인데, 이러한 재판매(Resale service)는 과거에도 별정통신사업자들이 활발하게 사업을 수행하였으며 다수의 문제가 제기되었던 사안이다. 이러한 재판매는 판매상품에 따라 기간통신서비스 (음성)재판매[33]와 고속 대용량의 전용회선을 기간통신사업자로부터 임차하여 다중화 및 분배장치를 부과하여 저속, 소용량의 전용회선으로 나누어 재임대하는 회선 재판매로 구분될 수 있다. 기존에 문제가 되었던 것은 합병 이전의 유선사업자 KT가 자회사인 무선사업자 (구)KTF의 이동전화 재판매 사업과 일부 다단계 방식에 의한 별정통신사업자의 통신서비스 재판매였다.[34] 한편, 과거에는 국제전화 콜 백 서비스(Call-back service)[35]

---

33) 서비스의 재판매는 교환설비의 보유 여부에 따라 공중망접속 재판매와 공중망미접속 재판매로 구분된다. 교환설비 미보유 재판매는 유통방식에 의한 재판매로 기간통신사업자 대신 가입자를 모아 기간통신사업자의 가입자로 등록하도록 하여 대량이용 할인혜택(Volume discount) 등을 이용함으로써, 기간통신사업자로부터 과금을 받은 재판매사업자가 다시 자기의 요금에

가 별정 2호 통신사업의 형태로 활발한 사업을 영위하였으나, 현재는 국제전화 요금인하 등으로 인해 시장에서의 사업유인이 많지 않은 실정이다. 마지막으로, 구내통신 사업인 별정 3호 통신사업은 일정한 구내에 전기통신설비[PBX: Private Branch Exchange(사설구내 교환기)]를 설치하고 이를 이용하여 구내를 대상으로 전기통신서비스를 제공하는 통신사업으로서, 낙후된 구내통신망을 고도화하기 위한 취지에서 도입되었다.

3. 별정통신사업의 등록: 시장진입절차

1) 별정통신사업 등록의 의의

별정통신사업은 등록을 통해 시장에 진입된다. 별정통신사업의 등록(登錄)은 수리를 요하는 신고로서 행정청의 수리가 있어야 완료된다.[36] 이러한 별정통신사업의 등록은 기간통신사업의 허가(許可)와 부가통신사업의 신고(申告)의 중간적인 형태라고 이해될 수 있다. 즉, 별정통신사업은 기간통신사업과 달리 설비를 설치하지 않으나, 부가통신사업과 달리 기간통신역무 제공을 내용으로 하므로, 허가나 신고와 다른 형태인 수리를 요하는 신고인 등록(登錄)을 시장진입 방식으로 규정한 것이다. 이미 언급한 바와 같이, 설비보유 재판매 사업인 별정 1호 통신사업, 설비미보유 재판매 사업인 별정 2호 통신사업, 구내통신사업인 별정 3호 통신사업, 도매제공 의무역무 재판매 사업자인 별정 4호 통신사업의 등록요건은 각각 다르며, 이러한 등록요건은, 1. 재정적 능력, 2. 기술적 능력, 3. 이용자 보호계획을 내용으로 하고 있다.

따라 과금하는 재과금 사업자, 가입자를 모집하여 기간통신사업자에게 등록하거나 기간통신사업자의 위탁대리점으로서 수수료를 받으며 사업을 수행하는 위탁 대리점 또는 다단계의 형태 등으로 구분할 수 있다. 신종철, 앞의 책, 43면.

34) 문제가 되었던 것으로 KT가 대규모 이동통신서비스를 자회사인 KTF로부터 도매가격할인(Volume discount)을 통해 구입하여 자사의 판매조직을 활용한 불공정경쟁을 시장에 야기했던 것과 일부 별정사업자들이 판매 및 모집수당 등을 통해 피라미드 방식으로 가입자를 모집하였던 사례 등을 예로 들 수 있다. 신종철, 앞의 책, 44면.

35) 국제전화 콜 백 서비스는 통화하려는 국가간 통화료가 다른 점을 이용하여 국제전화 요금이 비싼 국가의 발신통화를 국제전화 요금이 싼 국가의 발신통화로 바꾸어 국제전화 서비스를 제공하는 것이다. 신종철, 앞의 책, 43면.

36) 홍정선, 행정법 특강(제11판), 박영사, 2012, 225면.

표 2-2 별정통신사업의 등록요건

구분		별정 1호 설비보유 재판매사업자	별정 2호 설비 미보유 재판매사업자	별정 3호 구내통신 사업자	별정 4호 도매제공 의무역무 재판매사업자
재정적 능력		납입 자본금 30억 원 이상	납입 자본금 3억 원 이상	납입 자본금 5억 원 이상	납입 자본금 30억 원 이상
기술적 능력	기술방식	전기통신설비 및 서비스 제공방식이 전기통신망에 위해(危害)를 주지 않고 「방송설비의 기술기준에 관한 규정」 등 관련 법령에 적합할 것			
	기술인력	통신 분야의 기술사, 기사 및 산업기사 중 3명 이상과 통신 분야의 기능장 및 기능사 중 2명 이상을 보유	통신 분야의 기술사, 기사, 산업기사, 기능장 및 기능사 중 1명 이상을 보유	통신 분야의 기술사, 기사 및 산업기사 중 1명 이상과 통신 분야의 기능장 및 기능사 중 1명 이상을 보유	설비설치 여부에 따라 좌측의 별정 1호나 별정 2호와 동일
이용자 보호계획		1인 이상의 전담직원을 둔 상설 이용자보호기구 설치, 이용자 보호를 위한 이용약관 마련 (다만, 별정 4호 사업자의 경우 개인정보보호 조치, 고객응대 시스템의 구축, 통신 비밀보호 전담기구 설치 등이 필요)			

2) 별정통신사업 등록절차

별정통신사업을 하려는 자는 미래창조과학부장관에게 별정통신사업등록을 신청하여야 하는데, 신청자격을 갖는 자는 법인에 한정된다. 이러한 신청을 위해 필요한 서류로는, 1. 별정통신사업 사업계획서, 2. 법인(설립예정법인을 포함)의 정관, 3. 사업용 주요 설비 명세서, 설치 장소 및 통신망 구성도, 4. 이용자 보호와 관련된 내용이 포함된 이용약관, 이용자 보호기구의 설치현황 및 운영계획서이며, 이 서류는 미래창조과학부 소속 전파관리소의 방송통신서비스과에 제출되어야 한다. 이러한 신청에 대해, 미래창조과학부장관은 등록요건을 갖추었는지 확인하게 되는데, 만일 등록요건을 충족하게 되면 별정통신사업자 등록증을 신청일로부터 30일 이내에 발급하여야하며, 등록증을 발급받은 자는 등록일로부터 1년 이내에 사업을 개시하여야 한다. 한편, 미래창조과학부장관은 허가조건과 유사하게 등록조건을 부여할 수 있으며, 별정통신사업을 등록한 자가 등록사항을 변경하고자 할 때에는 미래창조과학부 소속 전파관리소의 방송통신서비스과에 변경등록을 하여야 한다.

4. 별정통신사업의 등록취소 및 사업정지 명령: 시장퇴출절차

1) 등록취소 및 사업정지의 의의

별정통신사업 등록을 통해 시장에 진입한 별정통신사업의 시장퇴출절차가 등록취소이며, 이는 기간통신사업의 허가취소에 준하는 것이다. 미래창조과학부장관은 일정한 사유가 발생하면 별정통신사업 등록의 전부 또는 일부를 취소하거나 1년 이내의 기간을 정해 사업의 전부 또는 일부의 정지를 명할 수 있도록 전기통신사업법 제27조는 규정하고 있다. 즉 허가취소에 갈음하는 사업정지 명령과 같이 등록에 하자가 있더라도 이용자의 편익과 신뢰보호 등 관련 이익과의 형량을 하여 사업의 전부 또는 일부의 정지를 명할 수 있는 것이다. 또한, 기간통신사업의 정지명령에 갈음하는 과징금과 같이 미래창조과학부장관은 별정통신사업의 정지명령에 갈음하는 과징금을 부과할 수 있다.

2) 등록취소 및 사업정지 명령의 사유

별정통신사업의 등록취소 및 사업정지 명령의 사유로서, 첫째, 속임수나 그 밖의 부정한 방법으로 허가를 받은 경우에 등록취소가 된다. 이러한 부정한 방법은 등록을 받은 자의 잘못으로 인한 경우로서, 뇌물수수 등을 그 예로 들 수 있다. 특이한 점은 동 등록 취소사유는 다른 등록취소 사유와 달리, 이 사유에 해당하는 경우 반드시 등록의 전부 또는 일부를 취소하여야 한다는 것인데, 이러한 점은 허가취소의 사유와 동일하다.

둘째, 별정통신사업 등록에 부여된 등록조건을 이행하지 않은 경우 등록취소 또는 이에 갈음한 9개월의 사업정지가 가능하다. 이러한 등록조건은 강학상의 부관의 일종인 부담의 일종이다. 셋째, 등록한 날로부터 1년 이내에 사업을 개시하지 않거나 1년 이상 계속하여 사업을 휴지하는 경우에는 등록 취소가 가능하다. 마지막으로, 금지행위에 대한 조치나 시정명령을 정당한 사유 없이 이행하지 않은 경우에 등록취소 또는 이에 갈음하는 3개월의 사업정지가 가능하다. 한편, 이러한 별정통신사업에 대한 등록취소와 사업정지 처분에 대한 기준이 전기통신사업법 시행령 [별표 1]에 규정되어 있다.

5. 기간통신사업과 별정통신사업의 구분 및 차별해소 문제

이미 설명한 바와 같이, 기간통신사업과 별정통신사업의 구분은 전기통신사업
법의 차별적 규제를 정당화한 주요근거라 할 수 있다. 설비의 설치 여부를 근거로
큰 통신 사업자(기간통신사업)와 작은 통신 사업자(별정통신사업)를 나누어 차별적
인 권리와 의무를 부여해왔다. 이러한 차별적 권리와 의무부여는 설비기반 경쟁을
촉진하기 위한 정책목표에도 부합해 왔다고 평가할 수 있다. 예를 들면, 번호부여,
설비제공, 상호접속[37] 등은 기간통신사업에게 유리하게 제도가 마련되어 있으나,
진입규제 및 인수합병 등은 별정통신사업에게 유리하다. 이러한 종래의 기간통신
사업과 별정통신사업의 구분에 따른 규제의 정합성이 문제되기 시작한 것은 기술
진보와 시장 환경의 변화에 기인한 것이다. 예를 들면, 대규모 알뜰폰 사업
(MVNO, 이동전화재판매)과 같이 매출이 300억 원 이상인 별정통신사업이 다수 시
장에 존재하고 있으며, 초고속인터넷 서비스를 제공하는 기간통신사업인 지역
SO(Cable TV)보다 자본과 서비스 능력이 좋은 별정사업들이 등장하고 있는 상황
이다. 즉, 설비의 설치를 통해 기간통신사업과 별정통신설비사업을 구분하기 위한
전제가 많이 약화되었다. 기간통신사업은 설비를 설치하는 대규모의 사업이나, 별
정통신사업은 설비를 설치하지 않는 소규모 사업이라는 구분에서 제도가 출발하
였으나, 별정통신사업의 성장과 소규모 지역 SO(CATV 사업)의 기간통신사업자
화로 이 구분의 실효성에 대한 의문이 제기되고 있다. 이러한 기간통신사업과 별
정통신사업의 차별로 인한 규제의 현실적 문제를 해소하기 위해 기간통신사업과
별정통신사업의 차이를 해소하기 위한 노력이 있어왔으나, 만일 설비의 설치라는
차별적 기준을 대치하지 못한다면 궁극적으로는 기간통신사업과 별정통신사업의
통폐합 등의 정책방향도 고민할 필요가 있다고 생각한다.

---

37) 상호접속과 관련하여, 기존에는 기간통신사업자만이 다른 기간통신사업자에게 전기통신설
비의 상호접속을 요청할 수 있었으나, 전기통신사업법의 개정을 통해 전기통신사업자가 다
른 전기통신사업자의 설비에 상호접속을 요청하게 개정되었다. 이를 통해 별정통신사업자도
상호접속을 요청할 수 있는 길이 열렸으나, 주로 이용약관의 적용을 통해 상호접속이 이루
어지고 있다.

표 2-3 기간통신사업과 별정통신사업의 권리와 의무의 차이

구 분		기간통신사업자	별정통신사업자	유리한 사업자
진입규제		역무 별 허가	등록	별정
역무추가		변경허가	변경등록	별정
인수 · 합병		인가	신고	별정
통신사업 외 겸업		승인	자율	별정
외국인 지분제한		49%	없음	별정
출연금		부과	부과	-
사업 휴 · 폐지		승인	신고	별정
상호접속		접속료	좌동	동일
사전선택제		시외전화에 적용	미적용	기간
번호제도		국제 · 시외(3자리)	국제 · 시외(5자리)	기간(자리 수 차이)
설비제공	제공	협정 또는 의무	미적용	기간
	요청	가능		
가입자망 공동활용	제공	의무	미적용	기간
	요청	가능	일부적용 (인터넷서비스제공만)	
로밍	제공	협정 또는 의무	미적용	기간
	요청	가능		
보편적서비스		서비스 제공 또는 손실 분담	좌동	동일
회계 분리		역무별 분리	미적용	별정
요금 규제		역무별 신고(인가)	신고의무 없음	별정

제3장

플랫폼 계층과 콘텐츠 계층에 대한 규제

제3장 플랫폼 계층과 콘텐츠 계층에 대한 규제

제1절 플랫폼 계층에 대한 규제

1. 플랫폼의 의의 및 특성

플랫폼(platform)은 법률적으로 정의된 개념은 아니다. 다만 공정거래위원회는 인터넷 포털 사업자의 시장지배적 지위 남용 여부가 문제된 사안에서 플랫폼은 다수의 집단이 모여드는 곳으로 플랫폼은 서로를 필요로 하는 고객집단에게 거래가 성사되도록 기회를 제공하여 양면시장으로서의 기능과 역할을 하고 있다고 설명한 바 있다.[1]

특히 모바일 환경에서 플랫폼의 산업적인 중요성이 크게 부각되고 있다. 최근 AirBnb, Uber 등과 같이 O2O(Offline to Online) 서비스 형태의 모바일 플랫폼 서비스가 확산되면서 플랫폼 중립성(Platform Neutrality)에 관한 논의가 다시 본격화되고 되고 있다.

2. 모바일 플랫폼 중립성 논의

모바일 플랫폼 서비스들은 포탈 사업자와 마찬가지로 이용자와 이용자, 이용자와 광고주 또는 이용자와 CP를 연결하는 양면시장[2]으로서의 성격을 가지며, 이

---

[1] 공정거래위원회 전원회의 의결 제2008-251호 2007서이3007 엔에이치엔 주식회사의 시장지배적지위 남용행위 등에 대한 건, 특히 공정거래위원회는 위 심결에서 양면시장이란 네트워크를 통하여 두 개 이상의 구분되는 집단(end-user)를 상호 연결될 수 있도록 하는 시장을 의미한다고 설명한다.

[2] 양면시장이론은 2001년 Jean-Charles Rochet와 Jean Tirole교수에 의하여 처음 발표되었

용자의 효용 등이 자신 이외의 다른 이용자들의 네트워크 사용에 의하여 직접 또는 간접적인 영향을 받는 일종의 네트워크 외부효과가 발생하는 특징을 가진다.

예컨대 앱스토어의 경우 앱스토어라는 플랫폼을 가진 사업자는 앱공급자군과 앱구매자군이라는 구별된 소매이용자 군을 가지고 있으면서 양자의 거래를 성사시켜주는 대가를 수수하고 있는데 양 이용자군은 거래 비용 등을 고려할 때 직접 거래하기는 어렵다. 따라서 플랫폼 사업자는 시장에서 가격결정력 내지 시장력을 가지게 될 가능성이 있다.

그러나 모바일 플랫폼의 경우 네트워크 사업자들의 경우와는 달리 시장진입이 용이하고, 혁신을 통해 새로운 소비자 니즈를 발굴하는 형태의 서비스가 많다는 점에서 섣불리 가격결정력 내지 시장력을 가진다고 판단하기 어렵다는 반론이 만만치 않다.

실제 모바일 플랫폼 사업자인 구글과 관련한 공정거래위원회의 판단이 그러한 고민을 보여준다. 다음, 네이버 등 우리나라 포털 사업자들은 2011년 애플과는 다른 플랫폼 정책을 견지하는 구글이 이통사 또는 단말제조사와의 계약을 통해 무료로 플랫폼을 제공하는 대가로 자사의 검색 엔진을 비롯한 메일, 캘린더, 지도 등 자사의 주요 서비스(Google Mobile Service)를 기본 탑재될 수 있도록 하고 있다는 점을 문제 삼아 구글을 공정거래법 위반으로 신고하였으나, 공정거래위원회는 2013년 구글의 검색엔진 선탑재 행위가 결국 시장지배적 지위 남용이나 불공정거래행위로 볼 수 없다는 이유로 사건을 무혐의로 종결한 바 있다. 공정거래위원회는 구글의 선탑재 전후에도 국내 시장점유율은 10% 내외로 미미하며, 소비자가 네이버·다음 앱을 쉽게 설치할 수 있다는 점에서 대체제가 존재하고, 구글이 네이버·다음에 대해 영업방해 행위를 했다는 증거를 찾지 못했다고 설명하였다.

특히 모바일 앱 서비스의 경우 그 서비스 등이 이용자, 제공자들의 인기를 얻게 되어 시장에서 플랫폼으로서의 기능을 하게 되더라도, 네트워크 서비스와는 달리 초기 투자가 적어 다른 경쟁자의 시장 진입이 용이한 점, 스마트폰 보급 확대, IoT 및 빅데이터 기술 등을 통한 새로운 서비스 사업 모델 창출 및 기술 혁신의

다. 경제학적으로 양면시장(two-sided market)은 플랫폼 사업자가 시장의 한 측면에서 요금을 인상하고 그만큼 다른 측에 대한 요금을 인하함으로써 거래량에 영향을 주는 것이 가능한 시장을 말한다.

필요성이 크다는 점과 이용자들에게 돌아가는 혜택 등을 종합적으로 고려할 때, 아직까지는 망 중립성에 관한 논의를 플랫폼 중립성에 그대로 적용하기는 어렵다고 생각된다. 이에 플랫폼 중립성에 관한 논의는 좀 더 시장의 상황, 기술발전 등의 추이를 지켜보고 논의의 방향을 정할 필요가 있다고 보인다.

제2절 망중립성 규제

1. 망중립성의 개념

망중립성(Network Neutrality)은 그 개념에 대한 확립된 정의는 존재하지 않지만, 일반적으로 "통신망으로 전송되는 신호는 그 내용이나 유형, 통신망에 접속되는 단말기에 상관없이 동등하게 처리되어야 한다는 원칙"으로 이해된다.[3] 초기의 망중립성 논의는 단순히 '통신망'에 대한 방송통신사업자의 접근문제를 다루는 것 있었는데, 오늘날 망중립성 논의는 광대역 '인터넷망'에 대한 서비스, 콘텐츠 및 단말기 사업자의 접근문제를 다양한 차원과 범위에서 다루고 있다.

2002년 망중립성이라는 용어를 최초 사용한[4] 미국 컬럼비아 대학의 팀 우(Tim Wu) 교수는 1990년 말 이미 미국에서 시작된 망중립성 논의가 인터넷에 적용되는 단대단 원칙(end-to-end principle)[5]이 훼손될 수 있다는 우려에서 기인하였다

---

[3] 정보통신정책연구원, 통신망의 합리적 관리·이용과 트래픽 관리의 투명성에 관한 기준 마련을 위한 전문가 회의 자료. 2013. 7. 3.

[4] Tim Wu, A Proposal for Network Neutrality, 2002.

[5] 단대단 원칙(end-to-end principle)은 모듈방식(modularity), 층위 구조(layering) 등과 함께 인터넷 설계자들이 인터넷의 개방성을 확보하기 위하여 인터넷망에 적용해 온 핵심 설계 원칙이다(인터넷 설계에 관한 자세한 논의는, 망중립성이용자포럼, 망중립성을 말하다, 블러터앤미디어, 2013; 배진한, 망중립성, 커뮤니케이션북스, 2014 참조). 인터넷 설계자들은 이와 같은 기술적 설계원칙들을 결합하여 인터넷망 내부의 계층과 기능을 통합하고 특정 애플리케이션을 위하여 망을 최적화함으로써 얻을 수 있는 효율성을 추구하는 대신, 인터넷을 개방적이고 다목적이며 유연하고 활발한 환경이 될 수 있도록 설계하였다. 이러한 망의 설계는 인터넷 이용자가 인터넷서비스제공사업자(ISP)의 허가나 약정이 없이도 자신이 선택한 콘텐츠, 애플리케이션, 서비스를 자신이 선택한 기기로 자유롭게 송수신하고 또한 다른 원하는 인터넷 이용자와 소통할 수 있게 하여 자연스럽게 개인적인 혹인 인터넷 이용자들의 집단적인 자기결정을 촉진시켰다(Matthijs van Bergen, 신하영 / 김보라미(역),

고 설명한다.[6] 그는 망중립성 원칙을 망의 설계원칙으로 보는 것이 가장 적절하며, "공중정보망의 유용성을 극대화하기 위하여 모든 콘텐츠, 웹사이트, 플랫폼을 동등하게 취급할 필요가 있다는 관념을 담고 있는 개념"이라고 정의한 바 있다. 우 교수는 '망의 비차별성', 즉 인터넷망에서 데이터가 그 중요도나 송·수신인이 누구인가와 무관하게 선입선출 방식에 의해 동등하게 취급되는 것[7]을 '망의 중립성'의 의미로 보고 있다. 공중의 정보망인 인터넷이 덜 차별적일 때 더욱 가치가 있다는 것이 그의 견해이다. '인터넷의 아버지'라 불리는 빈트 서프(Vint Cerf) 구글 Chief Internet Evangelist는 미국 연방의회에서 망중립성은 - 새로운 서비스와 콘텐츠에 대한 접근에 있어서 제약이 없도록 고안되었으며, - "자유로운 인터넷 환경을 지키고 이용자의 편익과 권리를 보장하기 위해 탄생한 원칙으로, 인터넷의 자유와 개방을 정책적으로 보호하자는 의미를 담고 있다"고 증언하였다.[8] 유사하게 월드와이드웹의 창시자이자 인터넷 설계자 중에 한 명인 팀 버너스리 경(Sir Tim Berners- Lee)은 망중립성을 '인터넷의 제한 없는 자유'라고 묘사하였다.[9]

　　망사업자의 관점에서 망중립성은 자신이 관리하는 망을 통과하는 모든 트래픽을 동등하게 비차별적으로 처리해야하는 것을 의미한다. 즉, 망사업자에게 망중립성은 인터넷의 모든 트래픽을 동등하게 처리하여야 하고, 그렇지 못할 경우 최소한 특정 애플리케이션, 콘텐츠, 서비스, 기기 혹은 그 이용에 대하여 특혜주거나 불이익을 주지 않는 방식으로 인터넷 트래픽을 처리하여야 한다는 의미이다. 이러한 이해에 기초하여 망사업자는 일반적으로 망중립성 규제를 반대하는 입장을 견지하며, 인터넷에 대하여 정부의 규제보다는 시장의 작동방식을 선호하기 때문에

"망중립성 거버넌스 - 기원, 내용과 동향에 대한 개요 -", 인터넷정보학회지(제14권 제3호), 2013, 86-94면 참조). 이와 같이, 인터넷 분야에서 기술과 정책은 상당히 긴밀하게 상호작용한다. 요컨대, 인터넷 설계자들은 기본 설계 원칙의 적용을 통해(기술) 인터넷의 개방성을 확보하고(정책) 나아가 이용자의 선택권과 복지를 증진하고자 했다(정책). 이것은 또한 망중립성의 기본 취지라고 할 수 있다. 이러한 점에서 인터넷의 개방성은 망중립성과 동일한 개념으로 사용되기도 한다.

6) http://timwu.org/network_neutrality.html.
7) 이희정, "네트워크 동등접근에 관한 一考 - 도로법제로부터의 시사점", 경제규제와 법(제4권 제1호), 2011. 5, 59면.
8) 망 중립성 원칙에 대한 오픈 인터넷 협의회(OIA)의 생각, 2011. 8. 22, http://www.kinternet.org/_n_2011/0823/oia_20110819.pdf.
9) Sir Tim Berners-Lee's blog entry on Network Neutrality, http://dig.csail.mit.edu/breadcrumbs/node/144.

망중립성 개념을 최소화하기 위해 노력한다. 이와 대조적으로, 이용자의 관점에서 망중립성은 이용자가 인터넷을 이용해 합법적인 콘텐츠, 애플리케이션, 웹사이트, 다른 이용자, 단말기 등에 자유롭게 접속, 이용할 수 있는 것을 의미한다. 여기에서 이용자란 최종소비자뿐만 아니라 콘텐츠, 애플리케이션 및 그 밖의 서비스 제공사업자를 모두 포함하는 개념이다. 이들은 망중립성 규제를 찬성하는 입장에 서서 보다 많은 요소를 망중립성 개념에 포함시켜 그 의미를 최대한 넓게 이해하고자 한다.[10]

2. 망중립성 논의의 배경

1) 개설

망중립성은 2000년대 초반 미국에서 본격적인 논의가 시작된 이래로 지난 10여 년간 전 세계적으로 격렬한 논쟁을 낳은 글로벌 이슈이다. 팀 우 교수는 이 논의의 배경과 핵심 쟁점을 다음과 같이 기술하였다.[11]

> "광대역 인터넷이 가정에 보급되면서 새로운 규제적 난제가 출현했다. 인터넷망의 효율을 극대화하기 위해 자신의 망을 관리할 수 있는 자유가 인터넷서비스제공사업자(ISP)들에게 필요하다는 사실을 반박할 사람은 거의 없을 것이다. 그러나 ISP들이 인터넷 애플리케이션 시장과 홈네트워킹 기기 시장, 그 밖에 공적 가치가 있는 시장을 왜곡하는 방식으로 자신들의 광대역 인터넷망의 이용을 제한한다는 증거들이 늘어나고 있다. 이러한 상황에서 규제기관은 도전에 직면하게 되었다. (규제기관이) ISP들의 정당한 망 관리 이익과 이들이 신규 애플리케이션 시장에 대하여 손해를 가할 위험 사이의 균형을 꾀하기 위해 적용할 수 있는 원칙은 무엇인가? 어떻게 그러한 원칙이 명확한 법적 가이드라인과 네트워크 설계 실무로 구현될 수 있을까?"

광대역 인터넷망의 기능을 유지하기 위한 ISP의 정당한 '망 관리 이익'의 보장의 문제, 곧 인터넷 트래픽 관리의 법적 가능성과 망고도화를 위한 투자유인의 지

---

10) 윤성주, "망중립성에 대한 규제 개관", Law & Technology(제10권 제3호), 2014. 5, 70면 참조.
11) Tim Wu, A Proposal for Network Neutrality, 2002, http://www.timwu.org/OriginalNNProposal.pdf.

속성 문제는 망중립성 논의의 핵심 배경이자 원인이다. 그러나 "망사업자가 인터넷 애플리케이션 시장과 홈네트워킹 기기 시장, 그 밖에 공적 가치가 있는 시장을 왜곡하는 방식으로 자신의 광대역 인터넷 이용을 제한한다는 증거"는 망중립성 논의의 온도를 높이는 가장 직접적인 계기가 된다. 이러한 이유에서 일반적으로 망중립성 논의의 시발점을 ISP가 자신의 이익을 저해하는 서비스나 행위를 자의적으로 제한하거나 차단하는 행위 – 수직결합된 ISP의 공정경쟁저해행위 – 에서 찾는다.[12] 또한 이 치열한 논의가 수년간 진행되는 가운데 발전된 심층패킷분석과 같은 "망 관리 기술"은 이용자의 권리, 표현의 자유 등도 쟁점화함으로써 망중립성 논의의 외연을 확장시키는 역할을 하게 된다.

2) 국내 망중립성 관련 사례

미국, 캐나다, 유럽 등지에서 망중립성 논의가 전개된 동시간대에 국내에서도 ISP인 통신사가 인터넷 이용자인 타사의 경쟁서비스를 선별하여 제한하거나 차단하고, P2P 트래픽을 제한하며, 스마트TV 접속을 제한하는 등 망중립성과 관련한 사건이 다수 발생하여 망중립성 규제에 관한 논의가 촉발되었다. 국내에서 발생한 이 일련의 사건들은 망중립성 논의의 상황적 배경과 구체적인 쟁점을 구체적으로 이해하는 데 있어서 유용하므로 이하에서는 이 사례들의 대강을 시간의 흐름에 따라 개괄한다.

① LG파워콤의 하나TV 서비스 차단: 2006년 7월 25일 하나로텔레콤은 LG파워콤의 망을 임차하여 초고속인터넷서비스를 제공하면서 부가서비스로 주문형비디오(VOD) 방식의 TV 포털서비스인 하나TV 서비스를 제공하기 시작하였다. LG파워콤은 하나로텔레콤에 하나TV 서비스 관련 추가 이용대가 협의를 요청하였으나 하나로텔레콤이 이에 응하지 않자 자사의 망을 임차하여 서비스를 제공하는 다른 ISP들의 가입자들에게 영향을 줄 수 있다는 이유로 2006년 8월 2일부터 11일까지 9일간 일방적으로 하나TV 서비스의 트래픽을 차단하였다. 이 사건이 발생

---

12) 2005년 미국의 지역통신사업자인 Madison River사가 경쟁사인 Vonage사의 인터넷전화(VoIP) 애플리케이션을 차단한 사건, 2007년 미국의 망사업자인 Comcast사가 비트토런트(BitTorrent) P2P 트래픽을 제한한 사건이 그 대표적인 예이다. 이러한 사건들을 계기로 미국의 연방통신위원회(FCC)는 오픈인터넷 규칙을 제정하게 된다.

하자 당시 규제기관인 통신위원회는 LG파워콤에 대하여 서비스 호 차단행위를 즉시 중지하도록 하고, 양사에 대하여 하나TV 서비스 제공에 따른 이용대가 산정에 필요한 자료를 상호제공하고, 이를 토대로 이용대가 등에 대해 1개월 이내에 조속히 합의하도록 시정명령을 내렸다.

② SK텔레콤의 대체서비스 관련 소프트웨어 차단[13]: 별정통신사업자인 우리텔은 2006년 12월부터 수신자가 전화요금을 부담하는 080 서비스를 이용하여 이동전화 통화요금을 20~30%까지 절감할 수 있는 서비스를 제공해 왔다. 우리텔은 해당 서비스를 이용하기 위해서 거쳐야 하는 여러 단계의 번거로운 절차를 소프트웨어로 처리하여 수신자 번호만 누르면 자동 연결하는 '다이렉트콜 서비스'를 출시하고자 하였다. 다이렉트콜 서비스를 이용하기 위해서는 이용자의 단말기에 소프트웨어가 미리 설치되어 있어야 하는데, SK텔레콤의 관계사이자 SK텔레콤 무선인터넷 운영체계인 WIPI-C의 공동 저작권자인 이노에이스는 'WIPI-C 무선인터넷 기술사용'에 관한 계약체결을 지연시켰다.[14] 이에 대해 우리텔은 SK텔레콤 등 관계사들이 080 서비스를 이용한 이동전화서비스 제공을 실질적으로 막고자 하는 의도에서 관련 소프트웨어의 업로드를 차단한 것이라고 주장하며 2008년 9월 18일 SK텔레콤 등 관계사들을 상대로 시장지배력 남용 및 거래거절로 공정거래위원회에 신고하였으나 같은 해 말 경쟁당국은 이 사건을 무혐의 처리하였다.

③ KT의 NHN에 대한 BGP 연동 인터넷전용회선 제공 거부[15]: 인터넷 포털사업자인 NHN은 목동과 분당에 위치한 KT의 집적정보통신시설(Internet Data Center, IDC)을 이용해왔는데 설비공간이 부족해지자 2007년 7월 마북에 소재한 현대정보기술의 IDC도 추가로 이용하게 되었다. NHN은 2008년 3월 마북 IDC의 인터넷접속을 위하여 KT에 BGP(Border Gateway Protocol)[16] 방식의 인터넷 전

---

13) 미래창조과학부, 창조경제실현을 위한 망접근성 보장 및 시장참여자간 협력강화방안 연구, 방송통신정책연구 2014. 11, 38-40면 참조.
14) 이용자가 소프트웨어를 다운로드 받기 위해서는 해당 소프트웨어가 SK텔레콤 무선인터넷 운영체제(WIPI-C)에 탑재되어야 하며, WIPI-C 기술사용에 대한 권리 확보가 선행되어야만 한다.
15) 미래창조과학부, 창조경제실현을 위한 망접근성 보장 및 시장참여자간 협력강화방안 연구, 방송통신정책연구 2014. 11, 40-42면 참조.
16) BGP는 독자적인 망식별번호(AS번호, Autonomous System Number)를 가진 인터넷망간 연동 시 상호간에 라우팅정보(AS번호, IP주소 등)를 주고받는데 필요한 프로토콜이다. 이를 통해 망들 간에 자율적인 트래픽 소통이 가능하다. 일반적인 인터넷회선은 당해 회선을 제

용회선 1회선 개통을 요청하였다. 이에 대하여 KT는 BGP 연동 인터넷 전용회선을 제공할 경우 NHN이 다른 ISP의 망과도 연동하여 각 ISP로 소통되는 인터넷 트래픽을 제어할 수 있게 됨에 따라 KT IDC의 인터넷 트래픽 매출이 감소하고 포털사업자가 ISP간 인터넷회선 요금경쟁을 유도하는 등 시장주도권이 포털사업자에게로 이동할 수 있어 BGP 연동의 위험성을 이유로 마북 IDC용 인터넷 전용회선 개통을 거부하였다. 2010년 3월 30일 방송통신위원회는 KT의 이러한 거부행위를 전기통신설비를 다른 이용자에 비하여 부당하게 차별적으로 제공·제안하고, 이용자의 자유로운 선택을 제한하는 전기통신설비를 제안하는 행위로서 구「전기통신사업법」제36조의3 제1항 제4호(현행 제50조 제1항 제4호)에서 규정한 금지행위 위반으로 판단하였다. 그에 따라 해당 금지행위의 중지, 업무처리 절차의 개선, 시정명령 이행결과 보고 등을 내용으로 하는 행정처분을 하였다.

④ KT의 비트토렌트(P2P) 트래픽 제한: 인터넷전문연구기관 M-Lab[17]이 2009년부터 2012년 1사분기까지 전 세계 주요 국가의 ISP들을 대상으로 진행한 심층패킷분석(Deep Packet Inspection)[18]에 관한 조사에 따르면, KT는 2009년과 2010년 가장 널리 이용되는 P2P 파일전송 서비스인 비트토렌트의 전송을 차단하거나 심층패킷분석 장비를 이용하여 패킷 분석과 속도 제한을 가장 많이 한 통신사로 선정된 바 있다.[19] 우리나라 통신사 중에서 유일하게 이 조사대상에 포함된 KT는 해당 조사기간 중 총 137회 조사에서 127번 속도를 제한한 것이 확인되었으며, 제한 비율은 93퍼센트에 이른다.[20] KT는 2012년 1사분기에도 패킷 분석과 속도 제한을 많이 한 통신사로 세계 9위에 오르게 되었는데, 이 기간에 이루어진 제한 비율도 거의 70%에 육박한다.[21]

⑤ 모바일 인터넷전화 차단: 모바일 인터넷전화(mVoIP)는 다음 커뮤니케이션

공하는 ISP를 통해서만 트래픽이 소통이 가능하나, BGP 인터넷회선은 여러 개의 ISP와 연결하여 이용자가 트래픽소통 경로를 조절할 수 있다. 출처 위와 같음.

17) 인터넷전문연구기관 M-Lab에 관하여는 http://www.measurementlab.net 참조.

18) 심층패킷분석이란 망사업자가 인터넷 트래픽을 실시간으로 스캔하여 그에 대하여 취할 수 있는 조치에 대한 의사결정을 자동적으로 할 수 있도록 하는 망감시기술을 말한다.

19) 전현욱, Chris Marsden 및 Michael Geist, 망중립성(Net Neutrality)과 통신비밀보호에 관한 형사정책, 형사사법정책연구원, 34면 재인용. 이 조사에 대한 상세한 내용은 http://dpi. ischool.syr.edu/Topthrottlers.html 참조.

20) 위의 논문, 註 26) 재인용.

21) http://dpi.ischool.syr.edu/Topthrottlers.html 참조.

즈의 마이피플, 카카오톡의 보이스톡, 마이크로소프트의 스카이프 등과 같은 애플리케이션을 모바일 기기에 설치만 하면 데이터 사용료 외에 별도의 통화료 부담 없이 음성통화가 가능한 서비스이다. ISP인 이동통신사업자들은 mVoIP가 자신들의 주요 수익원인 음성통화를 대체할 가능성이 있어서 시장 출시 초기부터 차단 또는 부분적 허용 등의 적극적인 방어태도를 취해왔다. 예를 들면, LGU+는 이 서비스를 전면 차단하였고, SK텔레콤과 KT는 월 3만원 및 4만원대 정액요금제 가입자는 mVoIP 서비스를 이용할 수 없도록 하고, 월 5만 4천원 또는 5만 5천원 이상의 정액요금제에 한해 mVoIP의 월 상한을 설정하여 허용하였다. 이러한 이동통신사들의 행위에 대하여 2011년 11월 23일 경제정의실천시민연합과 진보네트워크는 경쟁사업자 방해, 이용자 이익 저해 등을 이유로 SK텔레콤과 KT 양사를 방송통신위원회와 공정거래위원회에 신고하였으나 기각되었고, 그 이후 피해소비자와 함께 이들을 상대로 손해배상소송을 제기하였다. 이 문제는 2013년 이동통신사들이 mVoIP의 이용을 허용하는 새로운 요금제를 출시하면서 논의테이블에서 사라졌다.

⑥ KT의 삼성전자 스마트TV 차단[22]: 스마트TV는 지상파방송의 시청은 물론 인터넷 연결 기능까지 탑재되어 있어서 스마트폰과 유사한 방식으로 앱스토어에서 애플리케이션을 다운로드받아 이용도 할 수 있는 TV이다. 2012년 삼성전자는 29종의 스마트TV를 판매하고 있었는데, 당시 삼성 스마트TV 이용자들은 스마트TV에 기본 탑재된 9개의 애플리케이션과 서비스 이외에도 삼성 앱스토어에서 제공하는 634개의 유·무료 애플리케이션도 이용할 수 있었다. KT는 "스마트 기기 보급 확대에 따라 대용량 트래픽의 급증이 예상되며, 특히 스마트TV 제조사는 인터넷망을 무단 사용함과 동시에 개통, A/S 책임까지 통신사에 전가하고 있다"는 이유로 삼성 스마트TV 이용자만을 대상으로 충분한 고지 없이, 2012년 2월 10일부터 5일간 스마트TV 서버 접속을 일시 제한하였다. 이에 대해 삼성전자는 서울중앙지방법원에 접속제한 행위 중지 가처분을 신청하고[23] 방송통신위원회에 신고하였다. 2012년 5월 방송통신위원회는 KT의 삼성전자 스마트TV 접속차단 행위

---

22) 미래창조과학부, 앞의 글, 42-46면 참조.
23) 이 가처분사건은 방송통신위원회의 중재로 접속 차단 4일 만에 스마트TV 접속이 재개되자 취하되었다.

가 이용약관상 근거 없이 이루어지고, 이용제한의 일시 및 기간 등을 사전 통지해야 하는 절차를 지키지 않아, 「전기통신사업법」 제50조 제1항 제5호 전단 규정과 같이 "약관과 다르게 전기통신서비스를 제공"함으로써 이용자의 이익을 침해한 것으로 판단하였다. 아울러 스마트TV가 특별히 트래픽 급증을 유발한다고 보기 어렵고, LG전자의 스마트TV에 대해서는 접속을 차단하지 않은 채 삼성전자의 스마트TV 서버에 접속하려는 이용자만을 대상으로 접속을 차단한 행위가 동일서비스에 대해 단말기 제조사를 기준으로 이용자를 차별한 행위로서 전기통신설비 또는 그 밖의 경제적 이익 등을 다른 이용자에 비해 부당하게 차별적으로 제공하여 이용자의 이익을 침해한 것으로 판단하였다. 그러나 접속제한 조치가 조기에 해제되어 이용자 피해규모가 크지 않았고, 사과광고 및 이용자 피해 보상조치를 시행하였다는 점과 인터넷망에 연결되는 다수의 새로운 기기 또는 서비스의 등장에 따라 사회적 합의를 통한 현행 법령의 개정 가능성이 있다는 점 등을 종합적으로 고려하여 별도의 시정명령 없이 엄중 경고 조치하였다. 또한, 이 사건의 근본원인이 KT와 삼성전자 간의 망중립성 논의가 원만히 진전되지 못함에 따른 결과임을 고려하여 삼성전자에 대하여 향후 망중립성 논의에 적극 참여하도록 권고하였다.

⑦ **KT와 다음카카오의 KT-카카오팩**: KT와 다음카카오는 2015년 5월 월정액 3300원만으로 월 3GB내에서 카카오톡, 카카오TV, 카카오페이지, 다음앱, 다음웹툰, 다음카페, 및 다음TV팟을 이용한 동영상 시청까지 자유롭게 이용할 수 있는 '다음카카오팩'을 출시하였다. 이에 대하여 미래창조과학부는 망중립성 원칙 위반으로 판단하고 KT에 소명을 요구하는 한편, 다른 통신사들에게는 유사서비스 출시를 보류하도록 행정지도를 하였다.

3) 검토

앞에서 망중립성 논의의 배경과 쟁점을 간략하게 서술하였으나 위의 사례들을 기초로 국내에서 망중립성 원칙이 현안으로 부각된 주요 요인을 보다 구체적으로 분석하면 다음과 같이 세 가지로 정리할 수 있다. 첫째, 인터넷 자원의 경제적 희소성의 증가이다. 인터넷 기술의 범용화와 인터넷 트래픽의 급증은 인터넷 자원의 경제적 희소성을 증가시켰다.[24] 사실 인터넷 보급 초기단계에는 망중립성이 크게 문제되지 않았다. 당시에는 인터넷 트래픽 처리 용량이 충분하였을 뿐만 아니라

인터넷 접속시장이 성장과정에 있었기 때문에 ISP와 콘텐츠, 애플리케이션, 서비스 및 단말기 사업자들 사이에 망접근과 관련하여 별다른 이해충돌의 문제가 없었다. 경제학적으로도 인터넷 트래픽(데이터 전송량)이 망의 용량에 비해 작을 때는 망자원에 대한 경합성이 존재하지 않기 때문에 ISP가 굳이 이용자의 트래픽을 제한하거나 통제할 이유가 없다.[25] 또한 인터넷이 확산되는 시기에는 ISP가 신규 가입자를 유치하기 위해 망 용량을 확대하고 고도화하기 위한 투자를 지속할 유인이 있기 때문에 망중립성 원칙이 문제될 소지가 적었다. 오히려 인터넷을 기반으로 한 다양한 기기, 서비스, 콘텐츠의 등장이 인터넷 가입자 증가를 견인함으로써 인터넷 산업의 혁신과 인터넷망의 발전이 상호보완적 관계를 이루어 시장을 성장시켰다. 그러나 인터넷이 범용화되면서 스마트 기기의 보급이 확산되고 대용량 파일 공유 소프트웨어가 등장하고 이용자의 콘텐츠 이용이 동영상 위주로 변화되면서 인터넷 트래픽이 급증하자 혼잡문제가 발생하게 되었고 일부 ISP가 다량의 트래픽을 유발하는 서비스를 차단하는 문제가 발생하였다. 이러한 사례는 인터넷에서 경합성이 증가된 것을 의미하며, 인터넷망의 기능을 유지하고 인터넷 자원을 효율적으로 사용하기 위한 새로운 대안의 필요성을 보여준다. 더욱이 인터넷 접속시장은 포화상태이고, 유선인터넷의 경우 일정 수준의 가격을 지불하면 데이터를 무제한으로 송수신할 수 있는 정액요금제로 운영되며, 망사업자의 성장이 정체되어 망에 대한 투자유인이 감소하는 상황에서 인터넷 트래픽이 급증하자 기존의 상호보완적 시장구도도 변화하게 되었다. 나아가 사물인터넷, 클라우드 등 고도화된 인터넷을 상용해야 하는 새로운 ICT 기술이 등장함에 따라 인터넷 트래픽 처리에 대한 요구는 더욱 확대될 예정이다. 요컨대, 인터넷의 범용화와 인터넷 트래픽 급증으로 인해 인터넷 자원의 경제적 희소성이 커짐에 따라 기존의 시장질서에서 문제되지 않았던, 망의 기능을 건전하게 유지하기 위한 '트래픽 혼잡 및 유해 트래픽 관리' 문제와 망의 고도화를 위한 '투자비용의 분담' 문제가 불거지게 되었고 이것이 국내에서 망중립성 논의를 촉발시키는 직접적인 원인이 된다. 특히, 트래픽 관리란 곧 트래픽에 대한 차별을 의미하는 것이기 때문이다.[26]

---

24) 권영선, "인터넷 개방성과 정책: 현재, 과거, 미래", 김상택 편, 방송통신 정책과 전략 - 다학문적 접근, 율곡출판사, 2015, 171-175면 참조.
25) 위의 글, 164면.

둘째, 인터넷 시장의 특수한 구조에서 기인한 시장왜곡 리스크의 증가이다. 국내 ISP의 수익구조를 위협하는 신규 경쟁서비스가 시장에 출현함에 따라 자사 또는 계열사 등을 통해 콘텐츠 및 애플리케이션 사업을 수직결합하고 있는 ISP들이 관련 사업 분야에서 경쟁서비스 사업자들보다 경쟁우위를 확보하기 위하여 자사 또는 계열사에 우월한 조건으로 인터넷접속서비스를 제공할 수 있다는 우려가 증가하게 되었다. 통신사업자인 국내 ISP들의 전통적인 수익원은 음성전화와 단문메시지(SMS)였는데 최근 기술혁신을 통해 등장한 유·무선 인터넷전화(VoIP, mVoIP), MIM(mobile Instant Messenger)과 같은 소프트웨어와 애플리케이션은 ISP의 수익구조에 직접적인 영향을 미쳤다. 이러한 변화 속에서 ISP에게 자사가 제공하는 서비스와 직접 경쟁하는 특정서비스를 제한하거나 차단하는 등 인터넷 트래픽을 차별할 유인이 있으므로 이를 통제해야 한다는 주장이 제기되었고, 이것이 망중립성 논의를 전개시킨 두 번째 요인이 된다.

셋째, 인터넷 트래픽 관리 기술의 발전이다. 심층패킷분석, 데이터 패킷 분리기술 등과 같은 인터넷 트래픽 관리 기술이 발전하면서 유형별로 트래픽에 대한 차별·차단하는 등의 제어가 가능하게 되었다. 인터넷 트래픽을 기술적으로 또는 전략적으로 차별할 수 있다는 가능성은 망중립성 논의를 확대·심화시키는 중요한 요인으로 작용하였다. 먼저, ISP는 품질보장이 가능한 데이터 전송 서비스 제공이 가능해졌으므로 모든 트래픽을 최선형 전송방식에 따라 동등하게 대우하는 망중립성 원칙에 대한 재고의 필요성을 제기하였다. 유·무선망의 통합이 진행되고 데이터 처리용량이 유선망에 미치지 못하는 무선망을 통한 데이터 사용이 증가하면서 ISP는 차별화된 데이터 처리기술을 이용한 차별적 서비스 제공을 허용해 줄 것을 정부에 요구하고 있다. 이러한 맥락 속에서 대용량 트래픽을 야기하는 서비스의 인터넷 접속을 차단하거나 특정 기기나 소프트웨어에서 발생하는 트래픽의 속도를 저하시키는 사례가 발생하였다. ISP는 차별화된 트래픽 관리를 통해 망 용량에 대한 수요가 높은 콘텐츠, 소프트웨어, 단말기 사업자로 하여금 추가로 망 이용대가를 지불하게 함으로써 인터넷망에 대한 투자를 위한 재원확보 및 수익증대를 기대하고 있다. 또한, 심층패킷분석기술의 발전으로 인해 ISP는 콘텐츠나 서비

---

26) 이희정, 앞의 글, 59면.

스를 내용에 따라 선별할 수 있게 되었다. 이에 따라 기존의 개방형 인터넷과 달리, 동기를 불문하고, 트래픽에 대한 차별이 이루어질 경우 인터넷의 표현의 자유와 프라이버시가 훼손되고 혁신이 억제될 수 있다는 현실적 우려 역시 망중립성 논의의 한 축을 이루게 되었다.

3. 망중립성 논의의 주요 쟁점

국내에서 망중립성이 논의되기 시작한 초기에는 인터넷 관련 기술 및 서비스의 발전과 트래픽의 증가에 따라 변화하는 시장 환경에서의 관련 사업자들의 경제적 이해관계가 논의의 주요 대상이었는데 최근에는 이용자의 권리 보장, 인터넷 이용질서의 재정립 등의 측면으로 그 논의의 범위가 확대되었다. 이제 망중립성은 변화된 인터넷 이용환경에서의 인터넷망의 기능유지와 인터넷 자원의 효율적 이용의 문제를 넘어 기존의 개방형 인터넷망에 내재된 철학과 이념, 그리고 그로 인해 창출된 사회적 문화적 가치와 후생의 문제가 복합된 어려운 문제가 되었다. 구체적으로 인터넷망의 운영 및 개방(open access) 원칙을 재설정하고, 인터넷망의 상호접속 원칙 및 망 이용대가의 정산체계를 정립하는 등의 현실적인 문제를 포괄한다.[27] 망중립성 논의의 주요 쟁점은 다음과 같이 6가지 측면으로 구분될 수 있다. 각 쟁점에 대하여 대립하는 견해의 핵심은 아래의 표에 정리하였다.[28]

표 3-1 망중립성 논의의 주요 쟁점과 내용

쟁 점	망중립성 규제 찬성입장	망중립성 규제 반대입장
망의 기능 유지를 위한 트래픽 관리	• 망의 혼잡문제가 심각하지 않음 - 전송기술 및 소프트웨어의 발전으로 품질보장 낙관 • 공정성의 전제 하에 주요 신규서비스의 품질보장 필요성 일부 인정 - 전송차별화가 일부 도입	• 망에 대한 수요의 성격변화로 망의 혼잡문제 대두 • 신규서비스의 품질보장을 위해 망의 차별화 필요 - 서비스 특성에 적합한 데이터 전송방식 제공 - 품질관리가 중요한 서비스에 우선권 부여

27) 김천수, "망중립성에 대한 규범적 논의", 외법논집(제37권 제4호), 2013. 11, 67면.
28) 위의 논문, 67-68면의 표 일부 재구성.

- 전송차별화 - 품질보장	되더라도 기존의 최선형 인터넷의 품질은 유지되어야 함	• 신규서비스를 위해 별도로 구축한 프리미엄망에 대한 중립성 요구는 근거 없음
망사업자의 투자 유인	• 규제 하에서도 망사업자들은 경쟁력 제고를 위해 망고도화에 투자할 것임 • 전송차별화 허용시 수익성 측면에서 유리한 프리미엄망에만 투자가 집중될 가능성 있음	• 기존 통신시장이 포화되면서 망고도화 투자의 전제조건으로 새로운 수익모델 필요 - 서비스 및 요금 차별화, 망이용 대가 부과를 통해 추가 수익 기대 • 망고도화의 국가경제적 파급효과를 고려할 때 투자유인 확보는 매우 중요
공정경쟁	• 망보유 망사업자가 이해관계에 따라 일부 트래픽을 지연·차단 등 차별할 우려 존재 - 수직결합된 지배적 망사업자에 의한 온라인 콘텐츠 및 서비스 시장에 대한 지배력 전이 우려 - 망중립성 규제를 통한 망사업자의 인터넷 운영권 규제 필요	• 차별, 번들링, 수직통합 등은 반경쟁성과 친경쟁성을 모두 포함 • 망사업자들간 경쟁에 의해 공정경쟁 문제는 상당부분 해소 - 다양한 대체 망이 등장하는 추세 • 인터넷 포털, 검색엔진 등의 차별적 운영으로 이미 인터넷의 중립성 훼손 • 현행 경쟁법, 통신법을 보완하여 망보유 망사업자의 불공정행위 규제 가능
혁신	• 인터넷의 개방적 구조가 인터넷 발전 및 혁신의 원동력 - 전송차별화는 소자본 온라인 기업에 대한 시장 진입장벽을 높여 혁신 저해	• 인터넷망의 혁신도 중요 - 망의 고도화 및 차별화는 이용자에 다양한 혜택 제공 • 콘텐츠 및 애플리케이션 시장이 성장한 만큼 그 기반인 망에 대한 비용분담 필요 - 구글, 스카이프 등 온라인 서비스 사업자들은 망사업자들이 구축한 망에 무임승차하고 있음
이용자 선택권	• 이용자가 원하는 콘텐츠 및 애플리케이션 서비스를 자유롭게 선택할 권리가 보장되어야 함 - 전송차별화와 수직통합은 인터넷을 분화하여 walled-garden의 형태로 이용자의 선택영역을 제한하게 될 것임 - 일반 경쟁정책 논리를 부	• 망차별화와 프리미엄 서비스를 통한 추가수익은 기본 인터넷 이용료를 낮춰 초고속인터넷 보급 확대에 기여 • 기존 인터넷 서비스에 대해서는 일정 대역폭을 보장함으로써 이용자 선택권 보장 가능 • 차별화된 서비스에 대한 이용자 선택권도 중요

	인하지는 않으나 소비자 주권 강조	
표현의 자유 및 사생활 보호	• 인터넷도 의사소통 매체의 하나 – 내용 검색을 통해 정치적·이념적 의사표현이 차단됨으로써 민주주의, 표현의 자유, 문화적 다양성 후퇴 • 패킷 감청 등 사생활보호 침해 우려	• 차별을 통한 매체 다양화 가능 – 망사업자들은 이용자의 표현의 자유 및 사생활의 자유를 침해할 의도 없음
공공성 vs. 사유 재산권	• 인터넷은 공공성이 강하고, 사회기반시설의 지위를 획득하였으므로 특정 사업자에 의한 개입 및 통제 불가 – 접속 요금 이외의 추가적 망이용 대가는 부당	• 국영독점기업의 유산인 유선망과 달리 사업자에 의해 새로이 구축된 망은 사업자의 사유재산 – 적정한 이용대가 없는 망사용은 사유재산권 침해 • 다른 사회기반시설에서도 다양한 차별상품 존재
평등 및 개방성 vs. 효율성	• 평등과 개방성은 인터넷의 본질 – 지불능력에 따른 우선권 부여는 양극화를 초래하고 인터넷의 본질을 훼손 – 인터넷이 망사업자등 대기업의 상업적 도구로 전락할 위험	• 획일적 평등주의는 비효율만을 초래 – 소수의 다량이용자의 망 점유에 의해 혼잡 발생 – P2P 파일공유보다 VoIP와 같은 서비스에 우선권을 부여하여 망이용의 효율성 제고 가능 • 서비스 및 요금 차별화는 이용자 후생에 기여 – 소량이용자의 요금부담 감소 예상

4. 망중립성 규제의 주요 내용

1) 개설

상술한 쟁점들에 대한 해법으로 방송통신위원회는 2011년 12월 26일 「망 중립성 및 인터넷 트래픽 관리에 관한 가이드라인」(이하 '망중립성 가이드라인'이라 한다)을 제정·발표하고, 다음 해 1월 1일부터 이를 시행하였다. 당시 관할기관인 방송통신위원회는 일단 망중립성에 대한 기본원칙을 마련하고, 2012년부터 단계적으로 트래픽 관리에 관한 세부 기준, mVOIP 서비스 등 새로운 서비스 확산에 대한 정책방향 논의 등을 지속적으로 추진하기로 하였다. 이후 망중립성 정책자문위원회의 여러 논의를 거쳐 2013년 12월 4일 미래창조과학부는 「통신망의 합리적 관리·이용과 트래픽 관리의 투명성에 관한 기준」(이하 '트래픽 관리 기준'이라 한다)을 발표하였다. 이 기준은 망중립성 가이드라인에 근거하여 합리적 트래픽 관리의 판단기준과 유형 등을 제시하고 트래픽 관리의 투명성에 관한 세부사항을 구체화한 것이다.

우리나라는 미국이나 유럽연합[29]과 달리 망중립성 규제를 법제화하는 대신 정책의 방향성을 제시하는 수준에 그쳤다. 국내 망중립성 규제정책은 기본적으로 미국 연방통신위원회(Federal Communications Commission, 이하 "FCC")의 2010년 오픈인터넷규칙(Open Internet Rules)을 따르고 있다.[30] 물론 그 구체성에 있어서는 차이가 있다. FCC의 2010년 오픈인터넷규칙은 투명성, 차단 금지, 불합리한 차별 금지 및 합리적인 트래픽 관리 원칙을 핵심으로 한다. 각 원칙의 내용을 간략히 살펴보면 다음과 같다.[31]

① **투명성 원칙**: 투명성 원칙은 ISP가 망 관리 관행, 망의 성능, 망 제공 조건 등에 대한 정보를 최종이용자와 인터넷 관련 사업자에게 충분하고 정확하게 제공해야 한다는 원칙이다. 이 원칙은 유무선 ISP 모두에게 적용되었다. 투명한 정보 공개는 최종이용자의 선택권을 증진시키고, 인터넷 생태계 전반의 경쟁을 촉진하며, 규제기관이 인터넷 개방성과 관련된 기타 원칙들의 준수상황을 모니터링하기 위한 기초자료를 제공해 준다.

---

29) 유럽연합은 종래 망중립성 정책에 있어서 소극적인 입장을 견지해왔었는데 2014년 4월 초 유럽의회가 미국보다 강한 망중립성 규제내용을 담고 있는 법안을 통과시킴에 따라 망중립성 정책에 있어서 미국보다 한발 앞서 나가게 되었다는 평가를 받고 있다. 권영선, 앞의 글, 195면.

30) FCC의 오픈인터넷규칙은 2010년 12월 21일 확정·발표되었고, 2011년 11월 20일 발효되었다. 그러나 2014년 1월 Verizon v. FCC, 740 F.3d 623 (D.C. Cir. 2014) 사건을 담당한 워싱턴 D.C. 순회법원(항소심)은 동 규칙의 중요한 3원칙 중 차단금지와 불합리한 차별 금지 원칙이 현행 법령상 정보사업자인 ISP에게 공중통신사업자의 의무를 부과하는 결과를 초래해 통신법 위반에 해당하므로 무효라고 판시하였다.

31) 이하의 내용은 http://hraunfoss.fcc.gov/edocs_public/attachmatch/FCC-10-201A1.pdf: 권영선, 앞의 글, 182-194면; 이성엽, "망중립성 논의에 공법원리의 적용가능성에 관한 검토", 언론과 법(제11권 제2호), 2012, 279-316면, 285-286면 등 참조.

② **차단 금지 원칙:** 차단 금지 원칙은 유무선 ISP에 대하여 차등 적용되었다. 이 원칙은 유선 ISP에 대하여는 합리적인 망 관리 범위 내에서 합법적인 콘텐츠, 애플리케이션, 서비스 또는 유해하지 않은 기기를 차단해서는 아니 된다고 규정하여 엄격한 의무를 부과한 반면, 무선 ISP에 대하여는 합법적인 웹사이트와 망사업자와 경쟁하는 애플리케이션을 차단해서는 아니 된다고 규정하여 유선에 비해 상대적으로 완화된 의무를 부과하였다.

③ **불합리한 차별 금지 원칙:** 불합리한 차별 금지 원칙은 ISP가 합법적인 트래픽 전송을 불합리하게 차별해서는 아니 된다는 원칙이다. 이 원칙은 유선 ISP에만 적용되었다. 이 원칙은 ISP가 인터넷 트래픽 전송을 차별화할 능력과 유인을 가지고 있기 때문에 경쟁과 혁신을 저해할 수 있다는 우려에서 비롯된 것이다.

④ **합리적인 망 관리 원칙:** 합리적인 망 관리 원칙은 합법적인 망 관리 목적을 달성하기 위하여 해당 초고속인터넷서비스의 망 구조와 기술을 고려하여 그 관리 방식을 적절하게 조절하였다면 합리성을 인정하는 원칙이다. FCC는 합리적인 망 관리의 예시로 망 혼잡 완화, 망의 보안, 음란성 콘텐츠와 같이 최종이용자가 원하지 않는 트래픽 해결 등을 위한 관리 등을 제시하였다.

FCC의 2010년 오픈인터넷규칙은 우리의 관리형서비스에 해당하는 특별서비스(specialized service)에 대해서는 별다른 언급을 하지 않았다. 마지막으로 동 규칙은 불법 콘텐츠의 전송 또는 콘텐츠의 불법적 전송을 처리하고자 하는 ISP의 합리적 노력을 금하지 않는다고 규정하였다.

상술한 FCC의 2010년 오픈인터넷규칙의 내용에 비추어 이하에서는 국내 망중립성 규제정책을 망중립성 가이드라인과 트래픽 관리 기준의 주요 내용을 중심으로 살피고, 아울러 2015년 3월 미국 FCC가 새롭게 발표한 오픈인터넷규칙의 주요 내용을 소개한다.

2) 국내 망중립성 규제 정책

가) 망중립성 가이드라인의 주요 내용

2011년 방송통신위원회가 발표한 망중립성 가이드라인은 9개 조문으로 구성되어 있으며, 목적, 기본원칙, 관리형서비스, 상호협력, 정책자문기구의 구성 등에 관

한 사항을 규정하고 있다. 먼저, 동 가이드라인의 목적은 망중립성의 기본원칙을
정하여 개방적이고 공정한 인터넷 이용환경을 조성하고 ICT 생태계의 건전하고
지속가능한 발전을 도모하는 것이다(제1조). 망중립성 가이드라인은 이용자의 권
리, 인터넷 트래픽 관리의 투명성, 차단금지, 불합리한 차별금지, 및 합리적인 트래
픽 관리를 기본원칙으로 규정하였다. 그 주요 내용은 [표 3-2]에 정리한 바와 같
다(제2조-제6조).

표 3-2 망중립성 가이드라인에 따른 망중립성의 기본원칙

구 분	내 용
이용자의 권리	• 인터넷의 최종이용자는 합법적인 콘텐츠, 애플리케이션, 서비스 및 망에 위해가 되지 않는 기기 또는 장치를 자유롭게 이용할 권리를 가진다. • 인터넷의 최종이용자는 관련 사업자로부터 인터넷 트래픽 관리에 관한 정보를 제공받을 권리를 갖는다.
인터넷 트래픽 관리의 투명성	• 「전기통신사업법」에 따라 유무선 인터넷접속서비스를 제공하는 전기통신사업자(ISP)는 인터넷 트래픽 관리방침을 공개하여야 한다. 인터넷 트래픽 관리방침에는 관리의 목적, 범위, 조건, 절차 및 방법 등이 명시되어야 한다. • ISP는 트래픽 관리에 필요한 조치를 하는 경우 그 사실과 영향 등을 해당 이용자에게 고지하여야 한다.
차단금지	• ISP는 합법적인 콘텐츠, 애플리케이션, 서비스 또는 망에 위해가 되지 않는 기기 또는 장치를 차단해서는 아니 된다. • 다만 합리적인 트래픽 관리의 필요성이 인정되는 경우에는 예외를 인정한다.
불합리한 차별 금지	• ISP는 콘텐츠, 애플리케이션, 서비스의 유형 또는 제공자 등에 따라 합법적인 트래픽을 불합리하게 차별해서는 아니 된다. • 다만 합리적인 트래픽 관리의 필요성이 인정되는 경우에는 예외를 인정한다.
합리적 트래픽 관리	• 합리적 트래픽 관리가 인정되는 경우는 다음과 같으며, 이에 한하지 않는다. 　－ 망의 보안성 및 안정성 확보를 위해 필요한 경우 　－ 일시적 과부하 등에 따른 망 혼잡으로부터 다수 이용자의 이익을 보호하기 위해 필요한 경우 　－ 국가기관의 법령에 따른 요청이 있거나 타 법의 집행을 위해 필요한 경우 등

　　망중립성 가이드라인은 관리형서비스를 ISP가 일반적으로 통용되는 최선형인 터넷의 제공 방식과 다른 트래픽 관리기술 등을 통해 전송 대역폭 등 트래픽 전송 품질을 보장하는 서비스로 정의하고, 이러한 서비스의 제공을 허용하였다. 다만, 최선형인터넷의 품질이 적정 수준이하로 저하되지 않는 범위 내에서만 그러한 서비스의 제공이 가능하다(제7조). 다시 말해서, 망중립성 가이드라인에 따르면 관리형서비스에는 차단 및 차별 금지 원칙이 적용되지 않는다.

　　상호협력과 관련하여 망중립성 가이드라인은 ICT 생태계의 건전하고 지속가능한 발전을 위하여 ISP와 콘텐츠, 애플리케이션, 서비스 제공자 등이 서로 협력하여야 함을 강조하고, 협력의 기준으로 신의성실 원칙을 명시하였다. 이에 따라 사업자들은 서비스의 제공 및 망의 안정적 운용을 위해 필요한 경우 서로 정보를 제공하여야 한다. 또한 사업자들은 협의체를 구성하여 망중립성 및 인터넷 트래픽 관리에 관한 자율기준을 마련할 수 있다(제8조).

　　마지막으로, 동 가이드라인은 정책자문기구의 구성·운영에 관한 사항을 규정하였다(제9조). 방송통신위원회가 별도로 구성·운영하는 정책자문기구는 인터넷 트래픽 관리의 투명성 제고, 합리적인 트래픽 관리의 범위, 조건, 절차, 방법 및 트래픽 관리의 합리성 여부에 대한 판단 기준의 마련 등 이 가이드라인의 시행에 필요한 조치, mVoIP 등 새로운 서비스 확산에 대한 정책방향, ICT 생태계의 변화에 따른 새로운 시장질서의 모색 등을 논의하도록 하고 있다.

　　이상으로 살펴본 국내 망중립성 가이드라인은 망중립성 규제에 대한 우리 정부의 신중하고 소극적 태도가 드러낸다. 특히 mVOIP 등 당시 최대 현안 문제에 대한 결정을 유보하고 막연한 입장을 정리하는 데 그쳐 비판이 제기되었다. 또한 미국의 경우 차단 금지 및 불합리한 차별 금지 원칙을 각각 유무선 ISP에 차등 적용하거나 유선 ISP에만 적용하고 있는데 반해 우리는 이러한 구별 없이 무선에 보다 강력한 망중립성 규제를 적용하고 있다는 점과 투자촉진과 혁신에 대한 고려가 없다는 점도 비판의 대상이 되었다.[32]

---

[32] 권남훈, "경쟁법과 통신정책의 관점에서 본 망중립성 쟁점 검토와 시사점", Telecommunications Review(제22권 제1호), 2012. 2, 42-44면 참조.

나) 트래픽 관리 기준의 주요 내용

망중립성 가이드라인이 시행되고 2년 후인 2013년 미래창조과학부는 동 가이드라인에 근거하여 합리적인 트래픽 관리 및 트래픽 관리의 투명성에 관한 세부기준을 정한 트래픽 관리 기준을 발표하였다. 동 기준은 총 18개의 조문으로 구성되어 있으며, 목적, 적용대상, 트래픽 관리의 기본 원칙, 합리적 트래픽 관리, 트래픽 관리정보의 투명한 공개, 이용자 보호, 통신망 자원의 조화로운 이용을 위한 노력, 관련 법령의 준수, 후속 조치 등에 관한 사항을 규정하고 있다.

우선 트래픽 관리 기준은 일반적인 인터넷접속서비스에 적용되며 관리형서비스에 대하여는 적용되지 않는다(제2조). 트래픽 관리의 기본 원칙은 다음과 같다(제3조). 첫째, ISP는 트래픽 증가에 대응함에 있어서 지속적인 망 고도화를 통해 이를 해결하도록 노력해야 한다. 둘째, 망중립성 가이드라인의 차단 및 차별 금지 원칙이 적용된다. 셋째, 합리적 트래픽 관리는 관리 목적에 부합하고 이용자에게 미치는 영향이 최소화될 수 있도록 시행되어야 한다. 넷째, ISP는 트래픽 관리에 있어서 유무선 등 망의 유형이나 구조, 서비스 제공방식, 주파수 자원의 제약 등 기술적 특성을 고려할 수 있다. 다섯째, 서비스의 품질, 용량 등에 비례하여 요금 수준을 다르게 하거나 요금 수준에 따른 제공 서비스의 용량을 초과하는 트래픽을 관리하는 경우 이용자의 실질적 선택권 보장 등 이용자의 이익과 공정한 경쟁을 해쳐서는 아니 된다. 이 원칙은 인터넷 트래픽의 경제적 관리 가능성을 규정한 것이라고 할 수 있다.

트래픽 관리 기준의 핵심은 합리적 트래픽 관리와 관련하여 트래픽 관리의 합리성 판단 기준과 유형을 규정한 데에 있다. 트래픽 관리의 합리성 여부를 판단하는 데 있어 투명성, 비례성, 비차별성, 기술적 특성 등 네 가지 사항을 고려할 것을 규정하였는데(제4조), 각 사항의 내용은 [표 3-3]에 정리한 바와 같다.

나아가 트래픽 관리 기준은 ISP의 합리적인 트래픽 관리의 유형으로 다음과 같은 경우를 열거하고 있다(제5조).

① DDoS, 악성코드, 해킹 또는 이와 유사한 수준의 사이버 공격 및 통신장애에 대응하기 위한 트래픽 관리 등 망의 보안성 및 안정성 확보를 위해 필요한 경우

② 일시적 과부하 등에 따른 망 혼잡으로부터 다수 이용자의 이익을 보호하고,

표 3-3 트래픽 관리 기준에 따른 ISP의 트래픽 관리 합리성 판단 기준

구 분	내 용
투명성	• ISP가 트래픽 관리에 관한 정보를 사전에 충분히 공개하였는지 여부 • ISP가 구체적인 트래픽 관리 조치를 시행하는 경우 트래픽 관리로부터 직접적인 영향을 받는 이용자 또는 그 밖의 자에게 트래픽 관리에 관한 정보를 사전에 또는 부득이한 경우 사후에 충분히 고지하였는지 여부

비례성	• ISP의 트래픽 관리 행위가 트래픽 관리의 목적·동기와 부합하는지 여부 및 당해 트래픽 관리의 영향을 최소화하는 방법을 강구하였는지 여부
	  - 혼잡을 유발하는 콘텐츠가 특정될 수 있는 경우, 혼잡관리를 위해 당해 콘텐츠가 아닌 다른 콘텐츠를 제한하거나, 기기의 망에 대한 접근을 차단하는 행위는 합리적인 트래픽 관리로 보기 어려움
	  - 혼잡관리를 위해 요구되는 최소한의 트래픽 관리의 수준을 넘어 필요이상으로 전송속도를 저하시키거나 트래픽을 전면차단하는 행위는 합리적인 트래픽 관리로 보기 어려움

비차별성	• 유사한 형태의 콘텐츠 등, 기기 또는 장치에 대하여 불합리하게 차별하여 취급하지 않았는지 여부 - 트래픽 관리의 필요성에 비추어 동일한 트래픽 관리가 적용되어야 할 것으로 보이는 유사한 서비스 A와 B에 대해, A서비스는 제한하고 B서비스는 허용하는 것은 합리적인 트래픽 관리로 보기 어려움
기술적 특성	• 유무선 망의 유형 및 구조, 서비스 제공방식, 주파수 자원의 제약 등 기술적 특성

전체 이용자의 공평한 인터넷 이용환경을 보장하기 위하여, 불가피하게 제한적으로 트래픽 관리를 시행하는 경우

③ 관련 법령의 집행을 위해 필요하거나 법령이나 이용약관 등에 근거한 이용자의 요청이 있는 경우 등

특히, ①과 ②의 유형에 대하여는 합리성이 인정되는 구체적인 예시도 들고 있다. ① 유형에 대한 예시로는 (i) DDoS 공격 시 미래창조과학부 및 한국인터넷진흥원의 요청에 따라 DDoS 공격의 원인이 되는 좀비PC를 망에서 차단하는 경우, (ii) 망에 위해를 주는 악성코드, 바이러스 등에 대응하기 위한 경우, (iii) 망의 장애 상황 또는 장애가 명백하게 예상되는 상황에서 그 원인이 되는 트래픽을 긴급히 제한할 필요성이 있는 경우를 명시하였으며, 특히 (iii)의 상황에서 무선망의 경

우 공신력 있는 표준화기구가 이동통신 장애에 대비하여 마련한 표준을 준수하지 않는 애플리케이션을 우선 제한할 수 있는 가능성도 열어두었다. ② 유형에 대한 예시로는, (i) 유선인터넷에서 과도한 트래픽이 발생해 트래픽의 전송지연이나 패킷 손실, 새로운 접속 연결 수용 곤란 등으로 통신망의 품질 수준 저하 또는 망 장애 등이 일어나거나 발생 가능성이 객관적으로 명백한 때 트래픽을 과도하게 유발하는 소수의 초다량이용자(heavy user)들에 한해 일시적으로 전송속도를 일정 속도 이하로 제한할 수 있는 경우, (ii) 무선인터넷에서 특정지역 내에서의 일시적인 호 폭주 등 망 혼잡이 발생하였거나, 망 운영 상황, 트래픽 추세 변화, 자체 관리 기준 등에 근거하여 망 혼잡 발생 가능성이 객관적으로 명백한 때 동영상서비스(VOD 등) 등 대용량 서비스의 사용을 일시적으로 제한하는 경우를 명시하였다. 이와 관련하여 ISP는 미래창조과학부의 요청이 있는 경우 당해 트래픽 관리 행위의 합리성을 입증할 수 있는 객관적인 자료를 제출하여야 한다(제6조).

트래픽 관리 기준에는 이용자의 선택권 보장을 위해 트래픽 관리정보의 투명한 공개에 관한 사항으로 공개 대상 정보와 공개 방법을 구체적으로 규정하고 있다. 공개 대상 정보에는 트래픽 관리의 범위와 트래픽 관리가 적용되기 위한 조건, 절차, 방법 및 이에 따른 영향 등의 정보가 포함된다. ISP는 제공서비스의 종류 또는 상품에 따라 차이가 있는 경우에는 이를 구분하여 표시하여야 하며, 이용자에게 실질적인 트래픽 관리정보가 제공될 수 있도록 공개되는 정보의 내용을 지속적으로 현행화하여야 한다(제7조). 정보 공개 방법과 관련하여 미래창조과학부는 이용자가 이해하기 쉽고, 타 ISP와 비교할 수 있도록 ISP에 대하여 트래픽 관리정보 공개에 관한 공통양식을 정하여 공개할 것을 권고할 수 있으며, ISP가 자율적 양식을 정하여 공개하는 경우에도 미래창조과학부의 공통양식에 명시된 사항에 관한 정보는 반드시 포함되어야 한다(제8조). 트래픽 관리 기준 별지에 포함된 ISP의 트래픽 관리정보 공개 양식 예시에 따르면 트래픽 관리 기준과 트래픽 관리 유형을 망 부하시와 상시로 나누어 공개하여야 한다. 트래픽 관리 기준의 경우 조건, 대상, 방식, 영향, 기간 등을 기재하도록 되어 있고, 트래픽 관리 유형의 경우 유선과 무선으로 나누어 적용 대상과 열화(劣化, 속도 감속 등), 차단 / 접속제한 등의 유형을 기재하도록 되어 있다. 또한 구체적인 트래픽 관리 조치 시행시 이용자 고지 방식도 공개하여야 한다.

트래픽 관리 기준은 이용자 보호를 위하여 이용자에 대한 고지와 민원처리기구의 운영에 관한 사항도 규정하고 있다. ISP는 이용자에 대하여 트래픽 관리정보에 관한 사항을 이용약관에 규정하는 외에도 인터넷 홈페이지 등 이용자의 접근이 용이한 방식을 통해 안내하여야 하고(제9조), 트래픽 관리에 필요한 조치를 하는 경우에는 그 사실을 해당 이용자에게 개별고지 또는 기타 방법으로 공지하여야 한다(제10조). ISP는 개별 이용자의 자기 통제권 보장과 합리적 인터넷 이용을 위해 기술적으로 가능한 범위 내에서 이용자가 자신의 트래픽 사용현황을 확인할 수 있도록 하여야 한다(제11조). 아울러 ISP는 트래픽 관리에 대한 문의, 사실확인 및 이의 제기 등을 처리할 수 있는 전담 민원처리기구를 설치·운영하여야 한다(제12조).

트래픽 관리 기준은 통신망 자원의 조화로운 이용을 위해 통신망을 이용하는 콘텐츠 등의 제공사업자와 기기 및 장비제조사와 ISP가 협력하여 망 자원의 효율적 이용을 위한 노력을 기울일 것을 명시하고 있다. 구체적으로, 통신망을 이용하는 콘텐츠 등의 제공사업자와 기기 및 장비 제조사는 ISP가 합리적 트래픽 관리의 필요성에 따라 트래픽에 관한 정보를 요청하는 경우 특별한 사유가 없는 한 이를 제공하여야 하며, 신규서비스 등을 개발하는 경우 망에 대한 부하를 최소화하는 기술을 적용하는 등 망의 공평하고 효율적인 관리와 활용을 위하여 노력하여야 한다(제13조). ISP는 통신망을 기반으로 하는 콘텐츠 등의 제공사업자 또는 기기 및 장비 제조사가 신규서비스 개발 등을 위해 필요한 망의 관리에 관한 정보를 요청하는 경우 특별한 사유가 없는 한 이를 제공하여야 한다(제14조). 나아가 ISP, 콘텐츠 등의 제공사업자와 기기 및 장비 제조사는 정보의 제공 등에 대해 사업자 간 협의가 이루어지지 않는 경우 미래창조과학부에 조정을 요청하거나 또는 「전기통신사업법」 제45조에 따라 방송통신위원회에 재정을 신청할 수 있다(제15조).

트래픽 관리 기준은 ISP가 트래픽 관리를 시행하고자 하는 경우, 내용상 이용약관에 포함되는 사항이 아닌 경우를 제외하고, 이용약관을 개정한 후 시행하도록 하고 있고, 전기통신사업법 등 관련 법령을 준수하도록 하고 있다(제16조 및 제17조).

다) 소결

2011년 방송통신위원회의 망중립성 가이드라인과 2013년 미래창조과학부의 트래픽 관리 기준은 앞에서 지적한 바와 같이 망중립성 규제에 관한 정책방향을 제시한 데에 그치며, 모델이 된 미국의 오픈인터넷규칙과 같은 법적 구속력은 인정되지 않는다. 그러나 이 두 기준은 규제기관이 「전기통신사업법」, 「통신비밀보호법」, 「정보통신망 이용촉진 및 정보보호 등에 관한 법률」, 「독점규제 및 공정거래에 관한 법률」 등 관련 법령을 해석 적용하는 데에 있어서 위법성 여부의 기준이 될 수 있어서 사실상의 구속력을 발휘할 수 있다. 또한, 망중립성 규제에 대한 이러한 접근방식은 혁신을 거듭하는 시장을 관망하고 이해관계자들 간의 자율적 합의를 유도하는 것으로서 시장이 이를 수용하지 못할 경우 기존 관련 법령의 개정 등을 통해 보다 강력한 수준의 규제 장치를 마련하겠다는 의미로 해석된다.[33]

3) 미국 FCC의 2015년 오픈인터넷 규칙의 주요 내용[34]

미국 FCC는 더 많은 광대역(more broadband), 더 나은 광대역(better broadband), 오픈 광대역 망(open broadband networks)을 3대 핵심 목표로 설정하고, 이러한 목표 달성을 위해 과거 제기되었던 모든 법적 장애물을 검토하여 신중하게 성안한 2015년 오픈인터넷규칙을 같은 해 3월 발표하였다. FCC의 2015년 오픈인터넷규칙은 구조적으로 두 개의 축으로 이루어져 있다. 망중립성 규제가 한 축이고, 동 규제의 법적 정당성과 실효성을 담보하기 위하여 새로이 정립된 FCC의 규제 체계가 또 다른 축이다. 사실 이번 규칙의 핵심은 후자에 있다고 볼 수 있다. 광대역인터넷서비스를 '통신서비스'로 재정의하여 ISP를 미국 통신법상 Title II '기간통신사업자(common carrier)'로 재분류함으로써 이들 사업자에 대한 FCC의 규제권한을 법적으로 명확히 하였을 뿐만 아니라 규제권한도 강화하였다.

---

33) 이성엽, 앞의 글, 289면. 실례로 2012년 2월 7일자로 개정된 「콘텐츠산업진흥법」에는 비록 범위는 제한적이지만, 망중립성 규제 관련 조항 - 차단 금지 - 이 도입되었다. 동 법 제24조는 "공정한 유통 환경 조성 등"이라는 표제 하에 제1항에서 "「전기통신사업법」 제5조 제2항에 따른 기간통신사업을 하는 사업자 중 대통령령으로 정하는 자(이하 "정보통신망사업자"라 한다)는 합리적인 이유 없이 콘텐츠사업자에게 정보통신망 등 중개시설의 제공을 거부하여서는 아니 된다"고 규정하고, 동 시행령 제29조 제1항은 위 정보통신망사업자를 "「전기통신사업법」 제2조 제11호에 따른 기간통신역무 중 전화역무, 전기통신 회선설비 임대역무, 주파수를 할당받아 제공하는 역무, 인터넷 접속역무 또는 인터넷 전화역무를 제공하는 사업자"로 규정하여, 유무선 ISP를 포함한 거의 모든 기간통신사업자에 대하여 차단 금지, 곧 망중립성 의무를 부과하고 있다.

34) 이하의 내용은 윤혜선, "미 FCC 망중립성 강화, 국내 인터넷 지형도 바뀔까", 테크 M, ㈜머니투데이, 2015. 4. 30 자 기사의 일부를 발췌 재구성한 것이다.

이로써 FCC는 1934년 통신법 Title II와 1996년 통신법 제706조 등을 근거로 명실 공히 오픈인터넷 규제의 법적 정당성, 실효성 및 지속가능성을 확보할 수 있게 되었다. 아울러 FCC는 이 분야의 혁신과 투자를 촉진하기 위하여 ISP의 특수성과 저항을 고려하여 ISP에 적용되는 규제의 양과 질도 개선하였다. 새로운 규제체계의 제도적 메커니즘으로 규제적용자제(forbearance)라는 수단을 제시한 FCC는 ISP에 대하여는 30개 법률 조문(1934년 통신법 Title II의 27개 조문 포함)과 그에 근거하여 규정된 700여개의 규칙들의 적용을 자제하겠다고 공식적으로 선언하였다. 특히, ISP의 반발이 가장 거센 요금규제(rate regulation)를 비롯하여 망분리규제(unbundling of last-mile facilities), 세금규제(tariffing), 경영내용 신고 및 회계(no cost accounting rules)규제 등을 적용하지 않을 것임을 명백히 하였다. 그러나 오픈인터넷규칙의 실효성을 보장하기 위한 집행권한(예, 소비자 불만 조사, 불합리한 차별 금지 등)과 소비자 프라이버시 보호, 장애인 접근 보장, 기반시설 접근 보장, 보편적 광대역 서비스 촉진 등을 위한 규제는 기존 통신사업자들과 동일하게 적용될 것이라고 밝혔다. FCC는 이와 같은 규제체계를 '21세기 맞춤형 Title II 규제'라고 명명하고, 이 규제체계는 인터넷에 대한 막대한 투자와 혁신을 촉진하는 '가벼운(light-touch)' 규제체계에 부합하는 것이라고 설명하였다. 요컨대, FCC는 Title II 규제체계를 ISP에 적합하게 현대화함으로써 효율적인 망 운영 및 망에 대한 투자가 망중립성 규제로 인해 저해되지 않을 것이라고 보고 있다.

이처럼 깔끔하게 맞춤 정비된 규제권한을 근거로 적용될 FCC의 망중립성 기준은 크게 세 가지로 대별된다.

첫째, 오픈인터넷을 방해하는 세 가지 행위를 명확하고 명백하게 금지하고 있다.

- 차단 금지(No Blocking): ISP는 합법적인 콘텐츠, 애플리케이션, 서비스, 또는 유해하지 않은 기기에 대한 접근을 차단해서는 아니 된다. 다만, 합리적인 망 관리를 위한 경우는 제외한다.
- 트래픽 조절 금지(No Throttling): ISP는 콘텐츠, 애플리케이션, 서비스, 또는 유해하지 않은 기기의 이용을 근거로 합법적인 인터넷 트래픽을 손상시키거나 저하시켜서는 아니 된다. 다만, 합리적인 망 관리를 위한 경우는 제외한다.
- 요금에 따른 차등속도제한금지(No Paid Prioritization): ISP는 요금을 받고 차등적으로 속도를 제한하여서는 아니 된다. 여기에서 말하는 '요금에 따른 차등속도제한금지'란 제3자로부터 요금을 받고 또는 자회사의 이익을 위해 직간접적으로 일부 트래픽

> 을 다른 트래픽보다 우선적으로 처리하기 위하여 ISP의 망을 관리하는 것을 말한다.
> 망 관리 방식에는 트래픽 쉐이핑(traffic shaping), 우선순위적용, 자원유보(resource
> reservation) 또는 그 밖의 우선적인 트래픽 관리 기술이 포함된다. 이 기준은 "고속
> 선로"의 설치를 금지하기 위하여 도입되었다.

　둘째, 소비자와 인터넷 사업자(edge providers)에 대한 '불합리한 방해·제한
(Unreasonable Interference / Disadvantage) 금지 기준'을 도입하였다. FCC는 오
픈인터넷의 선순환 기능, 곧 오픈인터넷 보장이 인터넷 사업자의 혁신을 증진하여
소비자의 수요를 촉진하고 이로써 망기반시설에 대한 투자가 확대되고 이것이 인
터넷 사업자의 혁신에 새로운 동력이 되는 구조에서 문지기에 해당하는 ISP의 구
조적 위치와 행위가 문제가 될 수 있다고 판단했다. ISP는 인터넷 사업자와 소비
자 사이에서 다양한 기술적 경제적 수단을 동원하여 문지기의 권한을 행사함으로
써 광대역 제품에 대한 소비자의 수요를 저하시킬 수 있기 때문에 포괄적인 행위
규제기준 마련이 필요하다고 본 것이다. 불합리한 방해·제한 금지 기준에 따라
ISP는 (i) 최종이용자의 광대역인터넷, 합법적인 인터넷 콘텐츠, 애플리케이션, 서
비스 및 기기 선정, 접근 및 이용 능력이나 (ii) 인터넷 사업자의 합법적인 콘텐츠,
애플리케이션, 서비스 및 기기 제작 능력을 불합리하게 방해하거나 또는 제한하여
서는 아니 된다. 다만, 합리적인 망 관리는 이 금지 기준 위반행위로 간주되지 않
는다. 불합리한 방해·제한 금지기준은 기술의 고도화에 따라 현재 예측하지 못하
는 문제들이 미래에 발생하는 경우에 FCC가 개별 사례별로 관련 이익과 위해를
형량하여 ISP가 '불합리하게 소비자나 인터넷사업자들의 권익을 침해하는 것'을
금지할 수 있는 법적 근거가 된다.

　셋째, 2010년 오픈인터넷규칙의 투명성원칙이 더욱 강화되었다. 2015년 규칙
은 소비자와 인터넷 사업자를 위하여 ISP에게 항상 일관된 형식으로, 판촉용 요
금, 수수료, 추가요금, 최대허용 데이터 용량 등을 공개하도록 하고 있다. 나아가
망 성능 측정에서 패킷 손실율과 소비자의 인터넷이용에 상당한 영향을 미칠 수
있는 망 관리 관행을 의무적으로 고지하도록 하였다.

　2015년 오픈인터넷규칙은 2010년 규칙에 비하여 망중립성 규제를 강화하였다
는 평가를 받고 있는데 그 이유는 동 규칙의 적용범위와 관련 있다. 2010년 규칙

은 무선 인터넷의 경우 많은 예외가 있었는데, 이번 규칙은 유무선망 구분 없이 적용된다. 물론 '합리적 트래픽 관리'와 관련하여 무선망의 기술적 특성이 고려될 수 있다. 상호접속과 관련하여서도 2010년 규칙은 ISP의 망내에서의 차별에 초점을 둔 반면, 이번 규칙은 ISP들 간의, 혹은 ISP와 콘텐츠 사업자 간의 '상호접속'까지 규제범위를 확대하였다. 그렇다고 망중립성 기준이 상호접속에 직접 적용된다는 의미는 아니다. FCC는 인터넷 상호접속에 대한 경험 부족을 이유로 엄격한 규칙을 적용하는 것 보다는 당분간 시장을 관망하며 경험을 축적하고 필요한 경우에만 개입하기로 입장을 정리하였다. 따라서 2015년 오픈인터넷규칙은 FCC가 최초로 계약조건 등 상호접속에 관한 분쟁을 다룰 수 있는 절차적 권한(재정권한)을 가지게 되었다는 점에서 의의가 있다. 이로써 FCC는 ISP가 넷플릭스와 같은 콘텐츠 사업자에게 직접 접속에 대한 대가로 부당한 사용료를 요구하여 발생한 분쟁에 관여할 수 있게 되었다. 이를 통해 FCC는 간접적으로 상호접속 문제를 규제할 수 있게 되었다. 합리적인 망 관리와 관리형서비스는 2010년 규칙과 마찬가지로 이번 규칙에서도 망중립성 기준 적용의 합법적인 예외사유이다. 다만, 요금에 따른 차등속도제한금지에는 그 성질상 합리적인 망 관리의 적용이 제한되며, 관리형서비스는 광대역을 사용하지 않는 데이터 서비스로 제한된다. 한편, FCC는 관리형서비스가 오픈인터넷 목표를 저해하는 경우에는 규제권한을 발동할 수 있음을 덧붙였다.

제3절 콘텐츠계층(부가통신)에 대한 규제

1. 부가통신의 정의

전기통신사업법상 부가통신은 '기간통신역무 외의 전기통신역무'를 의미한다. 전기통신사업법의 기간통신역무가 현재와 같이 "음성, 데이터, 영상 등을 그 내용이나 형태의 변경없이 송신 또는 수신하게 하는" 역무라는 정의를 통하여 정해지기 전 전기통신사업법에서는 기간통신역무는 전화, 전신, 이동통신, 회선임대 등 나열식으로 정의되고 있었고, 부가통신역무는 전기통신설비를 이용하여 타인의 통신을 매개하거나 전기통신설비를 타인의 통신용으로 제공하는 역무인 전기통신역무 중에서 이들 기간통신역무를 제외한 나머지 모두를 의미하였다. 따라서 현재 부가통신은 전기통신역무에서 정의상 기간통신역무가 아닌 모든 전기통신역무를 의미한다.

사업법상 이러한 정의의 부가통신서비스는 일반적으로는 Value Added Service를 의미한다. 기본적으로 음성을 전달하기 위해서 개발된 전통적인 통신의 개념하에 이기종간의 통신을 실현시키기 위해 필요에 따라 프로토콜 변환 등의 '부가가치'를 발생하는 기능이 갖추어져 있는 서비스인 것이다. 이전 전기통신사업법에서 우리나라는 온라인정보검색처리업무, 부가가치통신역무, 데이터단순전송역무, 기타역무 등의 서비스를 제공하는 사업을 부가통신사업으로 정의하기도 하였다.

미국의 경우, 1960년대에 규제의 정도에 의하여 통신산업과 컴퓨터 산업으로 구분하였다. 당시 부가통신을 통신산업에 가까운 서비스로 보아 전기통신망에 준하는 개념으로 부가통신을 정의하였고, 통신사업자들이 제공하는 기본적인 서비스 이외의 추가적인 서비스를 이용자에게 제공하는 것으로 정의하였다. 1970년대에 접어들면서 통신과 정보처리의 융합이 더욱 심화되자 미국 연방통신위원회(FCC)는 통신제도의 합리적인 규제를 목적으로 컴퓨터 조사(Computer Inquiry)를 실시하였다. 1차 조사시 FCC는 정보처리와 통신이 융합되는 부분을 통신이 주가 되는 혼합통신(hybrid communication)과 정보처리가 핵심이 되는 혼합처리(hybrid processing)로 구분하였다. 2차 조사(1970년대 말)에서 FCC는 통신과 정보처리간의 구분을 기본서비스(basic services)와 고도서비스(enhanced services)로 분류하여 부가통신서비스에 해당되는 고도서비스에 대한 규제를 완화하였다. 3차 조사에서는 통신서비스(telecommunication service)[35]와 정보서비스(Information service)[36]로 구분하였다. 개념정의에 대한 많은 논의는 1990년대에 들어서면서 WTO의 출범으로 일단락 되었다. WTO는 기본통신협정의 통신부속서상에 "부가

---

35) telecommunications service란 이용자에 의하여 특정화된 지점간 정보의 형식이나 내용에 변화가 없이 이용자가 선택한 정보를 전송하는 서비스로 이용되는 설비를 불문하고 대중 또는 특정사용자집단에게 직접적으로 이용료를 대가로 통신을 제공하는 서비스.
36) informations service는 정보의 생산, 획득, 축적, 가공, 변환, 수정, 이용 또는 통신을 통한 가치있는 정보의 생성능력을 제공하는 서비스. 전자출판은 포함되지만, 통신시스템의 관리, 통제, 운영을 위한 서비스 또는 통신서비스의 관리를 위한 서비스는 제외.

통신서비스란 자가설비 보유없이 다른 통신사업자의 설비를 임대해 각종 통신 서비스를 제공하되, 통신네트워크상에서 전달되는 정보를 일정 기간 축적 또는 가공한 후 전송하는 특성을 지니는 서비스"로 규정하고 있다.

2. 부가통신의 종류

앞서 정의에서 보았듯이 부가통신의 특성이 기간통신을 이용하여 다양하게 진행될 수 있으므로, 정형화된 분류를 하는 것이 어렵다. 현재 우리나라에서는 한국정보통신진흥협회(KAIT)에서 "ICT주요품목동향조사"라는 이름의 월간 통계자료집을 발간하고 있으며, 이 중 정보통신방송서비스에 부가통신서비스가 포함되어 있다. 부가통신서비스는 '인터넷관리 및 지원서비스', '부가통신 응용 및 중개서비스', '기타 부가통신서비스'로 구분된다.

표 3-4 정보통신방송서비스 중 부가통신서비스

대분류	중분류	소분류	세분류
정보통신 방송서비스	통신서비스	유선통신 서비스	전화, 전용회선 등
		무선통신 서비스	이동통신, TRS 등
		회선설비 임대 재판매 및 통신서비스 모집, 중개서비스	회선설비 임대 재판매 등
		부가통신 서비스	인터넷관리 및 지원서비스
			부가통신 응용 및 중개서비스
			기타 부가통신서비스

부가통신서비스는 이러한 대·중·소 분류 하에 다음과 같이 통계적으로 관리되고 있다.

표 3-5 부가통신서비스의 분류체계(2014년~ICT통계분류체계)

1140.0000 부가통신서비스			
	1141.0000 인터넷 관리 및 지원 서비스		
		1141.1000 인터넷접속기반 서비스	
		1141.2000 인터넷 관리 서비스	
			1141.2100 온라인 스토리지 공유 서비스
			1141.2200 온라인 콘텐츠 공유 서비스
			1141.2300 웹사이트 구축 및 관리 서비스
			1141.2400 보안 관리 서비스
			1141.2500 도메인 관리 서비스
			1141.2900 기타
		1141.3000 인터넷 지원 서비스	
			1141.3100 콘텐츠 전송 지원 서비스
			1141.3900 기타
	1142.0000 부가통신 응용 및 중개 서비스		
		1142.1000 부가통신 응용 서비스	
			1142.1100 고도팩스 서비스
			1142.1200 카드 검색(CCIS) 서비스
			1142.1300 전자문서교환(EDI) 서비스
			1142.1400 원격통신 서비스
			1142.1500 전자지불 서비스
			1142.1600 온라인 정보처리 서비스
			1142.1700 온라인 예약 서비스
			1142.1800 전자상거래 서비스
			1142.1900 기타 부가통신응용서비스
	1149.0000 기타 부가통신서비스		

3. 발전과정[37] 및 관련규제

부가가치통신망(Value Added Network)이란 용어는, 1969년 미국국방성에서 기존의 전화통신망보다 효율적인 컴퓨터통신을 위한 패킷교환망을 개발하고 이를 VAN이라 한 데서 유래하였다. 이후에 컴퓨터와 통신의 결합으로 컴퓨터의 기능을 이용한 정보의 처리, 가공 및 시차전송 등의 다양한 통신서비스가 제공되었는데, 이를 통칭하여 네트워크의 부가가치를 높였다는 의미로 부가통신서비스(Value Added Service)라고 하였다.

부가통신서비스는 범세계적으로 기간통신서비스와는 다르게 발전하였다. 기간통신산업은 초기에 공공성을 감안하여 정부가 직영하거나 정부가 투자한 공공사업자가 독점하였고, 최근에 들어서야 규제완화 추세와 더불어 민영화를 실시하였다. 그러나 대규모의 동질적인 서비스를 제공해야 하는 기간통신서비스와는 달리 부가통신서비스는 이용자의 욕구에 맞추어 서비스를 제공해야 하므로, 초기부터 민간사업자의 자유로운 참여를 허용하는 것이 일반적인 경향을 보이며 발전하였다. 우리나라의 부가통신서비스 사업은 1982년 공공사업자인 데이콤통신(주)가 설립되면서 시작되었고, 1995년 4월 29일자의 개정에서 사업신청방법이 등록제에서 신고제로 전환되며 경쟁체제가 도입되었다. 경쟁체제가 도입된 후 발전을 거듭하던 부가통신사업은 인터넷, PC통신을 중심으로 이용자가 급격히 증가하여 시장규모가 거대하게 확장되었고 사업자의 진출도 크게 늘어 경쟁이 더욱 심화되고 있다.

부가통신서비스는 다른 통신서비스들과 구분되는 특징을 지니고 있다. 우선 제도적 규제에 있어서, 누구든지 신고[38]만 하면 기간통신역무를 제외한 모든 통신서비스를 제공할 수 있어, 진입과 퇴출이 자유로운 완전경쟁적 산업구조를 지니고

---

37) 부가통신서비스, 1998. 7, 정보통신정책연구원 내부자료 참조.

38) 부가통신사업을 경영하려는 자는 미래창조과학부장관에게 신고하여야 하며, 자본금 1억원 이하의 소규모 부가통신사업의 경우에는 예외적으로 부가통신사업을 신고한 것으로 간주하고 있다. 특수한 유형의 부가통신사업을 경영하려는 자는 「정보통신망 이용촉진 및 정보보호 등에 관한 법률」과 「저작권법」의 이행을 위한 기술적 조치 실시 계획, 업무수행에 필요한 인력 및 물적 시설 및 재무건전성 등을 갖추어 등록하여야 하며, 특수한 유형의 부가통신사업의 등록을 받은 경우에는 망법과 저작권법에 명시된 계획을 이행하기 위하여 필요한 조건을 붙일 수 있다.

있다. 또한 네트워크구축 및 서비스 제공개념인 기간통신사업과는 달리 다양성과 창의성이 요구되는 아이디어 경쟁이 필요하며, 회선설비를 기간통신사업자로부터 임차하기 때문에 통신네트워크의 외부적 영향에 민감한 것도 중요한 특징이라 하겠다.

제4장

시장지배력남용 및
경쟁제한행위에 대한 규제

제1절 경쟁환경조성 및 경쟁촉진제도: 사전규제

1. 경쟁상황평가

1) 의의

가) 법령 및 입법취지

경쟁상황평가란 통신시장에서 전기통신사업자간 효율적인 경쟁체제의 구축과 공정한 경쟁환경의 조성을 위한 경쟁정책을 수립하기 위하여 미래창조과학부가 경쟁상황을 평가하는 제도이다. 현재 법 제34조 제2항에 근거하여 미래창조과학부장관이 매년 실시하고 있으며, 정보통신정책연구원이 위탁을 받아 매년 그 연구를 수행하고 있다.

정보통신기술의 발전으로 인한 통신방송융합의 가속화와 세계 통신시장의 경쟁촉진정책에 따라 전기통신사업에서 경쟁정책이 가장 중요한 정책 중 하나로 부상하였다. 그런데 이러한 경쟁정책을 추진하기 위해서는 시장의 경쟁상황이 어떠한 양상으로 전개되고 있으며, 어떠한 경쟁상황을 보이고 있는지, 앞으로 어떠한 경쟁상황으로 발전할지에 대한 정보가 필요하다. 경쟁상황평가제도는 바로 이와 같은 필요에 의하여 고안되었고, 2007년 법제화되었다. 요컨대, 경쟁상황평가는 당해 시장의 투명한 규제 의사결정과 효과적인 규제 수단과 규제 수준의 선택을 위하여 필요하다.[1]

이러한 경쟁상황평가의 결과는 제28조 이용약관의 인가, 제35조 설비 등의 제공, 제39조 상호접속, 제41조 설비의 공동사용, 제42조 상호접속 등을 위한 정보제공, 제38조 도매제공 등의 기간통신사업에 대한 규제에 활용되고 있다.[2] 경쟁상황평가의 법적 성질은 행정법이론에서 행정조사이다.

나) 인접사업 및 국외입법례[3]

미국은 1996년 텔레커뮤니케이션법(Telecommunication Act) 제333조 (c)(1)(c)에서 미국 통신위원회(FCC)에게 매년 상업용 이동전파서비스(Commercial Mobile Radio Services: CMRS)의 경쟁상황을 분석하고 해당 연차보고서를 의회에 보고하도록 규정하고 있다. 이 상업용 이동전파서비스에는 이동전화, 이동위성서비스 등이 포함된다. 따라서 미국은 통신시장의 전반적인 경쟁상황평가를 법제화하고 있지는 않으며, 입법자가 경쟁상황평가가 필요하다고 판단한 일부 시장에 대한 경쟁상황평가만을 법제화하고 있다고 할 수 있다.[4]

유럽연합은 프레임워크 지침(EU Framework Directive) 제16조 제1항은 각 회원국 규제기관(National Regulatory Authorities: NRA)이 권고한 해당 시장을 분석하여 그 결과와 그에 따른 규제조치를 공개하여 공공의 의견(public consultation)을 듣도록 규정하고 있다. 그리고 이러한 분석이 가능하도록 권한 지침(Authorisation Directive)[5] 제11조에서는 전기통신사업자가 각 회원국의 규제기관에 의무적으로 정보를 제공하도록 규정하고 있다. 한편, 유럽연합은 각 회원국의 규제기관에 시장획정, 시장지배력 평가 및 시장지배적 사업자의 지정, 이와 관련한 절차에 대한 지침(guideline)을 별도로 제공하고 있다.[6]

유럽연합의 각 회원국은 위의 EU 지침과 가이드라인에 따라 통신시장에 대한

---

1) 신용희, "통신시장의 효과적 규제를 위한 경쟁상황 평가제도 관련 개선방향", 한국경영과학회·대한산업공학회 2003년 춘계공동학술대회 자료집, 2003.5, 159면.
2) 신종철, 통신법해설, 진한 M&B, 2013, 71면.
3) 이에 관해서는 변정욱 외 3인, "주요국의 통신시장 경쟁상황평가 제도현황 분석", KISDI 이슈리포트 06-07, 2006을 참조.
4) 변정욱, 앞의 보고서, 25-29면.
5) Directive 2002/20/EC of the European Parliament and of the Council of 7 March 2002 on the authorization of electronic communications networks and services (Authorization Directive)
6) 변정욱, 앞의 보고서, 9-10면.

경쟁상황평가의 절차와 방법을 국내법에 규정하고 있다. 예를 들어, 영국은 통신법(The Communication Act of 2003) 제34조, 제79조, 제135조 등에 근거하여 방송통신위원회(Office of Communications: Ofcom)가 시장지배적 사업자의 지정을 위한 목적으로 경쟁상황평가를 할 수 있도록 절차와 방법을 규정하고 있다.[7]

일본은 총무성이 2003년 제정한 「전기통신사업 분야의 경쟁상황의 평가에 관한 기본지침」에 근거하여 매년 통신시장의 경쟁상황을 평가하고 있다. 통신시장을 구성하는 모든 영역을 매년 조사하여 평가하지 않고, 매년 평가를 할 영역을 선정하여 이를 중심으로 시장을 획정하여 조사하고 평가하고 있다.[8]

2) 현행 경쟁상황평가제도

가) 평가목적, 주체, 대상, 주기

법 제34조 제2항에서는 미래창조과학부장관은 전기통신사업의 효율적인 경쟁체제의 구축과 공정한 경쟁환경의 조성을 위한 경쟁정책을 수립하기 위하여 매년 기간통신사업에 대한 경쟁상황 평가를 실시하여야 한다. 이에 따라 미래창조과학부장관은 매년 경쟁상황평가 연구를 정보통신정책위원회에 위탁하고 있으며, 정보통신정책연구원에서는 유선전화, 이동통신, 초고속인터넷, 전용회선, 국제전화를 선정하여 관련시장을 획정하여 시장경쟁상황을 평가하여 그 결과를 보고서로 출간하여 공개하고 있다.[9]

보고서에서는 그 목적을 정부개입(사전규제)이 필요한 시장과 규제 대상사업자의 식별 및 규제의 종류·강도 결정을 위한 시장상황의 판단을 위한 것이라고 좀 더 구체적으로 설명하고 있다.[10]

법 제34조 제2항은 매년 의무적으로 시행하도록 규정하고 있기 때문에 이것을 지켜야 한다. 그러나 경쟁상황평가가 행정조사의 일종이기 때문에 이에 국한되는 것은 아니다. 미래창조과학부장관이 필요하다면 추가적으로 경쟁상황평가를 실시할 수 있다. 실제로 2007년 법률로 명시적으로 도입되기 이전인 1999년부터 경쟁

7) 이에 관하여 자세한 것은 변정욱, 앞의 보고서, 11-24면 참조.
8) 변정욱, 앞의 보고서, 37-41면 참조.
9) 정보통신정책연구원, 통신시장경쟁상황평가(2014년도), 정보통신정책연구원, 2014. 11.
10) 정보통신정책연구원, 앞의 보고서, 489면.

상황평가를 하였던 것은 바로 이와 같은 이유에서 가능했던 것이다.

나) 평가방법과 절차

법 제34조 제3항은 경쟁상황 평가를 위한 구체적인 평가기준, 절차, 방법 등에 관하여 필요한 사항은 대통령령으로 정하도록 규정하고 있다. 따라서 시행령 제38조 등은 다음과 같은 사항을 규정하고 있다.

경쟁상황의 평가는 구체적인 평가대상의 선정, 당해 평가대상 관련시장의 획정(market definition), 시장별 주요 지표 평가, 지표 종합을 통한 결론 도출이라는 과정을 거친다.

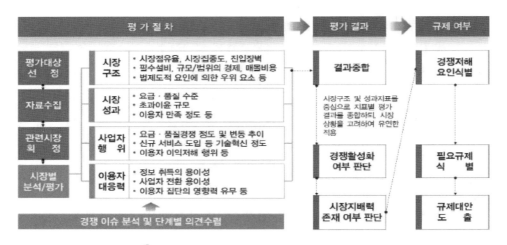

그림 4-1 현행 경쟁상황평가제도 개요[11]

우선 단위시장을 획정할 때에는 서비스의 수요대체성·공급대체성, 서비스 제공의 지리적 범위, 소매(전기통신사업자와 그 전기통신사업자가 제공하는 서비스의 최종 이용자 사이의 거래를 말한다), 도매(소매서비스를 제공하기 위하여 설치된 전기통신설비 등을 다른 전기통신사업자에게 제공하는 거래를 말한다) 등 서비스 제공의 거래단계, 구매력·협상력의 차이 또는 수요의 특수성 등 이용자의 특성의 모든 사

---

11) 정보통신정책연구원, 앞의 보고서, 490면.

항을 고려하여야 한다고 규정하고 있다(시행령 제38조 제1항).

그리고 이렇게 획정한 단위시장을 대상으로 시장점유율, 진입 장벽 등 시장구조, 서비스 이용에 관한 정보 취득의 용이성, 서비스 공급자 전환의 용이성 등 이용자의 대응력, 요금·품질경쟁의 정도 및 기술혁신의 정도 등 전기통신사업자의 행위, 요금·품질의 수준, 전기통신사업자의 초과이윤 규모 등 시장성과를 종합적으로 고려하여 평가를 수행하도록 규정하고 있다(시행령 제38조 제2항).

이를 위하여 전기통신사업자와 시설관리기관은 법 제35조 제5항에 따라 해마다 3월 31일까지 전기통신사업자 및 시설관리기관이 보유한 설비 등 중 미래창조과학부장관이 정하여 고시한 설비 등의 현황, 기간통신사업자 또는 시설관리기관이 전기통신사업자에게 제공하고 있는 설비 등의 현황을 미래창조과학부장관에게 제출하여야 한다.

실제로는 미래창조과학부와 정보통신정책연구원은 이에 근거하여 전기통신사업자 및 시설관리기관이 제출한 자료와 기준시점 이후의 시장 변화를 반영하기 위한 추가 자료, 이용자 만족도, 이용자의 서비스 수요 및 대체의향을 파악하기 위한 설문자료 등을 평가에 활용하고 있다.

한편, 그 과정에서 미래창조과학부장관은 경쟁상황 평가를 수행하기 위하여 필요하다고 인정할 때에는 관계 전문가와 이해관계자의 의견을 들을 수 있다(시행령 제38조 제3항).

이러한 의미에서 경쟁상황평가는 행정법이론에서 비권력적 행정조사, 간접조사에 해당한다.[12] 따라서 피조사자가 이에 협조하지 않을 경우 법에 따른 제제를 할 수 있을 뿐 실력행사 등을 하여서는 아니된다.

다) 경쟁상황평가 결과 예시

지난 2014년 경쟁상황평가 결과를 간단히 예시하면 다음과 같다.[13]

---

12) 행정조사의 종류에 관해서는 홍정선, 행정법원론(상), 박영사, 2014, 677-678면.
13) 이상 정보통신정책연구원, 통신시장경쟁상황평가(2014년도), 요약부분 전재.

표 4-1 시장 경쟁상황 평가 보고서(예시)

Ⅰ. 통신시장 경쟁상황 평가(2014년도)

1. 유선전화 시장

(시장개황) '13년 말 가입자 수는 3,024만명으로 전년대비 0.8% 증가하였으나, 소매 매출액은 2조 8,026억원으로 전년대비 8.6% 감소

　　※ '14년 상반기 인터넷전화 가입자도 감소하여, 유선전화 전체 가입자가 감소추세로 전환

(시장획정) 시내전화·시외전화·인터넷전화를 포괄하여 유선전화 시장으로 획정

(평가결과) 비경쟁적 시장(시장 지배적 사업자 존재)으로 판단

(시장점유율) KT의 '13년 점유율이 매출액 기준 65.5%, 가입자 기준 59.1%로 '경쟁이 미흡'한 시장으로 추정

(시장구조) 1위 사업자 점유율이 지속 하락 추세이나, 여전히 높은 수준이며 고비용 지역에서의 경쟁 미흡

　　※ '13년 말 KT 가입자 점유율: (전국) 59.1%, (광역시) 54.1%, (비광역시) 64.1%

(시장성과) 낮은 수익성 및 요금수준 등 시장성과가 양호하나, 낮은 수익성은 유선전화 시장 내 경쟁에 의한 것이라기보다는 이동전화 등 타 서비스로의 대체 등 시장 축소에 기인

　　※ '13년 유선전화 소매 매출액은 이동전화의 13.3% 수준이며, 발신 통화량은 39.2% 수준

(이용자 대응력) 번호이동성 시행으로 후발사업자 커버리지 내에서의 전환장벽이 상당부분 해소되었으나, 후발사업자 커버리지 밖 고비용 지역에서의 전환장벽 존재

(사업자 행위) 제한적인 요금경쟁이 전개되고, 품질 등 비가격 경쟁은 비교적 양호하나, KT와 후발사업자간 커버리지 격차 존재

(경쟁상황 평가 종합) 여전히 높은 점유율, 유선 가입자망의 필수성과 고비용 지역에서의 경쟁 미흡, 진입장벽이 높은 시내전화 가입자 수 우위 등을 고려하여 비경쟁적 시장으로 판단

2. 이동통신 시장

(시장개황) '13년 말 가입자 수는 5,468만명으로 전년대비 4.5% 증가하였으며, 소매 매출액은 21조 304억원으로 전년대비 6.1% 증가

(시장획정) 기술방식 및 단말유형에 관계없이 이동전화 접속 및 음성통화·문자·모바일인터넷을 포괄하여 이동통신 시장으로 획정

(평가결과) 비경쟁적 시장(시장 지배적 사업자 존재)으로 판단

　-(시장점유율) SKT의 '13년 점유율이 매출액 기준 51.0%, 가입자 기준 48.1%로 '경쟁이 미흡'한 시장으로 추정

　-(시장구조) 전체 시장 점유율과 달리, SKT의 LTE 부문 점유율은 50% 미만이나, 경쟁기간이 짧아 지속적 모니터링 필요

※ SKT의 '13년 LTE 부문 점유율: (매출액 기준) 47.6%, (가입자 기준) 47.2%

(진입장벽) 제4이통 신규 진입을 위한 주파수 대역폭이 확보되어 주파수 제약에 따른 진
입장벽은 해소되었으나, 안정적 시장진입을 위한 자금력 확보가 실질적 진입
장벽으로 작용

(알뜰폰) 알뜰폰 가입자 점유율이 증가 추세이나, 시장포화 및 MNO의 보조금 경쟁에 따
라 선불제, 음성 및 저가단말 중심으로 경쟁이 국한

─(시장성과) 1위 사업자와 2, 3위 사업자간 수익성(영업이익) 격차가 크며, 이는 투자
및 요금인하 여력 등에 장기적으로 영향을 미칠 수 있으므로 사업자간 대등한
경쟁을 제약하는 요인으로 작용할 수 있음

※ '13년 영업이익: (SKT) 2조 5,729억원, (KT) 7,486억원, (LGU⁺) −3,763억원

─(사업자 행위) 전체 이용자에게 혜택이 돌아가는 요금경쟁 대신 특정 이용자에게만
혜택이 돌아가며 가입자 빼앗기를 통한 점유율 유지에 유리한 마케팅 경쟁에
치중

※ '13년 마케팅비: (SKT) 3조 4,280억원, (KT) 2조 6,811억원, (LGU⁺) 1조
8,362억원

※ '13년 소매 매출액 대비 마케팅비 비중: (SKT) 32.0%, (KT) 45.6%, (LGU⁺)
44.0%

3) 현행 제도의 문제점 및 개선방안

경쟁상황평가가 법제화되기 이전에는 이에 대한 문제점과 개선방향에 관한 논
의가 있었으나,[14] 현재는 그러한 논의가 별로 없다. 현재 거론되고 있는 문제는 제
도 그 자체의 문제라기보다는 구체적인 운용과정에서 문제라고 판단된다.

이미 설명한 것처럼 경쟁상황평가의 법적 성질은 행정법이론에서 행정조사이
다. 따라서 그 운용과정에서 이 법에서 규정하고 있지 않은 내용이나 입법론을 전
개할 때 행정법이론에서 구축한 행정조사에 관한 일반이론, 그리고 이를 중심으로
2007년 제정한 「행정조사기본법」을 참고하면 유용할 것이다.

---

14) 예를 들어, 신용희, 앞의 글, 158-162면.

2. 가입자선로 공동활용

1) 의의

가입자선로의 공동활용이란 A기간통신사업자가 B기간통신사업자에게 가입자선로(local loop)를 공동이용할 것을 청약하면 B기간통신사업자의 의사와 관계없이 법률의 규정에 따라 공동이용계약이 체결되도록 하는 제도이다.

이 제도의 입법취지는 통신설비의 중복 투자를 막는 것이다. 여기서 가입자선로란 이용자와 직접 연결되어 있는 교환설비에서부터 이용자까지의 구간에 설치한 선로이다. B 기간통신사업자의 승낙을 법률상 강제하는 것이므로 공익을 위하여 계약자유의 원칙을 제한하는 것이다.

우리 법은 미래창조과학부장관이 가입자선로 공동활용의 범위와 조건·절차·방법 및 대가의 산정 등에 관한 기준을 정하여 고시하도록 규정하고 있고(제2항), 이에 따라 「가입자선로의 공동활용기준」[15]이 제정되어 이에 관하여 자세히 규정하고 있다.

이 고시는 구체적으로 기존의 시내 전화사업자의 가입자 선로를 경쟁사업자가 동일한 조건으로 사용할 수 있도록 시내전화망에서 분리하여 제공하도록 규정하고 있고, 2004년 도입되었다.[16] 이 고시에 따르면 가입자선로 공동활용은 (i) 동선 일괄제공, (ii) 동선 중 고주파수회선 분리제공, (iii) 초고속인터넷접속망 개방 세 종류가 있다. 각각 그 요건이 다르다. 우리나라의 가입자선로 공동활용제도는 미국(local loop unbundling: LLU)[17]에 기인한 것이다.

---

15) 미래창조과학부고시 제2013-83호, 2013. 8. 14., 일부개정, 2013. 8. 14., 시행.
16) 신종철, 통신법해설, 진한 M&B, 2013.
17) 이에 관하여 자세한 것은 Peter W. Huber et al., Federal Telecommunications Law, Aspen, 1999, p. 507ff.

2) 현행 가입자선로 공동활용 제도

가) 동선 일괄제공

(1) 의의

고시에서 '가입자선로'란 가입자측의 선로가 부착된 단자 또는 초고속 인터넷용 모뎀과 기간통신사업자의 전화국내 가입자측 최초 단자를 연결하여 전기통신신호를 전달하는 선로를 말한다(제3조 제1호). '공동활용'이란 기간통신사업자의 가입자선로를 미래창조과학부장관이 정하여 고시하는 전기통신사업자에게 제공하거나, 해당 사업자의 전기통신설비와 물리적, 전기적, 기능적으로 연결하는 것을 말한다(제3조 제2호).

동선 일괄제공(full unbundling)이란 제공사업자가 동선을 특정한 지점에서 물리적으로 분리하여 이용사업자에게 제공하는 것을 말한다(제3조 제2호). 따라서 동선 일괄제공을 받은 이용사업자는 해당 구간의 모든 주파수대역을 사용할 수 있다. 이 점에서 해당 구간의 주파수대역 중 초고속 인터넷에 사용되는 대역만을 사용할 수 있는 동선 중 고주파수회선 분리제공과 차이가 있다.

(2) 제공사업자 및 이용사업자

동선 일괄제공의 제공사업자는 동선으로 된 가입자선로를 보유하고 있는 시내전화사업자이고, 이용사업자는 시내전화사업자이다(제6조).

(3) 공동활용대상

시내전화사업자의 동선 중 공동활용 대상이 되는 동선은 전체 동선 중 예비동선을 제외한 동선이다. 여기서 예비동선의 수는 제공사업자의 종말단자함에서 사용중인 동선의 8%로 한다. 다만 제공사업자로부터 이용사업자로 전환가입하는 회선의 경우에는 예비동선의 수를 적용하지 않는다. 가입자망 신규 구축지역의 제공대상은 해당지역의 가구수 및 해당 예비회선을 제외한 동선으로 한다(이상 제7조).

제공구간은 제공사업자의 시내교환 주회선분배반(MDF)의 가입자측 단자부터 가입자측 분계점까지로 한다. 여기서 가입자측 분계점이란 대형건물 및 공동주택의 통신실내 회선분배반 또는 단독주택 벽단자함을 말한다. 그럼에도 불구하고 이용사업자가 단독주택의 인입선구간 작업등을 직접 수행할 경우의 가입자측 분계점은 통신주의 종말단자함으로 한다(이상 제8조). 제공사업자가 이용사업자에게 제공하는 동선의 단위는 페어(2 wire)로 한다(제9조).

(4) 공동활용의 내용과 방법

이용사업자의 제공사업자 시설 및 전기통신설비에 대한 공동사용은 해당 시설 및 전기통신설비의 운영에 영향을 주지 않는 방식으로 이루어져야 한다(제65조).

구체적인 것은 제66조 이하에 규정되어 있다. 우선 이용사업자가 공동사용 할 수 있는 제공사업자의 시설 및 전기통신설비는 전화국면적: 시내전화교환기가 수용된 전화국의 면적, 전화국 인입설비: 통신주, 수공, 인공, 관로, 통신구, 구내연결통로 등 전화국 인입에 필요한 설비, 부대설비: 이용사업자가 이용하는 전화국 인근에 있는 회선분배반, 전원설비 등의 설비이다(제66조).

제공사업자는 전화국 전송실내에 여유면적이 있고, 이용사업자가 시내전화서비스의 제공을 위하여 공동사용 요청을 하는 경우에는 해당 여유면적을 제공하여야 하고, 전화국 전송실내에 여유면적이 부족할 경우 제68조에 따라 전화국내 일반면적을 제공하여야 한다(제67조).

제공사업자는 이용사업자의 전화국내 일반면적의 공동사용에 대비하여 이 기준의 시행일 이후 3년간 또는 공동사용 요청시점 이후 2년간은 전화국당 33㎡ 이내의 면적을 확보하여 제공하여야 하고, 여기서 구체적인 면적은 제공사업자가 이용사업자로부터 이 기준의 시행일 이후 3년간 또는 공동사용 요청시점 이후 2년간은 향후 매 1년간 수요에 대한 일괄 요청서를 받아 정한다(이상 제68조).

만약 제공사업자와 이용사업자가 이에 관하여 분쟁이 발생하면 다음과 같은 절차로 해결하여야 한다. 우선 제공사업자는 제67조부터 제68조까지에 따른 전화국 면적제공이 곤란할 경우 그 사유를 첨부하여 미래창조과학부장관 및 이용사업자에게 제출한다. 그러면 미래창조과학부장관은 제공사업자가 전화국 면적제공이 곤란한 사유를 제출할 경우 제출사유의 정당성 여부를 심의하고, 심의결과를 관련사업자에게 통보하며, 관련사업자는 심의결과를 이행하여야 한다(제69조).

그리고 이용사업자가 제공사업자의 전화국에 자사의 설비를 인입시키기 위하여 필요한 전기통신설비의 종류 및 수량은 이용사업자가 자사의 전화국내에 설치하는 설비를 기준으로 관련 사업자간 협의하여 정한다(제70조).

그 밖에 공동사용 요청절차, 계약기간, 출입절차, 사용대가 등 기타 필요한 사항은 「전기통신설비의 공동사용 등의 기준」에 따른다(제71조).

한편, 이용사업자는 제공받은 동선을 시내전화서비스 및 초고속인터넷서비스에만 사용할 수 있으며, 제공받은 동선을 다른 전기통신사업자에게 다시 제공하여서는 아니된다는 제한이 있다(제10조).

(5) 기타

요청 및 제공절차에 관해서는 고시 제19조부터 제23조에 자세히 규정되어 있고, 대가의 산정 및 정산에 관해서는 제32조부터 제54조까지 자세히 규정되어 있다. 그리고 운용 및 유지보수에 관해서는 제61조, 제62조에 자세히 규정되어 있다.

나) 동선 중 고주파수회선 분리제공

(1) 의의

고주파수회선 분리제공(line sharing)이란 제공사업자가 동선중 고주파수 대역만을 전기적으로 분리하여 이용사업자에게 제공하는 것을 말한다(제3조 제6호).

(2) 제공사업자 및 이용사업자

고주파수회선 분리제공의 제공사업자는 동선으로 된 가입자선로를 보유하고 있는 시내전화사업자이고, 이용사업자는 전기통신회선설비임대역무를 허가받고, 초고속인터넷접속서비스를 제공하고 있는 전기통신사업자이다(제11조).

(3) 공동활용대상

제공사업자가 시내전화서비스에 사용하고 있는 동선 중 초고속인터넷에 사용할 수 있는 고주파수회선을 공동활용 대상으로 한다(제12조). 고주파수회선의 제공구간은 제공사업자의 전화국내 스플리터 장치로부터 가입자측 분계점까지로 한다. 여기서 가입자측 분계점은 대형건물 및 공동주택의 통신실내 국선회선분배반, 단독주택의 벽단자함 또는 동선이 연결된 콘센트이다(제13조). 제공사업자가 이용사업자에게 제공하는 고주파수회선의 단위는 회선(2 Wire에서 분리한 고주파수대역)으로 한다(제14조).

(4) 공동활용의 내용과 방법

동선 일괄제공에서 설명한 제65조부터 제71조까지의 규정이 적용된다. 한편, 이용사업자는 제공받은 고주파수회선을 초고속인터넷서비스 용도로만 사용할 수 있고, 제공받은 고주파수회선을 다른 전기통신사업자에게 다시 제공하여서는 아 니된다(제15조).

(5) 기타

요청 및 제공절차에 관해서는 고시 제24조부터 제27조에 자세히 규정되어 있 고, 대가의 산정 및 정산에 관해서는 제55조에 규정되어 있다. 그리고 운용 및 유 지보수에 관해서는 제61조, 제62조에 자세히 규정되어 있다.

다) 초고속인터넷접속망 개방

(1) 의의

초고속인터넷접속망 개방(broadband internet open access)이란 초고속인터넷 접속망을 모든 인터넷서비스 제공사업자가 동등한 조건과 대가에 따라 자유롭게 접속할 수 있도록 개방하는 것을 말한다(제3조 제8호). 여기서 초고속인터넷접속망 이란 가입자가 인터넷상의 문자, 그림, 동영상 등 모든 정보를 자유롭게 이용할 수 있도록 가입자의 단말기와 인터넷을 초고속으로 접속시켜주는 통신망으로서 디지 털가입자망과 광동축혼합망 등이 있다(제3조 제8호).

(2) 제공사업자 및 이용사업자 범위

초고속인터넷접속망 개방의 제공사업자는 매년도 1월말 기준으로 보유하고 있 는 초고속인터넷접속망의 유형별 가입자수가 50만명 이상인 기간통신사업자이며, 이용사업자는 인터넷서비스를 제공하고 있는 전기통신사업자이다(제16조).

(3) 공동활용대상

공동활용 대상 초고속인터넷접속망은 디지털가입자망(digital subscriber line: xDSL)과 광동축 혼합망(hybrid fiber coaxial: HFC)이다(제17조 제1항). 여기서 디 지털가입자망이란 동선 또는 광케이블로 구성된 가입자선로에 DSLAM(digital subscriber line access multiplexer), ATM(asynchronous transfer mode) 등 초고

속전송장비를 부가하여 초고속인터넷접속서비스를 제공하는 통신회선을 말하며, 광동축 혼합망이란 동축케이블과 광케이블이 혼합된 가입자선로에 CMTS(cable modem termination system), 라우터(router) 등 초고속전송장비를 부가하여 초고속인터넷접속서비스를 제공하는 통신회선을 말한다.

제공지역은 초고속인터넷접속망이 설치되어 있는 지역으로 한다. 다만, 동선을 보유한 시내전화사업자는 동xDSL이 설치되지 않은 지역에 대해서도 제29조에 따른 가입자 수요가 있을 경우에는 동xDSL을 설치하고 제공하여야 한다(제17조 제2항).

제공사업자와 이용사업자는 xDSL은 제공사업자의 DSLAM 또는 ATM 후단, HFC는 제공사업자의 ROUTER 후단 중 어느 하나에 따른 설비에서 접속한다. 분계점은 제1항 각 호에 따른 접속점이다. 이용사업자의 설비부터 제2항에 따른 분계점까지의 통신회선은 이용사업자가 구성한다(이상 제18조).

(4) 공동활용의 내용과 방법

다수 이용사업자가 공동연동장치를 설치하여 xDSL을 이용할 경우 제공사업자는 전화국내 여유면적을 제공하여야 한다. 기타 전화국면적, 인입설비 등의 공동사용에 대해서는 제65조부터 제71조까지의 규정을 준용한다(제72조).

(5) 기타

요청 및 제공절차에 관해서는 고시 제28조부터 제31조에 자세히 규정되어 있고, 대가의 산정 및 정산에 관해서는 제56조, 제57조에 규정되어 있다. 그리고 운용 및 유지보수에 관해서는 제63조, 제64조에 자세히 규정되어 있다.

3) 현행 제도의 문제점 및 개선방향

이 제도는 통신사업자의 설비기반 경쟁(facility-based competition)을 서비스기반 경쟁(service-based competition)으로 유도하기 위한 제도 중 하나였으나, 가입자 선로가 동선(구리선)에서 광선(광케이블)로 전환된 이후 그 중요성이 현저히 떨어졌다.[18]

---

18) 신종철, 앞의 책, 97면.

3. 무선통신시설의 공동이용

1) 의의

무선통신시설의 공동이용이란 일정한 요건을 충족하는 경우 A 기간통신사업자의 무선통신시설을 B 기간통신사업자가 공동이용하는 제도이다. 현재 법 제37조에 근거하여 운용하고 있다. 우리가 국외여행을 할 때 국외 사업자의 무선통신시설을 이용하여 통신서비스를 이용하는 이른바 국외 로밍(Roaming)과 같이 국내에서 로밍이 가능하도록 강제하는 것이라고 이해하면 된다.

무선통신시설의 공동이용은 (i) B 사업자가 청약을 하면 A 사업자가 승낙을 하는 방식으로 체결하는 제1항에 의한 임의적인 공동이용과, (ii) 전기통신사업의 효율성을 높이고 이용자를 보호하기 위하여 미래창조과학부장관이 정하여 고시하는 B 사업자가 요청하면 A 사업자의 의사와 관계없이 법률의 규정에 따라 공동이용계약이 체결되는 제2항에 의한 강제적인 공동이용 두 종류가 있다.

제1항에 의한 임의적인 공동이용은 사적 자치의 원칙에 따라 막을 이유가 없고, 제2항은 B 사업자에 가입한 이용자가 A 사업자에 가입하지 않더라도 A 사업자의 무선통신시설을 이용하여 통신서비스를 이용할 수 있도록 함으로써 이용자를 보호하고, 전기통신사업을 설비기반(facility-based competition)이 아니라 서비스 기반으로 경쟁(service-based competition)하도록 유도하기 위한 것이다. 주파수대역은 자유이용하는 것을 방치하다보면 혼신(interference)으로 인하여 그 효율성이 저하되므로 이용자에게 특허를 줄 수밖에 없고, 그 결과 희소할 수밖에 없다.[19] 따라서 이러한 희소한 자원을 이용하도록 특허를 받았다고 하더라도 그것이 지나치게 경쟁을 제한하는 효과를 가져오는 것은 타당하지 않다. 무선통신시설의 공동이용은 바로 이와 같은 폐해를 막기 위한 것이다.

2) 제1항에 의한 무선통신시설의 공동이용제도

제1항에 의한 무선통신시설의 공동이용은 기간통신사업자이면 누구나 청약을

---

19) 김남 외, 전파법연구, 법문사, 2013, 44-48면.

할 수 있다. 그리고 이러한 청약을 받은 기간통신사업자는 그 의사에 따라 자유롭게 승낙 여부를 결정할 수 있다. 만약 청약을 받은 기간통신사업자가 승낙을 하여 계약이 체결되면 그 대가는 미래창조과학부장관이 정하여 고시하는 대로 산정하여 정산하여야 한다.

그런데 현재는 공동이용 대가의 산정기준·절차 및 지급방법 등에 관한 기준을 미래창조과학부장관이 정하여 고시하지 않고 있다.

3) 제2항에 의한 무선통신시설의 공동이용제도

제2항에 의한 무선통신시설의 공동이용제도는 미래창조과학부장관이 정하여 고시하는 기간통신사업자가 역시 미래창조과학부장관이 정하여 고시하는 기간통신사업자에게 요청할 수 있다. 이미 설명한 것처럼 이 경우 청약을 받은 기간통신사업자는 법 제37조 제2항에 의하여 그 승낙이 강제된다.

현재는 이를 위한 고시가 제정되어 있지 않아 이용되지 않고 있다.

4) 현행 제도의 문제점 및 개선방향

이미 설명한 것처럼 제37조의 무선통신시설의 공동이용은 이용자를 보호하고, 전기통신사업을 설비기반이 아니라 서비스기반으로 경쟁하도록 유도하기 위한 것이다. 그런데 현재 미래창조과학부장관은 관련 고시를 마련하지 않고 있다. 현재 시장 상황이 제37조 무선통신시설의 공동이용제도를 통하여 서비스기반 경쟁을 유도할 필요가 있다고 평가하여 관련 고시를 마련하지 않고 있는 것인지, 그러한 적극적 평가없이 법적 의무를 다하고 있지 않은 것인지는 명확하지 않다.

과거 (구)LG텔레콤이 SKT의 800MHz 주파수 대역을 공동이용하기 위하여 정보통신부에 제2항에 의한 강제적인 공동이용을 할 수 있도록 요청한 적이 있다. (구)LG텔레콤은 당시 이동전화시장에서 SK텔레콤의 시장지배력이 800MHz 주파수 대역이라는 효율적인 주파수대역에 기인한 것이므로 이를 공동이용할 수 있도록 허용하는 것이 타당하다고 주장하였다. 그러나 결국 그것이 허용되지는 않았다.[20]

---

20) 신종철, 앞의 책, 100면.

4. 네트워크의 상호접속, 설비제공, 공동사용, 정보제공 등

1) 상호접속

가) 상호접속의 의의

상호접속은 사업자 또는 서비스 유형이 다른 통신망 상호간 전기통신역무의 제공이 가능하도록 전기통신설비를 물리적, 전기적, 기능적으로 연결하는 것을 말한다(전기통신설비의 상호접속기준 제3조 제1항 제1호). 다시 말해 상호접속은 (i) 사업자 간의 다른 통신망 상호간 뿐 아니라, (ii) 같은 사업자의 다른 서비스 유형의 통신망 상호간, 예컨대, 이동전화서비스와 유선전화서비스 간 또는 이동전화서비스와 무선인터넷서비스 간에 '전기통신역무 제공'을 위하여 전기통신설비를 연결하는 것을 포함한다.

나) 상호접속 협정의 체결

전기통신사업법은 전기통신사업자는 다른 전기통신사업자가 전기통신설비의 상호접속을 요청하면 협정을 체결하여 상호접속을 허용할 수 있으며, 전기통신역무 제공에 필수적인 설비를 보유한 기간통신사업자, 기간통신역무의 사업규모 및 시장점유율 등이 대통령령으로 정하는 기준에 해당하는 기간통신사업자는 상호접속 요청을 받으면 협정을 체결하여 상호접속을 허용하여야 한다고 규정하고 있다(제39조 제1항, 제3항).

전기통신사업법 제39조 제1항에 따른 상호접속 협정은 모든 전기통신사업자가 상호접속을 요청하면 협정을 체결할 수 있다고 정하고 있는 반면, 같은 조 제3항에 따른 상호접속 협정 체결 의무는 필수설비를 보유하거나 일정한 기준에 해당하는 기간통신사업자로 제한된다는 점에서 그 차이가 있다.

상호접속은 통신산업의 민영화 과정에서 신규사업자의 진입을 용이하게 하기 위한 측면에서 도입된 제도이다. 통신산업에 경쟁이 도입되면서 통신시장에 신규 진입한 사업자는 신규로 확보한 이용자들에게 기존 사업자들의 이용자들과의 통신서비스가 가능하도록 하기 위해서 반드시 기존 사업자의 통신망 네트워크와 연결되어야 한다. 예컨대 KT가 제공하는 시내전화 서비스를 이용하는 이용자와의 통화가 가능하도록 하기 위해서는 후발사업자의 경우 KT의 시내전화망에 대한 상호접속이 필요하다. 그러나 독점적인 지위를 누려온 기존 사업자는 이를 허용하지 않을 유인(motivation)이 크다. 이에 필수설비 등을 보유하거나 일정한 규모 이상의 기간통신사업자가 부담하는 상호접속협정 체결의무는 공정한 경쟁 환경을 조성하고 경쟁을 촉진하기 위한 차원에서 중요한 의미를 가진다.

다) 전기통신설비의 상호접속기준

또한 구체적인 상호접속 협정 체결의 조건, 절차, 방법 및 대가의 산정 등에 관해서는 미래창조과학부가 전기통신사업법 제39조 제2항에 따라 정한 제1장 총칙, 제2장 전화계망간 상호접속, 제3장 인터넷망 상호접속, 제4장 무선인터넷망 개방, 제5장 보칙 등 73개 조문으로 구성되어 있는 '전기통신설비의 상호접속기준'(이하 '상호접속기준')에서 구체적으로 정하고 있다.

특히 상호접속기준은 접속의 기본원칙으로 통신망간 접속시 동등·투명·적시 및 합리적인 접속 구현 원칙을 정하고 있는데(제4조), 이는 미국의 망중립성 원칙에서 논의되고 있는 사항과 매우 유사하다.

참고로 우리나라에서는 상호접속이 통상 기간통신사업자 간의 통신망 간 접속 관련 제도로 이해되어 왔으나, 2002년 12월 상호접속기준이 개정되면서 무선인터넷망 개방 관련 규정이 도입되고(제4장 이하) 2011년 3월 22일 전기통신사업법 개정을 통해 별정통신사업자와 부가통신사업자의 이용약관 사용의무 규정이 폐지되면서, 부가통신사업자와 기간통신사업자 간 또는 별정통신사업자와 기간통신사업자 간에도 상호접속이 필요한 경우 상호접속 협정을 이용할 수 있는 것으로 이해되고 있다.[21]

라) 접속료 산정 및 정산 원칙

접속료는 사업자의 통신망간 접속과 관련하여 접속사업자 상호간에 수수되는 대가, 즉 통신망에 대한 이용대가를 의미한다.

---

21) 전영만, 방송통신법 해설, 450면 이하 참조.

보다 구체적으로 접속료는 접속설비비, 접속통화료, 접속통신료 및 부대서비스를 말한다고 정의하고 있으며(상호접속기준 제3조 제1항 제7호) ① 접속통화료는 (i) 전화계망간 접속에 따른 접속통화와 (ii) 이와 관련하여 접속사업자간에 수수되는 통신망의 이용대가(제3조 제1항 제8호), ② 접속통신료는 (i) 전화계망과 데이터망간 또는 (ii) 인터넷망간 접속에 따른 통신망의 이용대가를 의미한다고 규정하고 있다.

접속료는 통신서비스의 이용요금 책정에 큰 영향을 미친다. 즉 접속료는 통신서비스의 도매 요금의 성격을 가진다. 이에 상호접속기준은 접속료는 원가에 기초하여 산정하는 것을 원칙으로 정하고 있으며(제7조 제1항), 시내, 시외, 공중전화, 이동전화(셀룰러, 개인휴대통신, IMT-2000, LTE)망 및 인터넷전화망의 접속통화료에 관한 계산방식을 구체적으로 정하고 있다.

2) 전기통신설비의 제공

가) 전기통신설비 제공제도의 의의

전기통신설비 제공제도는 전기통신사업자가 통신서비스를 제공하는데 필요한 관로·공동구(共同溝)·전주·케이블이나 국사(局舍) 등의 설비 및 전기통신설비 또는 시설(이하 "설비등")을 보유하고 있지 못하더라도 이를 보유하고 있는 기간통신사업자 또는 자가통신설비 등을 보유하고 있는 일정한 시설관리기관에게 일정한 대가를 지급하고 임차하여 이를 사용할 수 있도록 하는 제도를 말한다.

전기통신설비 제공제도는 통신시장의 공정경쟁환경 조성 및 중복투자 방지를 통한 통신자원의 효율적 활용을 위한 제도로서[22] 전기통신사업법은 원칙적으로 전기통신설비 제공은 사업자들 간에 자율적인 협정 체결을 통해 이루어질 수 있다고 정하고 있으나(제35조 제1항), 필수설비를 보유한 기간통신사업자 또는 시설관리기관들에 대해서는 설비제공을 의무로 규정하고 있다(제35조 제2항).

설비제공의무를 부담하는 사업자들로는 (i) 우선 다른 전기통신사업자가 전기통신역무를 제공하는 데에 필수적인 설비를 보유한 기간통신사업자(이하 "필수설

---

22) 방송통신정책연구 11-진흥-가-20 '설비제공 가이드라인 수립 및 공동구축 활용방안 연구', 2011. 12, 1면 이하; 신종철, 통신법해설, 85면 이하.

비 보유사업자", 제35조 제2항 제1호), (ii) 관로·공동구·전주 등의 설비등을 보유
한 한국도로공사, 한국수자원공사, 한국전력공사, 한국철도시설공단, 지방공기업,
지방자치단체, 지방국토관리청 등의 시설관리기관(제35조 제2항 제2호) 및 (iii) 기
간통신역무의 사업규모 및 시장점유율 등이 대통령령으로 정하는 기준에 해당하
는 기간통신사업자 및 시설관리기관(제35조 제2항 제3호)으로 2015. 7월말 현재 미
래창조과학부에 의해 KT가 지정되어 있다. 전기통신사업법은 설비제공 협정 체
결을 부당하게 거부하는 행위를 금지행위로 규정하고 있다(제50조 제1항 제2호).

나) 전기통신설비 제공 협정의 체결

전기통신설비 제공에 관하여 전기통신사업법은 설비등을 제공 받고자 하는 전
기통신사업자에 대해서도 사전에 그에 관한 협정을 체결하여야 한다고 정하고 있
다(제35조 제4항 전문).

이와 관련하여 전기통신설비 제공과 관련하여 구체적인 조건이나 대가 등을
사업자들간의 자율로 정할 수 있도록 하는 경우 필수설비 등을 보유한 기간통신사
업자 또는 시설관리기관이 부당한 조건 등을 제시함으로써 설비 제공을 현저히 어
렵게 하거나 불가능하게 할 수 있다. 이와 관련하여 미래창조과학부는 전기통신사
업법 제35조 제3항 및 제7항에 따라 설비등의 제공 조건·절차·방법 및 대가의
산정 등에 관한 사항을 상세하게 정한 '설비 등의 제공조건 및 대가산정기준'(미래
창조과학부 고시 제2013-196호, 2014. 1. 1. 시행, 이하 "설비제공고시")을 마련하여 운
영하고 있다.

다) 의무제공 대상설비[23]

설비제공고시에 따르면, 전기통신설비 의무제공 사업자라고 하더라도 모든 설
비를 의무적으로 제공하여야 하는 것은 아니며, 의무제공 대상설비로서 규정된 설
비, 즉 (i) 가입자구간 동선 중 운용회선과 운용회선의 8%를 제외한 설비, (ii) 가
입자구간 광케이블 중 운용회선(전용회선 장비에 수용된 예비회선 포함)과 운용회선
의 27%(간선구간의 경우 20%)를 제외한 설비, (iii) 관로, (iv) 위 각 설비를 이용하

---

23) 이하에서는 설명의 편의상 통신사업자의 설비제공을 위주로 설명하도록 한다.

는데 필요한 인공, 수공 및 국사상면, (v) 전주로 국한된다(제15조 제1항).

또한 의무제공사업자는 (a) 이용자가 접속하고자 하는 설비가 제공사업자의 자체기준 또는 국가표준에 부합하지 않은 경우(제공사업자가 준수하고 있지 않은 자체기준은 설비제공거부사유에서 제외), (b) 이용자의 설비 접속시 제공사업자의 서비스 제공에 장애를 주는 경우, (c) 이용자의 요청일로부터 1년 이내의 설비 개선을 위한 공사나 이전 계획이 객관적으로 입증 가능한 경우 또는 (d) 이용자가 제공받은 설비를 자사 이동통신(이동전화, 개인휴대통신, IMT-2000)망의 직접적인 구축 용도로 사용하는 경우, 의무제공 대상설비라고 하더라도 제공을 정당하게 거부할 수 있다(제16조 제1항, 제2항).

참고로 의무제공 대상설비를 전기통신사업법에서 구체적으로 고시에서 정할 수 있다고 위임하고 있지 않음에도 불구하고 고시에서 규정하는 것이 입법적으로 적절한지는 의문이 있다. 다만 의무제공 사업자의 서비스 제공에 설비 등이 우선적으로 이용될 수 있고 유휴설비에 한하여 의무제공 대상설비가 된다는 점은 타당할 것으로 생각된다.

한편 전기통신설비 의무제공사업자는 다른 전기통신사업자로부터 전주의 경우 정보제공 요청 지역의 전주위치, 전주관리번호, 제공 가능 여부, 관로의 경우 정보제공 요청지역의 관로 위치 및 경로, 인공 및 수공 위치, 인공 및 수공 관리번호, 제공 가능 여부에 관한 정보 제공 요청을 받는 경우 요청 사업자의 제공 희망일 내에 제공하여야 하며, 제공할 수 없는 경우에는 그 사유 및 제공 가능일을 요청사업자에게 서면 등으로 통보하여야 한다(제17조 제1항, 제3항).

라) 설비제공 사용기간 및 대가산정

설비제공고시는 설비제공 사용기간과 관련하여 설비이용자가 제공사업자로부터 제공 받는 선로설비 및 전용회선의 최소사용기간을 6개월로 정하는 한편(다만 이용약관에 규정된 전용회선의 경우에는 이용약관에 따르도록 규정), 제공사업자로 하여금 사용기간 만료일 1개월 전에 이용자의 연장요청이 있는 경우 응하도록 규정하고 있다(제19조).

한편 제공대상설비 중 선로설비의 이용대가는 설비제공고시 제22조부터 제30조까지의 표준원가 계산방식으로 산정하는 것을 원칙으로 하며, 기술발전 추세,

경영환경변화 등을 고려하여 매 2년마다 재산정할 수 있다(설비제공고시 제20조 제1항, 제5항). 전용회선의 이용대가는 원가를 기준으로 제공사업자와 이용자간에 협의하여 정하되, 이용약관에 규정된 전용회선의 경우에는 이용약관에 따른다고 규정하고 있다(설비제공고시 제20조 제2항). 한편 의무제공대상설비의 이용대가는 설비제공고시 제22조부터 제30조까지의 표준원가 계산방식으로 산출한 의무제공사업자의 전국 전화국의 설비별 이용대가를 기준으로 산정된다(제22조).

3) 가입자선로의 공동활용 등

가) 가입자선로 공동활용의 의의

기간통신사업자는 가입자선로(Local Loop), 즉 이용자와 직접 연결되어 있는 교환설비에서부터 이용자까지의 구간에 설치한 선로에 대하여 다른 전기통신사업자가 공동활용에 관한 요청을 하면 이를 허용할 의무를 부담한다(법 제36조).

가입자선로는 유선통신서비스를 위해 반드시 필요한 설비로서 신규 구축을 위해서는 대규모의 선행투자뿐 아니라 상당한 시간이 소요되고 투자비 회수에도 상당한 장기간이 소요되는 점 등을 이유로 필수설비적 성격을 가지는 것으로 이해되어 왔는바,[24] 이러한 이유로 가입자선로 공동활용은 전세계 각국에서 제도로서 도입되었다.[25] 우리나라의 경우 1999년 이후 초고속인터넷서비스 시장에 다수의 사업자들이 진입하여 경쟁이 활성화되면서 중복투자 방지, 자원의 효율적 배분의 필요성 등을 고려하여 본격적인 논의가 이루어지기 시작하여 2000. 12. 전기통신사업법 개정을 통해 법률적 근거를 마련하는 한편 2002. 4. 시내전화사업자 및 초고속인터넷사업자의 가입자선로 공동활용에 관한 원칙 및 방식, 절차 등을 규정한 '가입자선로의 공동활용 기준'이 제정, 공표되기에 이르렀다.

나) 가입자선로 공동활용의 내용

가입자선로의 공동활용 기준(미래창조과학부고시 제2013-83호, 2013. 8. 14.)은 총 8장, 81개 조항으로 구성되어 있다. 위 고시는 가입자선로 공동활용의 원칙으

---

24) 이종화 / 변정욱 / 김상택 / 오기석 / 이상우, "역무단일화 등 통신시장 규제환경 변화에 따른 설비제공 정책방안 연구", 정보통신정책연구원, 2007. 12., 11면 이하.

25) 자세한 내용은 위 논문, 21면 이하 참조.

로 제공사업자는 가입자선로를 제공함에 있어 자신의 전기통신사업에 제공하는 것과 부당하게 차별하는 방식으로 제공하여서는 아니되며, 이용사업자는 임차한 가입자선로를 이용함에 있어 제공사업자의 통신망 및 서비스에 기술적인 장애를 유발하여서는 아니된다고 규정하고 있다(제4조).

가입자선로 공동활용 방식은 크게 (i) 동선 일괄제공, (ii) 동선 중 고주파회선 분리제공, (iii) 초고속인터넷접속망 개방으로 구분된다(제5조).

동선 일괄제공(Full Unbundling)이라 함은 제공사업자가 동선을 특정한 지점에서 물리적으로 분리하여 이용사업자에게 제공하는 것을 말하는데, 제공사업자는 동선으로 된 가입자선로를 보유하고 있는 시내전화사업자이며 이용사업자 역시 시내전화사업자이다(제3조 제1항 제5호, 제6조). 공동활용대상이 되는 동선은 전체 동선 중 예비동선(제공사업자의 종말단자함에서 사용 중인 동선의 8%. 다만 제공사업자로부터 이용사업자로 전환가입하는 회선의 경우에는 예비동선의 수를 적용하지 아니함)을 제외한 동선 및 가입자망 신규 구축지역의 경우 해당지역의 가구수 및 해당 예비회선을 제외한 동선을 말한다(제7조).

고주파 회선분리제공(Line Sharing)이라 함은 제공사업자가 동선중 고주파수 대역만을 전기적으로 분리하여 이용사업자에게 제공하는 것을 말하는데, 제공사업자는 동선으로 된 가입자선로를 보유하고 있는 시내전화사업자이며, 이용사업자는 전기통신회선설비임대역무를 허가받고, 초고속인터넷접속서비스를 제공하고 있는 전기통신사업자이다(제3조 제1항 제6호, 제11조). 공동활용대상은 제공사업자가 시내전화서비스에 사용하고 있는 동선 중 초고속인터넷에 사용할 수 있는 고주파수회선을 말한다(제12조).

초고속인터넷접속망 제공(Broadband Internet Open Access)이라 함은 초고속인터넷접속망을 모든 인터넷서비스 제공사업자가 동등한 조건과 대가에 따라 자유롭게 접속할 수 있도록 개방하는 것을 말하는데, 제공사업자는 매년도 1월말 기준으로 보유하고 있는 초고속인터넷접속망의 유형별 가입자수가 50만명 이상인 기간통신사업자이며, 이용사업자는 인터넷서비스를 제공하고 있는 전기통신사업자이다(제3조 제1항 제8호, 제16조). 가입자선로 공동활용 대상인 '초고속인터넷접속망'은 가입자가 인터넷상의 문자, 그림, 동영상 등 모든 정보를 자유롭게 이용할 수 있도록 가입자의 단말기와 인터넷을 초고속으로 접속시켜주는 통신망으로서 디지털가입자망과 광동축혼합망 등을 말하며, '디지털가입자망'("xDSL, Digital Subscriber Line")은 동선 또는 광케이블로 구성된 가입자선로에 DSLAM(Digital Subscriber Line Access Multiplexer), ATM(Asynchronous Transfer Mode) 등 초고속전송장비를 부가하여 초고속인터넷접속서비스를 제공하는 통신회선을, '광동축 혼합망'("HFC, Hybrid Fiber Coaxial")은 동축케이블과 광케이블이 혼합된 가입자선로에 CMTS(Cable Modem Termination System), ROUTER 등 초고속전송장비를 부가하여 초고속인터넷접속서비스를 제공하는 통신회선을 말한다(제3조 제1항 제7호, 제9호, 제10호).

4) 정보의 제공과 유용금지

가) 정보의 제공제도 및 유용금지 규정의 의의

기간통신사업자는 다른 전기통신사업자로부터 설비등의 제공·도매제공·상호접속 또는 공동사용 등이나 요금의 부과·징수 및 전기통신번호 안내를 위하여 필요한 기술적 정보 또는 이용자의 인적사항에 관한 정보의 제공을 요청받으면 협정을 체결하여 요청받은 정보를 제공할 수 있으며, 기간통신사업자가 필수설비를 보유한 기간통신사업자이거나 기간통신역무의 사업규모 및 시장점유율 등이 일정한 기준에 해당하는 기간통신사업자는 정보제공 협정 체결 요청이 있는 경우 그에 응하여 정보를 제공하여야 한다(법 제42조 제1항, 제3항). 필수설비를 보유한 기간통신사업자는 KT, 일정한 사업규모 및 시장점유율 이상의 사업자는 KT, SKT가 지정되어 있다. 또한 「전파법」에 따라 할당받은 주파수를 사용하여 전기통신역무를 제공하는 기간통신사업자는 이용자가 해당 기간통신사업자를 거치지 아니하고 구입하는 통신단말장치의 제조, 수입, 유통 또는 판매를 위하여 필요한 범위에서 제조업자, 수입업자 또는 유통업자의 요청이 있을 경우 전기통신서비스 규격에 관한 정보를 제공할 의무를 부담한다(법 제42조 제4항).

위 정보 제공 의무는 통신서비스가 네트워크 간에 상호 연결되어야 그 서비스가 가능하다는 점을 고려하여, 통신서비스 제공에 필수적인 요금, 전기통신번호 안내를 위한 기술적 정보 또는 이용자 인적사항 정보를 협정을 체결하여 제공하도록 규정한 것이다.

한편 전기통신사업자는 자신의 역무 제공이나 설비 등의 제공·도매제공·상호접속 또는 공동사용 등으로 인하여 취득한 개별 이용자에 관한 정보는 본인의 동의가 있거나 법률에 따른 적법한 절차에 의한 경우에 따라 제공하는 경우가 아닌 한 공개하여서는 아니되며, 제42조 제1항 및 제3항에 따라 제공받은 기술적 정보 또는 이용자의 인적사항에 관한 정보를 제공받은 목적으로만 사용하여야 하고 다른 용도에 부당하게 사용하거나 제3자에게 제공하여서는 아니된다(제43조). 이는 전기통신사업자가 제공하는 기술적 정보 또는 이용자의 인적 사항에 관한 정보가 영업비밀에 해당할 뿐 아니라 통신의 비밀과도 직결되는 정보라는 점, 특히 개인정보보호의 측면에서도 당연한 규정이라 할 것이다.

나) 정보의 제공제도의 내용

정보 제공의 범위와 조건·절차·방법 및 대가의 산정 등에 관한 기준을 정하고 있는 전기통신설비의 정보제공기준(미래창조과학부고시 제2013-72호, 2013. 8. 14.)이 마련되어 시행되고 있다. 전기통신설비의 정보제공기준은 총 5장, 20개조문으로 구성되어 있다. 정보제공사업자는 정보제공으로 함에 있어 자신의 사업에 이용하거나 다른 사업자에게 제공하는 것과 부당하게 차별하여서는 아니되며, 적기에 정확한 정보를 제공할 의무를 부담하며, 정보를 제공 받은 사업자는 정보유용의 금지 의무 이외에도 정보유용 방지를 위한 대책을 강구할 의무를 부담한다(제4조, 제5조).

정보제공의 대상, 즉 기간통신사업자가 다른 전기통신사업자에게 제공하여야 할 정보는 (i) 설비제공관련 정보, (ii) 도매제공관련정보, (iii) 상호접속관련정보, (iv) 공동사용관련정보, (v) 이용자 및 과금정보, (vi) 기타 필요한 정보 등으로 구분되며(제7조, 제8조, 제8조의2, 제9조, 제10조, 제11조, 제12조), 정보제공시기에 따라 다시 (a) 정기정보(접속교환기관련 정보, 이용자 및 과금정보 등과 같이 일정기간을 정하여 정기적으로 제공되는 정보), (b) 수시정보(설비제공, 공동사용관련 정보등과 같이 사업자의 요청에 따라 수시로 제공되는 정보), (c) 즉시정보(수용국번호, 신호방식, 프리픽스(PREFIX)변경 등 관련 사업자에게 직접적인 영향을 주는 정보로서 사업자의 요청절차 없이 즉시 통보를 요하는 정보)로 구분된다(제14조).

정보의 제공방법은 관련 사업자간 협의하여 정하는 바를 원칙으로 하되, 정기정보 및 수시정보의 제공은 정보의 내용 및 분량등에 따라 온라인(ON-LINE) 전송, 마그네틱 테이프(M/T), 책자에 의한 방법 등 가장 효율적인 방법에 따라 제공하며, 즉시정보는 긴급성의 정도에 따라 전화, 팩스(FAX), 문서등의 방법에 따라 제공하며, 관련 사업자에게 수신여부를 확인하여야 한다(제15조).

정보제공정보제공의 대가는 사업자간 협의하여 정하되, 정보의 생산, 수집 및 편집 등에 소요된 실제비용을 기준으로 산정하며, 제공사업자는 제공정보의 유사성등을 고려하여 관련 사업자간 협의를 거쳐 표준단가 및 준용기준을 마련하여 적용할 수 있다(제18조).

5. 도매제공

전기통신사업법 제38조에 따라 기간통신사업자는 다른 전기통신사업자가 요청하면 협정을 체결하여 자신이 제공하는 전기통신서비스를 다른 전기통신사업자가 이용자에게 제공(이하 "재판매")할 수 있도록 다른 전기통신사업자에게 자신의 전기통신서비스를 제공하거나 전기통신서비스의 제공에 필요한 전기통신설비의 전부 또는 일부를 이용하도록 허용(이하 "도매제공")할 수 있다. 미래창조과학부장관은 전기통신사업의 경쟁을 촉진하기 위하여 전기통신서비스를 재판매하려는 다른 전기통신사업자의 요청이 있는 경우 협정을 체결하여 도매제공을 하여야 하는 기간통신사업자(이하 "도매제공의무사업자")의 전기통신서비스를 지정하여 고시할 수 있다(법 제38조 제1항, 제2항). 이 경우 도매제공의무사업자의 도매제공의무서비스는 사업규모 및 시장점유율 등이 대통령령으로 정하는 기준에 해당하는 기간통신사업자의 전기통신서비스 중에서 지정한다. 미래창조과학부장관은 매년 통신시장의 경쟁상황을 평가한 후 전기통신사업의 경쟁이 활성화되어 전기통신서비스의 도매제공 목적이 달성되었다고 판단되는 경우 또는 지정기준에 미달되는 경우에는 도매제공의무사업자의 도매제공의무서비스 지정을 해제할 수 있다(법 제38조 제3항). 미래창조과학부장관은 도매제공의무사업자가 도매제공의무서비스의 도매제공에 관한 협정을 체결할 때에 따라야 할 도매제공의 조건·절차·방법 및 대가의 산정에 관한 기준을 정하여 고시한다.

재판매는 도매제공 제도를 도입하기 전에도 기간통신사업자와 그 기간통신사업자의 전기통신역무를 재판매하고자 하는 별정통신사업자의 계약을 통해 이루어져 왔다. 그러나 도매제공 제도를 입법화함으로써 의무도매제공사업자 지정의 근거를 마련하는 등 공정한 경쟁을 확보할 수 있게 되었다.

도매제공에 관한 세부 규제사항은 미래창조과학부 고시인 도매제공의무사업자의 도매제공의무서비스 대상과 도매제공의 조건·절차·방법 및 대가의 산정에 관한 기준(미래창조과학부고시 제2014-108호)에서 정하고 있다. 이 기준에 따르면, 도매제공의무사업자의 도매제공의무서비스란 SK텔레콤(주)가 이용자에게 제공하는 셀룰러, IMT2000, LTE의 음성, 데이터, 단문메시지 등을 말한다. 도매제공대상 전기통신설비에는 전기통신설비의 상호접속기준의 제8조 제3항 각 호의 설비(이동단국, 이동중계교환기 및 가입자 위치 인식장치(HLR), 공통선신호망의 신호설비 등), 제48조 제2항의 설비(IWF, PDSN, GGSN 설비) 및 SGSN 등과 재판매사업자의 신청에 따라 미래창조과학부장관이 필요하다고 인정하는 설비가 해당한다. 도매제공의무사업자는 도매제공에 있어서 동일한 시장 내 특정 재판매사업자에 대하여 독점규제 및 공정거래에 관한 법률에 따른 계열회사 또는 타사업자에게 제공하는 것에 비해 부당하게 불리하거나 차별적인 조건 또는 제한을 부과해서는 아니 된다. 반면에 재판매사업자는 도매제공 받은 전기통신서비스를 자기 또는 계열회사 그리고 그 임직원에게만 제공하는 것을 주된 목적으로 하여서는 아니 된다.

도매제공의무사업자는 1. 도매제공의무서비스 및 도매제공대상 전기통신설비 현황, 2. 도매제공 이용대가, 3. 전기통신망 구성 및 설비접속방식, 4. 호 및 신호흐름, 5. 유지보수, 6. 비상대책 등이 포함된 이용약관을 마련하여 이를 재판매사업자에게 공개하여야 한다(전기통신사업법 제42조, 위 기준 참조). 한편, 도매제공의무사업자는 도매제공을 위해 통화량의 예측 등의 재판매사업자 사업계획을 제공받을 수 있다. 다만, 도매제공의무사업자는 재판매사업자에게 요금정보, 고객정보 등의 도매제공을 위해 필요하지 않은 정보의 제공을 요청할 수 없다. 또한, 도매제공의무사업자는 재판매사업자가 전기통신서비스를 제공하는 데 필요한 과금정보, 민원처리를 위한 가입회선 관리정보, 기술방식, 회선구성, 연동 또는 접속 등의 관련 정보를 재판매사업자에게 제공해야 한다.도매제공의무사업자가 재판매사업자에게 제공하는 도매제공 용량은 재판매사업자의 최근 3개월간의 최번시 평균통화량을 기준으로 향후 통화량을 예측하여 도매제공의무사업자와 재판매사업자가 상호 협의하여 산정한다. 그럼에도 불구하고 최초 협정체결시의 도매제공 용량은 재판매사업자가 예측한 통화량을 기준으로 한다. 재판매사업자는 도매제공의무사업자의 동의 없이 도매제공을 받은 서비스나 설비를 제3자에게 재제공해서는 아니 된다. 그러나 도매제공의무사업자는 재판매사업자가 소비자보호에 문제가 없는 것을 입증한 경우에는 재제공에 동의해야 한다.

도매제공을 이용하고자 하는 전기통신사업자는 협정 체결 90일 전까지 도매제공의무사업자에게 서면으로 요청해야 한다. 도매제공의무사업자는 요청일로부터 30일 이내에 도매제공을 요청한 전기통신사업자와 협상을 개시해야 한다(법 제38조, 위 기준 참조) 도매제공의무사업자는 도매제공이 불가능할 경우, 그 사유를 서면으로 미래창조과학부장관 및 재판매사업자에게 제출하여야 한다. 미래창조과학부장관은 도매제공의무사업자가 도매제공이 불가능한 사유를 서면으로 제출하는 경우, 1. 재판매사업자가 연동하고자 하는 설비가 도매제공의무사업자의 기술기준 또는 국가표준에 부합하지 않아 기술적으로 도매제공이 불가능한 경우, 2. 도매제공으로 인해 도매제공의무사업자의 서비스 품질에 장애를 초래할 것이 명백한 경우에 해당하는지 여부를 참작해 제출사유의 정당성 여부를 심의한다(위 기준 참조).

도매제공의무사업자는 1. 도매제공 이용대가의 지급이 연속해 2회 또는 통산해 3회 이상 연체되고 그에 상응하는 담보를 제공받지 못한 경우, 2. 재판매사업자에 대해 채무자회생 및 파산에 관한 법률에 정한 회생절차개시, 파산신청 또는 당좌거래의 정지 및 정상적인 도매제공이 불가능하다고 미래창조과학부장관이 인정한 경우 해당 도매제공을 중지할 수 있다(위 기준 참조). 도매제공의무사업자는 도매제공이 가능하도록 재판매사업자와의 망 연동 및 이를 위한 재판매사업자의 설비 구축 등에 협조해야 한다.

도매제공 대가는 도매제공의무서비스의 소매요금에서 회피가능비용(기간통신사업자가 이용자에게 직접 서비스를 제공하지 아니할 때 회피할 수 있는 관련비용을 말한다)을 차감하여 산정하는 것을 원칙으로 한다 다만, 도매제공의무사업자가 아닌 전기통신사업자는 이에 따르지 아니할 수 있다. 도매제공의무서비스 중 음성, 데이터, 단문메시지의 도매제공 대가는 도매제공의무사업자가 미래창조과학부장관에게 제출한 해당 도매제공의무서비스의 최근년도 영업보고서를 기초로 매년 산정한다. 다만, 영업보고서 검증 후 변동되는 금액은 도매제공의무사업자와 재판매사업자가 사후에 소급해 정산할 수 있다. 미래창조과학부장관은 재판매사업자의 시장진입 또는 경쟁촉진 효과가 미흡한 경우에는 도매제공의무사업자 및 재판매사업자와 협의하여 다량구매할인율을 대가산정에 반영하도록 할 수 있다 도매제공 대가는 재판매사업자가 자신의 실제 통화량, 사용량, 발신 건수 등에 따라 도매제공의무사업자에게 도매대가를 지급하는 것을 원칙으로 한다. 다만, 도매제공의무사업자와 재판매사업자는 협의하여 사전 정액제(재판매사업자가 실제 통화량, 사용량, 발신 건수 등과 무관하게 일정한 도매제공 용량을 미리 구매하는 방식), 수익배분방식(도매제공의무사업자의 상품을 제공받아 판매한 후 그 수익의 일정 부분을 도매대가로 지급하는 방식) 등 다양한 방식에 의할 수 있다.

방송통신위원회는 2013. 9. 16. 이동전화사업자의 전기통신서비스 도매제공에 대하여 불합리하거나 차별적인 협정내용, 협정과 다른 도매대가 정산 등이 전기통신사업법에 규정된 금지행위에 해당된 것으로 판단하여 시정명령을 의결하였다. 구체적으로 방송통신위원회는 이동전화사업자 전부 또는 일부가 알뜰폰 사업자에 대하여 타 이동전화사업자와의 도매제공 계약체결을 제한하고, 전기통신서비스 도매제공과 무관한 '원가이하 상품판매', '고객의 동의없는 의무기간 설정' 등을 협정해지 사유에 포함시키거나 자사의 영업위탁대리점을 차별적으로 제한한 행위를 확인하였다. 또한 이동전화사업자들이 1GB 정액데이터를 동일한 도매대가로 제공하여야 함에도 불구하고 알뜰폰 선·후불 가입자를 구분하여 다르게 제공하기도 하였으며, 협정과 다르게 도매대가를 정산한 사실도 확인하였다. 방송통신위원회는 이와 같은 행위를 전기통신사업법 제50조 제1항 제1호에 의하여 금지행위로 규정된 "불합리하거나 차별적인 조건 또는 제한을 부당하게 부과하는 행위"와 "협정을 정당한 사유 없이 이행하지 아니한 행위"에 해당한다고 판단하여 불합리하거나 차별적인 협정내용의 변경, 금지행위 중지 및 시정조치를 명령받은 사실의 공표를 명령하는 시정명령을 내렸다.

6. 회 계

회계는 기업에 관한 정보를 이용하려는 자가 합리적인 의사결정을 할 수 있도록 해당 기업에 관한 경제적 정보를 측정하여 정보를 이용하려는 자에게 전달하는 체계를 말한다. 전기통신사업 회계는 미래창조과학부장관, 해당 사업자 등이 전기통신역무 원가의 산정, 전기통신설비 간 상호접속료·설비제공대가의 산정, 보편적 역무 손실보전금의 산정, 역무 간 상호보조행위 등 전기통신사업의 공정경쟁과 관련한 사항에 관하여 합리적인 판단을 하는 데 유용한 정보를 제공하기 위한 것이다.

회계분리는 사업자가 개별사업자의 전기통신사업과 관련된 자산, 비용 및 수익을 형태별, 기능별 분류를 거쳐 해당 역무별로 할당·배부하는 것을 말한다. 전기통신사업에 관한정책결정을 위하여 기업 전부에 대한 회계 보다는 역무별, 형태별 등으로 분리된 회계정보가 중요하다. 회계분리는 동일한 통신망을 이용하여 다양한 전기통신역무를 제공하는 통신사업에 있어서 그 특성상 필연적으로 발생하는 공통비 등 알기 어려운 사업비용의 합리적인 배분을 가능하게 함으로써 부당한 내부 보조 등을 방지할 수 있는 기능을 한다. 즉, 회계분리는 전기통신사업자간 공정한 경쟁을 위하여 복수의 전기통신역무를 제공하는 전기통신사업자의 개별 역무간 상호 보조를 방지하기 위하여 합리적인 기준에 따라 개별 역무별로 수익, 원가 등을 집계, 배분하는 것을 의미한다. 경쟁부분에서 발생한 비용을 독점부분에 전가하거나 비접속부분에서 발생한 비용을 접속부분으로 전가하는 것을 방지함으로써 합리적인 비용에 기초한 요금 및 접속료 산정이 가능하게 하여 이용자에게 요금 등으로 전가되는 것을 방지하고 통신시장에서 공정한 경쟁이 이루어질 수 있도록 하는 것이다.

전기통신사업의 회계 정리 결과는 그것을 신뢰할 수 있도록 공정·타당하게 산출되어야 하며, 모든 결과가 객관적으로 검증될 수 있도록 회계기록을 유지하여야 한다. 또한, 회계정리 방법은 지속적으로 적용되어야 하며 자의적으로 변경되어서는 아니 된다. 그 외에 전기통신사업 회계규칙에서 정하는 사항 외에는 일반적으로 공정·타당하다고 인정되는 회계기준에 따라야 한다. 회계정리에서는 전기통신사업 외의 사업에 속하는 자산·수익 및 비용 등은 이를 전기통신사업과 구분하여 표시하여야 한다.

전기통신사업의 영업수익은 요금수익, 접속료수익, 국제정산수익, 내부거래수익, 자가소비사업용 수익 및 보편적 역무 손실보전수익 등으로 분류한다. 전기통신사업의 영업비용은 인건비, 경비, 감가상각비, 무형자산 상각액, 경상개발비와 연구비, 설비사용료, 국제정산부담금, 접속료, 내부거래비용 및 자가소비사업용비용 등으로 분류한다. 전기통신사업의 영업외비용 등은 영업비용에 속하지 아니하는 비용 중 출연금, 전기통신관련 유형자산 처분손익, 보편적 역무 손실보전비용 및 법인세비용 등으로 분류한다.

사업자는 공통자산, 공통수익 및 공통비용의 인위적 배분과 내부거래비용의 인위적 측정 등을 방지하기 위하여 역무별로 적절히 분리하여 해당 역무별로 정확한 수익과 비용이 계산될 수 있도록 하여야 한다. 회계분리를 위한 전기통신역무는 기간통신역무, 부가통신역무로 하되, 세부 분류는 고시로 정하고 있다. 유형자산·무형자산·영업수익·영업비용 및 영업외비용 등에 대한 역무별 회계분리도 마찬가지다.

전기통신역무간 또는 전기통신역무와 전기통신역무외의 서비스 등을 결합판매하는 경우의 수익은 이용약관에 명시된 할인가격 또는 할인율을 적용하여 배부한다. 다만, 약관에 할인가격 또는 할인율이 명시되어 있지 않은 경우에는 1. 결합판매 심사(심사간소화를 포함한다)를 받는 경우에는 결합판매 심사결과 할인율, 2. 결합판매 심사를 받지 않은 경우에는 각각 개별 제공하는 경우에 발생하는 수익비율을 기준으로 한다.

사업자가 선정하여 적용한 배부기준 등은 정당한 사유없이 변경하지 못하며 매기 계속적으로 사용한다. 배부기준 등이 환경의 변화 등에 따라 부적합하다고 판단될 경우 사업자는 미래창조과학부장관의 승인을 받아 달리 적용할 수 있다. 미래창조과학부장관은 필요한 경우 회계분리지침서 검토 및 영업보고서 검증을 할 수 있다(법 제49조, 미래창조과학부 고시 '전기통신사업의 회계기준' 참조).

참고로, 방송통신위원회는 KT 등 21개 기간통신사업자의 2009 회계연도 영업보고서를 검증하여 회계 관련 법령 위반사업자에 대한 시정조치를 하였다. 검증결과 21개 사업자가 총 360건의 회계분리 기준을 위반한 것으로 확인되었다. 대표적인 사례로 초고속인터넷 관련자산을 시내전화 자산으로 분류하거나, 요금수익을 기타영업수익 등으로 분류한 사실 등이 적발되었다. 이에 대하여, 방송통신위원회는 회계분리 기준을 위반한 21개 기간통신사업자 모두에 대하여 검증결과에 따른 지적사항을 반영하여 30일 이내에 영업보고서를 재작성하여 제출하도록 하고, 위반행위 정도에 따라 각 사에 과태료 부과를 의결하였다.

7. 전기통신번호[26]

1) 정의

통신은 두 개 이상의 특정한 대상을 서로 연결하는 것을 의미한다. 따라서, 통신을 위해서는 특정한 대상을 인지하기 위한 수단이 필요하다. 전기통신번호[27]는 특정한 대상을 인지하는 수단으로, 전기통신번호는 작게는 개인이 가지고 있는 단말기를 인지하는 데 사용되는 것에서 부터 크게는 이동전화망, 국제전화망 등 통신망 자체를 인식하는 수단으로 사용된다. 이러한 전기통신번호를 명확히 정의하고 있는 입법례는 현재까지 조사되지 않고 있으나, 일반적으로 전기통신번호란 "전기통신서비스를 제공하기 위하여 이용자, 단말기, 망, 서비스 등에 부여한 식별자(identifier)"를 의미한다.[28] 전기통신서비스를 이용자에게 제공하기 위해서는 통신망에서 인식이 가능한 식별체계가 필요한데, 이러한 식별체계를 설정함에 있어서 그 식별체계를 숫자로 구성하는 것이 가장 효율적이라고 판단되었고, 그에 따라 구성된 숫자로 이루어진 식별체계가 바로 전기통신번호이다.

번호의 법적 성질에 대해서 법적으로 명확하게 정의하는 논의가 진행 중에 있으며, 번호는 기본적으로 국가가 관리하는 공적자원이다. 국가의 자원인 번호를 효율적으로 사용하기 위하여 국가가 관리하고 있다. 본 절에서는 이러한 전기통신번호의 관리를 위하여 번호와 관련된 현행 제도와 규정을 살펴본다. 이를 위해서 우선 국내 전기통신번호의 관리체계를 개관하고 전기통신번호의 유형과 유무선 전기통신번호 체계, 전기통신번호관리세칙 등 국내 번호관리관련 법 규정 및 고시를 살펴보도록 한다. 이를 통해서 효율적인 번호관리를 위한 선결과제나 해결해야 할 이슈를 제시해 볼 것이다.

---

26) 본 절은 권오상, "전기통신번호의 법적 규율에 관한 연구", 연세대학교 대학원 박사학위논문 제2장 1절, 5장, 2013을 기초로 작성하였음을 밝힌다.
27) 전기통신번호를 전화번호 또는 번호라고 한다.
28) Ian Walden and John Angel, Telecommunications Law and Regulation, 2nd edition, Oxford University Press, 2005, p. 15; Justus Haucap, "Telephone Number Allocation: A Property Rights Approach", European Journal of Law and Economics 15, issue 2, 2003, pp. 92-93.

2) 전기통신번호의 기능

전기통신번호가 식별자로서 가지는 기능은 크게 두 가지로 분류될 수 있는데, 첫 번째는 인터넷 도메인 네임[29]이나 이메일과 같이 특정 정보통신망 내에서 통신을 위해 단말기를 식별하는 기능이며, 두 번째는 시내, 시외, 국제, 이동전화 망 등 통신망 자체를 식별하는 기능이다.[30] 일반적으로 국내의 전기통신번호에서는 앞의 세자리 번호가 시내전화, 이동전화 등 서비스 또는 통신망을 식별하는 기능을 하며, 그 뒤의 7 또는 8자리 번호가 통신망 내에서 단말기를 식별하는 기능을 한다.

전기통신번호는 개인과 개인은 연결하는 역할을 할 뿐만 아니라, 개인과 기업, 또는 기업과 기업 등을 상호 연결하는 정보 소통 통로로써의 역할도 한다. 다양한 개체를 서로 연결하는 전기통신번호에는 서로 다른 망과 호(call) 사이의 원활한 소통[31]을 위해 국제적인 번호체계의 표준안이 요구되었으며, 국제전기통신연합 (International Telecommunication Union; ITU)[32]은 개별국가들의 통신망에 적용 가능한 표준안인 E.164[33]를 마련하였다. 현재 전 세계 거의 모든 국가들은 이 표준안에 부합하도록 자국의 전기통신번호체계를 수립하여 운영하고 있다. 현재 전기통신번호는 개인과 개인을 상호연결하고 정보를 소통하는 역할이 주가 되고 있지만, 미래에는 기계간의 통신도 매개할 수 있는 역할을 하리라 예상한다.

전화번호의 역할이 증대됨에 따라 두드러지는 점은 전화번호가 점점 개인화되어 가고 있다는 점이다. 2012년 12월 기준으로 우리나라의 이동전화가입자[34]는 우리나라 인구[35]보다 그 수가 많으며, 이는 통계적으로 우리나라 국민 일인당 최소한 한 개 이상의 개인단말기를 보유하고 있다고 해석될 수 있다. 이러한 면에서

---

29) 인터넷 도메인 네임은 「인터넷주소자원에관한법률」로 규율한다.
30) Justus Haucap, 앞의 논문, p. 91.
31) 호의 소통이란 발신에서 착신까지 연결되는 과정이다. 예를 들어, 전화의 경우 발신자가 전화를 걸어 최종 착신자에게 목소리를 전달하기까지의 과정을 의미한다.
32) ITU는 유선, 무선, 주파수에 대한 국제표준 등을 개발보급하고 국제간 조정역할하며, 개발도상국에 대한 기술지원 등을 제공하기 위하여 1865년 5월 17일 창설된 UN 산하 국제기구이다.
33) ITU-T의 E.164는 국제전화에 사용하는 번호의 최대 자리수를 15 자리로 규정한 번호체계 표준이다. 번호는 CC(Country Code, 1~3자리)+NDC(National Destination Code)+ SN(Subscriber Number)으로 나뉘어 진다.
34) 이동전화 가입자는 5,360만명이라고 추산된다.
35) 우리나라 인구는 5,020만명이다.

보면, 이동전화 단말기 및 이동전화 단말기 식별번호는 이미 개인화되었다고 볼
수 있으며, 이에 따라 휴대단말기의 인식자로 쓰이는 이동전화 식별번호는 이미
이를 이용하는 이용자 자신을 나타내는 또 다른 인식자처럼 사용되는 경향을 보이
고 있다.

이동전화 식별번호는 통화할 때뿐만 아니라 다른 경우에도 인식자로서 사용될
수 있는데 예를 들어, DJ가 FM라디오 프로그램에 사연을 보낸 익명의 주인공을
천사(1004)님 등으로 호칭하며 전화번호 뒤 4자리로 그 이름을 대신하기도 한다.
이처럼 전화번호의 역할이 점차 확대되고 발전하며 전화번호가 개인을 인식하는
수단으로서 그 소유인과 동일시될 정도로 개인화되어가고 있지만 한편, 번호는 전
파와 함께 정보통신부문의 유한한 국가 자원이기도 하다. 따라서 정부는 국민의
편익증진과 산업발전 등 공공의 이익을 위하여 희소한 자원인 번호를 효율적으로
관리해야 한다.

전술한 바와 같이 번호는 유선이나 이동전화망에서 통화를 연결시켜주는 단말
기 각각을 식별하는 기능과 시내전화망, 시외전화망, 국제전화망 등 유선전화망과
이동전화망 등 통신망 자체를 식별하는 기능을 모두 수행한다. 단일 통신망 내에
서 단말기를 식별하는 경우에는 단말기가 위치해 있는 지역적 또는 기능을 식별하
기도 한다. 또한, 통신망을 식별하기 위하여 사용되는 경우에는 통신망의 종류 및
통신망을 운영하는 주체를 식별하기도 한다. 따라서 번호의 관리가 계획한대로 효
율적으로 이루어지지 않으면 이들을 구별하는 식별자로서의 기능이 어려워지며,
번호의 효용성이 떨어져 결국에는 관련 시장에 혼란이 생겨 그 피해는 이용자가
감당할 수 밖에 없게 된다.

번호가 식별자로써의 기능을 효율적으로 시행하기 위해서는 번호의 자리수가
제한되어야 한다. 우선적으로 번호의 자리수가 어느 정도 이상을 넘어가면 번호를
기억하기 어려워지며 식별자로써의 기능이 약화된다. 또한 번호의 자리수가 많은
경우 아날로그 방식으로 번호를 다이얼하는 경우에 이용자가 번호를 편리하게 이
용할 수 없게 된다는 문제점도 있다. 따라서 번호의 식별자로써의 효용성을 유지
하기 위해서는 번호의 자리수가 제한될 수 밖에 없으며 그로 인하여 사용가능한
번호의 수에도 제한이 있다. 이와 같은 제한으로 인하여 번호는 희소 자원으로 평
가되고 있다.[36) 희소한 자원의 효율적 배분과 이용을 위하여 국가는 번호체계를

마련하여 이를 효율적으로 회수, 배분, 재배치하여, 사업자가 전기통신서비스를 효율적으로 제공하고 이용자가 편리하게 이를 이용할 수 있도록 하여야 한다.

3) 국내 전기통신번호 관리

전기통신번호는 유선전화, 이동전화와 같은 상업적 용도와 공공질서 유지와 같은 공익적 용도 등 다양한 용도로 이용되고 있으며, 일반적으로 번호이용계획[37]을 수립하여 이를 기초로 관리가 이루어진다. 번호는 기능과 용도에 따라 구분해 볼 수 있다. 번호는 일반적으로 'Geographic(지역번호)'인지 'Non-Geographic(비지역번호)'인지 여부와 'Public(공적)'인지 'Private(사적)'인지의 여부를 기준으로 그 용도를 구분할 수 있다.[38]

집전화의 앞부분에 붙어있는 지역번호가 있고, 사적인 용도에서 비지역적인 용도로 사용되는 식별번호가 있다. 또한, 공공의 용도로 사용되는 비지역적 번호를 통상적으로 특수번호라고 한다. 사적인 용도로 사용되는 비지역적 번호 중 식별번호를 제외하고, 여러 개의 전화회선을 대표하는 가상의 전화번호로 기능하는 번호를 통상적으로 대표번호라고 칭한다. 지역번호와 비지역번호, 공적, 사적영역의 두 가지를 기준으로 네 영역을 설정하고, 현재 사용하고 있는 번호의 종류를 배치하여 보면 지역번호는 공적, 사적영역에 모두 해당하고, 비지역번호 중 112, 119 등 특수번호는 공적영역에, 이동전화, 인터넷전화 식별번호 및 대표번호 등은 사적영역에 해당한다.

앞서 언급한 바와 같이 전기통신번호는 크게 Geographic(지역번호)과 Non-Geographic(비지역번호)으로 구분된다. 지역번호는 시내전화번호 등 지역구분이 필요한 번호에 사용되고, 비지역번호는 지역구분보다는 서비스나 사업자의 식별이 필요한 이동전화 등에 사용된다. 국내 시내전화 번호 체계는 기존의 144개의

---

36) 유사한 이유로 인터넷 도메인과 IP 주소도 희소한 자원일 수 있다. 알파벳과 숫자를 일정한 규칙으로 배열하고 있기 때문이다. 하지만, 유한한 자원이었던 IPv4 이후에 IPv6와 같이 거의 무한한 양의 인터넷주소자원을 개발하기 위한 노력들이 지속적으로 이루어지고 있다. 이에 관해서는 Reed, C., Internet Law: Text and Materials, Butterworths, London, 2004에서 다루고 있다.

37) 우리나라에서는 전기통신사업법 제48조에 근거하여 전기통신번호관리세칙에 자세히 규정되어 있다.

38) 권오상 / 한수용 / 윤현영 / 권혜선 / 신현필 / 정필운 / 김슬기 / 성윤택, 『미래통신서비스의 번호정책 방안 연구』, 한국통신사업자연합회, 2010, 1면.

지역번호 체계가 통합되어 총 16개의 지역번호 체계로 이루어져 있다가 2012년 7월 세종특별자치시의 새 지역번호 044가 도입되면서 17개로 늘어나게 되었다.[39] 이들 17개 지역 번호는 통신 단말기의 지역적 위치를 식별하는 번호로서 17개의 지역번호는 각각의 지역번호가 대변하는 17개의 번호권[40] 내에서만 사용할 수 있도록 정해져 있다. 다만, 요금체계는 17개로 지역번호가 통합되기 이전의 144개 통화권[41] 체계를 유지하고 있다.

17개의 지역번호는 통신 단말기의 지역적 위치를 식별하는 역할을 하기 때문에 전화번호의 사용자가 다른 번호권으로 이사하는 경우, 기존의 시내 전화번호를 계속하여 사용하는 것을 불가능하며, 시내전화번호를 반납하고 이사한 지역 번호권의 새로운 전화를 부여받아 사용해야 한다. 또한 요금 체계의 기준이 되는 통화권과 지역 번호권이 일치하지 않기 때문에, 동일한 번호권 내에서 이루어지는 통화이더라도, 통화권에 따라 다른 시외전화 요금이 부과되는 이중적인 체계로 이루어져 있다.

그런데 통화권의 제한에서 벗어난 유선전화가 등장하였다. 인터넷전화가 등장한 것이다. 인터넷전화는 사용자가 번호이동을 통하여 인터넷전화를 사용하기 이전에 통신 단말기가 위치하던 통화권 내에서만 인터넷전화 단말기 및 그 식별번호를 사용하는 것을 원칙으로 하고 번호이동 가입자 및 인터넷전화사업자가 통화권을 준수하도록 제도를 정비하였다. 또한 사업자는 번호이동성 고시에서 정하는 바에 따라 통화권에 따른 번호를 사용할 것을 의무화하였다.

All-IP 및 인터넷전화가 등장과 함께 FMC(유무선통합) 서비스가 등장하였으나 현재의 번호체계는 이러한 유무선 융합 현상을 반영하지 못하고 있다. FMC

---

39) 세종특별자치시(이하 세종시)의 출범으로 2012년 7월 1일부터 기존에 이 지역에서 사용하던 충남지역번호 '041'과 충북지역번호 '043'이 '044'로 통합 운영되기 시작하였다. 새 지역번호의 적용으로 인한 혼란을 최소화하기 위해 세종시 출범 후 6개월간 041번에서 044번으로 자동착신되는 기능을 무료로 제공하였다. 또한, 세종시 출범 후 기존 전화번호 중 국번 이하 번호에 대한 가입자 희망사항을 반영하였다. 2012년 7월 세종시 출범 후, 번호변경 서비스를 이용하면, 국번 '044번' 이후에 붙는 번호는 기존 전화번호의 번호 그대로 사용 가능하다.

40) 전기통신번호관리세칙 제3조(정의) 7호에서 "동일한 지역번호를 사용하는 지역을 말하며 법 시행령 제2조에 따른 통화권과는 구별한다"고 정의하고 있다. 서울, 경기, 인턴, 강원, 충남, 대전, 충북, 세종, 부산, 울산, 대구, 경북, 경남, 전남, 광주, 전북, 제주 17개 지역에서 서울 02, 경기 03, 제주 064 등으로 지정되어 있으며, 34~39, 45~49 등은 예비대역이다.

41) 통화권은 시내외 전화요금 산정을 위한 기본단위이다. 예를 들어, 동일 통화권내는 시내전화요금, 인접통화권은 1대역, 그 밖은 2대역 등으로 구분해서 요금을 산정한다. 통화권은 통화권별 행정구역 고시 [방송통신위원회고시 제2012-9호, 2012.2.10, 일부개정]에서 정하고 있다.

서비스로 인해 이용자들은 3G와 Wifi를 하나의 단말기로 이용할 수 있으나, 현재 FMC 서비스에는 3G 이용시 010 번호, Wifi 이용시 070 번호가 부여되어 번호 자원의 낭비를 초래하고 있는 상황이다.[42)]

지역번호체계에서 벗어난 All-IP 및 인터넷전화의 사용이 확산되고 있음에도 불구하고, 여전히 지역번호체계에 기초한 PSTN 전화 번호체계를 유지하고 있기 때문에, 유선전화번호 사용 자체에 혼란이 야기되고 있다. 예를 들어, 인터넷전화는 통화권의 구별 없이 사용될 수 있어, 현재 17개 지역으로 구분되어있는 번호체계를 계속 유지하려면 지속적으로 통화권의 이동에 대한 규제가 필요하며 그렇지 않을 경우 이용자에게 혼란을 야기할 수 있다.

한편, PSTN 전화번호와 인터넷전화 번호의 통합은 전체 통화권이 통합되는 계기를 마련하여 요금체계의 단일화를 통해 유선전화의 요금인하 효과를 거둘 수 있으며, 실제 KT의 경우 인터넷전화의 확산에 따라 전국단일요금제를 출시하기도 하였다. 최근 전기통신사업법은 전화, 인터넷접속, 인터넷전화, 가입전신, 회선임대역무로 세분화되어 있던 역무체계를 기간통신역무로 통합하였으나 번호체계는 여전히 분리되어 있어 역무별 식별자로 부여되었던 번호관리체계에 혼선이 야기될 수 있다.

4) 번호관리관련 법규정 및 고시

가) 전기통신번호관리세칙

번호관리정책은 신규서비스 출현에 의한 번호자원확보, 번호의 부여 등으로 대표되는 번호정책과 사업자간 공정경쟁을 위한 번호이동정책으로 크게 구분된다. 이러한 번호관리는 전기통신사업법 제48조 전기통신번호관리계획과 동법 제58조 전기통신번호이동성에서 규정되어 있다.

전기통신번호관리세칙[43)](이하 세칙)은 전기통신사업법 제48조에 따라 전기통신역무의 효율적 제공, 이용자의 편익과 전기통신사업자간 공정한 경쟁환경 조성 및 유한한 국가자원인 전기통신번호의 효율적 관리를 위하여 전기통신번호관리계획에 관한 기본 사항을 규정함을 목적으로 한다.[44)] 세칙은 제1장 총칙, 제2장 전화

---

42) 2010년 FMC 단일번호 서비스가 시행되고 있으나 이는 발신번호 표시에서 단일번호 표시를 제공하는 서비스이며 실제로는 여전히 010 번호와 070 번호가 중복되어 부여되고 있다.

43) 방송통신위원회 고시 제2013-8호.

망의 번호, 제3장 데이터망의 번호, 제4장 텔렉스망의 번호, 제5장 전기통신번호의 관리로 구성되어 있다. 이중 제3장과 제4장은 현재 해당하는 서비스가 거의 없어 적용되는 예가 극히 드물며, 제2장의 전화망의 번호와 제5장 전기통신번호의 관리에 의거하여 대부분의 번호정책이 정의되고 시행된다.

우선 제6조(전화망 번호체계)에 의거하여 전화망 번호를 구성하고 있다. 국제번호는 국가번호와 국내번호로 구성되며 그 자리수는 최대 15자리를 초과하여 사용할 수 없다. 국내번호의 구성요소 및 자리수는 다음 표와 같으며, 전체 구성요소별 자리수를 합하여 최대 13자리를 초과하여 사용할 수 없다.

표 4-2 국내번호 구성요소 및 자리수

구성요소	통신망번호	지역번호	가입자번호	
			국번호	가입자개별번호
자리수	2~4	1~2	1~6	4

출처: 전기통신번호관리세칙.

제7조 전화망 번호의 사용에서는 국가번호는 국제전기통신연합(ITU)에서 지정하는 번호를 사용하고, 국내번호의 각 구성요소의 첫 자리에는 다음의 표와 같은 번호를 사용하여야 한다고 명시하고 있다.

표 4-3 국내번호 구성요소별 첫 자리 번호

구성요소	통신망번호	지역번호	가입자번호		지역번호
			국번호	가입자개별번호	
첫자리번호	1, 7, 8	2~6	2~9	0~9	9

출처: 전기통신번호관리세칙.

또한, 제7조 3항에서는 지역별로 지역번호를 정하고 있다.[45]

---

44) 전기통신번호관리세칙 제1조(목적).
45) 이를 번호권이라고 하며, 우리가 시내통화나 시외통화라고 정할 때 기준이 되는 번호권별 수용 통화권은 세칙 별표 1에서 정하고 있다. 또한, 통화권은 "통화권별 행정구역"(방송통신위원회 고시 제2012-9호)에서 별도로 정하고 있다.

표 4-4 지역번호 체계

번호권	서울	경기	인천	강원	충남	대전	충북	세종	부산	울산
지역번호	2	31	32	33	41	42	43	44	51	52
번호권	대구	경북	경남	전남	광주	전북	제주	예 비		
지역번호	53	54	55	61	62	63	64	34~39, 45~49 56~59, 65~69		

출처: 전기통신번호관리세칙.

제8조에서는 방송통신위원회는 전화망을 설치 또는 임차하여 운영하는 사업자에게 다음과 같이 식별번호 또는 국번호를 부여할 수 있다고 규정한다. 동일한 서비스를 제공하는 사업자에게는 동일계열, 동일자리수의 식별번호와 동일자리수의 국번호를 부여하고, 동일계열의 식별번호는 역무별 경쟁구도 및 가입자 수요규모 등에 따라 자리수를 다르게 부여할 수 있다. 010 등 우리가 흔히 식별번호라고 알고 있는 서비스별 사업자의 식별번호는 제8조에서 아래와 같이 정하고 있다.

표 4-5 사업자 식별번호

구 분		식별번호
국제전화사업자	기간통신사업자	00X(X는 3, 7, 9 제외)
	설비보유재판매사업자	003YY 또는 007YY
	설비보유재판매사업자가 기간통신사업자의 지위를 획득한 경우, 설비보유재판매사업자로서 부여받은 국제전화 식별번호를 사용할 수 있음.	
시외전화사업자	기간통신사업자	08X(X는 5, 9 제외)
	설비보유재판매사업자	085YY
이동전화사업자	셀룰러 및 개인휴대통신	01Y(Y=0, 1, 6, 7, 8, 9)
	셀룰러 및 개인휴대통신 중 「전기통신사업법」 제62조 제1항 단서에 따라 전기통신설비의 설치승인을 얻어 2007년 9월 1일 이후에 제공되는 서비스	010
	아이엠티(IMT)	010

위성휴대통신사업자	0100	
무선호출사업자	015	
선박무선통신, 주파수공용통신, 무선데이타통신 등 (특정가입자를 대상으로 서비스를 제공하는 사업자)	013Y	
부가통신역무 제공사업자	014XY	
인터넷전화사업자	070	
휴대인터넷사업자	010	
사물지능통신사업자	012	
공통서비스식별번호	통합메시징서비스 (음성전화, 팩스, 전자우편 등을 하나의 사서함으로 제공하는 서비스)	030
	개인번호서비스 (개인이 사용하는 유선전화, 이동전화 등을 하나의 번호로 사용하거나, 개인전화번호가 노출되지 않도록 제공하는 서비스)	050
	전화정보서비스 (금융, 문화, 생활 등의 정보를 음성 또는 비음성으로 제공하는 서비스)	060
	착신과금서비스 (전화요금을 수신자가 부담하는 서비스)	080

출처: 세칙 제8조 2항, 3항의 내용을 표로 정리.

또한 별도의 식별번호를 부여하지 않았거나 식별번호를 공동으로 사용하는 시내전화서비스, 이동전화서비스(셀룰라, 개인휴대통신, 아이엠티), 무선호출서비스, 인터넷전화서비스, 주파수공용통신서비스, 무선데이타통신서비스, 휴대인터넷서비스, 사물지능통신서비스, 항만전화서비스 등의 경우에는 방송통신위원회가 부여하는 국번호에 따라 사업자를 구분한다.

제10조에서는 가입자가 자신이 속하지 않은 다른 통신망으로 접속하여 통신을

하기 위한 번호체계에 대해서 규정한다. 프리픽스라고 부르는 0번이다. 국제전화
망, 시외전화망, 시내전화망에서 다른 전화망으로의 접속 등 모두 통신망번호, 가
입자번호 앞에 프리픽스 0이 붙는다.

제11조에서는 1YY 또는 1YYY계열의 번호로서 공공질서의 유지와 공익증진
또는 전기통신사업에 필요한 경우에 사용하는 특수번호에 대해서 정하고 있다. 전
기통신번호관리세칙 제11조는 특수번호를 1YY 또는 1YYY계열의 번호로서 공공
질서의 유지와 공익증진 또는 전기통신사업에 필요한 경우에 사용하는 번호로 정
의하고 있다. 특수번호는 식별자로서 기능한다는 점에서 일반번호와 동일하지만,
세칙 제6조 제1항 제2호에서 규정하고 있는 것처럼 일반번호가 따르고 있는 체계,
즉 지역번호-국번-가입자번호로 구성되는 일반번호체계를 따르지 않는다는 점에
서 일반번호와 차이점이 있다. 특수번호가 일반번호체계를 따르지 않는 이유는 특
수번호가 공공질서의 유지와 공익증진 등에 이용되도록 할당된 번호이며, 따라서
일반적인 번호체계보다 공공이 좀 더 간편하고 기억하기 쉽도록 그 번호체계를 보
다 간단하게 설계하여야 하기 때문이다.

동조 제2항에서는 제1항에서 규정한 특수번호 중 10Y는 모든 사업자가 동일
한 용도로 사용할 의무를 부과하고 있으며, 다만 식별번호를 사용하지 않는 사업
자의 경우에는 별도의 특수번호를 부여받아 사용할 수 있음을 규정한다. 제3항에
서는 제1항의 특수번호 중 11Y, 12Y, 13YY는 비영리목적으로 공공기관이 전국
규모의 통신망을 구성하는 경우에 부여하는 번호로 규정하고 있다. 제4항에서는
제1항의 특수번호 중 방송통신위원회가 공동으로 사용하여야 할 필요가 있다고
인정하는 특수번호는 가입자가 다른 식별번호를 사용하는 사업자의 통신망으로
접속하는 경우 식별번호 없이 사용한다고 규정한다. 제5항에서는 제1항의 특수번
호를 부여받은 사업자는 이용자의 편익과 번호의 효율적인 관리를 위하여 필요한
경우에는 방송통신위원회의 승인을 받아 '특수번호+가입자 개별번호'의 번호체
계로 사용할 수 있음을 규정한다. 제6항에서는 제1항의 11Y, 12Y, 13YY계열의
특수번호가 동일기관에서 여러 개의 특수번호를 사용하는 경우, 다수의 번호가 유
사목적으로 사용되는 경우, 사용실적이 극히 저조한 경우에 해당될 때에, 방송통
신위원회에게 이용자의 혼란방지와 특수번호자원의 효율적 관리를 위하여 이를
다른 특수번호와 통합할 권한을 부여하고 있다. 방송통신위원회는 11Y, 12Y,

표 4-6 국내 특수번호의 번호계열별 용도 및 관리주체			
번호계열	자리수	용 도	관리주체
10Y	3	사업자의 민원안내 및 통신망 유지보수 등 통신업무 취급	미래창조과학부
11Y, 12Y	3	범죄, 간첩, 화재 등 긴급한 민원사항의 신고	미래창조과학부
13YY	4	공공기관에서 제공하는 기상, 관광 등 생활정보 안내, 상담 및 대국민 홍보	미래창조과학부
14YY	4	기간통신사업자의 부가서비스 (예비)	미래창조과학부
15YY	4	기간통신사업자의 자율부가서비스	사업자
		기간통신사업자의 공통부가서비스	미래창조과학부
16YY	4	기간통신사업자의 공통부가서비스	미래창조과학부
18YY	4	기간통신사업자의 공통부가서비스	미래창조과학부
17YY, 19YY	3~4	예 비	미래창조과학부

출처: 전기통신번호관리세칙.

13YY계열의 특수번호를 부여할 때에는 제6항의 통합대상 특수번호에 해당되지 않도록 주의할 의무가 있다. 다만, 이용자의 혼란을 초래할 우려가 없고 특수번호 자원의 효율적 관리에 지장을 주지 않는 경우에는 예외로 한다.

특수번호는 일반적으로 이용자에게 부여되는 번호보다 그 수가 더욱 한정되어 있고, 통신서비스가 다양화되면서 필요로 하는 분야가 늘어나고 있어 10Y, 11Y, 12Y 계열과 같이 이미 고갈되거나 거의 부여하기 어렵게 된 번호계열도 있다. 특수번호는 사용목적에 따라 크게 둘로 나눌 수 있다. 첫 번째는 공공질서의 유지와 공익증진을 위해 필요한 경우이다. 10Y, 11Y, 12Y, 13YY계열을 의미한다. 두 번째는 15YY, 16YY, 18YY의 대표번호서비스로 정의된 전기통신사업에 필요한 경우이다. 이 중에서 공공질서의 유지와 공익증진을 위해 사용하는 특수번호를 좁은 의미에서의 특수번호라고 하며 통상적으로 특수번호라는 표현은 이러한 좁은 의미에서의 특수번호를 지칭한다.[46] 전기통신사업에서 필요한 경우에 사용되는 특

---

46) 권오상 / 권혜선 / 정필운 / 성윤택 / 윤현영 / 김슬기, 특수번호관리 종합방안 연구, 방송통신위원회, 2010. 8-10, 97-98면 참조.

수번호는 통상적으로 대표번호라고 지칭한다.[47] 넓은 의미에서 특수번호란 "공공
질서의 유지와 공익 증진 또는 전기통신사업에 필요한 경우에 사용"할 수 있는 번
호이며, 기간통신사업자의 자율 부가 서비스 용도로 사용되는 15YY 번호를 제외
하고는 모두 방송통신위원회가 관리한다.

좁은 의미에서의 특수번호는 비영리목적으로 공공기관에 부여하는 11Y, 12Y,
13YY 계열의 번호이다. 전기통신사업법 세칙에는 11Y, 12Y, 13YY계열의 특수번
호에 대하여 동일기관에서 여러 개의 특수번호를 사용하는 경우, 다수의 번호가
유사목적으로 사용되는 경우, 사용실적이 극히 저조한 경우, 이용자의 혼란방지와
특수번호자원의 효율적 관리를 위하여 다른 특수번호와 통합하여 사용하도록 할
수 있도록 정하고 있으며,[48] 이에 해당하지 않는 경우에만 방송통신위원회가 11Y,
12Y, 13YY 계열의 특수번호를 부여할 수 있다고 규정한다.[49] 동일기관에서 여러
개의 특수번호를 사용하는 경우에는, 이용자의 혼란을 초래할 우려가 없고 특수번
호 자원의 효율적 관리에 지장을 주지 않는 경우 새로운 특수번호를 부여하는 것
이 가능하다는 예외조항을 두고 있다.[50]

제11조의2는 1588로 대표되는 대표번호서비스에 대해서 정하고 있다. 대표번
호는 여러 개의 전화회선을 대표하는 가상의 전화번호로 정의된다. 특수번호를 이
용하여 대표번호서비스를 제공하는 사업자는 이용자에게 부과하는 통화요금은 시
내전화 요금을 기준으로 하고,[51] 전화가 이용자에게 연결되기 전에 통화요금 부담
여부 등의 정보를 무료로 안내하여야 하며, 가입자가 자동응답전화의 안내메뉴 간
소화와 대기시간 단축 등을 추진하도록 조치하여야 하고, 이용자에 대한 보호대책
과 피해구제 방법 및 절차를 이용약관에 별도로 명시하는 등의 사항을 준수하여야
한다.

또한, 방송통신위원회는 이용자보호를 위하여 대표번호로 연결되는 가입자의
자동응답전화 운용실태를 분석·평가한 후, 이를 사업자에게 시정하도록 요구하

---

47) 권오상 / 권혜선 / 정필운 / 성윤택 / 김슬기, 『대표번호제도 개선 방안 연구』, 한국통신사업자
    연합회, 2011, 16-17면.
48) 전기통신번호관리세칙 제11조 6항.
49) 전기통신번호관리세칙 제11조 7항.
50) 전기통신번호관리세칙 제11조 7항.
51) 방송통신위원회가 인정하는 경우에는 예외로 한다.

고, 대표번호의 이용을 정지 또는 해지하도록 할 수 있고, 통신사업자가 대표번호를 추가로 신청하는 경우, 의무의 이행상황을 심사하여 부여할 수 있다.

세칙 제5장은 전기통신번호의 관리에 대해서 규정하고 있다. 우선 제19조에서는 방송통신위원회가 사업자에게 부여하거나 특정목적으로 지정하는 번호는 방송통신위원회가 관리한다고 명시하고 있다. 단, 제7조, 제11조, 제12조 및 제16조에 따른 전화망, 데이터망 또는 텔렉스망 등의 가입자번호 또는 가입자 단말번호 중에서 제1항에 따라 방송통신위원회가 관리하는 번호를 제외한 번호는 사업자가 관리한다. 또한, 전기통신사업자는 전기통신번호를 이용자에게 판매하여서는 아니 된다. 방송통신위원회는 번호자원의 효율적인 관리를 위하여 서비스별 식별번호와 사업자별 번호 부여 및 사용 현황 등을 관리하는 시스템(이하 "번호자원관리시스템"이라 한다)을 구축·운영할 수 있고, 번호자원관리시스템은 사단법인 한국통신사업자연합회가 관리·운용한다고 규정하고 있다.[52]

사업자나 공공기관이 번호를 사용하고자 하는 경우에는 제출서류를 첨부하여 방송통신위원회에 신청하여야 하며 방송통신위원회는 신청을 받은 날부터 2개월 이내에 그 결과를 통보하여야 한다. 번호신청이 전기통신역무의 효율적 제공, 이용자편익과 공공이익의 증진, 공정경쟁 환경 조성의 목적에 적합하고 신청자가 번호자원을 효율적으로 사용할 것으로 인정되는 경우 번호를 부여한다.

세칙에서는 번호의 변경, 회수를 명할 수 있는 규정도 명시되어 있다. 이용자에게 현저히 불이익을 줄 수 있는 경우, 전기통신사업법 등 관련 법령과 부합하지 않는 경우, 전기통신사업의 전부 또는 일부가 폐지되거나 사업의 허가·등록이 취소되는 경우, 부여받은 목적과 다르게 사용하는 경우, 신청시 제시한 번호사용일부터 6개월 이내에 역무가 제공되지 않은 경우, 부여받은 사업자(또는 공공기관) 이외의 자가 사용하는 경우, 제1조에 따른 목적을 달성하기 위하여 번호계획이 변경되거나 제23조의2에 따른 번호 통합계획이 수립되는 경우, 번호자원이 효율적으로 관리되지 않은 경우,

---

52) KTOA(한국통신사업자연합회)가 관리하고 있는 번호관리시스템을 통해 사업자별·서비스별 번호 부여수 대비 번호사용률을 실시간으로 확인 가능하다. DB 구축은 매달 통신사업자들의 자료를 제출받아 KTOA에서 업데이트시키나 실제 번호사용률과 오차범위가 큰 경우가 있어 자료의 검증이 필요하며 검증 방법에 대한 논의가 추가 필요하다. 사업자들이 다른 사업자들의 번호이용 현황 DB를 열람할 수 있도록 KTOA 번호이용 현황 DB 개방에 대한 요구가 있다.

전기통신번호 판매를 중계하는 서비스를 통해 전기통신번호가 판매되는 것으로 확인되는 등 실제 번호사용 의사가 없는 이용자에게 번호가 제공된 경우, 공공기관이 부여받은 번호를 사용할 필요가 없게 된 경우가 그것이다.

나) 번호이동기준 등

번호이동과 관련해서는 「시내전화서비스 등 번호이동[53])성[54]) 시행에 관한 기준[55])」, 「이동전화서비스 번호이동성 시행 등에 관한 기준[56])」이 유선과 이동부문 번호이동에 필요한 사항을 정하고 있다. 적용범위, 적용서비스, 번호이동 신청 및 등록, 해지, 번호이동관리센터, 번호이동 DB구축 등에 대해서 규정하고 있다. 이 외에 전기통신사업법내의 전기통신번호 관련 조항은 전기통신사업법 제18조 제2항의 2, 제42조(정보의 제공) 제1항, 전기통신사업법 제60조 번호안내서비스의 제공, 제83조 통신비밀의 보호, 제84조 송신인의 전화번호의 고지 등, 제100조 벌칙 등이 있다.

이외에 송신인의 전화번호의 고지 관련 규정이 있다. 전기통신사업법 제84조 제2항은 송신인이 자신의 전화번호 송출을 거부하더라도 수신인이 송신인의 전화번호를 알 수 있는 경우에 대해서 규정하고 있다. 이러한 경우들은 전기통신사업법 제84조 제2항 제1호 및 제2호에 나타나 있듯 "전기통신에 의한 폭언·협박·희롱 등으로부터 수신인을 보호하기 위하여 대통령령으로 정하는 요건과 절차에 따라 수신인이 요구를 하는 경우", "특수번호 전화서비스 중 국가안보·범죄방지·재난구조 등을 위하여 대통령령으로 정하는 경우" 등 예외적인 경우이다. 그런데, 수신인이 전화 협박 등을 받은 경우 관련 법령에 따라 전기통신사업자에게 송신인의 전화번호를 요청하면 알려주어야 한다.[57])

---

53) '번호이동'은 가입자가 전기통신사업자 또는 서비스의 변경에도 불구하고 종전의 전기통신번호를 유지하는 것을 말한다.

54) '번호이동성'이란 가입자가 전기통신사업자 또는 서비스의 변경에도 불구하고 종전의 전기통신번호를 유지하는 제도를 말한다.

55) 방송통신위원회고시 제2012-42호.

56) 방송통신위원회고시 제2012-56호.

57) 현실적으로 잘 이행되지 않아 많은 논란이 있어왔다. 경찰관서에 범죄신고를 한 경우 등은 전기통신사업법 제84조 제2항 제1호에 해당하는 요건을 증명하는 서류가 있는 것으로 보고 송신인의 번호를 수신인에게 알려주어야 하는 방향으로 논의가 진행 중이다.

5) 번호의 법적 성질

이상으로 번호의 효율적인 사용을 위한 번호관리체계, 즉 번호와 관련된 제도 및 규정을 종합적으로 살펴보았다. 현재, 번호의 법적 성격이 명확하지 않기 때문에 통신사업자들이 기존 서비스 시장의 포화로 인해 유·무선 융합서비스와 같은 신사업 발굴을 지속적으로 추진하면서, 번호의 관리를 위한 규제기관의 행정 행위와 이용자들의 권리가 끊임없이 상충하고 있다. 향후, 전기통신번호의 역할과 법적 성질을 명확히 규명하여 관리와 이용에 관한 기본적인 기준과 행정행위의 근거를 제공할 필요가 있을 것이다.

번호의 효율적인 사용을 위하여 무엇보다도 번호자원의 법적 성격과 그 이용관계의 성격 규명 및 법적 보호범위의 정립이 필요하다. 아직까지 번호의 정의나 법적 성질, 번호이용관계의 성격에 대해서 활발한 논의가 진행된 바 없으며, 이는 번호의 의미나 역할이 비교적 명확하다는 인식이 있었기 때문이다. 하지만, 최근 010 번호통합과 관련하여 이동전화 식별번호 통합추진이 이용자의 기본권을 침해하여 위헌인지의 여부를 밝히는 헌법소원이 제기됨에 따라 이 사건을 계기로 그동안 도외시되었던 번호의 기본권적 성격 및 번호의 물성(物性)과 권리성, 번호이용관계의 법적 성질 등등 번호와 관련된 논의가 본격적으로 촉발되었다. 이 사건의 청구인 1,675명은 정부의 이동전화 식별번호 통합조치가 소비자의 자기결정권, 개인정보자기결정권, 인격권, 재산권, 행복추구권, 평등권, 의사표현의 자유 등을 침해한다고 주장하면서 헌법소원 심판을 청구하였고, 헌법재판소는 2013년 7월 합헌으로 결정하였다.[58]

이러한 기본권 논의와 함께 전화번호 관련 여러 법적 쟁점이 규명되어야 한다. 전화번호 자체가 가지고 있는 법적 성격은 무엇인가? 전화번호는 자원으로서 성격을 가지는 것은 분명하다. 그러나 전화번호는 민법상 물건에 해당하는지 여부와 행정법에서 말하는 공물(公物)에 해당하는지 여부는 면밀히 검토할 필요가 있겠다. 또한 전화번호가 가지는 식별력이 상표로서 등록할 수 있을 정도의 식별력인지도 연구해야할 쟁점이다. 현재와 같이 이동전화 식별번호가 010으로 통합되기 이전에는 사업자마다

---

58) 이동전화 식별번호 통합에 관한 헌법재판소 2013. 7. 25. 선고 2011헌마63,468.

식별번호를 가지고 있었는데, 일부 사업자가 해당 식별번호를 자사만의 브랜드로 인정받으려는 시도로, 식별번호가 포함된 결합상표나 서비스표지를 등록하려 한 사례가 있다. 관련 판결들을 중심으로 우리나라 법원의 입장을 검토하고, 미국법원에서 전화번호를 포함하고 있는 상표에 대해 어떠한 접근방식을 취하고 있는지 비교법적 연구를 통해 전화번호가 단독으로 혹은 결합하여 구성되어 있는 상표의 법적 보호에 대해 어떻게 접근해야 할지 도움을 받을 수 있을 것이다.

이외에도 사업자와 최종이용자들의 번호를 이용하는 번호이용관계는 법적으로 어떠한 관계에 해당할 것인지도 논란이 있다. 행정청의 사업자에 대한 번호부여행위와 사업자와 이용자간의 이용계약의 법적 성질을 규명할 필요가 있다. 그러한 법적 성질의 검토에 기인하여, 행정처분에 의한 권리의 부여인 사업자에게 정부가 번호를 부여하는 행위에서 오는 권리와 사업자의 서비스 이용약관에 따라 최종이용자가 사용할 수 있는 번호를 부여받아 이용하는 권리를 각각 나누어 살펴볼 수 있을 것이다. 또한, 번호이용자가 번호이용에 있어서 어떤 법적인 보호를 받을 수 있으며, 행정청의 정책변화가 이용자의 권리에 어떤 영향을 미치는지 결정할 수 있을 것이다.

번호자원은 한정되어 있으나 통신서비스가 개인화 · 지능화되고 있고, 역무별 구분에 의한 허가제도가 폐지되어 허가를 받은 사업자는 모든 서비스의 제공이 가능하므로 번호 수요는 더욱 증가하고 있다. 번호자원의 희소성이 더욱 강조되고 있는 것이다. 희소성이 있는 만큼 번호는 경제적 가치가 있는 자원임은 분명하지만, 특정인의 소유나 배타적 권리를 의미하는 재산권은 존재하지 않는다. 단, 단말기의 개인화를 통하여 번호가 개인을 특정할 수 있는 요인으로 작용할 수 있을 것이다. 즉, 경제적 가치가 있는 인격권을 인정할 수 있는 가능성을 열어두고 있는 것이다. 전화번호는 개인을 특정하는 수단으로 활용이 가능하기 때문에 인격권을 향유할 수 있는 대상으로 보는 것이 타당할 것이다.

전화번호에 대한 인격권을 인정한다면 전화번호가 재산적 가치가 있는 인격권의 객체로 인정할 수 있을지 의문을 제기할 수 있다. 전화번호가 특정인과 동일시될 정도로 특정인을 표상하며 상업적으로 이용될 수 있다면, 인격권 중에서도 경제적, 재산적 가치를 가진 인격권을 향유할 가능성은 있다. 하지만, 전화번호를 이러한 성격의 인격권으로 이해하게 되면, 전화번호의 법적 보호 수준이 상대적으로 크게 강화될 수밖에 없기에 신중한 접근이 필요하다.

재산적 가치를 가진 인격권의 대표격인 퍼블리시티권조차도 그 개념과 성격에 대한 논의가 한창 진행 중인 상황에서 전화번호 또한 재산적인 가치를 가지는 인격권을 향유한다고 명확히 결론 내리기는 어렵다. 그러나 전화번호가 개인과 결합되어 있으면서 개인을 식별하는 역할을 하므로, 추후 인격권에 관한 법리의 전개에 따라 번호에 대한 권리의 내용과 보호범위가 발전할 가능성은 있다. 전화번호가 경제적 가치가 있는 인격권을 향유한다고 본다면, 그 경제적 가치가 누구에게 귀속되는가라는 의문이 제기될 수 있을 것이다. 경제적 가치가 있는 인격권의 개인적 귀속에 대한 논거로는 노동의 결여나 공공의 이용 필요성, 경제적 효용 등을 들 수 있다.[59]

이동전화의 경우, 개인이 번호를 부여받을 때 추첨에 의하여 단순히 운이 좋으면 대중적인 선호도가 있어서 경제적 가치가 있는 번호를 부여받을 수도 있게 된다. 번호에 있어서는 자기소유의 주장과 공공적 이용의 필요가 대립하고 있기도 하다. 식별이라는 필요에 의해 배타적으로 구분되는 번호를 받고 이러한 점이 곧 희소성으로 연결되지만 이는 곧 공공의 자유로운 이용을 위함이기도 한 것이다. 부가가치의 창출을 위해 개인에의 귀속을 인정하면 이는 곧 노동이 결여된 가치의 공공적 이용의 필요성과 대립하게 되는 것이다. 희소한 자원을 효율적으로 분배하는 수단으로는 경매를 통하여 이용기간을 정해주고 이용권을 부여하는 방법이 가능할 수는 있으나, 몇몇 사업자에 해당하는 주파수와 달리 번호를 이용하는 모든 개인에게 해당하는 문제일 수도 있기 때문에 사회적 비용이 훨씬 더 클 것으로 충분히 예상 가능하다. 따라서 이러한 문제는 본 논문의 한계로 남겨두고자 한다. 추후 개별법의 제정이나 개정을 통해서 번호의 법적 권리, 희소한 자원의 분배, 활용에 대해서 정해주고 번호의 분배를 위한 대가 할당이나 경매제도[60] 등을 도입하

---

59) 안병하, "인격권의 재산권적 성격-퍼블리시티권 비판서론", 민사법학(제45권 제1호), 2009, 83-98면.

60) Coase의 "기업의 본질(The Nature of the Firm)"이 1937년 발표되었고, 이 논문으로 1991년 노벨 경제학상을 수상하였다. 코즈의 정리(Coase-Theorems)는 정부 규제에 대한 경제적 분석의 중요한 바탕이 되었다. 코즈의 정리에서는 자원의 배분과정에서 외부효과로 인하여 나타나는 비효율성을 민간주체들이 시장에서 그들 스스로 해결할 수 있다고 주장하고 있고, 주파수 경매와 같은 제도의 이론적 근거로 활용된다. 코즈의 정리는 Posner, Economic Analysis of Law, 6th ed., Aspen Publishers, 2003; 나종갑, "주파수자원의 법적 본질 및 주파수정책에 대한 의미", 저스티스(제91호), 2006, 46-48면 참조.

는 것도 고려해 볼 수 있을 것이다.[61]

여러 가지 논의 과정과 한계점에도 불구하고 전화번호에는 경제적 가치가 있는 인격권의 가능성은 존재한다. 하지만, 희소한 자원인 번호의 효율적 이용을 위하여 또는 공적인 목적이나 독점 방지 등을 위하여 정부는 번호의 통합, 변경 등을 시행할 수 있다. 이렇게 정부의 정책변경에 따라 개인이 향유할 수 있는 번호의 이용권한이 영향을 받는 경우, 전기통신번호관리세칙이나 사업자와 이용자 간 이용계약에서 정하는 보호 이외의 헌법상의 권리, 번호의 계속사용을 요구하거나 손해배상 등을 요구할 권리까지 인정되는 것은 아니라고 할 것이다.

제2절 전기통신사업법상 금지행위: 사후규제

1. 의   의

1) 법령 및 입법취지

우리 헌법은 "대한민국의 경제질서는 개인과 기업의 경제상의 자유와 창의를 존중함을 기본으로 한다"고 하면서도, 국가가 "균형있는 국민경제의 성장 및 안정과 적정한 소득의 분배를 유지하고, 시장의 지배와 경제력의 남용을 방지하며, 경제주체간의 조화를 통한 경제의 민주화를 위하여 경제에 관한 규제와 조정을 할 수 있"도록 하고 있다(헌법 제119조). 그러므로 수정자본주의 시장경제질서에서 시장의 모든 사업자는 사적 자치에 따라 자유롭게 경제활동을 하면서도 경쟁사업자와 공정하게 경쟁하여야 하고 소비자를 보호하여야 한다. 그러나 현실에서 일부 사업자는 불공정한 경쟁수단을 동원하여 경쟁사업자의 사업 활동을 제한하거나 방해한다. 이 때 시장에서 경쟁질서를 회복하고 경쟁사업자와 소비자를 보호할 필요가 있다.[62] 이러한 보호수단으로 인정되는 것 중 하나가 금지행위이다.

---

61) 번호와 마찬가지로 국가의 희소한 자원으로 인정받고 있는 주파수 관리에 있어서 나종갑(2006)은 앞의 논문에서 우리나라에서도 주파수대역은 국유자원으로 해석되나 주파수대역의 이용권은 재산권적 성질이 있고, 이의 효율적 사용을 위해서 경매 등 시장기능을 통한 관리방법을 강화해 나가야 한다고 주장하였다.

62) 신현윤, 경제법, 법문사, 2012, 266면.

금지행위란 공정한 경쟁 또는 이용자의 이익을 해치거나 해칠 우려가 있는 행위를 유형화하여 법에서 금지하고 이를 위반하여 금지행위를 하면 법적 제재를 하는 제도를 말한다.

이러한 규정 방식은 「독점규제 및 공정거래에 관한 법률」(이하 "공정거래법"으로 줄이기도 하였다)에서 유래한 것이다. 공정거래법에서 규제는 크게 시장구조의 개선을 위한 규제와 거래행태의 개선을 위한 규제로 나눈다. 금지행위는 이 중 거래행태의 개선을 위한 규제의 대표적인 방법이다.

공정한 경쟁 또는 이용자의 이익을 해치는 행위를 규율하는 방법은 크게 두 가지 방법이 있다. (i) 민법상 손해배상청구제도와 같은 것을 통한 사법적 해결방법(법원에 의한 해결)이 하나이고, (ii) 불공정거래행위 규제제도와 같은 것을 통한 행정적 해결방법(행정부에 의한 해결)이 다른 하나이다. 미국이나 독일과 같이 사적 자치의 원리를 중요하게 생각하고, 시장경제에 충실한 국가에서는 전자의 방법을, 일본과 같이 국가 주도에 의한 경제 개발에 충실한 국가에서는 후자의 방법을 채택하고 있다. 우리나라에서 일반적인 공정한 경쟁 또는 이용자의 이익을 해치는 행위를 규제하는 공정거래법은 후자의 방법을 채택한 것이다. 전자의 방법을 채택한 국가에서는 일반적으로 그 구성요건을 불공정한 거래행위라는 추상적 행위를 금지하는 형식을 취한다. 반면 후자의 방법을 채택한 국가에서는 일반적으로 불공정한 거래행위 중 특정한 구체적 행위를 금지하는 형식을 취한다.[63]

일반적인 공정한 경쟁 또는 이용자의 이익을 해치는 행위는 「독점규제 및 공정거래에 관한 법률」에 근거하여 공정거래위원회가 규율하는데, 전기통신시장에서 공정한 경쟁 또는 이용자의 이익을 해치는 행위는 그 전문성을 인정하여 「전기통신사업법」 제50조에 근거하여 방송통신위원회가 규율하도록 인정한 것이다.[64]

요컨대, 「전기통신사업법」 제50조 금지행위 규정은, 「독점규제 및 공정거래에 관한 법률」 제23조 불공정거래행위에 대한 특칙으로 전기통신시장에서 불공정거래행위를 전문규제기관인 방송통신위원회가 규율할 수 있는 근거가 되는 규정이다. 이는 전기통신시장에서 전기통신사업자의 거래행태의 개선을 위한 것으로, 불공정거래행위에 대한 행정적 해결방법이고 불공정거래행위 중 특정한 구체적 행

---

63) 권오승, 경제법, 법문사, 1999, 287면.
64) 신종철, 앞의 책, 226면.

위를 금지하는 방식을 채택한 것이다.

2) 인접사업법 및 국외입법례

현행 「방송법」 제85조의2와 「인터넷 멀티미디어 방송사업법」(이하 'IPTV법'이라 줄이기도 하였다) 제17조는 금지행위 규정을 가지고 있다.

「인터넷 멀티미디어 방송사업법」은 방송과 통신을 별개로 규율하는 당시 법제에서 융합서비스 도입의 법적 기반을 마련하기 위해 2008년 1월 17일 제정되었다. IPTV법은 제정할 때부터 인터넷 멀티미디어 방송 제공 사업의 공정한 경쟁과 이용자 보호를 위해 금지행위 규정을 마련하였는데, 이는 방송 영역에 최초로 금지행위가 도입되었다는데 의의가 있다.[65]

IPTV법 제17조는 사업자 간의 공정한 경쟁 또는 이용자의 이익을 저해하거나 저해할 우려가 있는 7가지 유형의 행위를 금지행위로 규정하고 있다. 또한 같은 법 시행령 제15조 제1항 관련 [별표 2]에서는 법에서 정한 7가지 유형을 근거로 하여 22가지 세부유형을 규정하고 있다. 그리고 이를 위반하면 방송통신위원회가 시정명령이나(법 제26조), 공정거래위원회와 협의하여 과징금을 부과할 수 있다(법 제17조 제2항).[66]

방송법은 2011년 개정을 할 때 금지행위 규정을 마련하였다. 방송법 제85조의2는 방송사업자·중계유선방송사업자·음악유선방송사업자·전광판방송사업자·전송망사업자가 사업자 간의 공정한 경쟁 또는 시청자의 이익을 저해하거나 저해할 우려가 있는 7가지 행위를 금지행위로 규정하고 있다. 그리고 같은 법 시행령 제63조의5 관련 [별표 2의2]에서는 법에서 정한 7가지 유형을 근거로 하여 세부유형을 규정하고 있다. 그리고 이를 위반하면 방송통신위원회가 시정명령이나(법 제85조의2 제2항), 공정거래위원회와 협의하여 과징금을 부과할 수 있다(법 제85조의2 제3항).

이미 설명한 것처럼 미국, 독일과 같은 국가는 불공정한 거래행위를 일반적으

---

65) 전주용 외, "IPTV 도입에 따른 방송통신시장 공정경쟁 이슈와 대응방안", 정책연구(09-37), 정보통신정책연구원, 2009. 11, 37면.
66) 이상 IPTV법의 금지행위에 관해서는 정필운 / 김슬기, "방송통신 융합환경에서 방송시장 불공정행위의 규율", 언론과 법(제11권 제1호), 한국언론법학회, 2012. 6, 194-200면 참조.

로 금지하고, 그 위반시 법원에 의하여 이를 해결하도록 하는 방식을 채택하고 있
으므로 이와 같은 금지행위 규정이 없다.[67] 반면 일본은 불공정거래행위 규제제도
와 같은 것을 통한 행정적 해결방법을 채택하고 있다. 다만, 일본도 전기통신사업
법에서 이를 규율하는 것이 아니라, 독점규제법에서 이를 규율하고 있다.

3) 연혁

전기통신사업법상 금지행위 규정은 1996년 12월 30일 전기통신사업법 개정으
로 최초로 도입되었다. 당시 법률은 공정경쟁질서 저해행위를 금지행위로 규정(법
제36조의3)하면서 그 행위유형으로 ① 상호접속 등에 관한 부당한 차별 혹은 협정
체결 거부, 불이행, ② 상호접속 등에 의하여 알게 된 다른 전기통신사업자 정보의
부당 유용, ③ 비용·수익의 부당한 분류에 의한 이용요금, 상호접속 등의 대가 산
정, ④ 이용약관과 다르게 전기통신역무를 제공하거나 전기통신이용자의 이익을
현저히 저해하는 행위를 규정하였다.[68] 2001년 1월 8일 법 개정으로 공정한 경쟁
질서를 저해하는 행위 외에 '이용자 이익을 저해하는'이라는 표현을 본문에 신설
하였고, 제36조 제1항 제1호 및 제2호에 "전기통신설비 공동이용"을 추가하였
다.[69]

---

67) Peter W. Huber et al., Federal Telecommunications Law, Aspen, 1999; Peter W.
   Huber et al., Federal Telecommunications Law: 2006 Supplement, Aspen, 2006 참고.
68) 제36조의3 (금지행위) ① 전기통신사업자는 공정한 경쟁질서를 저해하는 다음 각호의 1에
   해당하는 행위(이하 "금지행위"라 한다)를 하거나 다른 전기통신사업자 또는 제3자로 하여
   금 이를 행하도록 하여서는 아니된다.
   1. 전기통신설비의 제공 상호접속 또는 공동사용등이나 정보의 제공등에 관하여 부당한 차
      별을 하거나 협정체결을 부당하게 거부하는 행위 또는 체결된 협정을 정당한 사유없이
      불이행하는 행위
   2. 전기통신설비의 제공 상호접속 또는 공동사용등이나 정보의 제공등에 의하여 알게 된 다
      른 전기통신사업자의 정보등을 자신의 영업활동에 부당하게 류용하는 행위
   3. 비용 또는 수익을 부당하게 분류하여 전기통신역무의 이용요금이나 설비의 제공 상호접
      속 또는 공동사용등이나 정보제공의 대가등을 산정하는 행위
   4. 제31조의 규정에 의하여 공시한 이용약관과는 다르게 전기통신역무를 제공하거나 전기통
      신이용자의 이익을 현저히 저해하는 방식으로 전기통신역무를 제공하는 행위
   ② 정보통신부장관은 제1항의 규정에 의한 행위의 유형 및 기준을 정하여 고시할 수 있다.
   ③ 정보통신부장관은 제2항의 규정에 의한 행위의 유형 및 기준을 정하는 경우에는 통신위
   원회의 심의 및 공정거래위원회와의 협의를 거쳐야 한다. [본조신설 1996. 12. 30.]
69) 제36조의3 (금지행위) ① 전기통신사업자는 공정한 경쟁질서 및 이용자의 이익을 저해하는
   다음 각호의 1에 해당하는 행위(이하 "금지행위"라 한다)를 하거나 다른 전기통신사업자 또

2010년 3월 22일에는 전기통신사업법 전부 개정을 하면서 전기통신사업자 허가 제도와 이용약관 인가 제도를 개선하고 전기통신서비스의 재판매 및 도매제공 제도를 도입하여 통신시장의 경쟁을 활성화하고, 새롭게 등장하는 통신시장의 불공정행위에 대응하기 위하여 새로운 유형의 금지행위를 신설(법 제50조)하였다. "설비 등의 제공·공동이용·상호접속 또는 공동사용" 외 "공동활용·도매제공"을 추가하여 이러한 경우에도 부당한 차별이나 협정체결 거부·불이행 행위를 금지하였고, 새로운 금지행위 유형으로 ① 상호접속 등에 관한 대가를 공급비용에 비해 부당하게 높게 결정·유지하는 행위, ②「전파법」에 따라 할당받은 주파수를 사용하는 전기통신역무를 이용하여 디지털콘텐츠를 제공하기 위한 거래에서 적정한 수익배분을 거부하거나 제한하는 행위를 신설하여 현재의 모습을 갖추었다.[70)]

는 제3자로 하여금 이를 행하도록 하여서는 아니된다. <개정 1999. 5. 24., 2001. 1. 8.>
1. 전기통신설비의 제공·공동이용·상호접속 또는 공동사용등이나 정보의 제공등에 관하여 부당한 차별을 하거나 협정체결을 부당하게 거부하는 행위 또는 체결된 협정을 정당한 사유없이 불이행하는 행위
2. 전기통신설비의 제공·공동이용·상호접속 또는 공동사용등이나 정보의 제공등에 의하여 알게 된 다른 전기통신사업자의 정보등을 자신의 영업활동에 부당하게 류용하는 행위
3. 비용 또는 수익을 부당하게 분류하여 전기통신역무의 이용요금이나 전기통신설비의 제공·공동이용·상호접속 또는 공동사용등이나 정보제공의 대가등을 산정하는 행위
4. 이용약관과는 다르게 전기통신역무를 제공하거나 전기통신이용자의 이익을 현저히 저해하는 방식으로 전기통신역무를 제공하는 행위
② 정보통신부장관은 제1항의 규정에 의한 행위의 유형 및 기준을 정하여 고시할 수 있다.
③ 정보통신부장관은 제2항의 규정에 의한 행위의 유형 및 기준을 정하는 경우에는 통신위원회의 심의 및 공정거래위원회와의 협의를 거쳐야 한다.
70) 제50조(금지행위) ① 전기통신사업자는 공정한 경쟁 또는 이용자의 이익을 해치거나 해칠 우려가 있는 다음 각 호의 어느 하나에 해당하는 행위(이하 "금지행위"라 한다)를 하거나 다른 전기통신사업자 또는 제3자로 하여금 금지행위를 하도록 하여서는 아니 된다.
1. 설비등의 제공·공동활용·공동이용·상호접속·공동사용·도매제공 또는 정보의 제공 등에 관하여 불합리하거나 차별적인 조건 또는 제한을 부당하게 부과하는 행위
2. 설비등의 제공·공동활용·공동이용·상호접속·공동사용·도매제공 또는 정보의 제공 등에 관하여 협정 체결을 부당하게 거부하거나 체결된 협정을 정당한 사유 없이 이행하지 아니하는 행위
3. 설비등의 제공·공동활용·공동이용·상호접속·공동사용·도매제공 또는 정보의 제공 등으로 알게 된 다른 전기통신사업자의 정보 등을 자신의 영업활동에 부당하게 유용하는 행위
4. 비용이나 수익을 부당하게 분류하여 전기통신서비스의 이용요금이나 설비등의 제공·공동활용·공동이용·상호접속·공동사용·도매제공 또는 정보의 제공 등의 대가 등을 산정하는 행위
5. 이용약관(제28조 제1항 및 제2항에 따라 신고하거나 인가받은 이용약관만을 말한다)과

4) 공정거래법과의 관계

가) 공정거래법의 금지행위 규정과의 관계

이미 설명한 것처럼 법 제50조 금지행위 규정은 「독점규제 및 공정거래에 관한 법률」 제23조 불공정거래행위에 대한 특칙으로 전기통신시장에서 불공정거래행위를 전문규제기관인 방송통신위원회가 규율할 수 있는 근거가 되는 규정이다.

공정거래법은 "사업자의 시장지배적지위의 남용과 과도한 경제력의 집중을 방지하고, 부당한 공동행위 및 불공정거래행위를 규제하여 공정하고 자유로운 경쟁을 촉진함으로써 창의적인 기업활동을 조장하고 소비자를 보호함과 아울러 국민경제의 균형있는 발전을 도모함"을 목적으로 한다. 이러한 목적 하에 같은 법 제23조는 7가지 유형의 불공정거래행위를 금지하면서 시행령 제36조 및 [별표 1의 2]에서 그 행위 유형을 28가지를 세분화하여 규정하고 있다.[71]

다르게 전기통신서비스를 제공하거나 전기통신이용자의 이익을 현저히 해치는 방식으로 전기통신서비스를 제공하는 행위

6. 설비등의 제공·공동활용·공동이용·상호접속·공동사용·도매제공 또는 정보 제공의 대가를 공급비용에 비하여 부당하게 높게 결정·유지하는 행위

7. 「전파법」에 따라 할당받은 주파수를 사용하는 전기통신역무를 이용하여 디지털콘텐츠를 제공하기 위한 거래에서 적정한 수익배분을 거부하거나 제한하는 행위

② 전기통신사업자와의 협정에 따라 전기통신사업자와 이용자 간의 계약 체결(체결된 계약 내용을 변경하는 것을 포함한다) 등을 대리하는 자가 제1항 제5호의 행위를 한 경우에 그 행위에 대하여 제52조와 제53조를 적용할 때에는 전기통신사업자가 그 행위를 한 것으로 본다. 다만, 전기통신사업자가 그 행위를 방지하기 위하여 상당한 주의를 한 경우에는 그러하지 아니하다.

③ 제1항에 따른 금지행위의 유형 및 기준에 관하여 필요한 사항은 대통령령으로 정한다.

71) 이상 정필운 / 김슬기, 앞의 글, 202면.

표 4-7 공정거래법의 불공정행위 유형

공정거래법상 불공정행위 유형 (법 제23조 제1항)	시행령 상 세부 유형 (영 제36조 제1항 [별표 1의2])
1. 부당하게 거래를 거절하거나	가. 공동의 거래거절 나. 기타의 거래거절
거래의 상대방을 차별하여 취급당하게 하는 행위	가. 가격차별 나. 거래조건차별 다. 계열회사의 차별 라. 집단적 차별
2. 부당하게 경쟁자를 배제하는 행위	가. 부당염매 나. 부당고가매입
3. 부당하게 경쟁자의 고객을 자기와 거래하도록 유인하거나	가. 부당한 이익에 의한 고객유인 나. 위계에 의한 고객유인 다. 기타의 부당한 고객유인
강제하는 행위	가. 끼워팔기 나. 사원판매 다. 기타의 거래강제
4. 자기의 거래상의 지위를 부당하게 이용하여 상대방과 거래하는 행위	가. 구입강제 나. 이익제공강요 다. 판매목표강제 라. 불이익제공 마. 경영간섭
5. 거래의 상대방의 사업활동을 부당하게 구속하는 거래하거나	가. 배타조건부거래 나. 거래지역 또는 거래상대방의 제한
다른 사업자의 사업활동을 방해하는 행위	가. 기술의 부당이용 나. 인력의 부당유인·채용 다. 거래처 이전 방해 라. 기타의 사업활동방해
6. 삭제	
7. 부당하게 특수관계인 또는 다른 회사에 대하여 가지급금·대여금·인력·부동산·유가증권·상품·용역·무체재산권 등을 제공하거나 현저히 유리한 조건으로 거래하여 특수관계인 또는 다른 회사를 지원하는 행위	가. 부당한 자금지원 나. 부당한 자산·상품 등 지원 다. 부당한 인력지원
8. 제1호 내지 제7호 이외의 행위로서 공정한 거래를 저해할 우려가 있는 행위	

나) 시장지배적 지위의 남용행위금지와의 관계

시장지배적 지위란 일정한 시장에서 상품 또는 용역의 가격, 수량, 품질, 기타 거래조건을 마음대로 지배할 수 있는 상태를 말한다. 이러한 시장지배적 지위에 있는 사업자가 유효경쟁이 이루어지고 있는 시장에서 행할 수 없는 불공정한 행위를 하면 시장지배적 사업자의 지위남용행위라고 한다. 공정거래법은 제3조의2 제1항에서 시장지배적 지위에 있는 사업자의 지위남용행위를 금지하고, 이를 위반한 경우 시정조치(제5조), 과징금(제6조) 등의 제재를 할 수 있다. 이와 같이 시장지배적 지위의 남용행위를 금지하는 이유는 공정한 경쟁(fair competition)을 저해하기 때문이다.[72]

그런데 공정거래법에서 불공정거래행위를 금지하는 이유는 공정한 거래(fair trade)를 유지하기 위해서이다. 여기서 공정한 거래란 공정한 경쟁보다 넓은 개념으로 사업자간의 공정하고 자유로운 경쟁뿐 아니라 경쟁자와 소비자의 이익까지 포괄하는 개념이다.[73] 법 제50조가 공정한 경쟁뿐 아니라 이용자의 이익을 명시하고 있는 것도 이 때문이다. 요컨대, 법 제50조의 금지행위는 사업자간의 공정하고 자유로운 경쟁뿐 아니라 경쟁자와 소비자의 이익도 보호하는 매우 포괄적인 제도이므로, 공정한 경쟁을 보호하는 공정거래법상의 시장지배적 지위의 남용행위금지와 구별된다.

2. 금지행위의 구성요건

1) 개관

법 제50조 제1항은 "전기통신사업자는 공정한 경쟁 또는 이용자의 이익을 해치거나 해칠 우려가 있는 다음 각 호의 어느 하나에 해당하는 행위(이하 "금지행위"라 한다)를 하거나 다른 전기통신사업자 또는 제3자로 하여금 금지행위를 하도록 하여서는 아니된다."고 규정하고 있다.

---

72) 이상 신현윤, 앞의 책, 142면 이하.
73) 권오승, 앞의 책, 283면; 신현윤, 앞의 책, 267면.

한편, 이와 같은 요건이 충족된 행위의 위법성이 인정되기 위해서는 각 호에서 유형별로 제시하고 있는 구체적인 위법성 판단기준인 '부당하게', '정당한 사유 없이'라는 요건을 충족하여야 한다.[74] 이와 같은 구체적인 위법성 판단기준이 구성요건, 위법성이라는 이 단계를 전제로 하여 위법성 단계에서 판단을 위한 기준인지, 그러한 구분을 전제로 하지 않은 상태에서 구성요건의 하나인지는 아직 명확하지 않다.[75] 이것은 민사법상 불법행위론이 발전과정 중에 있다는 사실과 관련이 있는 것으로 짐작된다. 자유의 기술로서 형사법상 범죄체계론이 이미 이론적 체계를 갖추었지만, 민사법상 불법행위론은 이와 같은 엄격한 체계가 상대적으로 덜 필요하였다. 그러나 형사법상 범죄체계론의 이론적 틀은 민사법상 불법행위론을 발전시키는데도 유용하다는 공감대를 형성한 후 이를 통하여 민사법상 불법행위론도 많은 발전을 이루었다. 그러나 이러한 사고가 아직 공정거래법의 해석 단계로까지 정착되지는 않은 것으로 보인다. 앞으로 이 법의 금지행위론의 해석론도 이와 같은 영향으로 이론적 발전이 있을 것으로 기대된다. 이 책에서는 일단 일반적인 이해에 따라 구체적인 위법성 판단기준을 구성요건 중 하나로 이해하고 설명한다.

이러한 설명에 따르면 금지행위에 해당하기 위해서는 첫째, 전기통신사업자의 공정한 경쟁 또는 이용자의 이익을 해치거나 해칠 우려가 있는 행위일 것, 둘째, 각 호의 어느 하나에 해당하는 행위일 것이라는 두 가지 요건을 충족하여야 하며, 위법성 판단은 각 호의 어느 하나에 해당하는 행위의 요건 중 세부적인 요건 중 하나로 포섭될 것이다. 이 책에서는 첫째 요건에 관해서는 여기서 설명하고, 둘째 요건에 관해서는 금지행위의 유형이라는 별도의 목차에서 설명한다.

2) 금지행위의 주체

금지행위의 주체는 전기통신사업자이다. 전기통신사업자가 스스로 공정한 경쟁 또는 이용자의 이익을 해치거나 해칠 우려가 있는 일정한 유형의 행위를 하는 것이 금지되며, 다른 전기통신사업자 또는 제3자로 하여금 금지행위를 하도록 하는 것도 금지된다.

---

74) 이상직, 앞의 책, 160-163면.
75) 이를 구성요건, 위법성이라는 이 단계를 전제로 하여 위법성 단계에서 판단을 위한 기준으로 이해하는 견해로는 이상직, 앞의 책, 157-163면.

그러므로 다른 전기통신사업자 또는 제3자의 행위 자체가 곧 금지행위가 되는 것은 아니다.

3) 금지행위

금지행위란 전기통신사업자가 공정한 경쟁 또는 이용자의 이익을 해치거나 해칠 우려가 있는 일정한 유형의 행위와 다른 전기통신사업자 또는 제3자로 하여금 금지행위를 하도록 하는 행위를 말한다.

여기서 공정한 경쟁(fair competition)이란 경쟁의 자유를 전제로 전기통신사업자의 경쟁이 공정하게 이루어지는 것을 말한다.[76] 이와 같은 공정한 경쟁이 확보되기 위해서는 우선 전기통신사업자가 시장에서 경쟁에 자유롭게 참여하고 참여한 사업자 상호간 자유로운 경쟁이 방해되지 않아야 하고(자유경쟁성), 사업자 간의 경쟁이 상품 또는 서비스의 품질 및 가격을 중심으로 이루어져야 하며(경쟁수단의 공정성), 거래당사자가 자주적이고 자유로운 의사결정에 기초하여 거래 내용을 결정할 수 있어야 한다(거래결정의 자주성).[77]

그리고 이용자의 이익이란 전기통신역무를 제공받기 위하여 전기통신사업자와 전기통신역무의 이용에 관한 계약의 체결을 원하는 자나 체결과정 중에 있는 자, 체결한 자의 일반적인 이익을 말한다. 여기서 '이용자'란 전기통신사업법 제2조 제9호의 이용자의 개념보다 넓은 개념으로, 전기통신역무를 제공받기 위하여 전기통신사업자와 전기통신역무의 이용에 관한 계약을 체결한 자뿐 아니라 체결을 원하는 자나 체결과정 중에 있는 자도 포함한다고 해석하는 것이 타당하다.[78] 그리고 여기서 '이익'이란 개별 소비자의 특정한 경제적 이익만을 의미하는 것이 아니라 전기통신역무를 이용하려는 이용자 전체의 법적 권리와 경제적 이익을 말하는 것으로 해석하는 것이 타당하다.[79]

공정한 경쟁 또는 이용자의 이익을 '해치거나'는 공정한 경쟁 또는 이용자의 이익이 침해되는 상태를 말한다. 그리고 '해칠 우려가 있는'은 공정한 경쟁 또는

---

76) 신현윤, 앞의 책, 131면 참조.
77) 신현윤, 앞의 책, 268면.
78) 한기정, "전기통신사업법상 제36조의3상 금지행위에 관한 법적 고찰", 이원우 편, 정보통신법연구Ⅲ, 67-70면 참조.
79) 신현윤, 앞의 책, 132면 참조.

이용자의 이익이 침해될 수 있는 추상적 위험이 존재하는 상태를 말한다. 이러한 추상적 위험이 존재하는지 여부는 구체적인 거래행위에 대하여 개별적 상황에 따라 평가할 것이 아니라 일반적이고 전체적인 평가를 통해서 판단하여야 한다.[80]

4) 위법성의 판단

전기통신사업자의 행위가 금지행위로서 위법성이 인정되기 위해서는 우선 공정거래 저해성이 확정되어야 한다. 그러나 실제 거래에서 행해지는 다양한 사업자의 행위를 일일이 공정거래 저해성 여부를 판단하는 것은 쉽지 않다. 따라서 법은 공정한 거래를 저해할 우려가 있는 행위를 유형화하여 제시하고, 각 행위별로 구체적인 위법성 판단기준으로 '부당하게', '정당한 사유 없이'라는 요건을 제시하고 있다.[81] 예를 들어, 법 제50조 제1항 제1호는 "설비등의 제공·공동활용·공동이용·상호접속·공동사용·도매제공 또는 정보의 제공 등에 관하여 불합리하거나 차별적인 조건 또는 제한을 부당하게 부과하는 행위"라고 규정하여 '부당하게'를, 제2호는 "설비등의 제공·공동활용·공동이용·상호접속·공동사용·도매제공 또는 정보의 제공 등에 관하여 협정 체결을 부당하게 거부하거나 체결된 협정을 정당한 사유 없이 이행하지 아니하는 행위"라고 규정하여 '정당한 사유 없이'를 위법성을 판단하기 위한 요건으로 제시하고 있다.

경제법학계와 판례에서는 불공정거래행위 중 '정당한 이유 없이'라는 요건이 부과된 유형의 행위는 일반적으로 행위의 외형상 시장에서 공정한 거래를 저해할 우려가 크다고 보아 법규상의 요건에 해당되면 위법성을 추정한다. 다만 정당한 이유가 있는 경우 위법성의 추정이 소멸한다. 따라서 공정한 거래를 저해할 우려가 없다는 점에 대한 입증책임은 행위자가 부담한다.[82]

반면 불공정거래행위 중 '부당하게'라는 요건이 부과된 유형의 행위는 일반적으로 그 자체가 위법한 것이 아니라 공정거래 저해성 외에 부가적 사정이 추가되어야 비로소 위법하다고 인정한다. 따라서 법규상의 요건에 해당되어도 당해 업계의 거래 관행을 고려하여 추가적으로 위법성을 판단한다. 이 판단의 기준은 '합리

---

80) 신현윤, 앞의 책, 269면.
81) 이상 신현윤, 앞의 책, 274면.
82) 대법원 2001. 12. 11. 선고 2000두833 판결; 신현윤, 앞의 책, 274면.

성의 원칙(rule of reason)'이다. 따라서 공정한 거래를 저해할 우려가 있다는 점에 대한 입증책임은 불공정거래행위를 주장하는 자가 부담한다.[83]

이미 설명한 것처럼 법 제50조 금지행위 규정은 공정거래법 제23조 불공정거래행위에 대한 특칙이므로 위법성 판단은 그 해석에 따라 하는 것이 타당하다. 따라서 법 제50조 제1항 제1호과 같이 '부당하게'라는 요건이 제시된 행위에 대해서는 위법성을 추정하고, 공정한 거래를 저해할 우려가 없다는 점을 전기통신사업자가 입증하도록 하고, 제2호와 같이 '정당한 사유 없이'라는 요건이 제시된 행위에 대해서는 위법성 추정을 배제하고, 공정한 거래를 저해할 우려가 있다는 점을 불공정거래행위를 주장하는 자가 입증하도록 해석하는 것이 타당하다.[84]

5) 금지행위의 유형

가) 개관

법 제50조 제1항은 "전기통신사업자는 공정한 경쟁 또는 이용자의 이익을 해치거나 해칠 우려가 있는 다음 각 호의 어느 하나에 해당하는 행위(이하 "금지행위"라 한다)를 하거나 다른 전기통신사업자 또는 제3자로 하여금 금지행위를 하도록 하여서는 아니된다."고 규정하며, 설비등의 제공·공동활용·공동이용·상호접속·공동사용·도매제공 또는 정보의 제공 등에 관하여 불합리하거나 차별적인 조건 또는 제한을 부당하게 부과하는 행위(제1호), 설비등의 제공·공동활용·공동이용·상호접속·공동사용·도매제공 또는 정보의 제공 등에 관하여 협정 체결을 부당하게 거부하거나 체결된 협정을 정당한 사유 없이 이행하지 아니하는 행위(제2호), 설비등의 제공·공동활용·공동이용·상호접속·공동사용·도매제공 또는 정보의 제공 등으로 알게 된 다른 전기통신사업자의 정보 등을 자신의 영업활동에 부당하게 유용하는 행위(제3호), 비용이나 수익을 부당하게 분류하여 전기통신서비스의 이용요금이나 설비등의 제공·공동활용·공동이용·상호접속·공동사용·도매제공 또는 정보의 제공 등의 대가 등을 산정하는 행위(제4호), 이용약관(제28조 제1항 및 제2항에 따라 신고하거나 인가받은 이용약관만을 말한다)과 다

---

83) 신현윤, 앞의 책, 275면.
84) 같은 견해: 신종철, 앞의 책, 228-229면.

르게 전기통신서비스를 제공하거나 전기통신이용자의 이익을 현저히 해치는 방식
으로 전기통신서비스를 제공하는 행위(제5호), 설비등의 제공·공동활용·공동이
용·상호접속·공동사용·도매제공 또는 정보 제공의 대가를 공급비용에 비하여
부당하게 높게 결정·유지하는 행위(제6호), 「전파법」에 따라 할당받은 주파수를
사용하는 전기통신역무를 이용하여 디지털콘텐츠를 제공하기 위한 거래에서 적정한
수익배분을 거부하거나 제한하는 행위(제7호) 등 총 일곱 가지를 나열하고 있다.

그리고 제1항에 따른 금지행위의 유형 및 기준에 관하여 필요한 사항은 대통
령령으로 정하도록 하고 있다(법 제50조 제3항). 이에 따라 법 시행령은 법 제50조
제3항에 따른 금지행위의 유형 및 기준을 별표 4에서 구체화하고 있다(법 시행령
제42조 제1항). 그리고 방송통신위원회가 특정 전기통신 분야 또는 특정 금지행위
에 적용하기 위하여 필요하다고 인정하는 경우에는 제1항에 따른 금지행위의 유
형 및 기준에 대한 세부기준을 정하여 고시할 수 있도록 재위임하고 있다(법 시행
령 제42조 제2항). 이에 따라 방송통신위원회는 「결합판매의 금지행위 세부 유형
및 심사기준」[85)을 제정하여 제5호 일부인 결합판매의 금지행위 세부 유형 및 심
사기준을 정하고 있다.

나) 제50조 제1항 각 호의 성격

제50조 제1항에 나열된 총 일곱 가지 유형이 본문의 공정한 경쟁 또는 이용자의
이익을 해치거나 해칠 우려가 있는 행위를 한정적으로 열거한 것인지, 예시적으로 열
거한 것에 불과한지 문제된다. 만약 이것을 예시적으로 열거한 것에 불과한 것으로
본다면 전기통신사업자가 공정한 경쟁 또는 이용자의 이익을 해치거나 해칠 우려가
있는 다른 유형의 행위를 한 경우에도 방송통신위원회는 이를 금지행위로 인정하고
제52조의 행정조치와 제53조 과징금의 부과 등의 제재를 할 수 있다.

금지행위 규정이 권리제한적 성격의 규정이라는 점, 이미 설명한 것처럼 전기
통신사업법 제50조가 공정거래법 제23조의 특별법에 해당한다는 점, 공정거래법
제23조 제1항 제8호와 같이 일반규정이 없다는 점 등을 고려하여 볼 때 이것은 한
정적으로 열거한 것으로 이해하는 것이 타당하다.[86) 따라서 전기통신사업자가 공

---

85) 방송통신위원회 고시 제2012-97호, 2012. 11. 29. 일부개정, 2012. 11. 29. 시행.
86) 반대 견해: 신종철, 앞의 책, 227-228면은 예시적 열거로 이해하고 있다.

정한 경쟁 또는 이용자의 이익을 해치거나 해칠 우려가 있는 다른 유형의 행위를 하더라도 방송통신위원회는 이를 금지행위로 인정하고 제52조의 행정조치와 제53조 과징금의 부과 등의 제재를 할 수 없다.

다) 법 시행령 제42조 제1항 별표 4의 성격

이미 설명한 것처럼 법 제50조 제3항은 제1항에 따른 금지행위의 유형 및 기준에 관하여 필요한 사항은 대통령령으로 정하도록 하고 있다. 이에 따라 법 시행령 제42조 제1항은 법 제50조 제3항에 따른 금지행위의 유형 및 기준을 별표 4에서 구체화하고 있다. 그리고 법 시행령 제42조 제2항은 방송통신위원회가 특정 전기통신 분야 또는 특정 금지행위에 적용하기 위하여 필요하다고 인정하는 경우에는 제1항에 따른 금지행위의 유형 및 기준에 대한 세부기준을 정하여 고시할 수 있도록 재위임하고 있으며, 방송통신위원회는 「결합판매의 금지행위 세부 유형 및 심사기준」을 제정하여 제5호 일부인 결합판매의 금지행위 세부 유형 및 심사기준을 정하고 있다.

그런데 법 시행령 제42조 제1항 별표 4에 나열된 유형이 법 제50조 제1항의 공정한 경쟁 또는 이용자의 이익을 해치거나 해칠 우려가 있는 행위를 한정적으로 열거한 것인지, 예시적으로 열거한 것에 불과한지 문제된다.

제50조 제3항의 취지가 법률이 추상적 언어로 금지행위를 규정한 것을 시행령에서 보충적으로 구체화하라고 위임한 것이라는 점, 금지행위 규정이 권리제한적 성격이지만 형벌은 아니라는 점[87] 등을 고려하여 볼 때 이것은 예시적으로 열거한 것으로 이해하는 것이 타당하다.[88] 따라서 법 시행령 제42조 제1항 별표 4에 나열되지 있지 않으나, 전기통신사업자가 공정한 경쟁 또는 이용자의 이익을 해치거나 해칠 우려가 있으며 제50조 제1항 각 호 중 어느 하나에 포섭할 수 있는 경우 방송통신위원회는 당해 법률 조항을 근거로 이를 금지행위로 인정하고 제52조

---

[87] 따라서 금지행위 위반을 이유로 법 제99조에 따라 형벌을 부과하는 경우에는 이와 같이 해석해서는 아니된다. 이 때 법 제50조 제1항 각 호는 범죄의 구성요건에 해당하므로 이 때 각 호의 해석은 형법의 일반이론에서 정립한 원칙에 충실하여야 하므로 유추해석이 금지되어야 하며, 엄격하게 해석되어야 한다.

[88] 같은 견해: 문상덕, "전기통신사업분야에 있어서의 금지행위의 유형", 이원우 편, 정보통신법연구Ⅲ, 102-103면.

의 행정조치와 제53조 과징금의 부과 등의 제재를 할 수 있다.

다만, 행정객체인 전기통신사업자의 입장에서 이와 같은 해석은 매우 불만족스러운 것이 사실이다. 이러한 의미에서 대통령은 법 시행령에 열거된 금지행위 유형을 좀 더 정교하게 규정하도록 끊임없이 노력하여야 한다.

라) 차별적인 조건 부과 행위

설비등의 제공·공동활용·공동이용·상호접속·공동사용·도매제공 또는 정보의 제공 등에 관하여 불합리하거나 차별적인 조건 또는 제한을 부당하게 부과하는 행위이다(제1호). 전기통신사업법 시행령 제42조 제1항 [별표 4]는 제1호를 다음과 같이 구체화하고 있다.

첫째, 설비등의 제공, 가입자선로의 공동활용, 무선통신시설의 공동이용, 전기통신서비스의 도매제공, 상호접속 또는 전기통신설비의 공동사용 등이나 정보의 제공 등(이하 "상호접속등"이라 한다)의 범위와 조건·절차·방법 및 대가의 산정 등에 관하여 같거나 유사한 역무를 제공하는 전기통신사업자 간에 불합리하거나 차별적인 조건 또는 제한을 부당하게 부과하는 행위이다(가목).

둘째, 기간통신사업자가 전기통신서비스의 제공과 관련하여 부가통신사업자에게 전기통신설비의 임차 및 접속 등에 관하여 불합리하거나 차별적인 조건 또는 제한을 부당하게 부과하는 행위이다(나목).

셋째, 가목과 나목 외에 상호접속등에 관하여 불합리하거나 차별적인 조건 또는 제한을 부당하게 부과하는 행위로서 방송통신위원회가 정하여 고시하는 행위이다(다목).

그러나 이미 설명한 것처럼 같은 법 시행령의 규정은 예시적인 것이므로 이에 국한되지 않음은 물론이다.

방송통신위원회는 지난 2013년 (주) 케이티가 CJ 헬로비전 등과 전기통신서비스의 도매제공계약을 체결하면서 (주) 케이티와 동종 또는 유사한 사업을 영위하는 국내외 다른 사업자와의 계약 체결을 제한하는 내용, 계약해지 조건을 과도하게 설정하는 내용 등을 담은 행위는 전기통신사업법 제50조 제1항 제1호, 같은 법 시행령 제42조 제1항 [별표 4] 1호 가목 설비등의 제공, 가입자선로의 공동활용, 무선통신시설의 공동이용, 전기통신서비스의 도매제공, 상호접속 또는 전기통신설비의 공동사용 등이나 정보의 제공 등(이하 "상호접속등"이라 한다)의 범위와 조건·절차·방법 및 대가의 산정 등에 관하여 같거나 유사한 역무를 제공하는 전기통신사업자 간에 불합리하거나 차별적인 조건 또는 제한을 부당하게 부과하는 행위에 해당하므로 위법하다고 판단하고, 계약 내용을 변경하고 금지행위를 중지하며 시정명령을 받은 사실을 공표, 시정명령 이행결과를 보고하도록 결정하였다.[89]

마) 설비 제공 협정 체결 부당 거부 또는 불이행 행위

설비 등의 제공·공동활용·공동이용·상호접속·공동사용·도매제공 또는 정보의 제공 등에 관하여 협정 체결을 부당하게 거부하거나 체결된 협정을 정당한 사유 없이 이행하지 아니하는 행위이다(제2호). 전기통신사업법 시행령 제42조 제1항 [별표 4]는 제2호를 다음과 같이 구체화하고 있다.

첫째, 상호접속등에 관한 협정 체결을 위한 협의, 협정의 체결 또는 체결된 협정의 변경 등에 대하여 법 제35조 제3항·제36조 제2항·제37조 제3항·제38조 제4항·제39조 제2항·제41조 제2항·제42조 제2항에 따라 방송통신위원회가 고시하는 기준을 초과하여 부당하게 지연하거나 거부하는 행위 또는 법 제35조 제2항·제36조 제1항·제37조 제2항·제38조 제2항·제39조 제3항·제41조 제3항·제42조 제3항에 해당하는 기간통신사업자가 정당한 사유 없이 지연하거나 거부하는 행위이다(가목).

둘째, 상호접속등에 관하여 체결된 협정을 정당한 사유 없이 이행하지 않거나 지연하는 행위이다(나목).

셋째, 가목과 나목 외에 상호접속등에 관하여 협정 체결을 부당하게 거부하거나 체결된 협정을 정당한 사유 없이 이행하지 않는 행위로서 방송통신위원회가 정하여 고시하는 행위이다(다목).

이미 설명한 것처럼 같은 법 시행령의 규정은 예시적인 것이므로 이에 한정되지 않는다.

---

89) 제2013-34-132호 (사건번호: 201307조사012) KT(주)의 전기통신서비스 도매제공 관련 전기통신사업법 위반행위에 대한 심의의결.
http://www.kcc.go.kr/user.do?page=A02010800&dc=10800&boardId=1119&ctx=&cp=1&searchKey=&searchVal= (2015년 12월 14일 최종 방문)

바) 다른 전기통신사업자의 정보 부당 유용 행위

설비 등의 제공·공동활용·공동이용·상호접속·공동사용·도매제공 또는 정보의 제공 등으로 알게 된 다른 전기통신사업자의 정보 등을 자신의 영업활동에 부당하게 유용하는 행위이다(제3호). 전기통신사업법 시행령 제42조 제1항 [별표 4]는 제3호를 다음과 같이 구체화하고 있다.

첫째, 상호접속등에 의하여 알게 된 다른 전기통신사업자의 전기통신기술, 회계 및 영업 관련 정보와 이용자의 이용실적 등 이용자 관련 정보 등을 직접 또는 제3자에게 제공하여 자신의 영업활동에 부당하게 유용하는 행위이다(가목).

둘째, 가목 외에 상호접속등에 의하여 알게 된 다른 전기통신사업자의 정보 등을 자신의 영업활동에 부당하게 유용하는 행위로서 방송통신위원회가 정하여 고시하는 행위이다(나목).

이미 설명한 것처럼 같은 법 시행령의 규정은 예시적인 것이므로 이에 한정되지 않는다.

사) 비용의 부당 분류로 전기통신서비스의 이용요금 산정 행위

비용이나 수익을 부당하게 분류하여 전기통신서비스의 이용요금이나 설비등의 제공·공동활용·공동이용·상호접속·공동사용·도매제공 또는 정보의 제공 등의 대가 등을 산정하는 행위이다(제4호). 전기통신사업법 시행령 제42조 제1항 [별표 4]는 제4호를 다음과 같이 구체화하고 있다.

첫째, 법 제49조 또는 「상법」 등 회계 관련 법령을 위반하거나 「주식회사의 외부감사에 관한 법률」 제13조 제1항에 따른 회계처리기준 등에 어긋나는 방법으로 회계를 정리하여 전기통신서비스의 이용요금이나 상호접속등의 대가를 산정하는 행위이다(가목).

둘째, 일정한 전기통신서비스의 비용이나 수익을 부당하게 다른 전기통신서비스의 비용이나 수익으로 분류하여 전기통신서비스의 이용요금이나 상호접속등의 대가를 산정하는 행위이다(나목).

셋째, 전기통신서비스와 관련하여 계약관계 등을 갖고 있는 제3자에게 수수료 및 결제 조건 등의 거래 조건을 부당하게 제공하는 방식으로 비용이나 수익을 분류하여 전기통신서비스의 이용요금이나 상호접속등의 대가를 산정하는 행위이다 (다목).

넷째, 가목부터 다목까지에서 규정한 사항 외에 비용 또는 수익을 부당하게 분류하여 전기통신서비스의 이용요금이나 상호접속등의 대가를 산정하는 행위로서 방송통신위원회가 정하여 고시하는 행위이다(라목).

이미 설명한 것처럼 같은 법 시행령의 규정은 예시적인 것이므로 이에 한정되지 않는다.

아) 이용약관과 다르게 전기통신서비스를 제공하는 행위

이용약관과 다르게 전기통신서비스를 제공하거나 전기통신이용자의 이익을 현저히 해치는 방식으로 전기통신서비스를 제공하는 행위이다(제5호). 전기통신사업법 시행령 제42조 제1항 [별표 4]는 제5호를 다음과 같이 구체화하고 있다.

첫째, 부당한 요금청구와 관련한 다음의 어느 하나에 해당하는 행위이다. 이는 다시 1) 이용계약과 다른 내용으로 요금을 청구하는 행위, 2) 요금 관련 프로그램의 조작 등을 통하여 이용자가 부담해야 하는 요금과 다르게 요금을 청구하는 행위로 구체화하고 있다(가목).

둘째, 이용계약의 체결 또는 해지와 관련한 다음의 어느 하나에 해당하는 행위이다. 이는 다시 1) 이용자의 가입의사를 확인하지 않고 이용계약을 체결하는 행위, 2) 전기통신서비스의 추가적인 이용에 대하여 가입자의 의사를 확인하는 절차를 거치지 않고 이용계약을 체결하는 행위, 3) 법령이나 이용약관에서 정한 절차를 위반하여 이용계약을 체결하는 행위, 4) 전기통신서비스의 이용에 중요한 사항을 고지하지 않거나 거짓으로 고지하는 행위, 5) 정당한 사유 없이 이용계약의 해지를 거부하거나 제한하는 행위로 구체화하고 있다(나목).

셋째, 법 제57조에 따른 사전선택제와 관련한 다음의 어느 하나에 해당하는 행위이다. 이는 다시 1) 이용자의 의사에 반하여 사전선택 변경 관련 신청서를 사전선택등록센터에 제출하는 행위, 2) 법령이나 협정 등에 의하여 사전선택 관련 업무를 담당하지 않아야 하는 자가 사전선택 관련 업무를 처리하는 행위, 3) 사전선택등록센터에서 가입자 의사확인 등을 거쳐 정당한 변경신청이라고 확인하였음에도 불구하고 사전선택을 변경하지 않는 행위로 구체화하고 있다(다목).

넷째, 이용자[명의가 도용되는 등 본인의 의사에 반하여 전기통신사업자의 이용자로 처리되고 있는 자를 포함한다]의 요금 연체와 관련한 다음의 어느 하나에 해당하는 행위이다. 이는 다시 1) 이용자를 「신용정보의 이용 및 보호에 관한 법률」 제25조에 따른 신용정보집중기관 등 관계 기관에 이용자의 요금 연체정보를 제공하면서 해당 이용자에 대하여 본인 여부 등 필요한 확인을 하지 않는 행위, 2) 요금 연체정보 제공과 관련된 자료를 요금 연체정보 제공일부터 1년이 지난 날 또는 요금 연체정보 제공 사유의 해소 사실을 신용정보집중기관 등 관계 기관에 통보한 날까지 보관하지 않는 행위, 3) 연체요금의 납부 등 요금체납의 원인이 소멸된 후 지체 없이 그 사실을 요금 연체정보를 제공한 기관에 통보하지 않는 행위로 구체화하고 있다(라목).

다섯째, 부당한 이용자 차별과 관련한 다음의 어느 하나에 해당하는 행위이다. 1) 전기통신서비스의 요금, 번호, 전기통신설비 또는 그 밖의 경제적 이익 등을 다른 이용자에 비하여 부당하게 차별적으로 제공하거나 이를 제안하는 행위, 2) 장기이용 또는 다량이용 계약 체결자에게 부당하게 차별적인 조건으로 전기통신서비스를 제공하는 행위, 3) 다른 전기통신사업자로부터 가입을 전환한 이용자 또는 다른 전기통신사업자로 가입을 전환하지 않기로 한 이용자에게 부당하게 차별적인 조건으로 전기통신서비스를 제공하는 행위로 구체화하고 있다(마목).

여섯째, 전기통신서비스와 다른 전기통신서비스, 「방송법」 제2조에 따른 방송, 「인터넷 멀티미디어 방송사업법」 제2조에 따른 인터넷 멀티미디어 방송을 묶어서 판매(이하 "결합판매"라 한다)하여 이용자의 이익을 해치거나 해칠 우려가 있는 행위이다. 이 경우 이용자의 이익을 해치거나 해칠 우려가 있는지를 판단할 때에는 결합판매로 인한 비용절감, 이용자 편익 증대효과 및 시장지배력 전이 등 공정경쟁 저해효과를 고려하여야 한다(바목).

일곱째, 다른 전기통신서비스의 선택 또는 이용의 방해와 관련한 다음의 어느 하나에 해당하는 행위이다. 이는 다시 1) 이용자의 자유로운 선택을 제한하는 전기통신설비를 설치·운용하거나 이를 제안하는 행위, 2) 별정통신사업자가 제3자에게 구내에 설치된 전기통신설비의 이용을 강요하는 행위로 구체화하고 있다(사목). 한편, 이미 설명한 것처럼 방송통신위원회는 「결합판매의 금지행위 세부 유형 및 심사기준」[90)]을 제정하여 결합판매의 금지행위 세부 유형 및 심사기준을 정하고 있다.

여덟째, 가목부터 사목까지에서 규정한 사항 외에 전기통신이용자의 이익을 현저히 해치거나 해칠 우려가 있는 행위로서 방송통신위원회가 정하여 고시하는 행위이다(아목).

법은 제5호의 경우 주체에 관한 특칙을 두고 있다. 즉 "전기통신사업자와의 협정에 따라 전기통신사업자와 이용자 간의 계약 체결(체결된 계약 내용을 변경하는 것을 포함한다) 등을 대리하는 자가 제1항제5호의 행위를 한 경우에 그 행위에 대하여 제52조와 제53조를 적용할 때에는 전기통신사업자가 그 행위를 한 것으로 본다. 다만, 전기통신사업자가 그 행위를 방지하기 위하여 상당한 주의를 한 경우에는 그러하지 아니하다."(제50조 제2항).

이미 설명한 것처럼 같은 법 시행령의 규정은 예시적인 것이므로 이에 한정되지 않는다.

이 호의 해석론에서 몇 가지 해결해야 할 문제가 있다. 첫째, (i) 이용약관과 다르게 전기통신서비스를 제공하는 행위와 (ii) 전기통신이용자의 이익을 현저히 해치는 방식으로 전기통신서비스를 제공하는 행위 두 가지가 모두 이용자 이익 저해행위인지(일원설), (i) 이용약관과 다르게 전기통신서비스를 제공하는 행위는 공정한 경쟁 저해행위이고, (ii) 전기통신이용자의 이익을 현저히 해치는 방식으로 전기통신서비스를 제공하는 행위는 이용자 이익 저해행위인지(이원설) 다툼이 있다.[91] 이원설을 따르면 이용약관과 다르게 전기통신서비스를 제공하는 행위이지만 이용자의 이익은 저해하지 않는 경우도 금지행위에 포섭될 수 있는 반면에, 일원설에 따르면 이 경우 금지행위에 포섭될 수 없다. 앞으로의 논의가 필요하다.

둘째, 전기통신사업법 제2조 제9호는 이용자를 전기통신역무를 제공받기 위하여 전기통신사업자와 전기통신역무의 이용에 관한 계약을 체결한 자로 규정하고 있다. 따라서 아직 계약을 체결하지는 않았지만 체결을 원하는 자나 체결과정 중에 있는 자는 포섭되지 않는다. 그런데 이 호에서 '이용자'를 이와 같이 해석하는 것은 타당하지 않다. 따라서 제2조 제9호에도 불구하고 이 호에서 이용자는 전기통신역무를 제공받기 위하여 전기통신사업자와 전기통신역무의 이용에 관한 계약

---

90) 방송통신위원회 고시 제2012-97호, 2012. 11. 29. 일부개정, 2012. 11. 29. 시행.
91) 이에 관해서는 이상직, 앞의 책, 171면.

을 체결한 자뿐 아니라 체결을 원하는 자나 체결과정 중에 있는 자도 포섭한다고 넓게 해석하여야 한다.[92)]

셋째, 바목은 전기통신서비스와 다른 전기통신서비스, 「방송법」 제2조에 따른 방송, 「인터넷 멀티미디어 방송사업법」 제2조에 따른 인터넷 멀티미디어 방송을 묶어서 판매하는 결합판매를 하여 이용자의 이익을 해치거나 해칠 우려가 있는 행위를 규정하고 있다. 그리고 이 경우 이용자의 이익을 해치거나 해칠 우려가 있는지를 판단할 때에는 결합판매로 인한 비용절감, 이용자 편익 증대효과 및 시장지배력 전이 등 공정경쟁 저해효과를 고려하여야 한다고 한다.

결합판매는 공정한 경쟁을 해치는 경우와 이용자 이익을 해치는 경우로 구분할 수 있다. 그런데 바목에서 규정이 이용자 이익을 해치는 경우만을 규정하고 공정한 경쟁을 해치는 경우는 공정거래법에서 규율하도록 의도한 것인지, 이용자 이익을 해치는 경우뿐 아니라 공정한 경쟁을 해치는 경우도 규율하려는 것인지 해석상 의문이다. 일단 모법 제5호가 "이용약관과 다르게 전기통신서비스를 제공하거나 전기통신이용자의 이익을 현저히 해치는 방식으로 전기통신서비스를 제공하는 행위"로 규정한 것을 보면 일단 입법자는 이 법이 이용자 이익을 해치는 경우만을 규정하고 공정한 경쟁을 해치는 경우는 공정거래법에서 규율하도록 의도한 것으로 해석할 수 있다. 그러나 그것이 입법론적으로 타당한지는 별개의 문제이다. 앞으로 좀 더 심도있는 논의가 필요하다.

방송통신위원회는 지난 2013년 에스케이텔레콤(주)이 가입자가 대리점, 고객센터 등에 해지를 요청했으나 해지를 지연·거부하고, 해지신청을 접수하고도 해저처리를 누락한 행위에 대하여 전기통신사업법 제50조 제1항 제5호, 같은 법 시행령 제42조 제1항 [별표 4] 5호에 해당하므로 위법하다고 판단하고, 금지행위를 중지하고 시정명령을 받은 사실을 공표, 시정명령 이행계획서를 제출, 시정명령 이행결과를 보고하며 과징금 6억 7천 6백만원을 부과하였다.[93)]

---

92) 한기정, "전기통신사업법상 제36조의3상 금지행위에 관한 법적 고찰", 이원우 편, 정보통신법연구Ⅲ, 67-70면.

93) 제2013-40·42(서)-146·153호 (사건번호: 201407조사049) SK텔레콤(주)의 이동전화서비스 해지제한 관련 전기통신사업법 위반행위에 대한 심의의결. 유사심결례: 2013-40-147호 (사건번호: 201407조사050) (주)KT의 이동전화서비스 해지제한 관련 전기통신사업법 위반행위에 대한 심의의결; 2013-40-148호 (사건번호: 201407조사051) (주)LGU⁺의 이동전화서

한편, 방송통신위원회는 지난 2014년 (주)LG유플러스가 이동전화 서비스 신규 가입자 및 기기변경 가입자를 모집하면서 기간별로 보조금을 차별하고, 신규 가입이냐 번호이동 가입이냐 기기변경 가입이냐에 따라 차별적인 단말기 보조금을 지급한 행위에 대하여 전기통신사업법 제50조 제1항 제5호, 같은 법 시행령 제42조 제1항 [별표 4] 5호 마목 1) 전기통신서비스의 요금, 번호, 전기통신설비 또는 그 밖의 경제적 이익 등을 다른 이용자에 비하여 부당하게 차별적으로 제공하거나 이를 제안하는 행위에 해당하므로 위법하다고 판단하고, 금지행위를 중지하고 시정명령을 받은 사실을 공표, 시정명령 이행계획서를 제출, 시정명령 이행결과를 보고하며 과징금 105억 5천만원을 부과하였다.[94]

자) 설비 제공의 대가를 부당하게 높게 결정하는 행위

설비 등의 제공·공동활용·공동이용·상호접속·공동사용·도매제공 또는 정보 제공의 대가를 공급비용에 비하여 부당하게 높게 결정·유지하는 행위이다(제6호). 전기통신사업법 시행령 제42조 제1항 [별표 4]는 제6호를 다음과 같이 구체화하고 있다.

법 제50조 제1항 제6호에 따른 금지행위는 상호접속등을 제공하는 사업자가 같거나 유사한 전기통신서비스의 공급원가, 요금 및 법 제38조 제4항에 따른 회피가능비용에 비추어 상호접속등의 이용대가를 높게 결정하거나 유지하는 행위로 한다. 이 경우 상호접속등을 제공하는 사업자의 효율성, 기술발전 추세 및 시장경쟁 상황 등을 고려할 수 있다.

차) 적정한 수익배분을 거부하거나 제한하는 행위

「전파법」에 따라 할당받은 주파수를 사용하는 전기통신역무를 이용하여 디지털콘텐츠를 제공하기 위한 거래에서 적정한 수익배분을 거부하거나 제한하는 행

비스 해지제한 관련 전기통신사업법 위반행위에 대한 심의의결.

94) 제2014-36-107호 (사건번호: 201405조사009) (주)LG유플러스의 단말기 보조금 지급 관련 이용자이익 침해행위에 대한 심의의결. 유사심결례: 2014-36-105호 (사건번호: 201405조사007) SK텔레콤(주)의 단말기 보조금 지급 관련 이용자이익 침해행위에 대한 심의의결; 2014-36-106호 (사건번호: 201405조사008) (주)KT의 단말기 보조금 지급 관련 이용자이익 침해행위에 대한 심의의결.

위이다(제7호). 전기통신사업법 시행령 제42조 제1항 [별표 4]는 제7호를 다음과 같이 구체화하고 있다.

첫째, 「전파법」에 따라 할당받은 주파수를 사용하는 전기통신역무를 이용하여 디지털콘텐츠를 제공하기 위한 거래(이하 "무선인터넷 콘텐츠 거래"라 한다)에서 콘텐츠 제공사업자에게 계약 내용과 다르게 수익배분을 거부하거나 제한하는 행위. 다만, 전기통신사업자가 공정한 경쟁 또는 이용자의 이익을 해치거나 해칠 우려가 없음을 입증한 경우에는 금지행위에서 제외한다(가목).

둘째, 무선인터넷 콘텐츠 거래에서 이루어지는 다음의 어느 하나에 해당하는 행위이다. ① 콘텐츠 제공사업자에게 같거나 유사한 콘텐츠의 일반적인 시장 거래 가격에 비추어 부당하게 낮은 수익을 배분하는 행위, ② 과금·수납대행 수수료, 공동마케팅 비용분담 등 수익배분 관련 거래 조건을 부당하게 설정·변경함으로써 수익배분을 거부하거나 제한하는 행위가 그것이다(나목). 이미 설명한 것처럼 같은 법 시행령의 규정은 예시적인 것이므로 이에 한정되지 않는다.

3. 금지행위의 효과

1) 행정 제재

가) 시정명령

방송통신위원회는 제50조 제1항을 위반한 행위가 있다고 인정하면 전기통신사업자에게 전기통신역무 제공조직의 분리(제1호), 전기통신역무에 대한 내부 회계 규정 등의 변경(제2호), 전기통신역무에 관한 정보의 공개(제3호), 전기통신사업자 간 협정의 체결·이행 또는 내용의 변경(제4호), 전기통신사업자의 이용약관 및 정관의 변경(제5호), 금지행위의 중지(제6호), 금지행위로 인하여 시정조치를 명령받은 사실의 공표(제7호), 금지행위의 원인이 된 전기통신설비의 수거 등 금지행위로 인한 위법 사항의 원상회복에 필요한 조치(제8호), 전기통신역무에 관한 업무 처리절차의 개선(제9호), 이용자의 신규 모집 금지(제10호), 이상의 조치를 위하여 필요한 사항으로서 대통령령으로 정하는 사항을 명할 수 있다(제11호)(이상 법 제51조 제1항).[95] 현행 대통령령은 이상의 조치를 이행하기 위한 이행계획서의 제출,

이상의 조치에 대한 이행 결과의 보고, 금지행위의 원인이 된 전기통신설비의 수거 등 금지행위로 인한 위법 사항의 원상회복에 필요한 조치에 필요한 관련 자료의 보존 및 이용자 피해 사실의 통지를 명할 수 있도록 정하고 있다(법 시행령 제44조).

이 중 이용자의 신규 모집 금지는 금지기간을 3개월 이내로 하되, 제1호부터 제9호까지의 조치에도 불구하고 같은 위반행위가 3회 이상 반복되거나 그 조치만으로는 이용자의 피해를 방지하기가 현저히 곤란하다고 판단되는 경우에만 명할 수 있다(법 제52조 제1항 제10호). 그리고 전기통신역무 제공조직의 분리(제1호)는 나열된 조치 중 가장 침해가 큰 명령이므로 명문의 규정이 없더라도 그 원인이 구조적인 것에 기인하여 제2호부터 제10호까지의 명령으로 그 목적을 달성할 수 없는 경우 보충적으로 적용되어야 한다. 나아가 앞으로 개정시 이를 명문으로 규정하는 것이 타당하다.

한편, 방송통신위원회는 제1호부터 제5호까지, 제8호 및 제9호의 명령을 명하는 경우에는 미래창조과학부장관의 의견을 들어야 한다(법 제51조 제1항).

전기통신사업자는 제1항에 따른 방송통신위원회의 명령을 대통령령으로 정한 기간에 이행하여야 한다. 다만, 방송통신위원회는 천재지변이나 그 밖의 부득이한 사유로 전기통신사업자가 그 기간에 명령을 이행할 수 없다고 인정하는 경우에는 1회에 한하여 그 기간을 연장할 수 있다(제2항).

방송통신위원회는 제1항에 따른 명령을 명하기 전에 그 명령의 내용을 당사자에게 알리고 기간을 정하여 의견을 진술할 기회를 주어야 하며, 필요하다고 인정하면 이해관계인 또는 참고인에 대한 출석 요구 및 의견 청취와 감정인에 대한 감정 요구를 할 수 있다. 다만, 당사자가 정당한 사유 없이 이에 응하지 아니하는 경우에는 그러하지 아니하다(제3항).

방송통신위원회는 제50조 제1항을 위반한 행위가 끝난 날부터 5년이 지나면 해당 행위에 대하여 제1항에 따른 명령이나 제53조에 따른 과징금 부과처분을 하지 아니한다. 다만, 이미 끝난 명령 또는 과징금의 부과가 법원의 판결에 따라 취소된 경우로서 그 판결이유에 따라 새로운 처분을 하는 경우에는 그러하지 아니하

---

95) 각각에 대한 설명은 신종철, 앞의 책, 242-247면.

다(제4항).

나) 과징금의 부과

방송통신위원회는 전기통신사업자가 금지행위를 한 경우 해당 전기통신사업자에게 대통령령으로 정하는 매출액의 100분의 3 이하에 해당하는 금액을 과징금으로 부과할 수 있다(제53조 제1항).

이 경우 전기통신사업자가 매출액 산정 자료의 제출을 거부하거나 거짓 자료를 제출하면 해당 전기통신사업자 및 동종 유사 역무제공사업자의 재무제표 등 회계 자료와 가입자 수 및 이용요금 등 영업 현황 자료에 근거하여 매출액을 추정할 수 있다. 다만, 매출액이 없거나 매출액을 산정하기 곤란한 경우로서 대통령령으로 정하는 경우에는 10억원 이하의 과징금을 부과할 수 있다(제53조 제1항).

미래창조과학부장관 또는 방송통신위원회는 이 과징금을 부과하는 경우에는 위반행위의 내용 및 정도, 위반행위의 기간 및 횟수, 위반행위로 인하여 취득한 이익의 규모, 위반행위를 한 전기통신사업자의 금지행위와 관련된 매출액을 고려하여야 한다(제53조 제3항). 그리고 제1항 또는 제2항에 따른 과징금은 제3항을 고려하여 산정하되, 구체적인 산정기준과 절차는 대통령령으로 정하도록 규정하고 있다(제53조 제4항).

이에 따라 법 시행령 제47조, 제48조에서 다음과 같이 규정하고 있다. 우선 법 제53조 제1항 본문 전단에서 "대통령령으로 정하는 매출액"이란 해당 전기통신사업자의 금지행위와 관련된 전기통신역무의 직전 3개 사업연도의 연평균 매출액을 말하고, 법 제53조 제2항 각 호 외의 부분에서 "대통령령으로 정하는 매출액"이란 회계 정리 위반과 관련된 전기통신역무의 직전 3개 사업연도의 연평균 매출액을 말한다. 다만, 해당 사업연도 초일 현재 사업을 시작한 지 3년이 되지 아니하는 경우에는 그 사업 시작 후 직전 사업연도 말일까지의 매출액을 연평균 매출액으로 환산한 금액을 말하며, 해당 사업연도에 사업을 시작한 경우에는 사업을 시작한 날부터 위반행위를 한 날까지의 매출액을 연매출액으로 환산한 금액을 말한다(제47조 제1항). 그리고 법 제53조 제1항 단서에서 "대통령령으로 정하는 경우"란 영업을 시작하지 아니하거나 영업 중단 등으로 인하여 영업실적이 없는 경우 또는 그 밖에 객관적인 매출액 산정이 곤란한 경우를 말한다(제47조 제2항).

과징금의 부과 및 납부와 관련하여서는 다음과 같이 규정하고 있다. 미래창조과학부장관 또는 방송통신위원회가 법 제53조에 따라 과징금을 부과하려는 경우에는 해당 위반행위를 조사·확인한 후 위반 사실, 부과 금액, 이의제기방법 및 이의제기기간 등을 서면으로 구체적으로 밝혀 이를 납부할 것을 과징금 부과대상자에게 알려야 한다(제48조 제1항). 그리고 제1항에 따라 통지를 받은 자는 그 통지를 받은 날부터 20일 이내에 과징금을 미래창조과학부장관 또는 방송통신위원회가 지정하는 금융회사 등에 납부하여야 한다. 다만, 천재지변이나 그 밖의 부득이한 사유로 그 기간 내에 과징금을 낼 수 없는 경우에는 그 사유가 없어진 날부터 7일 이내에 납부하여야 한다(제48조 제2항). 제2항에 따라 과징금을 납부받은 금융회사 등은 과징금을 낸 자에게 영수증을 발급하여야 한다(제48조 제3항).

그리고 미래창조과학부장관 또는 방송통신위원회는 제1항 또는 제2항에 따른 과징금을 내야 할 자가 납부기한까지 내지 아니하면 납부기한의 다음 날부터 체납된 과징금에 대하여 연 100분의 6에 해당하는 가산금을 징수한다(법 제53조 제5항). 제5항에 따른 가산금을 내야 하는 기간은 60개월을 초과하지 못한다(법 제53조 제7항). 그리고 미래창조과학부장관 또는 방송통신위원회는 제1항 또는 제2항에 따른 과징금을 내야 할 자가 납부기한까지 내지 아니하면 기간을 정하여 독촉하고, 그 지정된 기간에 과징금 및 제5항에 따른 가산금을 내지 아니하면 국세 체납처분의 예에 따라 징수한다(법 제53조 제6항). 한편, 과징금의 독촉에 관해서는 다음과 같이 규정하고 있다. 우선 법 제53조 제6항에 따른 독촉은 납부기한이 지난 후 7일 이내에 서면으로 하여야 한다(법 시행령 제49조 제1항). 제1항에 따라 독촉장을 발급하는 경우 체납된 과징금의 납부기한은 발급일부터 10일 이내로 한다(법 시행령 제49조 제2항). 법원 판결 등의 사유로 제1항 또는 제2항에 따라 부과된 과징금을 환급하는 경우에는 과징금을 낸 날부터 환급하는 날까지 연 100분의 6에 해당하는 환급가산금을 지급하여야 한다(법 제53조 제8항).

방송통신위원회는 과징금 부과에 필요한 세부기준을 정하기 위하여 「금지행위 위반에 대한 과징금 부과 세부기준」[96]을 제정하여 운용하고 있다.

---

96) 방송통신위원회 고시 제2012-98호, 2012. 11. 29. 일부개정, 2012. 11. 29. 시행.

표 4-8 과징금의 산정 방법

〈과징금의 실제 산정 방법〉

이미 설명한 것처럼 방송통신위원회는 지난 2013년 에스케이텔레콤(주)이 가입자가 대리점, 고객센터 등에 해지를 요청했으나 해지를 지연·거부하고, 해지신청을 접수하고도 해저처리를 누락한 행위에 대하여 전기통신사업법 제50조 제1항 제5호, 같은 법 시행령 제42조 제1항 [별표 4] 5호에 해당하므로 위법하다고 판단하고, 금지행위를 중지하고 시정명령을 받은 사실을 공표, 시정명령 이행계획서를 제출, 시정명령 이행결과를 보고하며 과징금 6억 7천 6백만원을 부과하였다.[97]

여기서 과징금 6억 7천 6백만원은 다음과 같은 방법으로 산정되었다.

5. 과징금 부과

피심인의 전기통신사업법 위반행위에 대하여 같은 법 제53조의 규정에 의하여 소정의 과징금을 부과한다.

가. 기준금액

전기통신사업법 제53조 및 같은 법 시행령 제46조의 규정에 의하여 피심인의 과징금 부과상한액 및 기준금액은 다음과 같다.

〈과징금 부과상한액〉

전기통신사업법 제50조 제1항 제5호의 행위는 같은 법 시행령 제47조 및 금지행위 위반에 대한 과징금 부과 세부기준(방송통신위원회 고시 제 2012-98호) 제3조 제2항의 규정에 의하여 피심인의 과징금 부과상한액은 8억원이다.

〈기준금액〉

이동통신 3사의 전체 위반율(2%)이 과거에 비해 현저히 낮아졌으나, 피심인의 일부 해지제한 등의 행위가 지속되고 있는 점을 고려하여 중대성의 정도를 "중대한 위반행위"로 판단한다.

이에 따른 피심인의 기준금액은 4억원이다.

나. 과징금의 결정

이상의 기준금액에 대해 위반기간, 위반행위 정도 등을 종합적으로 고려하여 가중 또는 감경사유를 적용한다.

피심인의 위반기간이 12개월을 초과하므로 기준금액의 30%를 가산하고, 이동통신 3사 전체위반건수에서 피심인이 차지하는 비중이 매우 높다는 점을 고려하여 기준금액의 30%를 가산한 금액에서 30%를 추가 가산한다.

이에 따라 피심인의 최종 과징금은 6억 7천 6백만원으로 결정한다.

---

97) 제2013-40·42(서)-146·153호 (사건번호: 201407조사049) SK텔레콤(주)의 이동전화서비스 해지제한 관련 전기통신사업법 위반행위에 대한 심의의결. 이하 이 심결례에서 인용.

2) 민사 제재

전기통신사업자가 금지행위를 하여 방송통신위원회가 제52조 제1항에 따른 명령이 있는 경우에 당해 금지행위로 피해를 입은 자는 금지행위를 한 전기통신사업자에게 전기통신사업법상의 손해배상을 청구할 수 있다. 이 때 전기통신사업자는 고의 또는 과실이 없었음을 증명하지 못하면 책임을 면할 수 없다(법 제55조). 방송통신위원회의 행정명령과 민사소송에서 입증책임은 원칙적으로 별개의 문제이지만, 그 상관성을 중시하여 피해자에게 유리하도록 입증책임을 전환하는 규정이다.

여기서 "당해 금지행위로 피해를 입은 자"에는 다른 전기통신사업자나 이용자가 포함될 수 있다. 그리고 당해 금지행위로 손해가 발생하여야 한다. 이 점에서 제50조 제1항의 금지행위 위반시 행정 제재와 다르다.

피해자는 그 밖에 공정거래법상의 손해배상(공정거래법 제56조) 또는 민법상의 손해배상(민법 제750조)을 청구할 수 있는 가능성도 있다.

3) 형사 제재

전기통신사업자가 금지행위를 하면 3억원 이하의 벌금에 처한다. 다만, 법 제50조 제1항 제5호의 행위 중 이용약관과 다르게 전기통신서비스를 제공하는 행위를 한 경우에 벌금은 제외한다(법 제99조)를 한 자는 3억원 이하의 벌금에 처한다.

그리고 양벌규정을 두고 있다. 법인의 대표자나 법인 또는 개인의 대리인, 사용인, 그 밖의 종업원이 그 법인 또는 개인의 업무에 관하여 제99조에 해당하는 위반행위를 하면 그 행위자를 벌하는 외에 그 법인 또는 개인에게도 해당 조문의 벌금형을 과한다. 다만, 법인 또는 개인이 그 위반행위를 방지하기 위하여 해당 업무에 관하여 상당한 주의와 감독을 게을리하지 아니한 경우에는 그러하지 아니하다(제103조).

이 때 법 제50조 제1항 각 호는 범죄의 구성요건에 해당하므로 이 때 각 호의 해석은 형법의 일반이론에서 정립한 원칙에 충실하여야 한다. 그러므로 헌법 제13조와 형법 제1조의 죄형법정주의에 따라 유추해석을 하면 아니된다.

한편, 금지행위 위반에 대하여 법 제99조에 의한 벌칙을 적용하기 위하여 검찰에 고발을 하는 기준을 정할 필요가 있다. 이를 위하여 방송통신위원회는 「금지행위 위반에 대한 고발기준」[98]을 제정하여 운용하고 있다.

4) 제92조 시정명령과의 관계

전기통신사업법 제92조 제1항은 미래창조과학부장관 또는 방송통신위원회는 각각 소관 업무에 따라 전기통신사업자의 업무 처리절차가 이용자의 이익을 현저히 해친다고 인정되는 경우 그 시정을 명할 수 있다고 규정하고 있다(법 제92조 제1항 제2호). 이 규정은 과거 전기통신사업이 독점 상황이었을 때 독점의 전기통신사업자가 업무 처리 과정에서 이용자의 이익을 현저히 해친다고 인정되는 경우에 이를 규제하기 위하여 마련한 규정이다.[99] 따라서 이 규정은 전기통신사업자가 전기통신역무의 제공 단계로 나아가지 않더라도 그 적용이 가능하다.

그렇다면 전기통신사업자의 행위가 제50조 제1항의 금지행위에 해당하면서 제92조 제1항 제2호에도 해당하는 경우 어떻게 처리할 것인지 그 적용에 있어 문제가 된다.[100] 제50조 제1항 각 호의 행위와 제92조 제1항 제2호 업무에 따라 전기통신사업자의 업무 처리절차가 이용자의 이익을 현저히 해친다고 인정되는 경우는 원칙적으로 서로 다른 구성요건의 행위라 볼 수 있다. 따라서 각 구성요건을 충족하는 행위가 발생하면 각각 그에 따른 제재를 부과할 수 있다. 다만 제50조 제1항의 금지행위에 해당하면서 제92조 제1항 제2호에도 해당하는 경우에는 제50조 제1항이 더 다양한 제재를 하도록 규정되어 있으므로 이것을 특별법으로, 제92조 제1항 제2호가 일반법에 해당한다고 해석하는 것이 타당하다.[101] 그러므로 전기통신사업자가 제50조 제1항의 금지행위에 해당하면서 제92조 제1항 제2호에도 해당하는 행위를 한 경우 방송통신위원회는 제50조 제1항을 먼저 적용하여 이를 처리한다. 제50조 제1항에 해당하지 않으나 제92조 제1항 제2호에 해당하는 행위를 한 경우 제92조 제1항 제2호에 따라 시정명령을 할 수 있음은 물론이다.

---

98) 방송통신위원회 훈령 제127호, 2012. 10. 15., 일부개정, 2012. 11. 1. 시행.
99) 이상직, 앞의 책, 163면.
100) 이러한 문제 제기는 신종철, 앞의 책, 239-240면.
101) 신종철, 앞의 책, 240면.

5) 공정거래법상 제재와의 관계

전기통신사업자의 금지행위에 대하여 방송통신위원회가 제52조에 따른 명령을 명하거나 제53조에 따른 과징금을 부과한 경우에는 그 사업자의 동일한 행위에 대하여 동일한 사유로 「독점규제 및 공정거래에 관한 법률」에 따른 시정조치 또는 과징금의 부과를 할 수 없다(제54조).

한편, 해석론적으로 법 제99조의 형벌을 부과받은 경우에는 일사부재리의 원칙에 따라 그 사업자의 동일한 행위에 대하여 동일한 사유로 「독점규제 및 공정거래에 관한 법률」에 따른 형벌을 부과할 수 없다고 해석하여야 한다.

이는 전기통신사업자가 하나의 금지행위에 대하여 방송통신위원회와 공정거래위원회의 제재를 모두 받도록 하는 것은 이중제재에 해당하므로 이를 막기 위한 취지에서 도입되었다.

이것은 이러한 규정이 없는 「인터넷 멀티미디어 방송사업법」에 비하여 한 발 나아간 규정이지만, 하나의 금지행위에 대하여 방송통신위원회와 공정거래위원회에서 모두 조사를 받을 수 있는 가능성은 여전히 있다는 점에서 근본적이고 완전한 해결책은 아니다.[102] 앞으로 보완이 필요하다.

4. 금지행위와 관련된 절차

방송통신위원회는 신고나 인지에 의하여 금지행위가 있다고 인정하면 소속 공무원에게 이를 확인하기 위하여 필요한 조사를 하게 할 수 있다(법 제51조 제1항).

법 제50조 제1항에 따른 금지행위(이하 "금지행위"라 한다)가 있다고 인정되는 경우에는 누구나 방송통신위원회에 그 사실을 신고하고 법 제52조 제1항 각 호의 어느 하나에 해당하는 조치를 하여 줄 것을 요청할 수 있다(법 시행령 제41조 제1항). 이러한 신고를 하려는 자는 신고인의 성명(법인인 경우에는 법인의 명칭 및 대표자의 성명) 및 주소, 피신고인의 상호 또는 명칭(법인인 경우에는 대표자의 성명) 및 주소, 금지행위의 내용, 금지행위의 시정을 위하여 필요한 조치 사항을 적은 서

---

102) 신종철, 앞의 책, 256면.

류를 방송통신위원회에 제출하여야 한다(제2항). 제2항에 따라 제출된 신고서류의 보완이 필요하다고 인정되는 경우에는 방송통신위원회는 적절한 기간을 정하여 그 보완을 요구할 수 있다(제3항). 제1항부터 제3항까지의 규정에 따른 신고 및 서류 보완 등 금지행위 위반행위에 대한 처리의 절차 및 방법 등에 관하여 필요한 세부 사항은 방송통신위원회가 정하여 고시한다(제4항). 이에 따라 방송통신위원회는 「방송통신사업 금지행위 등에 대한 업무 처리 규정」[103]을 마련하여 자세한 사항을 규율하고 있다.

방송통신위원회는 제1항에 따라 조사를 하려면 조사 7일 전까지 조사기간 · 이유 · 내용 등에 대한 조사계획을 해당 전기통신사업자에게 알려야 한다. 다만, 긴급한 경우나 사전에 통지하면 증거인멸 등으로 조사 목적을 달성할 수 없다고 인정하는 경우에는 그러하지 아니하다(법 제50조 제3항).

방송통신위원회는 조사를 위하여 필요하면 소속 공무원에게 전기통신사업자의 사무소 · 사업장 또는 전기통신사업자의 업무를 위탁받아 취급하는 자(전기통신사업자로부터 위탁받은 업무가 제50조와 관련된 경우 그 업무를 취급하는 자로 한정한다. 이하 이 조에서 같다)의 사업장에 출입하여 장부, 서류, 그 밖의 자료나 물건을 조사하게 할 수 있다(법 제50조 제2항).

제2항에 따라 전기통신사업자의 사무소 · 사업장 또는 전기통신사업자의 업무를 위탁받아 취급하는 자의 사업장에 출입하여 조사하는 사람은 그 권한을 표시하는 증표를 관계인에게 보여주어야 하며, 조사를 할 때에는 해당 사무소나 사업장의 관계인을 참여시켜야 한다(법 제50조 제4항).

제2항에 따라 조사를 하는 소속 공무원은 전기통신사업자 또는 전기통신사업자의 업무를 위탁받아 취급하는 자에 대하여 필요한 자료나 물건의 제출을 명할 수 있고, 제출된 자료나 물건을 폐기 · 은닉 · 교체하는 등 증거인멸을 할 우려가 있는 경우에는 그 자료나 물건을 일시 보관할 수 있다(법 제50조 제5항).

방송통신위원회는 보관한 자료나 물건이 보관한 자료나 물건을 검토한 결과 해당 조사와 관련이 없다고 인정되는 경우, 해당 조사 목적의 달성 등으로 자료나 물건을 보관할 필요가 없어진 경우 중 어느 하나에 해당하면 즉시 반환하여야 한

---

103) 방송통신위원회고시 제2014-21호, 2014. 11. 28., 일부개정.

다(법 제50조 제6항).

만약 전기통신사업자가 제51조를 위반하거나 이 규정에 따른 명령을 위반한 경우 미래창조과학부장관 또는 방송통신위원회는 각각 소관 업무에 따라 그 시정을 명할 수 있다(법 제92조).

한편, 제51조 제2항에 따른 조사를 거부·방해 또는 기피한 자에게는 5천만원 이하의 과태료를 부과한다(법 제104조).

5. 현행 제도의 문제점 및 개선방안

이미 설명한 것처럼 수정자본주의 시장경제질서에서 사업자가 불공정한 경쟁수단을 이용하여 경쟁사업자나 거래상대방의 사업활동을 제한하거나 방해하는 행위를 하는 것은 모든 경제영역에서 발생하고 있다. 우리 입법자는 공정거래법을 제정하여 공정거래위원회가 각종 경쟁제한적인 구조와 행태를 제한할 수 있는 권한을 부여하고 있으며, 특히 불공정한 거래행태를 규제할 수 있는 한 수단으로 금지행위를 규정하여 공정거래위원회가 이를 제재할 수 있는 권한을 부여하고 있다.

그러나 공정거래법상 불공정거래행위로 모든 경제 영역에서 벌어지는 모든 불공정경쟁을 규율하는 것은 한계가 있다. 이러한 이유로 특수한 영역에서 불공정거래행위를 규율하기 위한 「표시광고의 공정화에 관한 법률」, 「하도급거래공정화에 관한 법률」, 「부정경쟁방지법」 등에서 불공정거래를 금지하는 규정을 두고 있다. 여기서 살펴본 「전기통신사업법」, 「방송법」과 IPTV법도 이와 같은 특별법의 하나라고 할 수 있다.

다만 다른 특별법과는 달리 방송통신영역의 세 개 특별법은 방송통신위원회에게 금지행위에 대한 규제 권한을 부여하고 있다. 이로써 방송통신시장의 불공정행위를 규제할 수 있는 권한은 공정거래위원회와 방송통신위원회가 함께 가지고 있다. 공정거래위원회는 일반경쟁당국으로 공정거래법에 의하여 방송과 통신 영역을 포함한 모든 영역에서 일반적인 경쟁법적 규제권한을 가지고 있고, 방송통신위원회는 전문규제기관으로서 「전기통신사업법」, 「방송법」, IPTV법에 따라 방송과 통신, 융합서비스인 IPTV에 대하여 금지행위를 규제하는 권한을 가지고 있다.[104]

여기서 현행법상 공정거래위원회와 방송통신위원회의 권한이 어떻게 분배되고 행사되도록 예정되어 있다고 해석하여야 하는지, 나아가 양 위원회의 권한을 어떻게 분배하고 행사하도록 입법하는 것이 바람직한지 문제가 된다.

선진 외국의 입법례를 살피면, 미국은 법무부(DOJ)와 연방통신위원회(FCC)의 결정이 충돌하는 경우 관습법상 '우선적 관할권의 원칙'[105]에 따라 법원이 이를 전문규제기관에 이첩 또는 위임하고 있으며, 프로그램접근규칙(program access rule: PAR)을 위반한 반경쟁적 행위에 대해서 연방통신위원회가 관할권 행사를 하고 있다. 영국은 2004년 경쟁법 제54조를 개정하여 영국 방송통신위원회(Ofcom)를 포함한 산업별 전문규제기관이 공정거래위원회(OFT)와 동등한 지위에서 경쟁법을 집행할 수 있는 권한을 부여하였다.[106] 1998년 경쟁법에 대한 동시관할권 지침[107]은 실제 경쟁법 사항의 집행시 사전에 규정된 규제 관할권 설정 절차에 따라 사안별로 담당기관을 선정하기 위한 기준을 제시하고 있다. 공정거래위원회와 방송통신독립규제위원회는 공통 사안에 대해서는 특정한 조치를 하기 전에 항상 상대 기관에게 통지해야 하고, 둘 또는 둘 이상의 경쟁기관이 하나의 사안에 대해 동시관할권이 있는 경우 모든 경쟁기관의 합의 또는 어느 기관이 수행할 것인지에 대한 결정이 이루어지기 전에는 특정한 조치를 할 수 없도록 한 것이다.[108][109]

---

104) 임준 / 정경오 외, "금지행위 세부유형 등 개선방안 연구", 정책연구09-39, 정보통신정책연구원, 2009. 11., 63면.

105) 우선적 관할권의 원칙이란 사법 및 행정적 판단의 조정을 위해 관습법상 형성된 원칙으로 지방법원에 대해 자신의 관할권 내 사안이라도 1심 판결시 관련 규제기관으로의 이첩을 허용하는 원칙이다. 이러한 원칙의 근거는 각 전문규제기관의 전문성과 경험을 적극적으로 활용하고 특정 분야에 대한 규제의 통일성과 일관성을 높이는 것이다.

106) 임준 외, 앞의 보고서, 2009, 84면.

107) The Competition Act 1998 (Concurrency) Regulations 2004 (No. 1077). 실제 불공정 행위와 관련한 사안이 발생하면, OFT는 전문성, 관련 규제 경험, 해당 사안의 영향 범위 등을 기준으로 한 동시관할권 절차에 따라 담당기관을 지정한다. 그러나 실제로는 해당 기관과의 긴밀한 사전 협의를 통하여 전술한 경쟁법상 금지행위 중 방송통신과 관련한 사안은 Ofcom이 담당하고 있다. 이러한 동시관할권 지침은 규제기관 간 협력 규정을 통해 상충하거나 이중적인 규제, 규제기관간의 공동 규제 등의 문제를 원천적으로 해결한다.

108) The Competition Act 1998 (Concurrency) Regulations 2004 (No. 1077) 제5조(분쟁 조정) (1) 관련 기관들이 적절한 기간 내에 지침 제4조(2)에 따른 합의에 이르지 못하는 경우 OFT는 국무장관에게 이 사실을 서면으로 보고해야 한다.
(2) (1)항의 합의 실패 사실에 대해 OFT가 보고하고 난 후에는 관련 기관들 중 누구라도

방송통신시장에서 경쟁제한적인 행위에 대하여 어느 한 기관에서 독점적으로 권한을 행사하도록 하는 것은 효율적이지 못하다. 이러한 의미에서 공정거래위원회가 일반규제기관으로서 공정거래법에 의하여 방송과 통신 영역을 포함한 모든 영역에서 일반적인 경쟁법적 규제권한을 가지도록 하고, 방송통신위원회가 전문규제기관으로서 「전기통신사업법」, 「방송법」, IPTV법에 따라 방송과 통신, 융합서비스인 IPTV에 대하여 금지행위를 규제하도록 한 현행법은 원칙적으로 바람직하다고 생각한다. 다만, 이미 서술한 것처럼 전기통신사업자가 하나의 금지행위에 대하여 방송통신위원회와 공정거래위원회의 제재를 모두 받을 수 있는 가능성이 있는 것은 바람직하지 못하다. 또한 상대적으로 방송통신시장을 잘 알지 못하여 쉽게 개입을 결정하지 못하거나 개입 수단인 금지행위에 대한 이해가 상대적으로 부족하여 금지행위 결정을 하지 못하는 문제도 해결되어야 한다. 이러한 의미에서 양 자를 조화하기 위하여 방송통신위원회가 「전기통신사업법」, 「방송법」에 근거하여 시정명령을 하거나 과징금을 부과하는 경우에는 그 사업자의 동일한 행위에 대하여 동일한 사유로 「독점규제 및 공정거래에 관한 법률」, 「대규모유통업에서의 거래 공정화에 관한 법률」에 따른 시정조치 또는 과징금의 부과를 할 수 없도록 한 현행 「전기통신사업법」 제54조나 「방송법」 제85조의2 제6항은 이러한 규정이 없는 이러한 규정이 없는 IPTV법에 비하여 한 발 나아간 규정이지만, 충분한 해결책은 아니다. 그러므로 이미 설명한 외국 입법례 중 영국의 입법례를 참고하여, 양자의 관계를 좀 더 정교하게 구체화할 필요가 있다.

국무장관에게 관련 사실을 서면으로 진술할 수 있다.

(3) 국무장관은 OFT의 보고서를 수령한 후 8영업일 내에, (a) 어느 기관이 해당 사안에 관한 관할권을 행사할 것인지를 결정하고, 결정된 기관에 이관되도록 지시; 그리고 (b) 서면으로 모든 관계기관에 해당 사안에 관한 관할권의 행사 및 이관 일자 등을 통보한다.

(4) 제3항(a)호에 따른 결정에 국무장관은 제2항의 진술을 고려해야 한다.

제7조(업무이관) (1) 제(2)항 및 제(4)항에 따라 해당 사안에 관하여 제1절이 정한 업무를 해 온 기관은 그 업무에 대해 공동관할권을 갖는 기관과 해당 사안의 이관에 대해 협의할 수 있다.

(2) 제(4)항에 따라 업무를 수행해 온 기관(transferor)과 그 업무에 공동관할권을 갖는 기관(transferee)이 사안의 이관에 대하여 협의한 경우, 업무를 수행해 온 기관은 서면으로 해당 사안에 관련된 사업자들에게 그 사실을 통보해야 하며, 통보 후 7일 내에 해당 협의에 관한 서면 의견서를 제출해 줄 것을 요구해야 한다.

109) 정필운 / 김슬기, 앞의 글, 214-215면.

6. 「이동통신단말장치 유통구조 개선에 관한 법률」의 제정과 그 운용

1) 법령 및 입법취지

국회는 지난 2014년 5월 28일 국내 정보통신산업의 고질적인 병폐인 이동통신단말장치(이른바 "단말기") 보조금 문제를 해결하기 위하여 「이동통신단말장치 유통구조 개선에 관한 법률」(이하 "단통법")을 제정하였고, 이 법은 같은 해 10월 1일부터 시행되고 있다.

이미 지난 2003년 4월 정보통신부는 「전기통신사업법」을 통해서 한시법으로 단말기 보조금을 규제한 바 있으며, 이는 2008년 3월까지 존속하였다. 그 후 방송통신위원회는 '단말기 보조금 가이드라인'을 통하여 이에 대한 행정적인 노력을 해 온 바 있다. 이른바 27만원 보조금 상한선을 인정하던 이 가이드라인에 근거한 노력은 가이드라인이라는 형식이 가지는 근본적인 한계로 법치주의원리에 반하는 문제, 실효적이지 못하다는 문제를 드러낸 바 있다.[110]

이 법에서는 구체적으로 지원금의 차별 지급을 금지하고(제3조), 과다 지급을 제한하며(제4조), 지원금과 연계한 개별계약 체결을 제한하고(제5조), 지원금을 받지 않은 이용자에게는 지원금에 상응하는 수준의 혜택을 제공하도록 의무화(제6조)하는 등 단말기 이용자간 차별을 금지하고 공정한 유통 환경을 조성하기 위하여 여러 규정을 담고 있다. 그리고 이러한 일련의 규정을 위반한 행위가 있는 경우 방송통신위원회가 사실 조사 등을 할 수 있는 권한을 부여하고(제13조), 긴급중지명령(제11조), 시정명령(제14조), 과징금(제15조), 과태료(제22조) 등의 행정 제재, 손해배상(제18조)과 같은 민사 제재, 형벌(제20조)과 같은 형사 제재를 가할 수 있도록 하고 있다.

따라서 이 법에서 금지하는 행위 및 그 효과는 형식적으로 금지행위 규정은 아니지만 금지행위의 실질을 가지고 있다. 그리고 구체적인 유형은 이용자 이익 침해 행위와 이동통신시장의 공정경쟁 저해행위이다.[111]

---

110) 정필운, 이동통신단말장치 유통구조 개선에 관한 법률에 대한 지정토론문, 1면, 2014년 9월 4일 사단법인 전파통신과 법 포럼 월례발표회 토론문.

111) 최재유, 이동통신단말장치 유통구조 개선에 관한 법률, 2014년 9월 4일 사단법인 전파통신

2) 금지되는 행위

이 법에서는 우선 이동통신사업자, 대리점 또는 판매점은 번호이동, 신규가입, 기기변경 등 가입 유형, 이동통신서비스 요금제, 이용자의 거주 지역, 나이 또는 신체적 조건 중 어느 하나에 해당하는 사유로 부당하게 차별적인 지원금을 지급하여서는 아니 된다(지원금의 차별 지급 금지, 제3조).

둘째, 방송통신위원회가 가입자 평균 예상 이익, 이동통신단말장치 판매 현황, 통신시장의 경쟁 상황 등을 고려하여 이동통신단말장치 구매 지원 상한액에 대한 기준 및 한도를 정하여 고시하도록 하고, 이동통신사업자는 원칙적으로 이 고시 상한액을 초과하여 지원금을 지급하지 못하도록 규정하고 있다(지원금의 과다 지급 제한 및 공시, 제4조).

셋째, 이동통신사업자, 대리점 또는 판매점은 이용자와의 이동통신서비스 이용계약에 있어 이용약관과 별도로 지원금을 지급하는 조건으로 특정 요금제, 부가서비스 등의 일정기간 사용 의무를 부과하고 이를 위반 시 위약금을 부과하는 등 서비스 가입, 이용 또는 해지를 거부·배제하거나 그 행사를 제한하는 내용의 개별계약을 체결하는 것을 금지한다(지원금과 연계한 개별계약 체결 제한, 제5조).

넷째, 이동통신사업자는 이동통신단말장치 구입비용이 이동통신서비스 이용요금과 혼동되지 아니하도록 명확하게 구분 표기하여 고지 및 청구하도록 하고, 이동통신사업자, 대리점 또는 판매점은 이용약관에 따라 서비스 약정 시 적용되는 요금할인액을 지원금으로 설명하거나 표시·광고하여 이용자로 하여금 이동통신단말장치 구입비용을 오인하게 하는 것을 금지한다(이동통신단말장치 구입비용 구분 고지 등, 제7조).

다섯째, 대리점은 이동통신사업자의 서면에 의한 사전승낙 없이는 판매점을 선임할 수 없다. 대리점은 이동통신사업자의 사전승낙을 받아 판매점을 선임한 때에는 이동통신사업자에게 그 선임감독에 관한 책임을 진다. 이동통신사업자는 판매점이 이 법에 따른 의무를 위반하는 것을 방지하거나 시정하기 위한 목적 외에 정당한 사유 없이 사전승낙을 거부하거나 지연하여서는 아니 된다(판매점 선임에

과 법 포럼 월례발표회 발표문.

대한 승낙, 제8조).

여섯째, 이동통신단말장치 제조업자는 이동통신사업자(특수관계인을 포함한다. 이하 이 조에서 같다)에 대하여 합리적 이유 없이 특정 사업자를 차별하는 등 부당하게 이동통신단말장치의 공급을 거절하여 이동통신단말장치의 공정한 유통질서를 저해하는 행위를 하여서는 아니 된다. 이동통신단말장치 제조업자는 장려금을 제공함에 있어 이동통신사업자, 대리점 또는 판매점으로 하여금 이용자에게 부당하게 차별적인 지원금을 지급하도록 지시, 강요, 요구, 유도하는 등의 행위를 하여서는 아니 된다. 이동통신사업자는 대리점과의 협정을 체결함에 있어서 대리점으로 하여금 이용자에게 부당하게 차별적인 지원금을 지급하도록 지시, 강요, 요구, 유도하는 등의 행위를 하거나 특정 부가서비스 또는 요금제 등을 부당하게 차별적으로 권유하도록 하는 특약 또는 조건을 정하여서는 아니 된다(공정한 유통 환경 조성, 제9조).

3) 위반의 효과

가) 행정 제재

첫째, 방송통신위원회는 긴급중지명령을 할 수 있다. 구체적으로 방송통신위원회는 제3조 제1항, 제4조 제2항·제4항·제5항 또는 제9조 제2항·제3항을 위반한 행위가 다음 각 호의 어느 하나에 해당하는 경우 이를 방지하기 위하여 긴급히 필요하다고 인정하는 경우에는 이동통신사업자(특수관계인을 포함한다), 대리점, 판매점 또는 이동통신단말장치 제조업자에게 그 행위의 일시 중지를 명할 수 있다. 이 경우 가입유형별로 구분하여 그 행위의 일시 중지를 명할 수 있다(제11조). 이 명령의 기준, 대상, 기간, 이에 대한 불복 절차 및 방법 등에 필요한 사항은 대통령령으로 정하며, 이 명령에 불복하는 자는 그 명령을 받은 날부터 7일 이내에 방송통신위원회에 이의를 제기할 수 있다(제11조).

둘째, 미래창조과학부장관과 방송통신위원회는 시정을 명할 수 있다. 미래창조과학부장관은 이동통신사업자, 대리점 또는 판매점이 제6조 제1항 또는 제7조 제1항을 위반한 행위가 있다고 인정하면 그 시정을 명할 수 있다. 방송통신위원회는 제3조 제1항, 제4조 제2항부터 제6항까지, 제5조 제1항, 제7조 제2항·제3항, 제8

조 제3항·제4항 또는 제9조 제2항·제3항을 위반한 행위가 있다고 인정하면 이동통신사업자(특수관계인을 포함한다), 대리점, 판매점 또는 이동통신단말장치 제조업자에게 다음 각 호의 조치를 명할 수 있다. 다만, 제1호부터 제3호까지, 제6호에 해당하는 조치를 명하는 경우에는 미래창조과학부장관의 의견을 들어야 한다(제14조).

셋째, 방송통신위원회는 과징금을 부과할 수 있다. 구체적으로 방송통신위원회는 이동통신사업자(특수관계인을 포함한다) 또는 이동통신단말장치 제조업자가 제3조 제1항, 제4조 제2항·제4항, 제5조 제1항, 제7조 제2항·제3항, 제8조 제4항 또는 제9조 제2항·제3항을 위반한 경우에는 해당 이동통신사업자(특수관계인을 포함한다) 또는 이동통신단말장치 제조업자에게 대통령령으로 정하는 매출액의 100분의 3 이하에 해당하는 금액을 과징금으로 부과할 수 있다. 다만, 매출액이 없거나 매출액을 산정하기 곤란한 경우로서 대통령령으로 정하는 경우에는 10억원 이하의 과징금을 부과할 수 있다. 방송통신위원회는 이동통신사업자의 대리점 또는 판매점이 제3조 제1항, 제4조 제5항·제6항, 제5조 제1항 또는 제7조 제2항·제3항을 위반한 경우에는 그 이동통신사업자에 대하여 제1항에 따른 과징금을 부과할 수 있다. 다만, 이동통신사업자가 그 위반행위를 막기 위하여 상당한 주의와 감독을 게을리하지 아니한 경우에는 그러하지 아니하다(제15조).

넷째, 미래창조과학부장관은 과태료를 부과할 수 있다. 구체적으로 제9조 제4항을 위반하여 대리점과의 협정에 관한 표준 협정서를 마련하여 미래창조과학부장관에게 신고하지 아니한 자에게는 1,500만원 이하의 과태료를 부과한다. 제3조 제1항을 위반하여 차별적인 지원금을 지급한 자, 제4조 제4항을 위반하여 공시한 내용과 다르게 지원금을 지급한 자, 제4조 제5항을 위반하여 공시된 지원금의 100분의 15의 범위를 초과하여 이용자에게 지원금을 추가로 지급한 자, 제4조 제6항을 위반하여 이동통신사업자가 공시한 내용과 같은 조 제5항에 따른 추가 지원금을 이용자가 쉽게 인식할 수 있도록 영업장 등에 게시하지 아니한 자 다음 각 호의 어느 하나에 해당하는 대리점, 판매점, 이동통신사업자의 임원(이사·대표이사 등 등기이사, 사외이사, 감사, 집행임원을 말한다)에게는 1천만원 이하의 과태료를 부과한다. 다만, 다음 각 호의 어느 하나에 해당하는 자가 대규모유통업자에 해당하는 경우에는 5천만원 이하의 과태료를 부과한다.[112]

나) 민사 제재

제14조 제1항 또는 제2항에 따른 조치가 있는 경우에 이 법을 위반한 행위로 피해를 입은 자는 위반행위를 한 자에게 손해배상을 청구할 수 있으며, 그 위반행위를 한 자는 고의 또는 과실이 없었음을 증명하지 못하면 책임을 면할 수 없다(제118조).

다) 형사 제재

제10조 제1항을 위반하여 분실·도난 단말장치를 해외로 수출하거나 수출을 목적으로 분실·도난 단말장치의 고유식별번호를 훼손하거나 위조 또는 변조한 자, 제11조 제1항에 따른 긴급중지명령을 이행하지 아니한 이동통신사업자(특수관계인을 포함한다) 또는 이동통신단말장치 제조업자, 제14조 제2항에 따른 명령을 이행하지 아니한 이동통신사업자(특수관계인을 포함한다) 또는 이동통신단말장치 제조업자 중 어느 하나에 해당하는 자는 3년 이하의 징역 또는 1억 5천만원 이하의 벌금에 처한다(제20조).[113]

4) 이 법에 대한 평가

이 법은 과거 정보통신부의 한시법과 방송통신위원회의 '단말기 보조금 가이드라인'의 규제를 법률이라는 형식에 담았다는 점에서 법치행정을 실현하기 위한 진일보한 면이 있다.[114] 이 법을 시행한 이후에 법률상으로 금지하는 행위는 현저히 줄어드는 효과를 거두었으나, 보조금 상한선으로 인해 단말기 구입가격이 낮아지는 데 한계가 있다는 반론 등도 제기되고 있다. 이 법은 2014년 10월 1일 발효되어 현재까지 충분한 시행기간이 경과하지 아니하였기 때문에 최종적인 평가를 하기는 아직 이르다고 생각한다.[115]

---

112) 그 밖의 자세한 것은 제22조 제4항 참조.
113) 그 밖에 자세한 것은 제20조 제2항, 제3항 참조.
114) 정필운, 앞의 토론문, 2면.
115) 사후적 입법평가는 법률 시행 후 5년은 지나야 할 수 있다는 것이 입법학계의 정설이다. 박영도, 입법학 입문, 법령정보관리원, 2014, 654면.

이용자보호

제5장 이용자보호

제1절 이용자의 개념

1. 전기통신사업법상의 개념정의

전기통신사업법 제2조 제9호에서는 ""이용자"란 전기통신역무를 제공받기 위하여 전기통신사업자와 전기통신역무의 이용에 관한 계약을 체결한 자를 말한다"라고 이용자 개념을 정의하고 있다. 전기통신사업법상의 개념정의의 가장 중요한 특징은 전기통신역무의 이용에 관한 계약을 '체결한' 자 만을 이용자로 국한하고 있다는 점이다. 따라서 전기통신사업자의 계약을 체결한 당사자 외에는 이용자의 범위에서 벗어나게 된다.

이러한 전기통신사업법상의 개념정의에 대해서는 다음과 같은 문제점이 제기되고 있다. 우선 계약관계의 존재여부로 이용자의 개념을 제한함으로써 전기통신역무의 이용에 관한 계약을 체결하려고 교섭과정 중에 있는 자를 포섭하지 못하게되는 문제가 있다. 예를 들면 전기통신사업법 제32조 제1항은 이용자로부터 제기되는 정당한 의견이나 불만을 처리하도록 전기통신사업자에게 의무를 지우고 있으나, 전기통신역무의 이용에 관한 계약을 체결하고자 교섭하는 과정에 있는 자는 이용자가 아니므로 이들의 정당한 의견이나 불만은 처리하지 아니하여도 된다고하는 것은 적절하지 아니하다. 뿐만 아니라 전기통신사업법 제30조 제4호에 따라이용자로부터 반복적이지 아니한 정도로 사용을 허락받은 제3자는 현실적으로 이용계약을 기반으로 한 전기통신역무를 합법적으로 이용하고 있으나, 전기통신사업법상의 이용자의 개념에서는 배제되는 문제가 나타난다.

둘째로 전기통신사업법상 개념정의에서 이용자를 '전기통신역무의 이용에 관한 계약'을 체결한 자로 폭넓게 규정함으로써 이용자의 범주를 전기통신역무의 최종이용자에 명시적으로 국한하고 있지 않다. 전기통신사업자와 체결하는 '전기통신역무의 이용' 행태는 매우 다양해서 극단적으로는 기간통신사업자의 전기통신회선설비를 '이용'하여 기간통신역무를 제공하는 별정통신사업자로 부터 최종이용목적으로 통신서비스에 가입하는 개인까지 모두를 망라할 수 있으나, 전기통신사업법의 이용자 개념정의에서는 특별히 한정적 요소를 두고 있지 않다. 예를 들어 전기통신사업법 제30조 제4호는 "이용자가 제3자에게 반복적이지 아니한 정도로 사용하도록 하는 경우"를 타인 사용의 제한의 예외사유로 인정하고 있으며, 이는 최종이용목적으로 통신서비스에 가입하는 개인만을 묵시적인 전제로 하는 것이지만, 현재와 같은 이용자의 개념정의로서는 이러한 한정적인 해석의 법적 근거로 작동하는데 한계가 있다. 따라서 기간통신사업자의 전기통신회선설비를 이용하여 다시 전기통신역무를 제공하는 별정통신사업자와 개인을 단일한 '이용자'의 범주로 묶어서 보호대상으로 다루는 것은 적절하지 아니하다.

2. 이용자 개념의 세부화에 대한 논의

위와 같은 이용자 개념의 문제점에 대한 대안으로 이용자의 개념을 세분화할 것을 주장하는 견해가 있다. 구체적으로는 '이용자'와 '최종이용자', 나아가 전기통신역무를 사업목적으로 이용하지 않는 자연인이라는 의미에서 '통신소비자'를 구분하여 정의하고, '통신소비자'란 통신사업자로부터 전기통신역무를 소비생활을 위하여 이용하거나 일반 공중에 통신서비스를 제공하지 않는 자연인만을 의미하는 것으로 한정하는 것이다. 또 '최종이용자'와 '통신소비자'의 차별성은 최종이용자에는 법인을 포함하지만, 통신소비자는 법인은 포함하지 않고 자연인만을 대상으로 하는 점에 두고 있다.[1]

한편으로는 전기통신사업법에서 이용자의 개념을 포괄적으로 넓게 규율하는

---

1) 이봉의, "전기통신사업법상 이용자이익 보호에 관한 고찰", 경쟁법연구 제25권, 2012, 146면.

것에 대해, 시장에서의 경제활동과 무관하게 개념을 구성함으로써 사회적 맥락에서 이용자를 이해할 수 있는 계기를 제공하고 있으며, 네트워크의 특성상 생산자에 대비되는 수동적인 존재가 아닌 공급자와 적극적으로 상호작용하는 자를 상정하기 위하여 현행법과 같은 이용자의 개념정의가 보다 유용한 측면이 있다거나,[2] 통신서비스의 이용자로서 보호할 필요성은 사업적 목적에 의한 경우에도 여전히 존재하므로 이러한 규정태도는 타당한 것[3]이라고 긍정적으로 이해하는 견해도 있다.

3. 이용자 개념정의의 재검토

1) 개념정의 자체의 근본적 회의

전기통신사업법상의 이용자 개념을 정비할 필요가 있는가의 문제에 대한 해답을 전기통신사업법의 이용자보호에 관한 구체적인 세부규범목적을 고려하여 현재와 같은 포괄적인 이용자 개념정의가 적절하게 이루어져 있는가에서 찾아야 할 것이다. 즉 전기통신사업법상의 이용자 보호규정의 내용을 살펴보았을 때 그 보호대상이 되는 자가 누구인가, 즉 누구를 위한 보호규정인가의 규범목적에 충실한 이용자 개념으로 이해되어야 할 것이다.

전기통신사업법의 개별규정에서는 이용자라는 용어를 매우 다의적으로 사용하고 있다. 전기통신사업법을 살펴보면, 이용자의 실질적인 개념을 크게 다음과 같은 3가지 범주로 나누어 볼 수 있다. 그 첫째는 최광의의 이용자로서 전기통신서비스를 이용하는 모든 주체를 의미하는 것으로서의 이용자를 규정하는 것이다. 그 대표적인 예로서는 제37조 제2항에서 '이용자'를 보호하기 위하여 다른 기간통신사업자가 공동이용을 요청하면 이를 허용하도록 규정하고 있는데, 여기에서의 '이용자'란 특정한 기간통신사업자와 이용계약을 체결한 자뿐만 아니라 상대 기간통신사업자와 이용계약을 체결한 자를 망라하는 모든 사실상의 서비스 이용 주체를 포괄하는 것이다.

둘째로는 광의의 이용자로서 전기통신사업자와 전기통신역무의 이용에 관한

---

2) 홍대식, "방송·통신융합과 이용자보호제도의 개선: 총론적 고찰", 서울대학교 경쟁법센터 제2차 정책세미나, 2009, 22-29면.
3) 이봉의, 앞의 논문, 146면.

계약을 체결한 자뿐만 아니라 이러한 계약을 체결하고자 하는 잠재적 이용자까지를 포함하는 것이다. 그 대표적인 예로서 제28조의 이용약관의 신고는 이미 계약을 체결한 이용자뿐만 아니라 계약을 체결하고자 하는 잠재적 이용자의 보호까지 규범목적에 포함되어야 한다고 보아야 하고, 또한 제52조의 금지행위에 대한 조치로서 제10호의 "이용자의 신규모집 금지"에서의 이용자는 오히려 전기통신역무의 이용에 관한 계약을 체결하고자 하는 계약체결 희망 고객을 의미하는 것이라고 보아야 할 것이다.

끝으로 협의의 이용자로서 전기통신사업법상의 현재 개념정의와 같이 "전기통신사업자와 전기통신역무의 이용에 관한 계약을 체결한 자"만을 의미하는 규정들도 상당수 찾아 볼 수 있다. 그 대표적인 경우로는 제32조의6에서 명의도용방지를 위해 이용자의 명의로 전기통신역무의 이용계약이 체결된 사실을 해당 이용자에게 알려주는 서비스를 의무화하고 있는데, 여기에서의 이용자란 '계약을 체결한 계약당사자'만을 의미하는 것이라고 볼 수 있다. 따라서 체약 당사자로부터 동의를 얻어 전기통신역무를 사실상 이용하는 자라도 여기에서의 이용자가 되어서는 아니되고 반드시 체약 사실에 대한 통지는 체약 당사자에게만 행하여야 할 것이다.

이와 같이 전기통신사업법에서는 이용자의 개념을 다의적으로 사용하고 있어서, 개념정의가 결코 적절하게 잘 되어있다고 보기는 어렵다. 한편으로는 과연 이용자의 개념정의가 전기통신사업법에서 필수불가결한 것인가도 의문스럽다. 현재와 같이 개념정의에도 불구하고 이용자의 용어를 이렇게 다의적으로 사용할 것이라면, 이용자의 개념을 구태여 법률상으로 정의할 것이 아니라 통상의 일반적으로 사용되는 이용자라는 용어를 개념정의 없이 사용하는 것도 고려해 볼 여지가 있다. 이렇게 개념정의를 삭제한다고 하더라도 전기통신사업법의 적용과정에서 발생되는 특별한 법적인 해석의 문제가 있을 것 같지는 않다.

2) 최종소비자를 전제로 하는 이용자 개념

전기통신사업법은 이용자를 '전기통신역무의 이용에 관한 계약'을 체결한 자로 폭넓게 개념정의함으로써 전기통신역무의 최종이용자 또는 소비자에 국한되는 것이 아니라 전기통신사업자와 전기통신역무를 제공받는 계약을 체결한 다른 전기통신사업자도 함께 포함하는 것으로 해석하고 있다.[4] 물론 이용자의 개념정의를 법문 그대로 해석한다면 위와 같은 결론이 자연스럽게 도출되겠으나, 전기통신사업법의 규정을 살펴보면 전기통신사업법은 이용자의 개념을 사실상 전기통신역무의 '최종소비자'[5]를 전제로 하여 사용하고 있다고 보는 것이 더 자연스러운 해석론이라 생각된다.

전기통신사업법은 이른바 MVNO(Mobile Virtual Network Operator)사업을 위하여 제38조에서 전기통신서비스의 도매제공에 대해서 명문으로 규정을 하면서, '이용자'라는 용어를 사용하지 아니하고 '다른 전기통신사업자'라는 표현을 취하고 있다. 이른바 MVNO사업자도 기간통신사업자와 전기통신역무에 관한 계약(협정)을 체결하게 되므로 이용자의 개념정의에 그대로 부합되는 자임에도 불구하고 이용자라는 용어가 아닌 다른 전기통신사업자라고 하고 있다. 또한 제28조의 이용약관의 인가기준 제3호에서도 "다른 전기통신사업자 또는 이용자의 전기통신 회선설비 이용형태를 부당하게 제한하지 아니할 것"이라고 명시하고 있다.

이와 같이 아예 '이용자'라는 용어에 병렬적으로 '다른 전기통신사업자'라는 용어를 별도로 사용하지 않더라도, 전기통신사업법에는 '이용자'를 당연히 기간통신사업자의 '최종소비자'에 국한하는 의미로 사용하였다고 해석하여야 하는 규정들이 대부분이다. 그러한 규정들로는 타인사용의 제한에 관한 제30조 제4호의 "이용자가 제3자에게 반복적이지 아니한 정도로 사용하도록 하는 경우"의 이용자, 제32조의2의 요금초과의 고지 대상이 되는 이용자, 제32조의3의 불법대부광고를 이용한 불법행위로부터 보호하고자 하는 이용자, 제42조에서 정보를 제공하여야 하는 이용자, 제43조의 정보를 공개해서는 안되는 이용자 모두 최종소비자만을 의미하는 것이다.

끝으로 이용자를 최종소비자가 아닌 다른 사업자까지도 해석상 포함시킨다면,

---

4) 이봉의, 위의 논문, 146면; 홍명수, "전기통신사업법상 이용자 개념의 검토", 서강법학(제11 권 제2호), 195면 외 다수.

5) 최종소비자라 함은 '전기통신역무'를 이용하여 또 다른 전기통신역무를 하는 것이 아니라 전기통신역무를 다른 목적으로 최종적으로 소비하는 주체를 말한다. 소비자는 반드시 자연인에 국한되는 것이 아니라 법인도 포함된다(소비자기본법 제2조 제1호). 예를 들어 이동전화서비스를 이용하는 개인뿐만 아니라 배달전문 중국음식점을 운영하기 위하여 전기통신역무를 이용하는 개인사업자나 대리운전서비스를 제공하는 법인이 대리운전 요청 전화를 받기 위해 전기통신역무를 이용하는 경우에도 전기통신사업법상의 이용자의 범주에 포함된다고 해석하여야 한다. 그러나 MVNO사업자는 전기통신역무를 최종적으로 소비하는 것이 아니므로 이용자의 범주에 포함되지 않는다.

제33조의 손해배상에 관한 규정에서 전기통신사업자에게 과실책임주의 원칙의 예외로 이용자의 손해에 대해 제한적인 무과실책임을 지우는 법이념적인 근거가 훼손된다. 제33조가 전기통신사업자에게 무과실책임을 인정하는 이유는 실질적으로는 대등한 당사자라고 하기 어려운 열등한 지위에 있는 최종소비자를 보호하기 위한 것이므로, "전기통신역무를 제공받기 위하여 전기통신사업자와 전기통신역무의 이용에 관한 계약을 체결한" 대등한 입장에 있는 다른 전기통신사업자에 대해서까지 무과실책임을 지우는 것은 수긍하기 어렵다. 따라서 제33조에 따라 전기통신사업자가 무과실책임을 부담하게 되는 이용자는 오로지 최종소비자에 국한하는 것이라고 보아야 할 것이다.

그러므로 전기통신사업법 제2조의 개념정의가 비록 이용자를 "전기통신역무를 제공받기 위하여 전기통신사업자와 전기통신역무의 이용에 관한 계약을 체결한 자"라고 규정하고 있을지라도, 해석론상으로는 "전기통신역무를 제공받기 위하여 전기통신사업자와 전기통신역무의 이용에 관한 계약을 체결한 최종소비자인 자연인 또는 법인"이라고 한정되어야 할 것이다.

제2절 사전적 이용자보호 제도

1. 이용약관의 통제

1) 이용약관의 신고

제28조 제1항은 이용자보호를 위해 기간통신사업자가 이용자에게 제공하는 전기통신서비스에 관한 이용약관을 미래창조과학부장관에게 신고하도록 의무화하고 있다. 기간통신사업자가 이용자에게 제공하는 시내전화, 이동전화, 인터넷전화 및 인터넷서비스는 실질적으로 기간통신사업자나 이용자 모두 체약강제의 상황에 놓여있다. 거래현실에서 이용자는 소수의 기간통신사업자 중 하나를 골라서 서비스이용계약의 청약을 할 수 밖에 없고, 청약을 받은 기간통신사업자는 청약한 이용자와의 계약을 사실상 거부할 수 없는 실정이다.

그러므로 실질적인 체약강제 상황에서 서비스별 요금과 이용조건, 즉 이용약관은 매우 중요하게 되고, 국가는 이용약관을 통제함으로써 이용자와 기간통신사업자간의 계약의 공정성 내지는 이용자보호를 확보할 수 있게 된다. 그러므로 제28조 제1항에서 규정하는 이용약관의 신고절차를 통해 국가가 그 내용을 통제할 수 있는 기회를 확보하게 된다. 이미 신고된 이용약관을 변경하는 경우에도 다시 변경신고를 하여야 한다. 기간통신사업자가 이용약관을 신고하거나 변경신고를 하지 아니하고 전기통신서비스를 제공하게 되면 1년 이하의 징역 또는 5천만원 이하의 벌금에 처하게 된다. 또한 신고한 이용약관과 다르게 전기통신서비스를 제공하는 행위를 제50조 제1항 제5호의 금지행위에서 규정하고 있어서, 금지행위 위반의 효과(이용약관의 변경 명령 및 매출액 100분의 3이하의 과징금 등)가 적용된다.[6]

2) 이용약관의 인가

전기통신사업법 제28조 제2항은 사업규모 및 시장점유율 등이 대통령령으로 정하는 기준에 해당되는 기간통신사업자의 기간통신서비스의 경우에는 이용약관을 미래창조과학부장관의 인가를 받도록 이용자보호를 강화하고 있다. 이에 따라 미래창조과학부고시 제2014-106호로 2015년 6월 기준으로 이용약관 인가를 받아야 하는 기간통신서비스와 기간통신서비스사업자로는 시내전화의 (주)KT와 이동전화의 SK텔레콤(주)가 해당된다. 그리고 인가대상도 모든 이용약관 내용을 인가받는 것이 아니라 이용요금만을 인가받으며, (주)KT의 시내전화의 경우에는 가입비, 기본료, 통화료, 시내공중전화요금을 그리고 (주)KT의 구내교환전화의 경우에는 가입비, 기본료, 통화료를 인가받아야 한다. SK텔레콤(주)의 이동전화의 경우에는 가입비, 기본료, 통화료, 데이터 요금을 인가받아야 한다. 그리고 이러한 인가는 이용요금을 변경하는 경우에도 받아야 하지만, 제28조 제2항 단서에 따라 이용요금을 인하하는 방향으로 변경하는 경우에는 인가제가 적용되지 아니하고 자유롭게 신고만으로도 가능하다.

이러한 이용약관을 인가하는 기준에 대해서는 제28조 제3항 제1호에서 제5호까지 다음과 같이 규정을 하고 있다. ① 전기통신서비스의 요금이 공급비용, 수익,

---

6) 자세한 내용은 금지행위에 관한 제4장 제2절을 참조.

비용·수익의 서비스별 분류, 서비스 제공방법에 따른 비용 절감, 공정한 경쟁환경에 미치는 영향 등을 합리적으로 고려하여 산정되었을 것, ② 기간통신사업자와 이용자의 책임에 관한 사항 및 전기통신설비의 설치공사나 그 밖의 공사에 관한 비용 부담의 방법이 이용자에게 부당하게 불리하지 아니할 것, ③ 다른 전기통신사업자 또는 이용자의 전기통신회선설비 이용형태를 부당하게 제한하지 아니할 것, ④ 특정인을 부당하게 차별하여 취급하지 아니할 것, ⑤ 제85조에 따른 중요통신의 확보에 관한 사항이 국가기능의 효율적 수행 등을 배려할 것을 기준으로 한다. 이에 대해 이러한 요건을 충족하는 경우에는 반드시 인가를 해야 할 의무를 부여한 것으로 해석하는 견해[7]가 있다.

이용약관 인가의 핵심은 크게 요금 등의 이용자 부담, 경쟁 유지, 차별 금지, 공공성 심사 등이지만, 실질적으로는 이용요금에 국한된 심사를 하게 되므로 효율적인 사전 통제가 이루어질 수 있도록 요금산정 근거자료를 미래창조과학부장관에게 제출하도록 규정하고 있다.

3) 약관규제법과의 관계

기간통신사업자가 제공하는 전기통신서비스에 관한 이용약관도 일종의 약관으로서 그 내용통제는 근본적으로 「약관의 규제에 관한 법률(이하 약관규제법)」이 적용되어야 한다. 전기통신사업법의 이용약관의 신고제나 인가제에도 불구하고 약관규제법 제2장의 불공정약관에 대한 규제는 그대로 다 적용되어야 한다. 약관규제법 제18조는 공정거래위원회는 다른 법률에 따라 행정관청의 인가를 받은 약관이 불공정약관에 해당된다고 인정할 때에는 해당 행정관청에 그 사실을 통보하고 이를 시정하기 위하여 필요한 조치를 하도록 요청할 수 있으며, 이러한 시정을 요청한 경우 약관규제법상의 시정권고나 시정명령은 하지 않는다고 규정하고 있다.

현실적으로 기간통신사업자의 이용약관이 약관규제법상의 불공정약관에 해당될 가능성은 매우 희박하긴 하지만, 만약 불공정약관에 해당되는 경우라면 그 약관조항은 무효이고 공정거래위원회는 미래창조과학부에 이를 시정하기 위한 조치를 요청하게 될 것이다.

---

7) 이원우, 정보통신법연구 III, 경인문화사, 2008, 167면.

4) 이용요금규제에 관한 논란

기간통신사업자의 전기통신서비스는 대다수 국민의 필수적인 생활조건이 되었으므로 국민생활에 미치는 영향을 고려하여 당사자 간의 사적인 계약관계에 일임할 수는 없으며, 어떠한 형태로든 전기통신서비스의 계약체결에 국가의 관여가 요구된다. 특히 전기통신서비스의 계약체결 여부는 사실상 양당사자 모두 체약강제의 상황이므로, 가장 중요한 요소는 이용요금의 적절한 결정이다. 다만 간과해서는 아니 되는 점은 요금규제의 목적은 오로지 이용자보호에만 있는 것은 아니며, 기간통신사업이 갖는 특성상 사업자에게 적정한 이윤과 전기통신서비스 고도화를 위한 향후 투자재원을 확보해주는 것도 동시에 고려되어야 한다는 것이다.

이용요금에 대한 규제는 사전적 규제와 사후적 규제로 크게 나눌 수 있는데, 전기통신사업법은 사전적 규제방식을 취하고 있다. 사전적 규제방법은 이용요금을 정하는 과정에 국가가 개입하는 것으로서, 크게 국가가 이용요금을 법률로 정하는 법정주의, 행정기관이 고시로 정하는 고시주의, 사업자가 정한 요금을 승인하는 인가주의, 그리고 사업자가 정한 요금을 신고하는 신고주의로 나눌 수 있다. 전기통신사업법은 제28조에서 신고주의를 원칙으로 하되 인가주의를 예외로 채택하고 있으며, 이는 1995년 이전의 인가주의, 1995년의 인가주의를 원칙으로 하고 신고주의를 예외로 하는 태도[8]에서 시장친화적으로 진일보한 것으로 평가할 수 있다. 특히 시장지배적인 사업자에 대해서는 이용요금에 대해 인가주의를 채택하면서도, 이용요금을 인하하는 방향으로의 변경에 대해서는 신고주의를 취하여 국가의 이용요금 인가제도가 이용자보호에 장애요소가 되지 않도록 보완하고 있다.

최근 OECD국가 중 유일하게 우리나라만 인가주의를 취하고 있다는 점을 들어 이동전화의 요금인하를 위해서는 인가주의를 폐지해야 한다는 주장[9]이 사회 일각에서 강하게 제기되고 있으나, 적어도 전기통신사업법의 인가주의 때문에 시장지배적인 사업자의 이용요금 인하가 용이하지 않고 자유경쟁을 가로막고 있다는 견해는 제28조 제2항 단서에서 요금인하의 경우에는 신고주의가 적용된다고 규정하고 있는 점에서 설득력이 없다고 생각된다. 그럼에도 불구하고 제28조 제4

---

8) 성낙일, "우리나라 통신요금규제의 현황 및 개선방향", 경제논집(제39권 제2호), 2000, 187면.
9) 한국경제신문, 2014년 2월 22일자 30면.

항에서 신고하거나 인가받으려는 자는 모두 전기통신서비스의 요금산정근거자료를 제출하도록 강제하고 있으므로, 설령 기간통신사업자가 요금인하를 신고하려고 하는 경우에도 이러한 요금인하의 산정근거자료를 제출하여야만 하는 문제가 있다. 요금인하는 이용자보호를 강화하는 방향으로의 이용약관의 변경이므로 별도의 요금인하의 산정근거자료 없이 간단히 인하요금만을 신고하도록 하여도 무방할 것이다. 기간통신사업자의 과도한 행정적 업무처리 부담을 감경하는 규제완화차원에서 제28조 제4항을 개정하여, 서비스별 요금을 인하하는 경우에는 산정근거자료의 제출 없이 요금신고만으로 가능하도록 하여야 할 것이다.

최근 이용약관 인가대상에 대해 미래창조과학부 고시 제2016-11호를 통해 시내전화의 경우에는 KT만을 대상사업자로 지정하고, 시내전화의 가입비, 기본료, 통화료, 시내공중전화요금 및 구내교환전화의 가입비, 기본료, 통화료 만을 인가대상으로 하였다. 그리고 이동전화의 경우에는 SK텔레콤만을 대상사업자로 지정하고, 이동전화의 가입비, 기본료, 통화료, 데이터요금을 인가대상으로 정하였다. 따라서 나머지의 인가대상 이용약관 중 다른 사항은 모두 신고할 수 있는 경미한 사항으로 규제를 완화하였다. 그러므로 더 이상 제28조 제4항이 전기통신서비스의 요금인하의 핵심적인 장애요소로 작용하지는 않게 되었다.

2. 이용요금의 정책적 고려

1) 이용요금의 감면

제29조는 국가안전보장, 재난구조, 사회복지 등 공익상 필요하면 대통령령으로 정한 사유의 경우 이용요금을 감면할 수 있도록 규정하고 있다. 본 조항의 취지는 이해하지만, 전기통신사업법에서 이러한 요금감면 조항을 별도의 조문으로 굳이 두어야 하는지는 의문이 아닐 수 없다. 기간통신사업자가 스스로 판단하여 자기의 이익을 감소시키는 방향으로 자발적으로 이용자의 후생을 증가시키는 것은 이용자보호의 취지와 정확히 부합하는 것이므로 이를 구태여 전기통신사업법의 별도 조항에서 명시해야 할 특별한 필요성을 찾기 어렵다. 이러한 조항이 없더라도 기간통신사업자가 스스로 이용요금을 감면하는 것은 일종의 채무면제로서 자유롭게

유효하게 행할 수 있는 것이다. 나아가 감면사유까지 대통령령으로 정해야 할 합리적인 이유를 찾기 어렵고 어떠한 사유든 기간통신사업자가 스스로 이용요금의 감면을 결정하여 실시하는데 어떠한 법적 장애가 있는 것도 아니다. 만약 이 조항의 숨겨진 존재의미가 국가가 기간통신사업자에게 이용요금의 감면을 행정지도의 형식으로 사실상 압력을 가하는 법적 근거로 활용하고자 하는데 있다면, 이는 매우 부당한 것이 아닐 수 없다.

대통령령이 정하고 있는 요금감면사유는 ① 인명·재산의 위험 및 재해의 구조에 관한 통신 또는 재해를 입은 자의 통신을 위한 전기통신서비스, ② 군사·치안 또는 국가안전보장에 관한 업무를 전담하는 기관의 전용회선통신과 국가, 지방자치단체 또는 「공공기관의 운영에 관한 법률」에 따른 공공기관의 자가통신망 일부를 기간통신사업자의 전기통신망에 통합하는 경우에 그 기관이 사용하는 전용회선통신의 전부 또는 일부를 위한 전기통신서비스, ③ 전시(戰時)에 군 작전상 필요한 통신을 위한 전기통신서비스, ④ 「신문 등의 진흥에 관한 법률」에 따른 신문, 「뉴스통신 진흥에 관한 법률」에 따른 뉴스통신 및 「방송법」에 따른 방송국의 보도용 통신을 위한 전기통신서비스, ⑤ 정보통신의 이용 촉진과 보급 확산을 위하여 필요로 하는 통신을 위한 전기통신서비스, ⑥ 사회복지 증진을 위하여 보호를 필요로 하는 자의 통신을 위한 전기통신서비스, ⑦ 남북 교류 및 협력의 촉진을 위하여 필요로 하는 통신을 위한 전기통신서비스, ⑧ 우정사업(郵政事業) 경영상 특히 필요로 하는 통신을 위한 전기통신서비스이다.

2) 요금한도 초과 등의 고지

이동전화요금제도는 크게 정액제와 종량제로 구별할 수 있다. 요금이 정액제라면 정해진 요금에 변화가 없으므로 이용자로서는 추가적인 요금부담의 위험이 없지만, 종량제의 경우에는 이용자가 약정한 요금한도를 넘겨 사용하는 경우에는 이용자로서는 불측의 과도한 요금부담을 지는 경우도 발생하게 된다. 특히 음성통화와 달리 스마트폰의 데이터는 이용자도 모르는 사이에 어플리케이션의 업데이트나 동영상의 수신 등으로 자동으로 이용하는 경우가 있으므로 특히 문제가 된다. 따라서 제32조의2에서는 할당받은 주파수를 사용하는 전기통신사업자(이동통신사업자)의 경우에는 이용자가 처음 약정한 전기통신서비스별 요금한도를 초과한 경우나 국제전화 등 국제전기통신서비스의 이용에 따른 요금이 부과될 경우에는 그 사실을 이용자에게 알리도록 의무하고 하고 있다.

최근 이동통신서비스가 음성통화 중심에서 데이터 중심으로 이동함에 따라 이용요금도 음성이나 문자는 무제한으로 이용하게 하되 일정 용량의 데이터를 정액에 제공하는 방향으로 변화되고 있다. 그러므로 제32조의2의 요금한도 초과의 고지는 주로 데이터서비스의 요금을 초과한 경우에 고지하는 것이 대부분이고, 그 또한 데이터 무제한 요금제가 활성화되면 요금한도 초과의 고지는 국제전화 등에 국한될 것이다. 더 나아가 '스카이프'와 같은 국제간 인터넷전화가 더욱 보편화되면 본 제도의 필요성은 거의 소멸될 것으로 예상된다. 단지 외국에서의 데이터로밍에 따른 과다한 요금부과의 고지 정도에서 그 의미를 찾을 수 있을 것이다.

3. 기간통신사업자의 이용자에 대한 계약서 제공의무

이용자가 기간통신사업자와 어떠한 내용의 서비스제공계약을 체결하였는지를 세부적으로 기억하는 것은 쉬운 일은 아니므로, 상당한 시간이 경과한 이후에 계약내용을 확인하기 위해서는 계약서를 보유하고 있을 필요가 있다. 따라서 제32조 제3항은 일정한 경우에 이용자에게 계약서를 제공할 의무를 규정하고 있다. 기간통신사업자는 이용자에게 전기통신역무의 이용에 관한 계약을 체결하거나 계약내용을 변경하는 경우 계약서를 직접 교부하여야 하며, 직접 계약서를 교부하지 않은 경우에는 계약체결일로부터 1개월 이내에 이용자의 선택에 따라 우편 또는 모사전송이나 전자우편 등 정보통신망법 제2조 제1항 제1호에 따른 정보통신망을 이용한 통지를 계약서의 사본을 송부하여야 한다. 만약 이용자가 계약서 사본의 송부방법을 지정하지 아니하면, 우편 또는 모사전송의 방법으로 송부하여야 한다.

4. 선불제 서비스의 보증보험

1) 선불제 서비스의 위험성

기간통신역무를 제공하는 전기통신사업자가 이용요금을 이용자에게 부과하는 방식은 시점에 따라 선불제와 후불제로 나눌 수 있다. 후불제의 경우에는 이용자가 실제 사용한 서비스를 후에 지불하는 것이므로 전기통신사업자가 통신서비스를 선이행을 하는 것이고 대금미납의 위험을 전기통신사업자가 부담하게 된다. 그러나 기간통신역무를 제공하는 전기통신서비스사업자가 이용요금을 이용자에게 미리 받고 그 이후에 서비스를 제공하는 경우에는 이용자가 대금지급을 선이행하는 것이고 통신서비스의 제공 중단의 위험을 이용자가 부담하게 된다. 그러므로 전기통신사업자가 선불을 받은 후에 파산이나 서비스 장애 등으로 그 서비스를 제공할 수 없게 되면 이용자 등이 손해를 입게 되기 때문에, 이 경우에 적어도 이용하지 못한 만큼의 선불요금은 반환받을 수 있는 제도적 장치가 필요하다고 할 것이다. 우리나라의 통신업계의 관행이 주로 후불제를 채택하고 있지만, 외국인 등을 상대로 선불카드를 판매하고 이동통신서비스를 제공하는 경우도 있으므로 이에 본 제도의 존재의의를 찾을 수 있을 것이다.

2) 보증보험제도를 통한 대비

제32조 제4항에 따라 기간통신역무를 제공하는 전기통신사업자가 이용요금을 이용자 등으로부터 미리 받고 그 이후에 서비스를 제공하려면 그 서비스를 제공할 수 없게 됨으로써 이용자 등이 입게 되는 손해를 배상할 수 있도록 서비스를 제공하기 전에 미리 받으려는 이용요금 총액의 범위에서 대통령령으로 정하는 기준에 따라 산정된 금액에 대하여 미래창조과학부장관이 지정하는 자를 피보험자로 하는 보증보험에 가입하여야 한다. 이에 따라 제정된 미래창조과학부고시 제2014-65호에 따르면, 이용자가 아닌 한국정보통신진흥협회를 피보험자로 하고 있으며, 동법 시행령 제37조의4 제5항은 피보험자가 보험금을 수령하여 수령일부터 60일 이내에 이용자에게 지급하도록 하고 있다. 선불통화서비스 보증보험가입금액은 다음과 같다.

표 **5-1** 선불통화서비스 보증보험 가입금액 산정기준

보험가입금 산정조건		당해 연도 보험가입금액
전년도 순자산 규모	선불통화발행예정액 / 전년도 전기통신역무매출액	
30억원 이상	10% 미만	선불통화 발행예정액의 50%이상
	10% - 30%	선불통화 발행예정액의 70%이상
	30% 초과	선불통화 발행예정액의 100%
30억원 미만	10% 미만	선불통화 발행예정액의 70%이상
	10% - 30%	선불통화 발행예정액의 80%이상
	30% 초과	선불통화 발행예정액의 100%

그러나 전기통신사업자의 재정적 능력과 이용요금 등을 고려하여 ① 전기통신사업자가 제공하는 전기통신역무의 최근 3년간 연 평균 매출액이 300억원 이상인 경우, ② 선불통화발행액 총액이 전기통신사업자가 제공하는 전년도 전기통신역무 매출액의 10퍼센트 이하인 경우, ③ 최근 3년간 선불통화서비스를 제공하면서 해당 서비스의 휴지 또는 폐지 등이 없었던 경우에는 보증보험의 가입을 면제하고 있다.

제3절 사후적 이용자보호 제도

1. 이용자불만 처리

전기통신사업자는 전기통신역무에 관하여 이용자 피해를 예방하기 위하여 노력하여야 하며, 이용자로부터 제기되는 정당한 의견이나 불만을 즉시 처리하여야 한다. 이 경우 즉시 처리하기 곤란한 경우에는 이용자에게 그 사유와 처리일정을 알려야 한다(제28조 제1항). 이러한 이용자불만처리는 기간통신사업자에게만 해당되는 것이 아니라 모든 전기통신사업자에게 적용되는 것이다. 이러한 이용자의 의

견이나 불만을 처리하는 의무를 위반하면, 제104조 제2항 제4호에 따라 1천만원 이하의 과태료를 부과한다.

특히 기간통신사업자의 경우에는 기간통신사업 허가과정에서의 중요한 심사 항목으로서, 미래창조과학부장관은 기간통신사업자를 허가함에 있어서 '이용자보호계획의 적정성'에 대해서도 종합적으로 심사하게 된다(제6조 제2항 제3호). 기간통신사업자 허가를 위한 심사사항별 세부심사기준(미래창조과학부 고시 제2015-30호 별표3)을 보면 '이용자 보호계획의 적정성'이 총점 100점 중에서 10점의 배점을 차지하고 있으며, 세부적으로는 '이용자보호기구 설치 및 운영방안의 적정성'이 3점, '이용자 불만처리 절차의 적정성'이 3점이며, '이용자 정보보호 계획의 적정성'이 4점으로 구성되어 있다. 그러므로 전기통신사업자는 이용자보호기구를 설치하여 운영하여야 하며, 이용자 불만처리 절차를 적정하게 갖추고 있어야 한다. 이에 관한 구체적인 예로는 독립된 이용자보호조직(소비자상담실 등)을 두고 전담직원과 상담원이 있어야 하며, 이용자보호를 위한 처리 기준과 절차를 확립하는 등의 인적, 물적 환경 및 제도를 보유하고 있어야 한다.

2. 기간통신사업자의 영업 양도시의 이용자보호

기간통신사업자의 영업을 양도하는 경우에 가장 중요한 문제는 기존의 이용자를 어떻게 보호할 것인가이다. 제18조는 이용자보호를 심사하도록 규정하고 있고 그에 따라 '기간통신사업의 양수·합병 인가 등의 심사기준 및 절차'(미래창조과학부 고시 제2015-31호) 제7조에서는 이용자보호의무를 규정하여 양도인과 양수인은 기간통신사업의 양도·양수계약서에 이용자 보호조치를 명시하는 등 이용자 보호를 위해 최선을 다하여야 하며, 양도인은 이용자의 가입전환 또는 해지시점까지 성실하게 기간통신역무를 제공하여야 하며, 그 시점까지는 양도하였을지라도 기간통신사업자로 간주하고 있다. 또한 동 고시 제10조의 양수인가 심사사항에서도 통신요금의 인상, 통화품질의 저하, 고객서비스 질의 저하 등 이용자 이익의 저해 여부를 이용자보호의 항목으로 세부심사기준에서 밝히고 있다.

그리고 기간통신사업 양수 인가를 받은 날로부터 30일 이내에 ① 사업 양도·양수 사유와 양수인에 대한 개요, ② 서비스 제공의 변경내용, ③ 이용자가 원한다면 양수인의 서비스 이용을 계속 보장한다는 내용, ④ 정보통신망이용촉진 및 정보보호 등에 관한 법률 제26조에 따른 개인정보의 이전사실, ⑤ 양도인의 이용약관 중 해지절차 관련규정, ⑥ 해당 양도·양수관련 문의처 등 이용자에게 필요한 사항을 양도인과 양수인 공동명의로 중앙일간지에 공시하고, 가입자에게 개별적으로 통보하여야 한다(동 고시 제13조). 또한 양도인 및 양수인은 특별한 사유가 없는 한 미래창조과학부장관의 기간통신사업 양수 인가를 받은 날로부터 90일 이내에 이용자의 의사에 따라 가입전환 또는 해지업무를 처리하고, 그리고 양수인은 특별한 사정이 없는 한 가입전환에 따른 절차를 대행하여야 하며, 가입전환에 따른 가입비, 단말기 비용 등 추가비용을 이용자에게 부담시킬 수 없다(동 고시 제14조).

3. 전기통신사업의 휴지나 폐지시 이용자보호

기간통신사업은 국민생활에 미치는 영향이 크므로 휴지 또는 폐지에 대한 미래창조과학부장관의 승인을 받아야 하며, 휴지 또는 폐지 예정인 기간통신사업을 이용하는 자가 다른 기간통신사업자의 서비스로 가입을 전환하던지 아니면 가입을 해지할 것인지를 선택할 기간을 확보하기 위해서 기간통신사업자는 기간통신사업의 전부 또는 일부를 휴지하거나 폐지하려면 휴지 또는 폐지 예정일 60일 전까지 이용자에게 통지하도록 규정하고 있다. 그리고 미래창조과학부장관은 기간통신사업의 휴지 또는 폐지로 인하여 별도의 이용자보호가 필요하다고 판단되면 기간통신사업자에게 가입 전환의 대행 및 비용부담, 가입해지 등 이용자보호에 필요한 조치를 명할 수 있다(제19조).

그러나 별정통신사업자나 부가통신사업자는 그 사업의 전부 또는 일부를 휴지하거나 폐지하려면 휴지 또는 폐지 예정일 30일 전까지 이용자에게 통지하고 미래창조과학부장관에게 신고하여야 하며, 휴지는 1년 이상 계속하여 할 수 없다(제26조 제1항).

4. 이용자에 대한 손해배상

1) 과실책임주의의 완화 - 중간책임

제33조에 따라 전기통신사업자는 이용자에 대해 무과실책임에 가까운 무거운 손해배상책임을 지게 된다. 전기통신사업자는 전기통신역무의 제공이나 이용자의 의견이나 불만의 원인이 되는 사유의 발생 및 이의 처리 지연과 관련하여 이용자에게 손해를 입힌 경우에는 배상을 하여야 한다. 그러므로 전기통신사업자에게 손해발생에 대한 고의 또는 과실이 없다고 하더라도 손해배상책임을 면할 수 없고, 이러한 점에서는 무과실책임을 가미한 것으로 평가될 수 있을 것이다. 전기통신사업자의 전기통신역무가 경우에 따라서는 타인의 영업에 매우 결정적인 요인이 되기도 한다. 예를 들어 PC방 사업자에게 인터넷서비스의 장애나 홈쇼핑 콜센터의 전화서비스 장애는 곧바로 손해발생으로 이어지게 되지만, 그러한 장애의 원인을 전기통신사업자의 고의 또는 과실에서 찾아내는 것은 이용자로서는 사실상 기대하기 어려운 불능영역이 될 것이다. 이 경우 민법 제750조의 불법행위가 성립되기 위해서는 피해를 입은 이용자가 전기통신사업자의 고의 또는 과실과 인과관계 등을 모두 증명하여야 하는데, 그렇다면 이용자는 손해배상을 청구하는 것이 사실상 불가능해지게 된다. 따라서 이용자는 '전기통신역무의 제공' 및 그와 관련한 '손해의 발생'만을 증명하면 곧바로 전기통신사업자가 손해배상책임을 지게 되어, 이용자는 손해배상측면에서 매우 강하게 보호된다.

그러나 그 손해가 불가항력으로 인하여 발생한 경우 또는 그 손해의 발생이 이용자의 고의나 과실로 인한 경우에는 그 배상책임이 경감되거나 면제된다. 예를 들어 태풍이나 지진 또는 전쟁이나 사변으로 전기통신사업자가 제공하는 전기통신서비스에 장애가 발생하는 경우이거나 또는 이용자의 건물이 낡아서 수리 중 붕괴되는 바람에 장애가 발생된 경우라면 그로 인한 손해까지 전기통신사업자에게 전부 배상시킬 수는 없다. 다만 불가항력이나 이용자의 고의나 과실을 증명하는 책임은 전기통신사업자가 부담한다고 해석하여야 할 것이다. 즉 불가항력이나 이용자의 고의 또는 과실의 귀책사유에 대한 증명책임의 부담을 전기통신사업자에게 전환함으로써 전기통신사업자와 이용자의 실질적인 이해관계의 균형점을 제시한 것이다.

2) 손해배상 규정의 문제점

가) 범위의 모호성

전기통신사업법은 "전기통신역무의 제공이나 이용자의 의견이나 불만의 원인이 되는 사유의 발생 및 이의 처리 지연과 관련하여 이용자에게 끼친 손해"를 배상하도록 명시하고 있어서, 현실적으로 어느 범위까지가 전기통신역무의 제공과 관련한 것인가 또 이용자의 의견이나 불만의 원인이 되는 사유의 발생 및 이의 처리 지연과 관련한 것인가는 매우 모호할 수밖에 없는 근원적인 문제를 안고 있다. 이에 대해서는 구체적인 분쟁 사안에서 법관의 해석에 따라 판단되겠지만, 전기통신사업자나 이용자 모두를 수긍하게 하는 결론을 도출하기는 매우 어려울 것으로 생각된다. 특히 손해배상규정이 무과실책임에 가까운 강화된 책임임을 고려하면, 그 범위를 명확하게 제한적으로 설정하는 것이 적절할 것이다.

나) 손해배상액 경감 또는 면제의 문제점

전기통신사업법 규정을 문리해석하면, 불가항력이나 이용자의 고의로 인한 경우에도 손해배상액을 완전히 면제하는 것이 아니라 경감시킬 수도 있게 된다. 그러나 불가항력이나 이용자의 고의의 경우에도 손해배상을 인정하되 액수만을 경감한다는 결론은 상식과는 상당한 거리가 있는 것이 아닐 수 없다. 전기통신역무가 국민생활에 미치는 영향의 중대성을 감안한다고 하더라도 적어도 불가항력이나 이용자의 고의의 경우에는 손해배상액을 면제하도록 입법론적인 개선의 여지가 있다고 할 것이다. 또 이용자의 과실에 의한 경우라면 면제하는 것은 반대로 적절하지 아니하지만, 민법상의 과실상계의 법리에 따라서 경감하는 것이 충분히 가능하므로 이를 규정하는 것은 바람직하다. 따라서 전기통신사업법의 손해배상 규정을 불가항력이나 이용자의 고의의 경우에는 당연히 면제되는 것으로, 이용자의 과실에 의한 경우에는 경감되는 것으로 나누어 규정하는 것이 타당할 것이다.

다) 손해액의 증명

민법상 불법행위나 채무불이행의 경우에 손해배상책임을 지우기 위해서는 현실적으로 손해가 발생하였음을 피해자나 채권자가 증명하여야 하므로, 전기통신사업법상의 손해배상규정에도 손해의 증명은 이용자가 부담한다고 해석되어야 한다. 문제는 전기통신역무의 장애가 어떠한 손해를 야기하였는가의 현실적인 손해의 증명은 항상 용이한 것만은 아니다. 예를 들어 PC방이나 홈쇼핑 콜센터, 배달전문음식점과 같은 전기통신역무를 직접적으로 이용하는 영업의 경우에는 손해의 증명이 상대적으로 용이하겠지만, 가정이나 농업생산시설과 같은 경우에는 전기통신역무의 장애로 직접적인 손해가 발생하는 것은 아니므로 이용자가 손해를 증명하는 것은 매우 어려운 일이 아닐 수 없다. 특히 가정에서 단순한 인터넷 서비스 장애의 경우에 어떠한 통상의 손해가 야기되는가를 이용자가 구체적으로 증명하는 것은 곤란한 일이 아닐 수 없다. 따라서 전기통신사업자와 이용자의 전기통신역무의 서비스제공에 대한 약관에서 적절한 손해액을 간주하는 것이 현실적인 대안이 될 것이고, 이에 따라 대부분의 전기통신사업자는 이와 관련된 서비스 장애시 적당한 범위에서 손해발생을 간주하는 규정을 두고 있다.

제4절   통신비밀의 보호

1. 통신비밀보호의 의의

전기통신사업법은 누구든지 전기통신사업자가 취급 중에 있는 통신의 비밀을 침해하거나 누설하지 못하도록 하는 한편, 전기통신업무에 종사하는 자 또는 종사하였던 자가 그 재직 중에 통신에 관하여 알게 된 타인의 비밀을 누설하지 못하도록 하고 있다(제83조 제1항, 제2항). 통신의 자유가 헌법상 기본권이라는 점에서 전기통신사업법이 모든 사람을 수범자로 하여 전기통신사업자가 취급 중인 통신의 비밀을 침해 또는 누설하지 못하도록 한 것은 당연한 귀결로 보인다. 전기통신역무의 특성상 일반적으로 당해 설비를 통하여 완성되는 통신에 접근이 용이한 전기통신업무 종사자에 대하여 통신비밀보호의무를 부과하는 것도 당연하지만 수사기관 등 국가기관이나 대량의 정보를 노리는 기술범죄자 등 전기통신업무와 무관한 자가 통신의 비밀을 침해할 위험도 상당히 크기 때문에 수범자의 범위를 확대하여 통신비밀의 보호를 강화할 필요가 있다.

통신의 비밀은 통신에서 형성되거나 교환된 내용뿐 아니라 통신의 유무, 통신의 당사자에 관한 사항, 통신의 일시, 통신의 횟수, 통신의 방법 등 통신과 관련된 일체의 사실을 포함한다.[10] 헌법 제18조가 보호하는 대상은 통신의 안전과 평온을 포함하므로 통신의 내용은 물론 통신행위 자체의 비밀 역시 유지될 필요가 있다. 그래서 전기통신사업법은 전기통신업무에 종사하는 자 또는 종사하였던 자로 하여금 그 재직 중에 알게 되는 통신의 내용뿐 아니라 통신사실에 관한 정보 역시 누설하지 못하도록 하고 있다.

통신의 비밀은 무제한으로 보호되는 권리는 아니며 범죄수사 등 공적 목적을 위하여 법률상 제한이 되기도 한다. 이 때문에 전기통신사업자는 이용자에 대한 관계에서 통신비밀보호의무를 부담하는 한편 수사기관 등에 대한 관계에서 협조의무 또는 수사 관련 사항에 대한 비밀준수의무를 부담한다. 그런데 법률은 전기통신사업자의 이러한 의무들 사이에 충돌이 발생할 때 어떤 선택을 해야할지에 관한 기준을 제시하지 않아 여러 혼란스러운 사건들이 발생해 왔다. 또한 통신기술의 발전으로 전기통신사업자가 이용자의 통신에 더욱 깊숙이 접근할 수 있는 상황에서 이러한 접근이 허용되는지 불분명한 경우도 있다. 통신비밀과 관련한 전기통신사업자의 의무를 살펴보면서 구체적인 문제점들을 살펴보도록 한다.

2. 통신사실의 보호

통신사실에 관한 정보는 통신서비스의 이용자에 관한 사항(성명, 주민등록번호, 주소, 전화번호), 통신에 이용한 아이디 및 통신서비스의 이용유무(통신서비스에 가입 또는 해지한 날짜)등 통신서비스를 이용하는지 여부에 관한 정보와 전기통신의 일시, 전기통신을 행한 시간, 상대방에 관한 사항, 전기통신을 행한 장소 등의 특

---

10) 황성기, "현행 통신비밀 보호법제의 헌법적 문제점", 언론과 법(제14권 제1호), 2015. 4, 11면.

정한 통신을 행한 사실에 관한 정보를 포함하며 전기통신사업자는 이러한 통신사실에 관한 정보를 보호할 의무를 부담한다. 그런데 전기통신사업자가 범죄수사 등 공적 목적을 위하여 이용자의 통신사실에 관한 정보를 누설하는 것이 허용되거나 오히려 누설할 의무를 부담하는 경우가 있다. 통신서비스를 이용하는지 여부를 확인하기 위한 통신자료제공 제도와 특정한 통신사실에 관한 정보를 제공하는 통신사실 확인자료제공 제도가 이에 해당한다.

1) 통신자료제공

가) 통신자료제공 요청

전기통신사업법은 법원, 검사 또는 수사관서의 장(군 수사기관의 장, 국세청장 및 지방국세청장을 포함), 정보수사기관의 장이 재판, 수사, 형의 집행 또는 국가안전보장에 대한 위해를 방지하기 위한 정보수집을 위하여 통신을 행한 이용자의 성명, 주민등록번호, 주소, 전화번호, 통신에 이용한 아이디 및 통신서비스에 가입 또는 해지한 날짜에 관한 자료의 열람이나 제출(이하 "통신자료제공")을 요청할 수 있고, 전기통신사업법은 그 요청에 따를 수 있다고 규정하고 있다(법 제83조 제3항). 요청기관은 통신자료제공을 요청하기 위하여 요청사유, 해당 이용자와의 연관성, 필요한 자료의 범위를 기재한 자료제공요청서를 제출하여야 한다. 자료제공요청서는 판사, 검사, 수사관서나 정보수사기관의 4급 이상 공무원(5급 공무원이 수사관서의 장이거나 정보수사기관의 장인 경우에는 5급 공무원을 포함) 또는 고위공무원단에 속하는 일반직 공무원이 직급과 성명 등을 명확하게 적어 결재하여야 한다. 다만, 경찰의 경우에는 원칙적으로 총경 이상의 공무원이, 군 수사기관의 경우에는 군검찰권 또는 중령 이상의 군인이 결재한다(법 시행령 제53조). 자료제공요청서로 요청할 수 없는 긴급한 사유가 있는 때에는 서면에 의하지 아니한 방법으로 요청할 수 있으며, 그 사유가 해소된 때에는 지체없이 전기통신사업자에게 자료제공요청서를 제출하여야 한다.

나) 통신자료제공 업무의 처리

수사기관의 통신자료제공 요청은 수사목적의 정보 수집을 위하여 수사 대상과 관련 있는 전기통신역무 이용자를 특정하기 위하여 이용되며, 이용자를 특정한 후에는 그 이용자가 행한 통신의 내용을 탐지하거나 통신의 상대방을 특정하는 등의 다양한 형태로 수사가 전개될 수 있다. 통신자료제공은 수사초기에 단서를 확보하기 위하여 빈번하게 사용되는 수단이지만 남용의 위험성이 있으므로 전기통신사업법은 사후적 감시수단을 마련하고 있다. 전기통신사업자는 통신자료를 제공한 경우 해당 통신자료제공 사실 등 필요한 사항을 기재한 대장과 자료제공요청서 등 관련 자료를 보관하여야 한다(법 제83조 제5항). 또한, 연 2회(매 반기 후 30일 이내) 통신자료제공 현황을 미래창조과학부 장관에게 보고하며 미래창조과학부 장관은 보고 내용의 사실 여부 및 대장과 자료제공요청서의 관리상태를 점검할 수 있다(법 제83조 제6항). 전기통신사업자는 매 반기 후 30일 이내에 요청기관이 소속된 중앙행정기관의 장에게 대장에 기재된 내용을 알려야 한다(법 제83조 제7항, 시행령 제53조 제2항). 전기통신사업자는 이용자의 통신비밀에 관한 업무를 담당하는 전담기구를 설치·운영하여야 하는데, 전담기구는 통신비밀보호 업무의 총괄, 보고 등의 업무를 수행한다(법 시행령 제53조 제3항).

다) 통신자료제공의 자유와 한계

수사기관의 통신자료제공 요청과 관련하여 전기통신사업자가 수사기관의 요청에 반드시 따라야 할 의무를 부담하지는 않는다. 즉, 전기통신사업자는 수사기관의 통신자료제공 요청에 응하지 않을 수 있고 이로 인하여 아무런 제재도 받지 않는다.[11] 그렇다면 통신자료제공 여부를 자유로이 결정할 수 있다는 이유로 전기통신사업자가 아무런 제한 없이 수사기관에 통신자료를 제공하는 것도 허용되는지 의문이 있을 수 있다.

이에 대하여 서울고등법원은 전기통신사업자에게 수사기관의 개인정보 제공 요청에 대해 개별 사안에 따라 그 제공 여부 등을 적절히 심사하여 이용자의 개인정보를 실질적으로 보호할 수 있는 역량을 갖추어야 할 것이고, 구체적으로는 침해되는 법익 상호 간의 이익 형량을 통한 위법성의 정도, 사안의 중대성과 긴급성 등을 종합적으로 고려하여 개인정보를 제공할 것인지 여부 및 어느 범위까지의 개

---

11) 헌법재판소 2012. 8. 23. 선고 2010헌마439 결정.

인정보를 제공할 것인지에 관한 세부적 기준을 마련하는 등으로 이용자의 개인정보를 보호하기 위한 충분한 조치를 취할 의무가 있다고 판단하여 전기통신사업자의 통신자료제공에 대한 실질적 심사의무를 인정하였다.[12]

반면에 대법원은 상고심에서 '전기통신사업자가 전기통신사업법에서 정한 통신자료제공 요청의 형식적·절차적 요건을 심사하여 수사기관에 통신자료를 제공하였다면, 수사기관이 통신자료의 제공요청권한을 남용하여 정보주체 또는 제3자의 이익을 부당하게 침해하는 것이 객관적으로 명백한 경우와 같은 특별한 사정이 없는 한, 해당 이용자의 개인정보자기결정권이나 익명표현의 자유 등이 위법하게 침해된 것이라고 볼 수 없다'고 판단하여 원심과 달리 전기통신사업자의 통신자료제공 요청에 대한 실질적 심사의무를 부정하였다.[13] 다만, 대법원이 통신자료제공 여부에 대한 전기통신사업자의 무제한의 자유를 인정한 것은 아니고 형식적·절차적 요건에 대한 심사의무를 인정했다는 점을 유의하여 전기통신사업자는 자료제공요청서의 수령, 자료제공요청서의 요건 구비 여부 확인, 대장의 기재 등 절차를 준수하고 요청한 범위 내에서 자료를 제공하여야 한다.

라) 통신자료제공 현황을 공개할 의무

통신비밀보호법 제9조의2, 제9조의3, 제13조의3 등이 통신제한조치 및 전기통신에 대한 압수·수색의 집행, 통신사실 확인자료제공에 대하여 수사기관으로 하여금 수사 종료 후에 수사대상이 된 가입자에게 집행 등을 통지하도록 규정하고 있음에 반하여 전기통신사업법 제83조는 전기통신사업자 또는 수사기관에게 통신자료의 제공을 이용자에게 통지할 의무가 있는지에 대하여 아무런 규정을 두고 있지 않다. 따라서 이용자가 전기통신사업자에게 통신자료제공 여부의 공개를 청구한 경우 전기통신사업자가 이에 응할 의무가 있는지가 명확하지 않다.

서울고등법원은 실제 이용자가 포탈사를 상대로 수사기관에 제공한 자신의 통신자료제공 내역을 공개해 달라는 청구에 대하여 포탈사가 거절한 사안에서 통신자료인 이용자의 성명, 주민등록번호, 주소, 전화번호, 아이디는 다른 정보와 용이하게 결합할 경우 당해 개인을 알아볼 수 있는 개인정보에 해당하며 정보통신망

---

12) 서울고등법원 2012. 10. 18. 선고 2011나19012 판결.
13) 대법원 2016. 3. 10. 선고 2012다105482 판결.

이용촉진 및 정보보호 등에 관한 법률 제30조 제2항 제2호에 의하면 이용자는 전기통신사업자에 대하여 이용자의 개인정보를 제3자에게 제공한 현황에 대한 열람이나 제공을 요구할 수 있다고 규정하고 있으므로 포탈사는 이용자들의 공개청구에 응할 의무가 있다고 판단하였다.[14]

한편, 이동통신사와 이동전화이용계약 체결 후 이동전화서비스를 이용하였거나 이용하는 자들이 이동통신사들을 상대로 통신자료제공현황의 공개를 청구하였으나 이동통신사들이 상당기간 공개를 거부하다가 이용자들이 소송을 제기하자 비로소 통신자료를 제공한 사실이 없다고 답변한 사안에서 서울고등법원은 통신자료제공현황을 공개할 의무를 인정하였을 뿐 아니라 이용자의 통신자료제공현황 공개의 거부 또는 지연은 헌법 및 정보통신망법이 보호하는 이용자의 개인정보자기결정권을 침해하는 불법행위를 구성한다는 이유로 위자료 청구까지 인용하였다.[15]

통신비밀보호법의 통신제한조치의 집행 또는 통신사실확인자료의 제공에 대하여는 전기통신사업자는 비밀준수의무를 부담하므로 수사대상인 이용자의 관련 현황에 대한 공개요구를 거부할 수 있다(통신비밀보호법 제11조, 제13조의5). 반면에 통신자료제공에 대하여는 비밀준수의무가 별도로 규정되어 있지 않으므로 전기통신사업자는 이용자의 공개요구에 응할 의무가 있다는 점이 위 판결을 통하여 명확해졌다.

2) 통신사실 확인자료제공

가) 통신사실확인자료의 의의

통신비밀보호법 제2조 제11호는 가입자의 전기통신일시, 발·착신 통신번호 등 상대방의 가입자번호, 사용도수,[16] 컴퓨터통신 또는 인터넷의 사용자가 전기통신역무를 이용한 사실에 관한 컴퓨터통신 또는 인터넷의 로그기록자료, 정보통신망에 접속된 정보통신기기의 위치를 확인할 수 있는 발신기지국의 위치추적자료, 컴퓨터통신 또는 인터넷의 사용자가 정보통신망에 접속하기 위하여 사용하는 정

---

14) 서울고등법원 2011. 8. 26. 선고 2011나 13717 판결(대법원 2015. 2. 12. 선고 2011다76617 판결로 확정).
15) 서울고등법원 2015. 1. 19. 선고 2014나2020811 판결(현재 대법원에 상고심 계속 중).
16) 전화요금을 계산하기 위한 단위로서 일반적으로 통화시간에 비례한다.

보통신기기의 위치를 확인할 수 있는 접속지의 추적자료 등 통신사실 확인자료 제공의 대상이 되는 자료를 구체적으로 열거하고 있다. 즉, 통신사실확인자료란 전기통신의 일시, 전기통신을 행한 시간, 상대방에 관한 사항, 전기통신을 행한 장소 등 특정한 전기통신행위 자체에 관한 자료라고 할 수 있다.

통신사실확인자료는 우편법, 관세법, 형사소송법, 군사법원법, 형의집행 및 수용자의 처우에 관한 법률, 군에서의 형의 집행 및 군수용자의 처우에 관한 법률, 채무자 회생 및 파산에 관한 법률, 전파법 등이 정한 경우를 제외하고는 원칙적으로 본인 이외의 자에게 제공하여서는 아니된다(통신비밀보호법 제3조). 다만, 범죄수사, 재판 및 국가안보를 위하여 필요한 경우 전기통신사업자는 정해진 절차에 따라 통신사실확인자료를 제공할 수 있다.

나) 통신사실 확인자료제공의 요청

(1) 범죄수사를 위한 경우

검사 또는 사법경찰관은 수사 또는 형의 집행을 위하여 필요한 경우 전기통신사업자에게 통신사실 확인자료의 열람이나 제출(이하 "통신사실 확인자료제공")을 요청할 수 있다. 전기통신사업자는 통신사실 확인자료제공 요청에 협조할 의무[17]가 있고 특정 통신행위의 비밀에 중대한 제한을 가하는 강제수사에 해당하므로 영장주의가 적용되어야 할 것이다. 그래서 통신사실 확인자료제공을 요청할 경우 검사 또는 사법경찰관은 긴급한 사유가 있는 경우를 제외하고는 요청사유, 해당 가입자와의 연관성 및 필요한 자료의 범위를 기록한 서면으로 관할 지방법원(보통군사법원을 포함) 또는 지원의 허가를 받아야 한다(통신비밀보호법 제13조 제2항).

이때 문언 상으로는 사법경찰관이 검사를 통하지 않고 관할 지방법원 또는 지원에 직접 허가를 신청할 수 있는지 명확하지 않다. 우리 헌법 제12조 제2항의 영장주의는 검사가 신청하고 법원이 발부하도록 규정하고 있고, 통신사실 확인자료제공 허가는 실질적으로 영장에 해당하므로 사법경찰관이 검사를 통하여 관할 지방법원 또는 지원에 허가를 신청할 수 있다고 해석하는 것이 타당할 것이다.[18] 다만, 관할 지방법원 또는 지원의 허가를 받을 수 없는 긴급한 사유가 있는 때에는

---

17) 통신비밀보호법 제15조의2.
18) 오길영, "현행 통신비밀보호법의 문제점과 개선방향", 언론과 법(제14권 제1호), 2015. 4, 45면.

통신사실 확인자료제공을 요청한 후 지체 없이 그 허가를 받아 전기통신사업자에게 송부하여야 하고, 긴급한 사유로 통신사실확인자료를 제공받았으나 지방법원 또는 지원의 허가를 받지 못한 경우에는 지체 없이 제공받은 통신사실확인자료를 폐기하여야 한다(통신비밀보호법 제13조 제2항 단서, 제3항).

(2) 재판상 필요한 경우

법원은 재판상 필요한 경우 민사소송법 제294조의 조사의 촉탁 또는 형사소송법 제272조의 공무소등에 대한 조회의 절차에 따라 전기통신사업자에게 통신사실확인자료제공을 요청할 수 있다(통신비밀보호법 제13조의2).

(3) 국가안보를 위한 경우

대통령령이 정하는 정보수사기관의 장은 국가안전보장에 대한 위해를 방지하기 위하여 정보수집이 필요한 경우 전기통신사업자에게 통신사실 확인자료제공을 요청할 수 있다. 이때 통신의 일방 또는 쌍방당사자가 내국인인 때에는 고등법원 수석부장판사의 허가를 받아야 하고, 대한민국에 적대하는 국가, 반국가활동의 혐의가 있는 외국의 기관·단체와 외국인, 대한민국의 통치권이 사실상 미치지 아니하는 한반도내의 집단이나 외국에 소재하는 그 산하단체의 구성원의 통신인 때 및 군용전기통신법 제2조의 규정에 의한 군용전기통신(작전수행을 위한 전기통신에 한한다)의 경우에는 서면으로 대통령의 승인을 얻어야 한다(통신비밀보호법 제13조의4 제2항, 제7조).

정보수사기관의 장은 국가안보를 위협하는 음모행위 등 긴박한 상황에 있고 제7조 제1항 제1호의 규정에 의한 요건을 구비한 자에 대하여 고등법원 수석부장판사의 허가를 받을 수 없는 긴급한 사유가 있는 때에는 허가없이 통신사실 확인자료의 제출을 요청할 수 있고, 제7조 제1항 제2호에 해당하는 자에 대하여 대통령의 승인을 얻을 시간적 여유가 없거나 통신제한조치를 긴급히 실시하지 아니하면 국가안전보장에 대한 위해를 초래할 수 있다고 판단되는 때에는 소속 장관(국가정보원장을 포함한다)의 승인을 얻어 통신사실 확인자료의 제출을 요청할 수 있다. 다만, 통신사실 확인자료제공 요청 후 지체없이 고등법원 수석부장판사의 허가 또는 대통령의 승인을 얻어야 한다(통신비밀보호법 제13조의4 제2항, 제8조).

다) 통신사실확인자료의 제공

전기통신사업자는 검사·사법경찰관 또는 정보수사기관의 장이 이 법에 따라 집행하는 통신제한조치 및 통신사실 확인자료제공의 요청에 협조할 의무가 있다. 따라서 통신자료제공의 경우와 달리 전기통신사업자가 요청에 응할 것이지 여부를 자유로이 결정하기는 어려울 것으로 보인다.

전기통신사업자는 통신사실확인자료의 제공 요청이 있는 경우 요청하는 자의 신분을 표시하는 증표 및 지방법원 또는 지원판사의 허가서, 고등법원 수석부장판사의 허가서, 대통령의 승인서 또는 판사의 통신사실확인자료제공 요청서 등을 확인한 후 통신사실확인자료를 제공한다. 법령상 제공방법을 제한하고 있지 아니하므로 직접전달, 우편 또는 보안성 있는 전자메일 등의 방법으로 제공하고 있다.[19] 전기통신사업자는 통신사실 확인자료제공 요청에 대하여 허가서에 명시된 기간 동안의 자료를 제공하게 되는데 과거의 자료뿐 아니라 장래의 자료 역시 제공의 대상이 될 수 있다. 피의자의 위치를 추적하기 위하여 요청하는 발신기지국의 위치추적자료가 대표적인 장래의 자료에 해당한다.

통신비밀보호법은 전기통신사업자에게 일정 기간[20] 이상 통신사실확인자료를 보관할 의무를 부과하여 필요한 자료의 확보를 담보하고 있다. 이러한 협조의무의 이행은 비용을 수반하게 될 것인데 전기통신사업자는 그 자료제공을 요청한 검사·사법경찰관이 소속된 기관의 장 또는 정보수사기관의 장에게 그 업무의 수행에 드는 비용의 지급을 요청할 수 있고, 비용의 지급을 요청한 경우 비용의 산정 및 지급방법 등은 협의하여 정한다(통신비밀보호법 시행령 제21조), 다만, 실제 비용을 청구하는 경우는 거의 없다고 알려져 있다.

라) 통신사실 확인자료제공 업무의 관리

통신비밀보호법은 전기통신사업자의 내부에서 통신사실 확인자료제공과 관련

---

19) 통신비밀 보호업무 처리지침, 정보통신부, 2005. 11, 32면.
20) 통신비밀보호법 제2조 제11호 가목부터 라목까지 및 바목에 따른 통신사실확인자료는 12개월(다만, 시외·시내전화역무와 관련된 자료인 경우에는 6개월)로 하고, 같은 법 제2조 제11호 마목 및 사목에 따른 통신사실확인자료는 3개월로 하고 있다(통신비밀보호법 시행령 제41조 제2항).

한 업무를 처리할 주체에 대하여는 별도로 정하지 않고 있다. 실무적으로는 통신
사실 확인자료제공 업무를 이용자의 통신비밀에 관한 업무로 보아 전기통신사업
법 제83조 제8항에 따라 설치된 전담기구에서 업무를 총괄 관리하도록 하고 있
다.[21] 전담기구는 통신사실 확인자료제공과 관련하여 통신비밀보호법이 전기통신
사업자에 명하고 있는 관리, 보고 등의 업무를 수행한다.

전기통신사업자는 통신사실확인자료를 제공한 경우에는 제공요청서, 허가서
및 승인서 등의 표지를 첨부하여 통신사실확인자료 제공대장에 그 제공사실을 기
록하여야 하고, 반기 종료 후 30일 이내에 자료제공 현황 등을 미래창조과학부장
관에게 보고하여야 한다(통신비밀보호법 제13조 제7항, 시행령 제38조, 제39조). 또한
전기통신사업자는 통신사실확인자료 제공대장 및 제공요청서 등 관련 자료를 통
신사실 확인자료를 제공한 날부터 7년간 비치하여야 한다. 미래창조과학부 장관
은 전기통신사업자가 보고한 내용의 사실 여부 및 비치하여야 하는 대장 등 관련
자료의 관리실태를 수시로 점검할 수 있다(통신비밀보호법 제13조 제8항).

마) 전기통신사업자의 통신사실 확인자료제공 현황에 대한 공개의무의 인정 여부

통신사실 확인자료제공에 관여한 통신기관의 직원 또는 그 직에 있었던 자는
통신사실 확인자료제공에 관한 사항을 외부에 공개하거나 누설하여서는 아니된다
(통신비밀보호법 제13조의5, 제11조 제2항). 그런데 이용자가 전기통신사업법 제83
조에서 정한 통신비밀보호의무를 근거로 전기통신사업자에게 통신사실 확인자료
제공과 관련하여 통신사실확인자료 제공대장, 제공요청서 및 승인서 등의 서류의
공개를 청구하는 사건이 있었다. 전기통신사업자가 통신비밀보호의무를 부담하는
이상 이용자는 전기통신사업자가 자신의 통신의 비밀을 적절히 관리하고 있는지
확인할 권리를 갖는다는 주장에 근거한 것이다.

원심은 전기통신서비스 이용자는 헌법 제18조가 보장하는 통신의 비밀과 전기
통신사업법 제83조의 통신비밀보호의무를 근거로 이용자는 직접 전기통신사업자
에 대하여 자신의 통신비밀을 타인에게 누설하지 말 것을 요구할 권리(이하 "통신

---

21) 앞의 정보통신부 지침, 36면.

비밀보호청구권")를 갖는다고 보았다.[22] 그리고 통신비밀보호청구권에는 전기통신 사업자가 이용자의 통신비밀을 제3자에게 제공한 내역 및 그 제공이 적법한 것인 지 확인할 수 있는 서류의 열람·등사를 청구할 권리가 있으므로 이용자에게 통 신사실 확인자료 제공대장, 제공요청서 및 승인서 등의 문서에 대하여 열람·등사 를 청구할 권리가 있고 수사가 종료된 경우에는 통신비밀보호법 제13조의5에서 규정한 비밀준수의무가 해제되므로 이용자의 통신비밀보호청구권이 제한되지도 않는다고 판단하였다.

하지만 대법원은 통신비밀보호법이 통신사실 확인자료를 제공받을 수 있는 경 우를 한정하여 통신사실 확인자료의 사용용도를 일정한 경우에 제한하는 한편, 수 사기관의 범죄수사를 위한 통신사실 확인자료제공 등에 대한 통지의무 및 통신사 실 확인자료제공에 관여한 통신기관 직원 등의 통신사실 확인자료제공 사항에 대 한 공개금지의무를 규정하는 방법으로 전기통신 이용자의 통신비밀과 자유를 보 호하고 있을 뿐, 전기통신 이용자에게 전기통신사업자를 상대로 통신사실 확인자 료를 제3자에게 제공한 현황 등에 대한 열람·등사를 청구할 권리를 인정하고 있 지는 않으며, 통신비밀보호법 제13조의3에서 규정한 통신사실 확인자료제공의 집 행사실에 관하여 수사기관이 통지를 할 무렵에 통신비밀보호법 제13조의5에 의하 여 준용되는 제11조 제2항에서 규정한 통신사실 확인자료제공에 관여한 통신기관 직원 등의 통신사실 확인자료제공 사항에 대한 공개금지의무가 해제된다고 볼 아 무런 근거도 없다고 판시하였다.[23]

쟁점이 유사한, 정보통신망법 법률 제30조 제2항의 개인정보를 제3자에게 제 공한 현황의 열람청구권을 근거로 이메일 압수·수색영장의 집행 현황의 공개를 청구한 사건에서도 대법원은 전기통신사업자가 통신사실 확인자료 제공사항에 관 하여는 비밀준수의무를 부담하면서도 통신사실 확인자료 제공사항과 불가분적으 로 결합된 전기통신에 대한 압수·수색 사항에 대하여는 비밀준수의무를 부담하 지 아니한다면 비밀준수의무의 취지가 몰각된다는 등의 이유로 정보통신망법 제 30조 제2항 제2호, 제4항에 기한 이용자의 이메일 압수·수색 사항의 공개 요구에 응할 의무가 없다고 판시하였다.[24] 결국 대법원은 통신비밀보호법상 전기통신사

---

22) 서울고등법원 2010. 9. 1. 선고 2009나103204 판결.
23) 대법원 2012. 12. 27. 선고 2010다79206 판결.

업자의 비밀준수의무가 정보통신망법 제30조 제2항의 이용자의 청구권에 우선한다는 입장이다.

전기통신사업법 상 통신자료제공의 경우와 달리 전기통신에 대한 압수·수색은 사전에 법원의 영장을 요하고, 그 사건에 관하여 공소를 제기하거나 불기소 또는 불입건 처분을 하는 경우 그 처분을 한 날부터 30일 이내에 수사대상이 된 가입자에게 압수·수색을 집행한 사실을 통보하도록 하여 이용자의 개인정보자기결정권을 보호하고 있다(통신비밀보호법 제9조의3). 한편, 공공의 이익을 위한 수사의 밀행성 보장도 중요하므로 이용자의 개인정보자기결정권을 제한하여 공·사익의 조화를 꾀할 필요도 있다. 대법원은 수사종료 후 30일 이내에 이용자의 통신비밀 내지 개인정보가 수사에 활용되었다는 사실을 통지함으로써 수사의 밀행성이 확보되고 이용자의 개인정보자기결정권 역시 어느 정도 만족되어 공·사익의 조화가 달성되었다고 판단한 것으로 보인다.[25]

3. 통신내용의 보호

1) 통신환경 변화의 영향

통신비밀보호법은 통신내용의 보호를 위하여 동법, 형사소송법 또는 군사법원법의 규정에 정한 경우 이외에 우편물의 검열·전기통신의 감청하거나 공개되지 아니한 타인간의 대화를 녹음 또는 청취하는 것을 엄격히 금지하고 있다. 검열이란 우편물에 대하여 당사자의 동의없이 이를 개봉하거나 기타의 방법으로 그 내용을 지득 또는 채록하거나 유치하는 것을 말하고, 감청이란 전기통신에 대하여 당사자의 동의없이 전자장치·기계장치 등을 사용하여 통신의 음향·문언·부호·영상을 청취·공독하여 그 내용을 지득 또는 채록하거나 전기통신의 송·수신을 방해하는 것을 말한다(통신비밀보호법 제2조 제6호, 제7호).

통신매체는 당사자간의 대면, 우편, 전신, 전화 등 전통적인 수단부터 기술발전에 따라 새로이 출현한 이메일, 메신저에 이르기까지 다양한데, 통신비밀보호법은

---

24) 대법원 2015. 2. 12. 선고 2011다76617 판결.

25) 이병준 외 2, "전기통신사업자가 수사기관에 제공한 통신정보현황 공개의무", 정보통신기술진흥센터, 주간기술동향, 2015. 7. 8, 20면.

우편물과 전기통신에 의한 통신만을 다루고 있다. 우편물이란 서신, 송금통지서, 소형포장우편물 및 물건을 포장한 소포우편물 등을 말하고, 전기통신이란 전화·전자우편·회원제정보서비스·모사전송·무선호출 등과 같이 유선·무선·광선 및 기타의 전자적 방식에 의하여 모든 종류의 음향·문언·부호 또는 영상을 송신하거나 수신하는 것을 말한다.

　　종전에는 원격지간 통신의 대부분을 우편물, 전화 등 기술적으로 비교적 단순한 통신매체가 차지하고 있었지만 통신기술의 급격한 발전으로 통신환경의 변화가 발생하면서 다양하고 새로운 전기통신매체가 출현하여 종래의 통신매체를 빠르게 대체하고 있다. 이러한 통신환경의 변화 때문에 통신비밀보호법의 기존 규정들이 새로이 출현한 통신매체에 적용되는 과정에서 법률상 근거규정, 적용 여부 등에서 지속적으로 논란을 일으키고 있다. 또한 기술발전에 따라 전기통신사업자들은 자신의 설비를 경유하는 이용자의 통신 관련 트래픽을 다양한 방식으로 활용하여 새로운 수익모델을 창출하고자 시도하고 있는데, 이러한 시도가 규율될 필요가 있는지, 유선전화를 상정하고 만들어진 현행 통신비밀보호법 하에서 이러한 시도가 적절히 규율될 수 있는지도 여전히 명확한 결론을 얻지 못하고 있다.

　　이처럼 새로운 통신매체의 출현으로 발생한 최근의 이슈들을 보면서 통신환경의 변화와 통신비밀보호법제가 겪는 갈등을 살펴보도록 한다.

2) 통신제한조치

가) 통신제한조치의 요건

　　법원은 일정한 중대범죄(제5조 제1항)를 계획 또는 실행하고 있거나 실행하였다고 의심할만한 충분한 이유가 있고 다른 방법으로는 그 범죄의 실행을 저지하거나 범인의 체포 또는 증거의 수집이 어려운 경우에 한하여 우편물의 검열 또는 전기통신의 감청(이하 "통신제한조치")을 허가할 수 있다. 검사는 통신제한조치의 요건이 구비된 경우 법원에 대하여 각 피의자 별 또는 피내사자별로 통신제한조치의 허가를 청구할 수 있다. 사법경찰관은 통신제한조치의 요건이 구비된 경우 법원에 직접 통신제한조치의 허가를 청구할 수는 없고 검사를 상대로 통신제한조치의 허가를 신청하면 검사가 법원에 그 허가를 청구한다(통신비밀보호법 제6조 제1항, 제

2항).

　　법원은 청구가 이유 있다고 인정하는 경우에는 각 피의자별 또는 각 피내사자별로 통신제한조치를 허가하고 허가서를 청구인에게 발부하는데, 허가서에는 통신제한조치의 종류·목적·대상·범위·기간·집행장소와 방법을 특정하여야 한다. 이때 통신제한조치의 기간은 2월을 초과할 수 없다(통신비밀보호법 제6조 제5항 내지 제7항).

　　한편, 대통령령이 정하는 정보수사기관의 장은 국가안전보장에 상당한 위험이 예상되는 경우 또는 대테러활동에 필요한 경우에 한하여 그 위해를 방지하기 위하여 정보수집이 필요한 때에는 통신제한조치를 취할 수 있다. 이때 통신의 일방 또는 쌍방당사자가 내국인인 때에는 고등법원 수석부장판사의 허가를 받아야 하고, 대한민국에 적대하는 국가, 반국가활동의 혐의가 있는 외국의 기관·단체와 외국인, 대한민국의 통치권이 사실상 미치지 아니하는 한반도 내의 집단이나 외국에 소재하는 그 산하단체의 구성원의 통신인 때 및 군용전기통신법 제2조의 규정에 의한 군용전기통신(작전수행을 위한 전기통신에 한한다)의 경우에는 서면으로 대통령의 승인을 얻어야 한다(통신비밀보호법 제7조).

　　국가안보를 위협하는 음모행위, 직접적인 사망이나 심각한 상해의 위험을 야기할 수 있는 범죄 또는 조직범죄 등 중대한 범죄의 계획이나 실행 등 긴박한 상황에 있고 통상적인 통신제한조치의 요건을 구비하였음에도 사전허가 또는 승인를 얻을 수 없는 긴급한 사유가 있는 때에는 허가 또는 승인 없이 긴급통신제한조치를 우선 시행할 수 있다. 다만, 긴급통신제한조치를 시행한 후부터 36시간 내에 허가 또는 승인을 얻지 못한 경우에는 긴급통신제한조치를 중지하여야 한다.

나) 통신제한조치의 집행 및 관리

　　통신제한조치는 이를 청구 또는 신청한 검사·사법경찰관 또는 정보수사기관의 장이 집행한다. 이 경우 체신관서, 전기통신사업자 등 관련기관(이하 "통신기관 등") 등에 그 집행을 위탁하거나 집행에 관한 협조를 요청할 수 있다. 통신제한조치의 집행을 위탁하거나 집행에 관한 협조를 요청하는 자는 통신기관 등에 통신제한조치허가서, 승인서 또는 긴급감청서 등의 표지의 사본을 교부하여야 하며, 이를 위탁받거나 이에 관한 협조요청을 받은 자는 통신제한조치허가서 또는 긴급감청서등의 표지 사본을 3년 동안 보존하여야 한다(통신비밀보호법 시행령 제17조). 그리고 통신제한조치를 집행하는 자와 이를 위탁받거나 이에 관한 협조요청을 받은 자는 당해 통신제한조치를 청구한 목적과 그 집행 또는 협조일시 및 대상을 기재한 대장을 3년 동안 비치하여야 한다. 통신기관 등은 통신제한조치허가서 또는 긴급감청서등에 기재된 통신제한조치 대상자의 전화번호 등이 사실과 일치하지 않을 경우에는 그 집행을 거부할 수 있으며, 어떠한 경우에도 전기통신에 사용되는 비밀번호를 누설할 수 없다.

다) 메신저에 대한 감청의 허용 여부

감청은 전기통신을 대상으로 하는 통신제한조치로서 종래에는 주로 유선전화를 대상으로 이루어져 왔으며 이동전화는 기술적인 문제로 감청대상에서 사실상 배제되어 있다. 감청에 대하여 형사소송법의 통상적인 강제수단이 압수·수색과는 다른 법률상 근거와 절차를 두고 있는 이유는 통신비밀의 중요성과 함께 통화의 휘발성이라는 특성을 고려한 결과로 보인다. 통화는 실시간으로 내용이 완성되고 완성 후에는 녹취 등의 조치를 취하지 않는 한 통신의 결과물이 즉시 사라진다. 그래서 수사기관은 통신설비에 미리 기술적 장치를 설치하여 통화가 실시될 경우 실시간으로 그 내용을 녹취하는 등의 방법으로 휘발성에도 불구하고 통신의 내용을 증거로 확보할 수 있었다.

최근에 통신환경이 변화되면서 메신저 통신이 광범위하게 확산되어 통화를 대체하고 있는데 국내에서는 카카오톡 서비스가 대표적으로 사용되고 있다. 수사기관으로서는 메신저의 내용을 증거의 내용으로 확보할 필요성이 높아졌고 메신저 통신의 내용을 실시간으로 확보하기 위하여 법원의 허가를 받아 통신제한조치인 감청을 실시해 왔다. 그런데 이러한 수사기관의 메신저 통신이 현행 통신비밀보호법이 정한 감청 허가의 대상인지, 그리고 그 집행이 통신비밀보호법이 정한 절차에 따라 적법하게 집행되고 있는지에 대하여 많은 논란이 있다.

메신저 통신에 대한 감청은 통화의 감청과 달리 송·수신이 진행 중에 실시간으로 그 내용을 탐지하기 보다는 송·수신이 완료된 후에 서버에 저장된 결과를 채록하는 방식으로 집행된다.[26] 그런데 감청과 압수·수색의 대상이 송·수신의 완료 여부를 기준으로 나눠진다고 본다면[27] 송·수신이 완료되어 서버에 저장되어 있는 메신저의 내용은 감청의 대상으로 적합하지 않다. 실제로 카카오톡 대화의 감청 방법과 관련하여 감청 허가서를 활용한 것이 적법한 것인지에 대하여 상당한 논란이 있었다.[28] 메신저 통신이 감청의 대상이 될 수 없다는 견해는 대법원이 이미 수신이 완료된 전기통신 내용을 지득하는 등의 행위가 통신비밀보호법 상 감청에 해당하지 않는다고 판시[29]한 점이나, 통신비밀보호법 제9조의3 제1항이 송·수신이 완료된 전기통신에 대하여는 압수·수색·검증의 대상으로 규정하고 있다는 점 등을 근거로 들 수 있다.

반면에 감청 허가서에서 판사가 허가한 사항은 장래의 일정기간 동안 통신내용을 획득할 수 있는지 여부에 관한 것이므로 허가서 발부 시점을 기준으로 그 이후에 이루어진 통신은 집행 당시에 송·수신이 완료된 경우에도 감청집행의 대상이 될 수 있다는 견해도 있다.[30] 이외에도 감청허가서를 제시하고 집행에 착수할 시점을 기준으로 장래 송·수신될 메시지는 감청집행의 대상이 될 수 있다거나 감청허가서는 압수·수색 영장을 포함하므로 메신저 통신도 감청집행의 대상이 될 수 있다는 등의 견해도 있다.[31]

가령 집행의 위탁을 받은 카카오톡 직원이 감청기간 동안 줄곧 대화방을 모니터링하여 대화를 채록한다면 실시간성에 대한 논란은 상대적으로 줄어들 수 있을 것이다. 하지만, 언제 대화가 있을지 모르는 상황에서 현실적으로 그와 같은 집행방식은 기대하기 어려울 것이고 주기적으로 서버에 저장된 내용을 수사기관에 제공할 가능성이 농후하므로 감청 허가의 대상인지 논란이 있는 것이다. 이러한 맹점은 결국 기존의 통신비밀보호법이 감청의 요건, 집행방식 등에서 새로이 출현한 통신매체의 특성을 반영하지 못하였기 때문이다.

또한 메신저는 대화방에 다수가 참여하고 있다가 필요한 참여자가 그때 그때

---

26) 기술적으로는 송·수신 중에 있는 통신을 전달하는 패킷(packet)을 가로채는 방식의 집행방법도 생각해 볼 수 있지만 이와 관련한 논쟁은 DPI 기술과 관련한 논의에서 살펴보기로 한다.
27) 오길영, 앞의 논문, 43면.
28) https://www.lawtimes.co.kr/Legal-News/Legal-News-View?Serial=88280, 법률신문 (2014. 10.).
29) 대법원 2012. 10. 25. 선고 2012도4644 판결.
30) http://www.mt.co.kr/view/mtview.php?type=1&no=2014102411037126532&outlink=1, 머니투데이(2014. 10).
31) 앞의 법률신문 기사.

문자를 교환하는 방식으로 통신을 하므로 집행 방법에 따라서는 수사와 전혀 무관한 통신까지 무차별적으로 감청될 위험이 있다. 감청이 이처럼 무차별적으로 집행된다면 수사대상에 한하여 최소한의 범위로 제한하고자 하는 감청 허가의 취지는 퇴색할 수 밖에 없다. 변화된 통신환경을 감안한 입법적인 해결이 절실한 이유이다.

3) 패킷(packet) 분석과 통신비밀

가) DPI 기술의 이해

인터넷 네트워크 환경에서 통신은 전달하고자 하는 내용을 패킷이라는 분절된 매체에 여러 개로 쪼개어 원하는 수신인에게 보내면 도착한 패킷이 재결합하여 송신된 내용을 전달하는 방식으로 완성된다. 유무선 인터넷서비스를 제공하는 기간통신사업자들은 통신망에 위해를 주는 트래픽을 제어하거나 적절한 트래픽의 분산 등 네트워크 관리 및 보호를 위하여 DPI(Deep Packet Inspection) 기술을 활용하고 있다. 그런데 DPI 기술은 네트워크 관리뿐 아니라 이용자의 호기심을 분석하여 관심을 가질만한 광고정보를 제공하는 타겟마케팅, 콘텐츠 트래픽의 처리를 선별적으로 지연·차단, 감청 등의 수단으로도 활용할 수 있다. 이러한 활용형태는 기술적으로 분절된 패킷을 분석하여 그 내용을 파악함으로써 구현되므로 DPI 기술은 통신내용의 비밀 보호와 밀접한 관련을 가지게 된다.

DPI 기술은 SPI(Shallow Packet Inspection)에 대비되는 개념이다. 패킷은 크게 보면 헤더(Header)와 데이터 영역(Data Field)로 구성되는 데 헤더 부분은 기본적인 프로토콜 정보인 출발지 주소, 목적지 주소 등을 담고 있어 우편봉투와 유사하다고 볼 수 있다. 이들 헤더부분의 정보를 분석하면 IP주소, 낮은 수준의 네트워킹 정보 등 경로정보를 알아낼 수 있는데 이러한 수준의 분석방법을 SPI라고 한다. 반면에 DPI 기술은 패킷의 데이터 영역까지 분석하여 데이터의 내용까지 알아내므로 편지의 내용물을 들여다 보는 것과 외견상 유사해 보일 수 있다.[32] 이 때문에 DPI 기술이 적용된 여러 활용사례가 번번히 통신비밀보호법 위반 논란에 휩싸이고 있다.

---

32) 전현욱 외, "망 중립성(Net Neutrality)과 통신비밀보호에 관한 형사정책", 형사정책연구원 연구총서, 2014, 63면.

나) 트래픽 관리와 통신비밀보호

트래픽 관리 목적의 DPI 기술 활용에는 악성코드의 차단, P2P를 통한 저작권 보호 콘텐츠의 유통 방지, 청소년에 대한 유해 콘텐츠 노출 차단 등도 포함되는데 이러한 관리행위에 대하여는 그 동안 별다른 논란이 발생하지 않았다. 그런데 기간통신사업자가 DPI 기술을 이용하여 일부 콘텐츠를 대상으로 데이터의 패턴을 분석하고 관리대상을 선별하여 트래픽의 처리 지연 또는 중단 등의 조치를 취하면서 DPI 기술 활용의 적법성에 대한 논란이 제기되기 시작하는데, KT의 삼성전자 스마트 TV 차단, 이동통신사들의 mVoIP 차단 등의 사건이 대표적인 경우이다.

망중립성과 관련한 트래픽 관리의 적법성 논란은 전기통신사업법, 공정거래법 이외에 통신비밀보호법의 측면에서도 제기되었다. 통신비밀보호법 제2조 제7호의 정의에 따르면 감청은 전기통신에 대하여 당사자의 동의 없이 전자장치·기계장치 등을 사용하여 통신의 음향·문언·부호·영상을 청취·공독하여 전기통신의 송·수신을 방해하는 행위를 포함하는데 트래픽 관리는 기간통신사업자가 DPI 기술을 이용하여 데이터의 내용을 알아내고 트래픽 처리의 지연 또는 중단함으로써 전기통신의 송·수신을 방해하는 행위에 해당한다는 주장이 그것이다.[33] 결국 정당한 사유 없이 망 중립성을 저해하는 행위는 정보통신 기술의 발전으로 인해 새롭게 나타난 프라이버시 침해로서 형사불법에 해당한다는 것이다.

기간통신사업자는 DPI 장비를 이용한 데이터의 패킷 식별이 자동화된 정보처리장치에 의하여 자동적으로 분석되어 처리될 뿐 그 와중에 사람이 통신의 내용을 지득하는 경우가 없고, 약관에서 특정한 통신 내용을 선별하여 차단할 수 있다는 조항을 두어 가입자의 동의를 받고 있으므로 통신비밀보호법 위반의 구성요건에 해당할 수 없다는 입장이다. 이러한 입장은 형사범죄란 사람의 행위를 전제로 하는데 트래픽의 관리 및 처리가 자동적으로 이루어지는 경우에는 사람의 행위라고 할 수 없으므로 형사불법을 논할 수 없다는 전제에서 비롯된 것으로 보인다.

기간통신사업자의 트래픽 관리가 송·수신의 방해 행위에 해당하는지 여부를 판단하기 위하여는 정상적인 송·수신의 개념의 정립도 선행되어야 할 것으로 보

---

33) 전현욱, 위의 논문, 39면.

인다. 통신망을 운영하는 주체는 기간통신사업자이고 통신망의 정상적인 운영에
관한 규칙은 통신망의 관리·소유자인 기간통신사업자가 결정한다고 본다면 애당
초 기간통신사업자가 통신망 기능의 일부로서 트래픽 관리 기능을 탑재하기로 결
정하여 의도된 기능이 구현된 이상 트래픽 처리의 지연·중단을 송·수신의 방해
라고 보기는 어려울 것이다. 반면에 이용자의 의사를 기준으로 송·수신의 방해
여부를 판단한다면 기간통신사업자의 개입으로 트래픽이 이용자의 의도와 다르게
처리될 경우 송·수신의 방해로 포섭할 수 있을 것이다.

　트래픽 관리가 통신비밀보호법 위반에 해당하여 형사처벌로 다룰 수 있을지
여부는 아직은 생소한 논의로서 향후 심도 있는 검토가 필요할 것으로 보인다. 아
울러 통신비밀보호법 위반이 형사처벌 대상임에도 개념의 애매모호성으로 인하여
당해 구성요건 해당 여부의 판단이 불투명하다면 죄형법정주의의 측면에서 상당
한 문제일 것이다. 입법을 통한 정비의 필요성도 함께 살펴보아야 할 것이다.

다) 온라인 맞춤형 광고와 통신비밀의 보호

　KT는 2010년경 온라인 맞춤형 광고 서비스를 준비하였는데 서비스 구현기술
이 통신비밀보호법의 감청에 해당한다는 문제가 제기되면서 상당한 논란을 일으
키다가 결국 서비스 출시를 포기하였다. 타켓 마케팅(target marketing) 기술이
DPI 기술을 적용하여 패킷을 분석한 결과를 활용하는 방식으로서 당시 수사기관
의 패킷감청과 유사하다는 점에서 더욱 주목을 받았다.[34]

　온라인 맞춤형 광고란 인터넷 이용자의 개인정보(성, 연령, 지역 등) 및 인터넷
이용습관(주이용 웹사이트 및 서비스 유형, 이용 빈도, 관심 검색어 등)에 관한 정보를
수집·분석하여 해당 이용자의 관심이나 필요, 취미 등 특성에 맞는 광고를 선별
하여 제공하는 인터넷 광고 기법의 하나로 타켓 마케팅의 일종이다.[35]

　온라인 맞춤형 광고의 특징은 광고가 제공되는 상대방을 구별하고 그 상대방
의 성별, 성격, 취향 등을 고려하여 가장 적합한 광고를 제공한다는 점이다.[36] 전

---

34) http://news.inews24.com/php/news_view.php?g_menu=020300&g_serial=473180, 아이뉴
　　스(2010. 2.).
35) 김원 외, 온라인 맞춤형 광고에 대한 인식 조사, 인터넷진흥원, 2009. 12, 3면.
36) 오길영, "감청의 상업화와 그 위법성", 민주법학(제43호), 2010. 7, 426면.

통적인 광고가 특정한 미디어를 이용하는 모든 대중을 대상으로 차별 없이 동일한 광고를 제공해 온 것과 확연히 대비된다고 할 수 있다. 온라인 맞춤형 광고를 가능하게 하는 대표적인 기술에는 몇 가지가 있다.

첫째, 온라인 서비스 이용자를 모집할 때 수집하는 이용자의 성명, 주민등록번호, 생년월일, 성별, 취미, 기혼여부 등의 정보를 이용하는 방법이다. 정보를 수집한 웹사이트는 이용자가 해당 웹사이트에 로그인하여 서비스를 이용할 때 위와 같이 수집한 정보를 분석하여 이용자에게 적합한 광고를 제공한다.

둘째, 이용자가 웹사이트에 방문할 경우 이용자의 PC '쿠키[37]'라는 파일을 설치하여 이용자의 인터넷 방문 기록을 수집하는 방식이다. PC에 설치된 쿠키 파일은 이용자가 인터넷 방문 기록을 수집하여 광고업자에게 전송하고 광고업자는 전송된 정보를 토대로 이용자의 성향을 분석하여 당해 이용자가 인터넷을 이용하는 시점에 맞춰 호기심을 가질 만한 광고를 방문 중인 사이트상에 표시한다.

셋째, 통신망에 DPI 장비를 설치하고 이용자가 인터넷을 이용할 때 전송되는 패킷을 분석하여 이용자의 취향을 분석하는 것이다. 가령 DPI 장비에 특정한 단어(영화, 자동차, 옷 등)의 패킷 형태를 감지할 수 있도록 장치해 둔다면 이용자가 유사한 패턴의 패킷을 전송할 경우 이를 탐지하여 이용자의 통신의 내용을 알아내고 이용자의 성향 등을 파악하여 최적화된 광고를 제공하게 된다. 패킷분석은 이용자에 대한 정적인 정보뿐 아니라 동적인 정보, 즉, 현재 상황, 약속의 유무, 향후 계획 등 이용자의 상황에 맞는 광고 정보까지도 제공할 수도 있다. 가령, 이용자가 누군가와 약속장소를 정하기 위한 대화를 주고 받을 경우 이를 인지하여 이용자의 주변 식당의 광고를 제공하는 방식이다.

세가지 기술은 모두 이용자의 개인정보를 수집·이용하는 것이므로 정보통신망법 제22조 에 따라 이용자의 동의를 구할 필요가 있다. 여기에서 한발 더 나아가 패킷 분석 방식은 패킷 분석을 통하여 통신의 내용을 알아내는 것이므로 통신비밀보호법 제2조 제7호의 동의 역시 얻어야 하고 이때의 동의는 명시적이어야 하며 인터넷 이용자 일방뿐 아니라 상대방의 동의까지 포함하여 얻어야 한다는 견

---

37) 쿠키는 특정 홈페이지를 접속할 때 생성되는 정보를 담은 임시 파일로서 특정 사이트를 처음 방문하면 아이디와 비밀번호를 기록한 쿠키가 만들어지고 다음에 접속했을 때 별도 절차 없이 사이트에 빠르게 연결할 수 있다.

해가 있다.[38] 이러한 견해에 따르게 되면 사실상 패킷 분석 방식의 온라인 맞춤형 광고는 불가능하다는 결론에 이른다.

통신의 비밀에 대하여 온라인 맞춤형 광고가 갖는 규범적 위험성은 부인하기 어려우며 실제로 일반적인 이용자들이 온라인 맞춤형 광고에 불쾌감, 불안감을 느끼고 감시당하는 느낌까지 받고 있다는 점에서 온라인 맞춤형 광고의 부작용은 충분히 경계할 필요가 있다.[39] 반면에 온라인 맞춤형 광고는 불특정 다수에게 무차별적으로 제공되는 광고에 비하여 이용자에게 최적화된 광고가 제공될 수 있다는 점에서 광고의 정보 유용성을 제고할 수 있고, 이용자가 원하는 정보를 중심으로 접할 수 있으므로 온라인 이용 편익도 높일 수 있다. 결국 온라인 맞춤형 광고를 허용하면서도 패킷분석의 부작용을 최소화할 수 있는 방안에 대하여 심도 있는 논의가 필요할 것으로 보인다. 이와 관련한 중요한 쟁점으로는 묵시적 동의의 인정 여부, 참여자 쌍방의 동의의 필요성, 광고업자의 설명의무, 동의의 실질적 거부 가능성 등이 다뤄질 수 있다.[40]

라) 패킷 감청의 허용 여부

패킷 감청이란 인터넷망의 통신을 감청할 경우에 사용하는 기술방식을 의미한다. 인터넷 통신은 앞서 본 것처럼 통신의 내용이 패킷이라는 분절된 매체를 통하여 전송되므로 인터넷망의 통신을 감청할 경우에는 피의자가 이용하는 인터넷 회선 자체를 대상으로 하여 송·수신되는 모든 패킷을 수집·분석하여 재구성함으로써 내용을 파악하게 된다.

패킷 감청이 인터넷 회선 자체를 대상으로 한다는 것은 단말기와 인터넷망 사이의 길목을 지키는 것과 유사하여 해당 회선에서 발생하는 모든 통신의 시간, 내용, 상대방 및 내용을 알 수 있게 된다. 따라서 피의자의 통신이라고 하더라도 애당초 감청 허가서에 포함되지 않은 통신사실확인자료, 통신의 내용에 관한 정보까지 확보할 수 있게 된다. 또한 단체 또는 가족이 공동으로 사용하는 인터넷 회선

---

38) 오길영, 앞의 논문, 455면.
39) 김재휘, "온라인 맞춤형 광고에 대한 이용자의 인식과 반응", Internet and Information Security(제1권 제2호), 2010. 3, 60면.
40) 변재욱, 앞의 논문, 232면.

또는 PC의 경우 피의자 이외의 자가 행하는 통신의 패킷까지 확보함으로써 수사와 전혀 무관한 통신을 감청하게 된다.

이러한 패킷 감청의 포괄성 때문에 감청의 범위를 엄격하게 제한하고자 마련된 통신비밀보호법의 감청 허가가 사실상 무력화 된다는 점에서 패킷 감청은 권력분립의 원칙, 적법절차의 원칙, 영장주의 및 과잉금지의 원칙 등 헌법상 원칙에 반하는 위헌적인 수사방식이라는 견해가 있다.[41] 반면에 패킷 감청은 전화 감청과 사이에 범위와 정도의 차이만 있을 뿐 감청의 대상이 시간적으로 제한된다는 점에서 어느 정도 특정성의 요건을 확보하고 있으므로 합헌이라는 견해도 있다.[42] 다만 이 견해 역시도 패킷 감청의 허가를 청구할 때 해당 인터넷 회선을 피의자만이 사용하고 있다는 점이 적극적으로 소명된 경우에만 허가해 주어야 한다는 전제를 달면서 패킷 감청의 제도적 보완도 요구하고 있다.

패킷 감청이 적법한지 여부에 대하여 법원은 ① 인터넷 전용선을 통하여 흐르는 전기신호 형태의 패킷도 전기통신에 포함되므로 인터넷 전용선(패킷)에 대한 통신제한조치도 허용되는 점, ② 패킷 감청의 경우 다소 포괄적 집행의 우려가 있으나 수사기관에서 대상자가 이용하는 전자우편을 사전에 모두 확인할 수 없는 등 현실적인 필요성이 인정되는 점, ③ 패킷감청의 경우 대상자와 무관한 제3자의 통신내용이나 수사목적과 무관한 통신내용도 감청될 우려가 있으나, 이는 정도의 차이일 뿐 전화, 팩스에 대한 감청에서도 같은 문제가 발생할 수 있고 법원이 신중한 노력을 기울임으로써 그 침해를 최소화할 수 있다는 점 등을 이유로 수사기관이 법원의 허가를 얻어 인터넷 전용선에 대한 통신제한조치를 집행한 것은 적법하다고 판시하였다.[43]

패킷 감청의 포괄성은 인터넷망의 기술적 특성 때문에 불가피하게 나타나는 부작용으로서 현행 통신비밀보호법의 감청이 변화된 통신환경에 적응하지 못하고 있는 반증이다. 그렇지만 인터넷이 범죄에서 광범위하게 이용되는 상황에서 패킷 감청의 현실적 필요성도 간과할 수 없으므로 전반적 금지보다는 입법적 보완을 모

---

41) 오동석, "패킷감청의 헌법적 문제점", 패킷감청의 문제점과 개선방안에 대한 토론회 자료집, 2010. 2. 1, 18면.
42) 권양섭, "인터넷 패킷감청의 허용가능성에 관한 고찰", 법학연구(제39집), 2010, 188면.
43) 서울중앙지방법원 2011. 12. 22. 선고 2009고합731 판결(대법원 2012. 10. 11. 선고 2012도 7455 판결로 확정).

색할 필요가 있다.[44)

제5절 통신서비스 품질평가

1. 품질평가제도의 의의

전기통신사업자는 제공하는 전기통신서비스의 품질개선을 위한 노력을 하여야 하는데, 통신서비스 품질평가제도는 이러한 노력을 담보하기 위한 제도라 하겠다. 통신서비스 품질평가제도는 통신서비스 이용자에게 통신서비스에 대한 객관적인 품질정보를 제공함으로써 이용자의 통신서비스에 대한 선택권을 넓히고, 통신사업자로 하여금 품질개선을 통한 우수한 서비스의 제공을 촉진하기 위한 것이다. 전기통신사업법 제56조는 미래창조과학부 장관은 전기통신역무의 품질을 개선하고 이용자의 편익을 증진하기 위해 전기통신역무의 품질평가 등 필요한 시책을 마련하도록 하고 있다.[45) 이러한, 통신서비스 품질평가제도는 1999년 (구)정보통신부가 유선전화, 2G 이동전화(CDMA), 초고속인터넷을 대상으로 품질평가를 실시하였으며, 품질평가제도가 실시된 이래로 2004년 3G 이동전화(W-CDMA), 2006년 인터넷 전화 등 다양한 서비스로 평가대상이 확대되어 왔고, 통신뿐만 아니라 방송분야로도 품질평가가 확대되어 왔다. 방송 분야의 경우 2010년 IPTV, 2011년 Digital Cable TV, 2011년 위성방송이 품질평가의 대상으로 포함되게 되었다. 2013년에는 처음으로 광대역 LTE, LTE-A 서비스에 대한 평가를 실시하여 서비스의 제공권역(coverage) 확산 및 품질의 조기안정화를 유도하도록 하였는데, 기존과 달리 2013년에는 무선인터넷의 전송성공률뿐만 아니라 데이터의 전송속도를 함께 발표한 바 있다. 한편, 2015년도에는 통신서비스의 안정성을 유지하기 위한 정보보호 예산과 인력현황 등 정보보호 투자수준에 대한 평가도 시범적으로 시

---

44) 권양섭, 앞의 책, 195면.
45) 이외에도 방송통신발전기본법 제7조는 미래창조과학부장관 또는 방송통신위원회는 모든 국민이 방송통신서비스를 효율적이고 안전하게 이용할 수 있도록 관련 서비스의 품질평가 등에 관한 시책을 수립·시행하여야 한다고 규정하고 있다.

표 5-2	통신서비스 품질평가(2014년)		
	평가대상	평가지역	평가사업자
정부평가	• 무선인터넷 4종 (LTE, 3G, WiBro, WiFi)	• 전국 176개 지역 (전년도 평가미흡, 민원 발생, 품질취약 지역 포함)	• LTE · 3G · WiFi : SKT, KT, LGU$^+$ • WiBro: SKT, KT
	• 이동통신 음성통화	• 민원 발생 지역 및 품질 취약 지역 66개	• SKT, KT, LGU$^+$
사업자 자율평가	• 초고속인터넷(100Mbps 급)	• 서비스 제공 전지역	• KT, SKB, LGU$^+$, 티브 로드, 씨앤앰, CJ헬로비 전
	• 이동통신 음성통화 (3G음성, VoLTE)	• 전국 350개 지역	• SKT, KT, LGU$^+$

행하여 포함되었다.

2. 품질평가제도의 내용

통신서비스 품질평가제도는 다양한 통신서비스 간의 품질정보를 제공하여 이용자의 통신상품선택권을 확대하는 한편, 통신서비스 별 품질 불량지역을 점검하여 통신사업자의 투자확대를 유도하기 위한 것이다. 미래창조과학부는 통신서비스 품질평가 기본계획을 수립하는 한편, 동 품질평가 결과에 대한 검토 및 자문 등을 수행한다. 이러한 통신서비스 품질평가를 위해 품질평가 수행기관과 품질평가 자문위원회가 구성되어 있는데, 품질서비스 수행기관(한국정보화진흥원)은 기본계획 수립을 지원하고, 통신사업자의 자체평가 대상이 되는 서비스의 자체평가결과를 검증하는 등의 품질평가 지원업무를 수행하고 있다. 예를 들면, 초고속인터넷 서비스와 같이 이미 품질이 확보된 일부 통신서비스의 경우 통신사업자의 자체평가결과를 검증하게 되나, 나머지 통신서비스의 경우, 미래창조과학부가 품질서비스 수행기관을 통해 직접 품질평가를 수행하게 된다. 또한, 품질평가 자문위원회는 통신서비스 품질평가 기본계획 및 품질평가 결과에 대한 검토와 자문을 수행하고 있다. 한편, 통신사업자는 자체평가 대상 서비스에 대한 평가를 수행하고, 평가방법 등 품질평가에 대한 건의를 할 수 있도록 제도가 운영되고 있다. 이러한 통신서비스 품질평가는 매년 9월부터 실시되어 다음 년도 1월 평가결과 분석 등을 거쳐 4월경에 결과가 발표되게 된다. 미래창조과학부는 전기통신사업자에게 통신서비스 품질평가 등을 수행하기 위해 필요한 자료의 제출을 명할 수 있는데, 통신서비스의 제공권역(coverage), 이용자 수 등 품질평가 수행을 위해 필요한 최소한의 객관적 정보 등을 제출받고 있다.

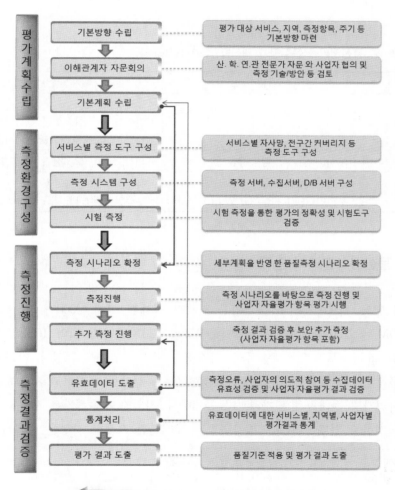

그림 5-1 통신서비스 품질평가의 수행절차

한편, 기존과 달리 2014년 통신서비스 품질평가부터는 등급제가 폐지되고 접속성공률 등 개편품질지표가 공개되도록 하였는데, 이는 변별력을 높여 통신서비스 이용자의 선택에 실질적 도움을 주고 투자를 활성화하기 위한 것이다.[46) 기존에 등급[47)으로 공표하던 것을 절대치로 공표하며, 전송속도 이외에 접속성공률, 전송성공률, 지연시간, 패킷손실률 등 지표를 공개하도록 하였다. 그리고 조사범위도 확장하기로 하였는데, 해안, 여객선항로, 도서산간 등 취약지점을 평가에 포함하기로 하였다.

표 5-3 통신서비스 품질평가 개선방안(2014년도)

	기존	개선(안)
평가지표	• 서비스별, 사업자별, 지역별 전송등급 및 전송 속도	• 등급제 폐지 • 전송속도에 접속성공률, 전송성공률, 지연시간, 패킷손실률 등 지표추가
평가지역	• 도시, 농촌 등 행정지역	• 해안, 항로, 도서산간 등 포함
대상 서비스	• 음성통화(3G) • 무선인터넷(LTE, 3G, Wibro, WiFi)	• 음성통화(2G, 3G, VoLTE) • 무선인터넷(LTE, 3G, Wibro, WiFi)

3. 품질평가결과의 공개

2007년도 초고속인터넷 품질평가 결과가 공개된 이래, 2008년 3G 이동전화(W-CDMA), 2009년 인터넷 전화와 Wibro, 2010년 Wi-Fi와 IPTV, 2011년 Digital Cable TV와 위성방송 등의 품질평가 결과가 공개되고 있다. 이러한 평가결과 공개의 기본방향으로는 우선, 정부평가는 등급제를 폐지하고 지표를 세분화하여 사업자별 절대치로 평가결과를 공개하나, 사업자 자율평가는 사업자 평균값으로 공개하고 있다.[48) 한편, 평가결과의 공개관련 자세한 사항은 다음과 같다.

---

46) 전자신문, 통신품질평가 '등급 → 수치'로 전환(2014. 8. 13).
47) 등급에는 S(매우우수), A(우수), B(보통), C(미흡), D(매우미흡)이 있다; 미래부, 2014년 통신서비스 품질평가 기본계획(안), 2014.
48) 평가결과는 모두 공개를 원칙으로 하되, 사업자간 차이가 오차범위 내일 경우 상호우열을 판단할 수 없어 평균결과 값만을 공개하고 있다.

기본 방향	◉ 정부평가는 등급제를 폐지하고 지표를 세분화하여, 사업자별 절대치로 공개 ◉ 사업자 자율평가는 사업자 평균값으로 공개

구분	결 과 산 출 및 공 개
정부 평가	1. 무선인터넷서비스 ⇒ 각 사업자별 접속성공률, 전송성공률, 지연시간, 패킷손실률, 전송속도(평균 　속도·최번시간 속도), 웹서핑시간(포털사별·이통사별)을 절대치로 공개 2. 이동통신 음성통화서비스 ⇒ 사업자별 통화성공률을 절대치로 공개
사업자 자율 평가	3. 초고속인터넷, 이동통신 음성통화서비스 ⇒ 사업자 평균값으로 공개

그림 5-2 **평가결과 공개의 기본방향 및 원칙**

　　이러한 정부의 통신서비스 품질평가는 국내에서 공인된 유일한 공식 망 품질
평가이기 때문에 통신사업자들이 민감하게 반응하는 경우가 많다. 이러한 품질평
가 결과는 통신사업자 등의 마케팅 목적으로 악용될 소지가 많은데, 통신서비스
품질평가는 이용자의 통신선택권 및 편익을 제고하고, 통화품질이 낮은 지역에 대
한 통신서비스 투자확대를 위한 제도로 운영될 수 있도록 해야 할 것이다. 한편,
전기통신사업법 제56조의2가 신설됨에 따라 이동통신사업자의 통화권역
(coverage) 공개 등이 의무화[49]되었고 2016년도 하반기 시행예정이다. 이를 위해

---

49) 통화권역은 통화권역맵을 기반으로 각 이동통신사가 개별적으로 공개할 예정이다.

필요한 정보의 종류와 제공방법 및 절차는 미래창조과학부 장관이 정하여 고시하고 미래부장관은 정보제공 현황을 정기적으로 점검한 후 매년 그 결과를 공표해야 한다. 이는 미국[50]을 비롯한 유럽 각국에서 시행하고 있는 통화권역 정보제공 제도를 도입한 것이다. 이를 통해 통신서비스 이용자들이 언제든지 전국 이동통신서비스 가능지역과 품질 및 종류 등을 통화권역 맵[51]을 통해 확인하고 합리적인 서비스 선택을 할 수 있을 것으로 기대된다.

---

50) 미국의 경우 2002년 미국 연방통신위원회(FCC)가 통화권역 정보제공 의무규정을 삭제했지만, 이동통신사업자들이 자발적으로 홈페이지에 통화권역 맵을 공개하며, 광고 등에 활용하고 있다.

51) 단순한 수치가 아닌 지도를 활용한 시각적 정보를 제공할 예정이며, 가입자는 본인이 주로 생활하는 지역에서 제공되는 서비스의 종류 등을 한눈에 파악할 수 있게 될 것이다.

제6장

분쟁해결제도

제1절 행정상 분쟁해결제도

1. 방송통신위원회의 재정

1) 개념

재정의 일반적인 개념은 제3자인 재정위원회가 서로 대립하는 분쟁당사자간의 분쟁에 대하여 사실조사 및 심문 등의 절차를 거친 다음 법률적인 판단인 재정결정을 통하여 분쟁을 해결하는 준사법적 절차를 말한다.[1]

방송통신위원회의 재정은 「방송통신위원회의 설치 및 운영에 관한 법률」 제12조의 위원회의 심의·의결사항의 하나로 "방송·통신사업자 상호간의 공동사업이나 분쟁의 조정 또는 사업자와 이용자간의 분쟁의 조정"에 법적 근거를 두고 있다. 이에 따라 방송법에서는 방송사업자들 상호간의 분쟁을 조정하는 방송분쟁조정위원회와 방송사업자와 시청자간의 분쟁을 조정하는 시청자불만처리위원회를 각 설치하고 있고, 전기통신사업법에서는 전기통신사업자 상호간 또는 이용자와의 분쟁을 해결하는 재정제도와 분쟁알선제도를 두고 있다.

전기통신사업법상 재정의 대상은 ① 같은 법 제33조의 손해배상 ② 설비등의 제공·공동이용·도매제공·상호접속·공동사용이나 정보의 제공 등에 관한 협정의 90일 이내 체결 ③ 설비등의 제공·공동이용·도매제공·상호접속·공동사

---

1) 이충훈, "방송통신위원회의 대체적 분쟁해결제도에 관한 비판적 고찰", 정보법학(제14권 제2호), 한국정보법학회, 2010, 113면.

용이나 정보의 제공 등에 관한 협정의 이행 또는 손해의 배상 ④ 그 밖에 전기통신사업과 관련한 분쟁이나 다른 법률에서 방송통신위원회의 재정 사항으로 규정한 사항에 관하여 당사자 간 협의가 이루어지지 아니하거나 협의를 할 수 없는 경우이다. 위 ①, ③, ④의 경우에는 이미 사업자간 또는 사업자와 이용자간에 협정이나 이용계약이 성립한 상태를 전제로 그 불이행으로 인한 분쟁을 대상으로 하는 데 반해, ②의 경우에는 전기통신사업법 제35조부터 제42조까지 규정하고 있는 사업자의 협정체결 의무를 재정을 통하여 강제한다는 점에서 차이가 있다.

같은 법 제50조 제1항 제2호 및 제5호의 각 행위와 중복되는데, 실무상 재정신청 절차와 신고 절차를 동시에 이용할 수 있는 것으로 운영되고 있고, 실제로 이용자의 선택에 따라 금지행위에 대한 신고와 재정신청을 동시에 이용하는 경우도 있다.[2]

2) 구별개념

재정은 제3자에 의한 판단이라는 점에서 중재(仲裁)와 같으며 넓은 의미에서 중재에 포함시킬 수 있다는 견해도 있다.[3] 그러나 재정은 전통적인 사법적 분쟁해결수단이 아닌 대체적 분쟁해결수단(Alternative Dispute Resolution)으로서 중재와 유사한 면이 있으나, 방송통신 분야의 전문규제기관인 방송통신위원회가 규제대상인 사업자간 또는 사업자와 이용자간의 분쟁을 신속하고 전문적으로 해결한다는 특징이 있다. 특히 전기통신사업법은 규제기관에 의한 분쟁해결의 효율성을 강조하는 대신 최종 해결은 당사자의 의사에 맡기는 방식을 취하고 있는 바, 중재판정이 재판상 화해로서 종국적인 해결책이 되는 것과 달리 재정은 당사자간 재정 내용과 동일한 합의가 성립한 것으로 보는 데 그치고 별도로 소송법적인 효력을 인정하고 있지 않다.[4]

위 대체적 분쟁해결수단의 하나로서의 조정(調停)과 비교한다면 조정은 당사자의 합의를 기반으로 하는 대체적 분쟁해결수단으로서 조정인의 노력과 당사자

---

2) 손금주, "방송통신위원회의 이용자보호절차 개관", 경제규제와 법(제3권 제2호), 서울대학교 공익산업법센터, 2010, 184면 참조.
3) 유병현, "ADR의 발전과 법원외 조정의 효력", 법조(제573호), 법조협회, 2004, 35면.
4) 손금주, 앞의 논문, 182면 참조.

스스로 합의점을 찾아가는 특징이 있고, 조정에 대한 합의가 성립하지 않는다면 조정은 성립되지 않는다. 즉, 조정은 분쟁해결의 결정권을 당사자가 갖는다는 특징이 있다. 그러나 재정의 경우 판단을 위한 자료수집 차원에서 당사자의 대심구조를 취할 뿐 제3자의 판단에 의하여 분쟁을 해결하는 절차이다. 따라서 분쟁해결의 방법을 제3자가 결정한 판단에 의한다는 점에서 조정과 비교된다.[5]

또한 방송통신위원회의 재정은 환경분쟁조정위원회나 건축분쟁조정위원회의 재정제도, 노동중재위원회의 그것과 비교하여 분쟁해결기관의 위상에 관한 조직적 특징이 있다. 전기통신사업법상 재정은 행정청인 방송통신위원회 자체의 심의·의결사항인데 반하여, 환경분쟁조정위원회, 건축분쟁조정위원회, 노동위원회 내 중재위원회는 오직 분쟁해결을 위해 환경부, 국토해양부, 노동부에 설치된 별도의 기구이며, 일반적인 규제권한을 갖지 않는다는 비교점이 있다.

다음으로 방송통신위원회의 재정은 전기통신사업자의 이용자에 대한 손해배상의무와 통신사업자의 설비제공의무 등을 둘러싼 분쟁을 대상으로 하며, 전기통신사업법의 집행을 주요 기능으로 하고 있다. 이에 비해 다른 위원회의 경우 환경피해에 관한 다툼, 건축물의 건축으로 인한 피해에 관한 분쟁, 노동쟁의의 해결 등 광범위한 분쟁의 해결 자체를 목적으로 하며, 환경법·건축법·노동법상의 특정한 규제의 집행을 대상으로 하지 않는다.

이러한 차이는 방송통신서비스의 특별한 공익성으로 인하여 방송통신위원회가 그 시장의 형성부터 유지까지 특별한 사전·사후규제를 담당한 전문규제기관이라는 점이 반영된 것으로 볼 수 있다. 따라서 다른 분쟁해결제도와의 외관상 공통점에도 불구하고, 방송통신위원회의 재정은 규제의 집행기능이 강하다는 견해가 있다.[6]

「방송법」상 방송분쟁조정위원회의 심의대상은 방송사업자·중계유선 방송사업자·음악유선 방송사업자·전광판 방송사업자 및 전송망사업자·인터넷 멀티미디어 방송사업자, 전기통신사업자 상호간에 발생한 방송에 관한 분쟁으로서(방송법 제35조의3), 방송프로그램의 공급 및 수급과 관련된 분쟁 조정, 방송사업구역

---

5) 이충훈, 앞의 논문, 118면 참조.
6) 이희정, "방송통신위원회의 재정제도에 관한 연구", 행정법연구(제24호), 행정법이론실무학회, 2009, 24-25면 참조.

과 관련된 분쟁 조정, 중계방송권 등 재산권적 이해와 관련된 분쟁 조정, 방송사업자의 공동사업에 관한 사항, 그밖에 방송사업의 운영에 관한 분쟁 조정 등이다(방송법 시행령 제21조의3).

이와 같이 방송분쟁조정위원회는 사업자간의 방송관련 분쟁만을 조정대상으로 할 뿐이며, 사업자와 이용자간의 분쟁까지 포함하고 있는 재정절차와 구별된다. 또한 방송분쟁조정위원회의 분쟁 조정은 재판상 화해와 같은 효력을 갖는 것이 뒤에 검토할 민사상 화해의 효력을 갖는 재정과 크게 구별된다고 할 것이다.

3) 법적 성격

현재의 전기통신사업법 체제가 아닌 과거의 전기통신사업법체제하에서는 방송통신위원회 재정제도의 법적성격과 관련하여 재정을 통신위원회의 심의와 의결을 통하여 이루어진다는 점에서 행정심판에 준하는 성격을 가진다고 보는 견해,[7] 당사자에게 상호접속의무를 발생시키는 구속력 있는 행정행위[8] 내지 행정소송법상의 처분[9]으로 보는 견해, 규제적 성격을 가진 분쟁해결절차로서 당사자들의 선택에 의하여 공신력 높은 행정기관에 규범적 판단을 요청하여 당사자의 합의를 유도하는 보완적인 분쟁해결방법으로 보는 견해[10]등이 있었다. 즉, 행정심판이나 행정행위, 처분으로 볼 경우에는 방송통신위원회의 재정에 대한 불복방법은 행정법원에 소송을 제기하여야 하며, 보완적인 분쟁해결방법으로 볼 경우에는 민사소송을 제기하여야 한다.

이를 검토하기 위해 먼저 재정제도의 연혁을 살펴볼 필요가 있다. 재정제도는 1991년 법률 제4393호로 개정된 전기통신기본법 제5장의 통신위원회를 설치하면서 도입되었다. 같은 법 제40조는 통신위원회의 의결사항으로 재정을 규정하였는바, 통신위원회의 재정은 행정행위의 성질을 갖는 것으로 평가되었다. 그 이유는

---

7) 이상직, 통신위원회를 중심으로 본 전기통신사업법론, 진한도서, 1998, 247면.
8) 이원우, "통신시장에 대한 공법적 규제의 구조와 문제점", 행정법연구(제11호), 행정법이론실무학회, 2004, 86-87면.
9) 정호경, "통신위원회 재정의 법적 성격과 불복방법", 법학논총, 한양대학교 법학연구소, 2007, 222면.
10) 정경오, "우리나라 방송통신분쟁해결제도의 현황 및 방향", 초점(제21권 20호 통권 473호), 정보통신정책연구원, 2009, 11면.

같은 법 제43조에서 통신위원회의 재정에 대하여 불복이 있는 자는 행정소송을 제기할 수 있도록 규정하고 있기 때문이다. 또한 1991년 법률 제4394호로 개정된 전기통신사업법 제35조에서는 통신위원회가 재정을 한 경우 당해 재정과 관계되는 내용에 대하여 행정소송이 제기되지 아니하거나 행정소송이 취하된 때에는 당해 재정의 내용과 동일한 협정이 체결된 것으로 본다고 규정하여 전기통신사업법상의 통신위원회의 재정에 대하여 통설은 행정행위로 파악하고 있었다.

그러나 1996년 법률 제5219호로 개정된 전기통신기본법 제40조의2에서는 "통신위원회가 재정을 한 경우에 당해 재정의 내용에 대하여 재정문서의 정본이 당사자에게 송달된 날부터 60일 이내에 소송이 제기되지 아니하거나 소송이 취하된 때에는 당사자간에 당해 재정의 내용과 동일한 합의가 성립된 것으로 본다"고 규정하면서 통신위원회 재정의 법적성질이 적극적으로 행정행위에 해당하지 않는다는 취지로 변경되었고, 1996년 법률 제5220호로 개정된 전기통신사업법 제35조 역시 같은 취지로 변경되었다.

또한 방송통신위원회는 재정의 본질을 "방송통신위원회라는 중립적 기관이 조정안을 제시하여 그 수락여부를 확인하는 조정제도의 일종"으로 규정하고 있다 (방송통신위원회 의결 제2008-29-074호).

결과적으로 방송통신위원회는 재정이 행정행위에 해당하는지 직접적으로 언급하지 않았지만 재정제도는 조정제도의 일종이나 조정안을 양 당사자가 수락하여야만 효력이 발생하는 일반적인 조정제도와는 달리 특정기간 내에 당사자 일방이 소송을 통한 불복의사를 밝히지 않으면 민사상 '화해'로서 그 효력이 발생한다는 점에서만 차이가 있을 뿐이므로 행정처분으로서의 성격보다는 분쟁해결절차로 파악해야 할 것이다.[11]

4) 재정절차 및 효력

재정의 절차로, 방송통신위원회는 당사자의 신청 또는 직권으로 당사자 또는 참고인에 대한 출석의 요구 및 의견 청취를 하거나 감정인에 대한 감정의 요구 및 사건과 관계있는 문서 또는 물건의 제출 요구 및 제출된 문서나 물건의 영치(領置)

---

11) 이희정, 앞의 논문, 26-29면 참조.

를 할 수 있다(법 제47조).

재정결정은 위원회가 신청사실이 재정대상이 아니라고 명백히 판단되는 경우, 동일한 사건에 관하여 이중으로 재정신청한 경우, 재정결정한 사건에 관하여 다시 재정신청한 경우 등 재정신청이 부적법한 경우에는 각하하며, 재정신청이 이유없다고 인정할 때에는 그 재정신청을 기각한다. 반대로 재정신청이 이유있다고 인정할 때에는 전부 또는 일부의 손해배상 재정결정과 일정한 내용의 협정의 체결 및 협정의 이행 등을 내용으로 하는 재정결정을 할 수 있다(법 제16조). 재정결정문에는 전기통신사업법 제17조 소정의 사항을 기재하여 정본을 당사자에게 송달하여야 한다. 재정서의 이유에는 주문이 정당하다는 것을 인정할 수 있을 정도로 당사자의 주장, 그 밖의 방어방법에 관한 판단을 표시한다.

재정의 효력으로서, 방송통신위원회는 재정을 한 경우 지체 없이 재정문서를 당사자에게 송달하여야 하고(법 제45조 제5항), 재정문서의 정본(正本)이 당사자에게 송달된 후 60일 이내에 해당 재정의 대상인 사업자간 또는 사업자와 이용자간 분쟁을 원인으로 하는 소송이 제기되지 않거나 소송이 취하된 경우 또는 양쪽 당사자가 방송통신위원회에 재정의 내용에 대한 동의의 의사를 표시한 경우에는 당사자 간에 그 재정의 내용과 동일한 합의가 성립된 것으로 본다(같은 조 제6항).

위와 같이 재정의 효력은 정지조건부로 발생할 뿐 아니라 당사자 사이에 한정하여 민사상 화해와 같은 효력이 있다고 보기 때문에 비록 재정에 대한 불복기간이 지난 경우에도 당사자는 재정절차에서 민법 제107조부터 제110조의 의사표시 흠결을 들어 그 효과를 들 수 있고, 재정에 따른 이행을 강제하기 위해서는 다시 법원의 재판절차를 거쳐야 하기 때문에 재정의 분쟁해결절차로서의 의미는 상당한 정도로 퇴색되었다고 볼 수 있다. 즉, 당사자가 위 재정에 대하여 아무런 이행을 하지 않아도 법원의 판결을 거치지 않는 이상은 법적인 강제수단이 없는 것이다. 따라서 재정이 법적 권리의무를 확정하는 효력을 갖는 것이 아니라 당사자가 동의하지 않으면 아무런 효력을 갖지 않으며, 동의하더라도 당사자의 합의의 효력을 가질 뿐이라는 점에서 재정의 법적성격을 행정처분으로 보는 견해는 지금의 신법 시대에는 설득력이 없다고 할 수 있다.

5) 불복 및 이행절차

전기통신사업법에는 재정결정에 대한 불복절차는 별도로 규정되어 있지 않는 바, 재정결정은 민사상의 '합의(또는 화해)'로 간주하는 것에 불과하여 이에 대하여 불복하는 사업자 또는 이용자는 합의를 이행하지 아니하는 것이 재정에 대한 불복으로 볼 것이며, 이러한 불복행위에 대하여 그 이행의 강제를 구하기 위한 민사소송법상의 이행의 소를 청구할 수밖에 없다.

2. 방송통신위원회의 알선제도

방송통신위원회는 전기통신사업법 제45조 제1항에 따른 재정신청을 받은 경우에 재정을 하기에 부적합하거나 그 밖에 필요하다고 인정하는 경우에는 분쟁사건별로 분과위원회를 구성하여 이에 관한 알선을 할 수 있다.

여기서 알선의 국어사전적 의미를 살펴보면, ① 남의 일이 잘 되도록 주선하여 줌 ② (법) 노동쟁의조정절차의 일종. 노동쟁의가 발생한 경우에, 노사의 쌍방이나 어느 한편의 요청에 따라, 해당 관청이 쟁의의 당사자사이에서 분쟁이 자주적으로 해결되도록 힘쓰는 일 ③ (법) 장물인줄 알면서 매매를 주선하여 수수료를 받는 행위로 해석하고 있다.

전기통신사업법 제46조(분쟁의 알선)는 방송통신위원회가 재정신청을 받은 경우에 재정을 하기에 부적합하거나 그 밖에 필요하다고 인정하는 경우 분쟁사건별로 분과위원회를 구성하여 이에 관한 알선을 할 수 있도록 규정하고 있다. 여기에서 재정을 하기에 부적합하거나 그 밖에 필요하다고 인정되는 경우란 ① 1천 만원 이하의 이용자와 사업자간 손해배상에 관한 사항 ② 이용자와 사업자간 이용계약, 장애처리, 요금조정 등에 관한 사항 ③ 별정통신사업자 또는 부가통신사업자 관련 요금납부, 협정이행 등에 관한 사항 ④ 알선분과위원회의 알선을 통하여 분쟁을 해결하도록 위원회에서 위임한 사항을 말한다(방송통신위원회훈령 제75호 방송통신위원회 재정규정 제21조 제1항).

분쟁의 알선은 알선분과위원회의 알선안을 당사자가 수용하는 경우 종결되며(위 훈령 같은 조 제2항), 당사자의 어느 한쪽이 알선안을 거부한 경우에는 위원회에 상정하여 처리된다(위 훈령 같은 조 제3항). 결국 분쟁의 알선은 재정 신청이 이루어진 분쟁을 대상으로 그 중에서도 전기통신사업법 제46조의 규정에 해당하는 사안에 대해서만 이루어질 수 있기 때문에 사실상 독립적인 분쟁해결수단으로서 기능을 수행하기 어렵고, 단순한 조정절차로서 기능을 할 뿐이라고 평가할 수 있다.

3. 방송분쟁조정위원회의 방송에 관한 조정

방송통신위원회는 전기통신사업자(법 제2조 제8호) 상호간에 발생하는 방송에 관한 분쟁을 효율적으로 조정하기 위하여 방송분쟁조정위원회를 둘 수 있도록 하였다(방송법 제35조의 3). 그 조정위원은 방송통신위원회 위원장이 방송통신위원회의 동의를 얻어 위촉하도록 하였고(위 같은 조 제2항), 분쟁의 조정은 분쟁 당사자 일방 또는 쌍방의 신청에 의하여 개시되면 조정의 성립은 재판상 화해와 같은 효력을 갖는다(위 같은 조 제3항)고 규정하였으나 2016년 현재 효력조항은 폐지된 상태이다.[12] 이는 방송통신위원회의 재정에도 사법상 합의의 효력에 불과한 효력을 부여하는 것에 비하여 하위 조직인 분쟁조정위원회의 조정에 재판상 화해의 효력을 부여하는 것이 부적당·부적법하다는 입법자의 고려가 영향을 미친 것으로 보인다.

4. 시청자권익보호위원회 제도

인터넷멀티미디어법 제2조 제1호는 "인터넷 멀티미디어 방송이란 광대역통합 정보통신망등(자가 소유 또는 임차 여부를 불문하고, 「전파법」 제10조 제1항 제1호에 따라 기간통신사업을 영위하기 위하여 할당받은 주파수를 이용하는 서비스에 사용되는 전기통신회선설비는 제외한다)을 이용하여 양방향성을 가진 인터넷 프로토콜 방식으로 일정한 서비스 품질이 보장되는 가운데 텔레비전 수상기 등을 통하여 이용자에게 실시간 방송프로그램을 포함하여 데이터·영상·음성·음향 및 전자상거래 등

---

12) 그리고 위 방송법 35조의 3은 2016. 1. 27. 개정되어 2016. 7. 28. 시행되며, 방송분쟁조정위원회의 구성 및 운영을 세부적으로 규정한 것이 특징이다. 효력규정은 삭제된 대로 개정되지 아니하였다.

의 콘텐츠를 복합적으로 제공하는 방송을 말한다"고 정의하였는데 이는 전기통신
사업자의 영역으로, 방송법은 방송통신위원회는 인터넷멀티미디어방송에 관하여
시청자의 의견을 수렴하고 시청자의 정당한 권익침해 등 시청자 불만 및 청원사항
에 관한 심의를 효율적으로 수행하기 위하여 시청자권익보호위원회를 두고(방송법
제35조 제1항), 그 위원회 위원은 방송통신위원회 위원장이 방송통신위원회의 동의
를 얻어 위촉을 하며(같은 조 제2항) 그 위원회의 구성과 운영, 시청자불만처리와
분쟁의 조정 등에 관하여 필요한 사항은 방송통신위원회규칙으로 정하도록 하였다.
　전기통신사업자가 송출하는 방송도 방송법상의 시청자권익보호위원회의 심의
아래 두도록 한 것이다.

5. 평　　가

　이미 논한 바와 같이 전기통신사업법상 손해배상제도는 사업자에게 입증책임
을 전환함으로서 약자인 이용자를 보호하고, 사업자간 공정경쟁을 유인하는 규제
적 측면에서 그 의의가 크다고 할 수 있다. 또한 손해배상에 대해 당사자간 협
의ㆍ합의에 가능성이 있을 때 방송통신위원회의 재정과 분쟁의 알선에 최적의 효
과가 있으므로 간접적으로 분쟁해결을 도모할 수는 있다.
　그러나 현행 손해배상제도인 같은 법 제33조와 같은 법 제55조는 재정규정 등
관련 고시가 있으나, 손해배상에 대해 선언적인 규정으로만 존재하고 있으며, 방
송통신위원회의 재정과 분쟁의 알선은 당사자간 합의된 경우에만 권리구제가 가
능하여 그 실효성이 문제된다.
　그리고 손해배상 규정이 피해자의 손해를 실제로 유효하게 배상해 주고 있는
가의 의문이 있다. 그 이유는 손해배상규정은 과거 공공성과 공익성을 강조하여
이용자보호 보다는 공중전기통신사업자의 책임제한에 더 치중하여 사업자 보호
측면에 편중되어 운영되어 왔기 때문이다. 구 공중전기통신사업법상 요금반환의
경우 사업자의 귀책사유를 손해배상의 전제조건으로 요구하였고, 손해배상 책임
에 있어서 불가항력의 경우와 가입자의 고의 또는 과실이 존재하는 경우에는 사업
자가 면책되도록 규정한 것을 들 수 있다.

특히 방송통신위원회의 재정제도의 경우 소송법상 재판상 화해와 같은 효력을 갖고 있지 않기 때문에 종국적인 분쟁해결절차로서 미흡한 점이 있다. 즉, 방송통신위원회의 항시적인 규제를 받는 사업자의 입장에서는 재정의 전문성이나 기타 재정 불이행에 따른 불이익 등을 고려하여 재정의 내용대로 이행할 가능성이 높다고 볼 수 있다. 그러나 그 외 사업자나 이용자의 입장에서는 재정결과에 의해 바로 강제집행을 할 수 없기 때문에 사업자의 자발적 이행을 기대하는 것 외에는 대안이 없다는 한계가 있다.

이러한 점은 재정절차가 통신분야의 분쟁해결 수단으로 자주 사용되지 못하는 이유가 되기도 한다고 할 것이다. 또한 실제 운용에 있어서 통신사업자들에 대하여 막강한 규제권한을 가지고 있는 재정에 대하여 통신사업자가 이를 수용하지 않고 소송으로 다투는 것이 사실상 어렵고, 반면에 이용자는 재정이 성립한 이후 추가로 사법적 판단을 받을 수 있다는 점에서 오히려 재정이 이용자에게만 불복이 허용되는 편면적 구속력을 가지는 것으로 운용될 여지가 있다고 한다.[13]

결국 방송통신위원회의 분쟁해결 절차는 이용자와 사용자간 분쟁해결 수단으로서 이용률이 높다고 볼 수 없으며, 분쟁 가액이 지나치게 소액이거나 쟁점이 간단한 경우 등 사안에 따라 간이한 분쟁해결제도를 통한 신속하고 효율적인 분쟁해결이 요구되는 경우에는 이용자가 분쟁해결 수단으로 재정을 선택하기에 부담스러운 면이 있다. 이러한 점에서 방송통신위원회의 분쟁해결절차가 충분한 역할을 수행하고 있는지 의문이 된다.

제2절 행정소송

행정소송이란 법원이 행정청의 위법한 처분 그밖에 공권력의 행사·불행사 등으로 인한 국민의 권리 또는 이익의 침해를 구제하고, 공법상의 권리관계 또는 법적용에 대한 다툼을 적정하게 해결함을 목적으로 하는 법원의 재판절차를 의미한다(행정소송법 제1조). 전기통신사업법상의 권리구제를 위한 행정소송의 대상은 개

인 또는 통신 주로 방송통신위원회 등 행정청의 허가, 불허가 등 처분이 그 대상
이 될 것인데, 여기서 '처분'이란 행정청이 행하는 구체적 사실에 대한 법집행으로
서의 공권력의 행사 또는 그 거부와 그밖에 이에 준하는 행정작용 및 행정심판에
대한 재결을 의미한다(행정소송법 제1조 제1호).

그런데 행정기관이 행하는 행정법상의(구체적으로는 전기통신사업법)의 분쟁에
대하여 행정기관이 심리·판단하는 절차로서의 행정심판과의 관계가 문제된다.
이전에는 이른바 행정심판전치주의에 의하여 행정소송은 행정심판을 거치지 않으
면 제기할 수 없었으나 현행 행정소송법은 행정심판을 거치지 아니하여도 행정소
송을 제기할 수 있도록 하였다(행정소송법 제18조).

제3절 민사소송

1. 이용자의 입증책임의 경감

민사소송법상 손해의 배상 등을 구하는 원고가 원칙적으로 손해의 발생, 인과
관계 및 손해의 범위 등에 관하여 모두 그 입증책임을 지는 것이 원칙이다. 대개
원고는 이용자로, 대기업인 전기통신사업자를 상대로 민사소송을 하기에는 증거
자료의 편재 또는 소송능력의 차이로 인하여 그 소송자체가 어려울 수 있다. 이를
감안하여 전기통신사업법은 "전기통신사업자가 전기통신역무의 제공과 관련하여
이용자에게 손해를 입힌 경우에는 배상을 하여야 한다. 다만, 그 손해가 불가항력
으로 인하여 발생한 경우 또는 그 손해의 발생이 이용자의 고의나 과실로 인한 경
우에는 그 배상책임이 경감되거나 면제된다고 규정하고 있다(법 제33조)". 이같이
전기통신사업법상 손해배상제도는 사업자에게 일단 책임을 인정하고, 반면 그 무
과실의 입증책임을 지도록 하여 결과적으로 피고가 될 사업자에게 입증책임을 전
환함으로서 약자인 이용자를 보호하는 측면이 있다고 하겠다.

2. 이른바 손해배상명령제도의 도입 가능성에 대한 논의

이미 논한 바와 같이 전기통신사업법·방송법상의 현행 손해배상제도 및 재정·분쟁의 알선 등 분쟁해결제도의 문제점으로 이용자 손해에 대한 신속한 구제가 저해되고 있는 바, 이를 해결하기 위한 방법으로 미국의 제도와 유사한 민사소송법상의 집행력·기판력 등 법률적인 효과를 가질 수 있는 손해배상명령제도의 도입논의가 있으나 피해를 입은 이용자의 보호 등을 위해 방송통신위원회, 즉, 행정청의 손해배상명령이 전기통신사업법에 도입이 가능한 것인지 여부를 검토할 때 가장 중요한 기준이 되는 것은 권력분립 원칙이다. 그 이유는 법원의 고유 권한인 배상명령을 행정청도 할 수 있는지에 관한 문제이기 때문이다. 여기에서 권력분립의 원칙이란 국민의 자유와 권리를 보장하기 위하여 국가권력을 입법권, 집행권, 사법권으로 분할하고, 특정의 개인이나 집단에게 국가권력이 집중되지 아니하도록 함은 물론 권력상호간에 억제와 균형을 꾀함으로써 권력적 균형관계가 유지되도록 하는 통치구조의 구성원리를 의미한다.[14]

통신사업자간 또는 이용자와 통신사업자간 손해배상에 관한 법적분쟁에 대하여 법원의 판결과 동일한 방식으로 금액과 이행기일을 정해주는 손해배상 명령은 현행 국내 법체계에 의하면 어렵다고 할 것이다. 또한 권력분립 원칙이 확립된 국가에서 행정부의 손해배상명령제도 도입사례는 없었으며, 이는 권력분립 및 법치국가 원칙상 행정부의 손해배상명령제도는 도입이 불가능하다는 당연한 논리의 귀결이다. 미국의 경우 행정법판사제도라는 특수한 제도를 통해 행정부의 손해배상명령제도를 도입하고 있는데 이는 우리와 법체계가 다른 점을 유의하여야 할 것이다.

그리고 우리 국내법상의 국내법상 배상명령제도는 형사 사건의 피해자가 가해자, 즉 피고인의 형사 재판 과정에서 간편한 방법으로 민사적인 손해배상명령까지 받을 수 있는 제도가 유일하다(소송촉진 등에 관한 특례법 제25조 제1항). 이는 어디까지나 사법권의 재판작용이라는 점에서 위에서 논의한 배상명령제도와는 근본적으로 다르다는 점에서 그 논의를 혼동하여서는 아니될 것이다.

---

14) 권영성, 헌법학원론, 법문사, 2009, 89면 참조.

제4절　형사고발, 형사소송

전기통신사업법상 벌칙조항으로는 제7장에 같은 법 제94조부터 제104조를 두고 있다. 각 조항은 징역형부터 과태료까지의 형벌의 경중에 따라 규정을 달리하고 있으며, 특히 제103조에서는 양벌규정을 두어 법인의 대표자나 법인 또는 개인의 대리인, 사용인, 그 밖의 종업원이 그 법인 또는 개인의 업무에 관하여 위 벌칙조항에 해당하는 위반행위를 하면 그 행위자를 벌하는 외에 그 법인 또는 개인에게도 해당 조문의 벌금형을 과하도록 하였다. 이러한 양벌조항은 구 도로법 제86조의 양벌조항에 대한 위헌제청 사건에 대하여 헌법재판소가 헌법상 법치국가의 원리 및 죄형법정주의로부터 도출되는 책임주의에 위반되는 위헌의 조항이라고 결정한바 있는데(헌법재판소 2012. 10. 25.), 비록 단서조항에서는 "다만, 법인 또는 개인이 그 위반행위를 방지하기 위하여 해당 업무에 관하여 상당한 주의와 감독을 게을리하니 아니한 경우에는 그러하지 아니하다"라고 규정하고 있으나 고의나 관실이 없는 경우에는 처벌할 수 없는 것으로 해석하여 조속히 개정되어야 할 것이다.[15]

형사소송의 전제로서 주무부처에서 벌칙부과를 위한 고발이 필요할 경우가 있는데 전기통신사업법상의 금지행위위반에 대한 고발기준으로서 내부적 기준이 제정되어 있다(방송통신위원회 훈령 제74조, 2010. 12. 8.). 위 훈령에 따르면 금지행위에 대한 조치명령 및 과징금으로도 법의 목적달성이 어렵다고 판단되거나 금지행위가 반사회적인 경우 형사고발하며, 고발전에는 관계인에게 의견진술의 기회를 주도록 규정하고 있다. 물론, 금지행위외에 전기통신사업법상의 위반행위에 대하여는 형벌을 과하기 위한 전제로서 주무부처의 고발이 반드시 필요한 것은 아니고 그 범죄행위로 인하여 피해를 입은 법인이나 개인이 고소를 제기하여 수사기관에 범죄행위자의 처벌요구를 할 수도 있다. 고발은 범죄피해자 아닌 제3자가, 고소는 범죄피해자가 제기한다는 점이 다르다.

---

15) 신종철, 앞의 책, 258면.

제5절 헌법소송

1. 의   의

이상에서 논한 것은 사업자와 사업자 또는 사업자와 이용자간 등 개별 주체들 간 분쟁의 모습에서 출발한 법적인 절차였으나 여기서의 헌법소송이란 전기통신 사업법의 구체적 조항자체가 헌법에 위반된다는 헌법재판소의 결정을 구하기 위 하여 제기하는 소송으로서 헌법재판소법 제41조 내지 제47조가 규정하고 있다. 그 런데 같은 법 제41조 제1항은 위헌여부를 구하기 위해서는 전기통신사업법상의 위반행위로 인하여 법원의 재판을 받고 있는 당사자의 신청에 의한 법원의 결정이 나 당해 재판부에서 직권으로 헌법재판소에 그 위헌여부의 심판을 구할 수 있을 뿐으로, 구체적 사건 또는 분쟁없는 상태에서 임의로 위헌여부의 심판을 구할 수 없도록 규정하고 있다. 이같이 "사건성"이 요구되는 것을 "구체적 규범통제"형 헌 법재판이라고도 하며, 사건을 전제하지 않고 임의로 위헌법률심판이 가능한 형태 는 "추상적 규범통제"형 헌법재판이라고도 한다. 우리나라는 "구체적 규범통제"형 헌법재판을 채택하고 있다.

드물기는 하나 다음 전기통신사업법 관련한 구체적 사건에서 헌법재판소에서 청구를 인용 또는 각하한 예를 살펴본다.

2. 인용 결정례(표현의 자유)

헌재의 결정례중 전기통신사업법에 대하여 위헌 결정을 내린 경우로는, (구) 전기통신사업법 제53조 제1항 "전기통신을 이용하는 자는 공공의 안녕질서 또는 미풍양속을 해하는 내용의 통신을 하여서는 아니된다." 전기통신사업법 제53조 등 위헌확인사건(헌법재판소 2002. 6. 27. 선고 99헌마480 결정) "…공중파 방송과는 달 리 '가장 참여적인 시장', '표현촉진적인 매체'로 자리를 굳힌 표현 인터넷상의 표 현에 대하여 질서위주의 사고만으로 규제하려고 할 경우 표현의 자유 발전에 큰 장애를 초래할 수 있으며…(중략)…현재와 같이 포괄적이고 추상적인 법률규정으로 광범위하게 규제하여서는 아니되고 법률에 의하여 규제되는 범위를 구체적이고 엄밀하게 한정할 필요가 있…"다고 그 위헌 결정이유를 밝힌 바 있다.

3. 각하결정례(보조금지급사건)

각하결정이란 그 청구자체가 헌법소원의 대상이 되지 않아 헌법재판자체를 거절하는 결정을 의미한다. 그 결정례로, 청구인들은 전기통신사업자인 에스케이텔레콤 주식회사(이하 '에스케이텔레콤'이라 한다)가 제공하는 전기통신서비스인 이동전화서비스의 이용자 또는 이용자였던 사람들인데, 에스케이텔레콤이 다른 전기통신사업자로부터 가입을 전환한 이동전화서비스 이용자들에게 과다한 액수의 단말기 구입 보조금을 지급함으로써 전기통신사업법(이하 '법'이라 한다) 제50조 제1항 제5호를 위반하여 다른 이용자들의 이익을 현저히 해치는 행위(이하 '이 사건 보조금 지급행위'라 한다)를 계속함에도 피청구인이 이를 규제하지 아니하고 있는 부작위가 청구인들의 평등권 등을 침해한다고 주장하면서 2013. 6. 20. 이 사건 헌법소원심판을 청구하였는데,

이러한 헌법소원은 공권력의 주체에게 헌법에서 유래하는 작위의무가 특별히 구체적으로 규정되어 이에 의거하여 기본권의 주체가 행정행위 내지 공권력의 행사를 청구할 수 있음에도 공권력의 주체가 그 의무를 해태하는 경우에만 허용된다면서 청구인들은 피청구인이 헌법 제119조 및 법 제51조 내지 제53조에 의하여 이 사건 보조금 지급행위를 규제하여야 할 작위의무를 부담함에도 이를 불이행하여 청구인들의 기본권을 침해한다고 주장하였으나, 위 조항 자체로부터 이 사건 보조금 지급행위를 규제하여야 할 피청구인의 구체적인 작위의무가 바로 도출된다고 볼 수 없고, 달리 헌법의 명문규정 또는 헌법 해석상 그러한 작위의무가 발생하였다고 볼 아무런 근거가 없다면서 관련 헌법소원을 각하한 결정례가 있다(헌법재판소 2013. 2. 19. 선고 2013헌마43 결정).

제7장

전기통신설비 규제

제1절 전기통신설비규제의 의의

1. 전기통신설비의 개념

1) 전기통신설비의 의미와 법적 개념

전기통신사업법에서 규정하는 "전기통신[1]설비"란 전기통신을 하기 위한 기계·기구·선로 또는 그 밖에 전기통신에 필요한 설비를 말하고(전기통신기본법(이하 "기본법") 제2조 제2호 및 사업법 제2조 제2호), "전기통신기자재"라 함은 전기통신설비에 사용하는 장치·기기·부품 또는 선조 등을 말한다(기본법 제2조 제6호). 따라서 전기통신기자재는 전기통신설비를 구성하는 각 부분들을 가리키는 개념이다.

한편, 방송·통신에 관한 사항이 「방송법」 및 「전기통신기본법」 등에 분산되어 있어 법률 수요자들이 관련 법령을 이해하는 데 어려움이 있고, 방송통신 관련 정책을 추진함에 있어서도 관련 기관들과의 혼선이 발생하여 정책추진의 효율성이 저하될 수 있다는 우려가 제기되고 있었다. 방송통신에 관한 기본적인 사항을 하나의 법률로 통합하여 이러한 혼선을 제거함과 동시에 방송과 통신이 융합되는 새로운 커뮤니케이션 환경에 대응할 수 있는 방송통신환경을 조성하고자 2010. 3. 22. 「방송통신발전 기본법」이 제정되었다.

---

1) "전기통신"이란 유선·무선·광선 또는 그 밖의 전자적 방식으로 부호·문언·음향 또는 영상을 송신하거나 수신하는 것을 말한다(기본법 제2조 제1호 및 법 제2조 제1호, 통신비밀보호법 제2조 제3호).

방송통신발전 기본법은 방송과 통신이 융합하는 새로운 패러다임에 대응하기 위해서 이원적으로 분리된 방송·통신 개념을 포괄하여 하나로 묶는 "방송통신"이라는 용어를 신설하였다. "방송통신"이란 유선·무선·광선(光線) 또는 그 밖의 전자적 방식에 의하여 방송통신콘텐츠를 송신(공중에게 송신하는 것을 포함한다)하거나 수신하는 것과 이에 수반하는 일련의 활동 등으로서, ① 「방송법」 제2조에 따른 방송, ② 「인터넷 멀티미디어 방송사업법」 제2조에 따른 인터넷 멀티미디어 방송(IPTV), ③ 「전기통신기본법」 제2조에 따른 전기통신을 포함(방송통신발전기본법 제2조 제1호)하는 개념이다.

한편, 방송통신발전기본법은 방송통신설비 및 방송통신기자재에 관하여도 별도로 정의하고 있는데, "방송통신설비"는 방송통신을 하기 위한 기계·기구·선로(線路) 또는 그 밖에 방송통신에 필요한 설비를 말하고(같은 법 제2조 제3호), "방송통신기자재"는 방송통신설비에 사용하는 장치·기기·부품 또는 선조(線條) 등을 말한다(같은 법 제2조 제4호)고 규정하고 있다.[2] 그러므로 방송통신설비는 전기통신설비를, 방송통신기자재는 전기통신기자재를 각각 포함하는 상위 개념으로 해석함이 상당하다.

또한, 정보통신 생태계 활성화를 위한 전문인력 양성, 벤처창업지원 등 인적·물적 기반 구축, 정보통신 진흥의 핵심영역인 소프트웨어·콘텐츠 등 개별산업에 대한 지원, 신규 융합 기술·서비스 등에 대한 연구개발 및 연구 성과물의 사업화 지원 등을 수행할 수 있도록 법률적인 근거를 마련하고, 미래창조과학부가 정보통신 분야의 총괄부처로서 역할을 할 수 있도록 종합적 조정체계를 마련하는 한편, 정보통신 발전의 걸림돌이 되는 규제의 발굴·개선을 위한 체계 구축을 통해 정보통신 진흥 및 융합 활성화를 촉진하기 위하여, 「정보통신 진흥 및 융합 활성화 등에 관한 특별법」(이하 "정보통신융합법")이 2013. 8. 13. 제정되고 2014. 2. 14. 시행되었다.

정보통신융합법은 정보통신, 정보통신융합, 소프트웨어, 디지털콘텐츠, 정보통신장비 등의 개념을 정의하고 있다(정보통신융합법 제2조). 여기서 "정보통신"이란 「전기통신사업법」 제2조 제2호에 따른 전기통신설비 또는 컴퓨터 등을 이용하거

---

2) 한편, 전파법은 "방송통신기자재"의 적합성평가 제도에 관하여 규정하고 있는데, 이에 관한 상세한 내용은 계경문 외, 전파법연구, 법문사, 2013, 301면 이하를 참조.

나 활용한 정보의 수집·가공·저장·처리·검색·송신·수신 및 서비스 제공
등과 관련되는 기기·기술·서비스 및 산업 등 일련의 활동과 수단을 의미한다.
여기에는 정보통신서비스,[3] 방송통신서비스,[4] 정보통신산업, 디지털콘텐츠의 제
작·유통 등과 관련된 기술·서비스 및 산업이 포함된다(정보통신융합법 제2조 제1
항 제1호). 정보통신융합법은 정보통신장비라는 용어를 사용하고 있는데, "정보통
신장비"는 정보통신 관련 장치·기계·기구(器具)·부품·선로(線路) 및 그 밖의
필요한 설비(정보통신융합법 제2조 제1항 제9호)를 의미한다고 정의하고 있는바, '설
비'와 '장비'의 의미를 동일한 개념으로 전제하고 있는 것으로 보인다.

2) 전기통신설비의 종류

먼저, 전기통신설비를 사용목적에 따라 구분하면, 전기통신사업에 제공하기 위
한 "사업용전기통신설비"(기본법 제2조 제4호 및 법 제2조 제4호)와 사업용전기통신
설비 외의 것으로서 특정인이 자신의 전기통신에 이용하기 위하여 설치한 "자가
전기통신설비"(기본법 제2조 제5호 및 법 제2조 제5호)로 나눌 수 있고, 전기통신사
업법은 사업용 전기통신설비와 자가전기통신설비를 상이한 관점에서 규제하고 있
다(법 제5장 제1절 및 제2절).

다음으로 전기통신설비의 용도에 따라 구분하면, 전기통신회선설비와 그 외의
설비로 나눌 수 있다. 여기서 "전기통신회선설비"는 전기통신을 행하기 위한 송
신·수신 장소 간의 통신로 구성설비로서 ① 전송설비, ② 선로설비, ③ 이것과 일
체로 설치되는 교환설비와 ④ 이들의 부속설비(법 제2조 제3호)를 의미한다.

한편, 이러한 전기통신회선설비를 임대하는 서비스도, 기간통신역무의 일종으
로 전기통신역무에 해당한다(법 제2조 제11호). 기간통신역무를 제공하려면 기간통
신사업의 허가 또는 별정통신사업의 등록을 완료하여야 하므로(법 제6조, 제21조
참조), 전기통신회선설비를 보유한 자가 해당 설비를 임대하는 등의 사업을 영위
하기 위해서는 전기통신사업법에 의한 기간통신사업자의 진입규제를 받게 된다.

---

3) "정보통신서비스"란 「전기통신사업법」 제2조 제6호에 따른 전기통신역무와 이를 이용하여
   정보를 제공하거나 정보의 제공을 매개하는 것을 말한다(정보통신융합법 제2조 제2호).
4) "방송통신서비스"란 방송통신설비를 이용하여 직접 방송통신을 하거나 타인이 방송통신을 할
   수 있도록 하는 것 또는 이를 위하여 방송통신설비를 타인에게 제공하는 것을 말한다(「방송통
   신발전 기본법」 제2조 제5호).

2. 전기통신설비 규제의 체계

전기통신서비스를 모든 이용자들에게 차별 없이 보편적으로 제공하기 위해서는 기본적으로 전기통신설비가 어려움 없이 제 때에 제대로 된 장소에 설치되어야 한다.

전기통신사업법은 전기통신설비를 효과적으로 설치하는데 필요한 권리를 전기통신사업자에게 부여하기 위하여, 전기통신사업을 하는 자나 전기통신서비스를 이용하는 자 이외에, ① 공동구 또는 관로 등의 시설 설치자(법 제68조), ② 건축물의 건축자(법 제69조), ③ 전기통신설비 설치 등에 필요한 토지 또는 건물의 소유자나 점유자(법 제72조), ④ 전기통신설비 설치의 장해물 관련자 등과 같이 전기통신서비스가 제공되기 위하여 필요한 전기통신설비를 설치할 장소나 건물 등을 소유한 자에게 일정한 의무를 부과하고 있다. 전기통신설비의 설치로 인하여 손실을 입게 되는 당사자는 전기통신사업법에 따라서 적절히 보상을 구할 수 있다.[5]

전기통신사업법은 사업용전기통신설비가 아닌 자가전기통신설비에 관하여는 비교적 느슨한 규제를 하고 있는데, 이는 자가전기통신설비를 설치한 자가 무분별하게 타인의 통신을 매개할 경우, 전기통신사업 환경을 어지럽게 하여 국민의 기본권에 해당하는 통신의 자유를 해할 우려가 있기 때문이다. 하지만, 전기통신사업법은 다른 한편으로는 필요에 따라 자가전기통신설비를 자가통신매개 이외의 용도로 활용할 수 있도록 하는 근거규정도 마련해 놓고 있다(법 제5장 제2절).

그밖에도 전기통신사업법은 통신사업자들 사이에서도 막대한 설치비용이 소요되는 전기통신설비를 효율적으로 사용함으로써 국가적 자원의 낭비를 막기 위하여 ① 전기통신설비를 제공하도록 하거나(법 제31조, 제35조), ② 공동사용하도록 하고 있다(법 제41조, 제36조).

---

5) 전영만, 방송통신법 해설, 2014, 385면.

3. 전기통신설비 및 장비 규제의 필요성

이렇듯 전기통신사업법은 일반적인 경쟁법, 소비자보호법 등과 달리 사업자가 통신역무를 제공하는 데 필요한 설비에 관하여 특별한 공법적 규제를 하고 있는데, 이는 다음과 같은 전기통신사업의 특징들에 기인한다.

첫째로, 현대사회에서 전기통신은 사회경제발전을 위해 중요한 사회간접시설로서, 통신사업은 국가기간산업의 하나이다. 국가는 통신서비스의 제공이 적절히 이루어지도록 그 기반을 조성하고 적절한 규제체계를 마련할 의무를 가진다. 둘째로, 전기통신을 통한 의사소통은 인격발현 내지 인간의 존엄성 유지를 위한 가장 기본적인 요소 중의 하나일 뿐만 아니라, 정보화 사회에 있어서는 개인의 사회적 활동을 위한 필수불가결한 토대이다. 이러한 특성으로 인하여 국가는 통신서비스를 적정한 가격으로 국민 모두에게 적절한 수준으로 공급되도록 보장하여야 한다 (보편적 역무 제공의무). 통신역무는 모든 국민에게 동등한 제공이 보장되어야 하므로 통신사업자는 이용자차별이 금지되고, 이러한 규제를 받는 통신사업자에 대한 적절한 진입규제가 정당화된다. 셋째로, 전기통신은 최첨단의 과학기술이 응용되는 분야이며, 기술의 진보도 가장 빨리 진행되는 영역으로서 적절한 규제를 위해서는 고도의 전문적 기술적 지식이 요구된다. 이러한 이유로 통신사업 및 통신시장에 대한 규제는 전문적 지식을 보유한 독립적이고 중립적인 전문규제기관이 담당한다. 넷째로, 전기통신에 필요한 망구축을 위해서는 사업진입초기에 막대한 자본이 소요된다. 이에 따라 통신법에서는 망접속 내지 상호접속규제가 가장 중요한 규제제도로 인식되고 있다. 마지막으로, 전기통신사업은 기술발전에 대한 파급효과가 크고 경제성장의 원동력으로서 국가경제발전에 중요한 의미를 지니고 있다.[6]

따라서 정부는 통신사업자가 초기에 천문학적 자본이 소요되는 망구축 작업을 무분별하게 설치하거나 복수의 사업자가 중복하여 설치할 경우 국가 사회적으로 손실이 될 수 있으므로, 이를 사전에 방지하고자 전기통신설비의 설치, 운용에 관하여 각종 규제제도를 마련하고 있다.

---

6) 이원우, "통신시장에 대한 규제법리의 특징과 행정지도에 의한 통신사업자간 요금관련 합의의 경쟁법 적용제외", 행정법연구(제13호), 행정법이론실무학회, 2005, 157면.

제2절 전기통신설비 개관

1. 유선통신 망 및 설비

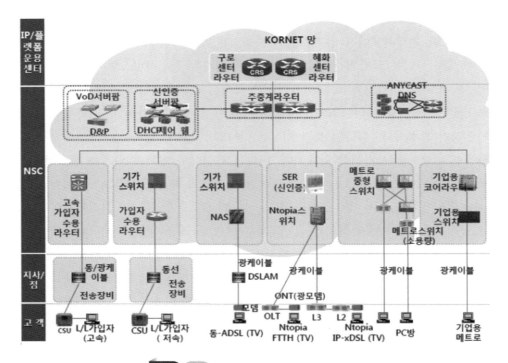

그림 7-1 유선통신 망 구성도(출처: kt)

위의 그림에서 보는 바와 같이 유선통신 망의 계층은 크게 고객(가입자), 지사 (전화국), NSC(Network Switching Center, 망 스위칭 센터), IP/플랫폼 운용센터의 4 계층으로 구분할 수 있으며 가입자의 요구, 제공서비스 품질 및 내용에 따라 고객과 지사간의 통신선로 선택이 달라질 수 있다. 다음 절에서 전화국과 고객 간의 가입자망을 보다 자세히 기술한다.

1) 유선전화 가입자망 설비

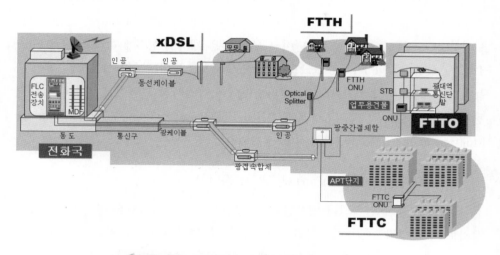

그림 7-2 유선전화 가입자망 구성도(출처: kt)

위 [그림 7-2]와 같이 유선전화 가입자망에서 전화국에서 가입자(이용자)까지 음성 및 데이터를 전송하는 선로는 크게 두 가지로서 동선케이블(기존 구리 전화선)과 광케이블을 들 수 있다. DSL(Digital Subscriber Line, 디지털 가입자 회선)은 전화선을 통하여 디지털 데이터를 전송하는 기술들의 총합을 일컫는 용어이다. 인터넷 접속을 위해서 통신시장에서 가장 널리 사용되는 DSL 기술은 ADSL(Asymmetric DSL)이다. ADSL은 유선전화(음성)와 DSL(데이터) 서비스를 동시에 같은 전화선으로 전송할 수 있으며, 이는 DSL이 보다 높은 주파수를 사용하기 때문에 간섭이 일어나지 않아서 가능하다.

DSL 서비스의 데이터 속도는 DSL 기술과 선로조건 서비스 제공수준에 따라 다르지만 대표적으로 하향(전화국 → 가입자)인 경우에는 256 kbps～100 Mbps이고, 상향(전화국 ← 가입자)인 경우에는 비대칭이므로 데이터 속도는 하향에 비하여 작다.

최근 인터넷 이용자의 급증과 광대역을 요구하는 응용서비스가 늘어나면서 데이터 트래픽은 기하급수적으로 증가되어 기간망은 광기반의 테라비트급으로 확장

되는 변화를 가져왔지만 가입자망 쪽은 기간망의 처리속도 확장에 비해 병목현상
이 심화되고 있어 이를 해결하기 위하여 기간통신 사업자는 통신망 환경에 따라,
설비투자 및 운용비용을 줄이기 위한 FTTH(Fiber To The Home)를 전략적으로
도입하였다. 이용자 측에서의 종단이 사무실 혹은 캐비넷 여부에 따라 FTTO(Fiber
To The Office)와 FTTC(Fiber To The Cabinet)로 분리되어 가입자망 구성이 가
능하다. FTTH는 초고속 대용량 멀티미디어를 가정까지 고품질로 전송하기 위한
광가입자 기술로서 구성 형태에 따라 P2P(Point-to-Point), P2MP(Poin-to-
Multi-point)로 구분한다. 대표적인 광가입자망 장치들은 다음과 같다.

가) OLT(Optical Line Terminal, 광선로종단 장치)

전화국 사내에 설치되어 백본망과 가입자망을 서로 연결하는 광가입자망 구성
장치로써, 가입자 광신호를 전화국사측에서 종단하는 역할을 하며 전화국 사내
OLT와 대응되어 가입자 구내/댁내에는 ONU가 설치된다.

나) ONU(Optical Network Unit, 광통신망 유니트)

주거용 가입자 밀집 지역의 중심부에 설치하는 소규모 옥외/옥내용 광통신
장치로서 이용자와 망과의 분계점, 사용자 망 인터페이스 역할을 담당하고, 통상
적으로 ONU는 전화국사 측의 OLT와 점대점으로 연결된다. 과거에는 점대점
(1:1) 연결로 되어 있었으나, PON(Passive Optical Network, 수동광네트워크) 방식
에서는 이용자와 점대다(1:N) 형태로도 연결이 가능하다.

다) ONT(Optical Network Terminal, 광네트워크종단 장치)

최종 종단장치로서 PC와 연결할 수 있는 일명 광모뎀이라고도 말한다.

2) 가입자망 선로

유선전화 가입자망의 선로는 [그림 7-3]과 같이 구성되어 있다.

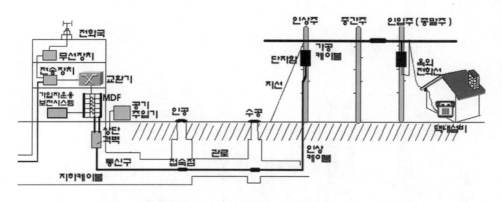

그림 7-3 가입자망 선로 구성도(출처: kt)

가입자망의 선로에 사용되는 각 기자재의 기능은 아래와 같다.

교환기: 통신선로를 원하는 곳으로 스위칭 해주는 시스템
전송장치: 두 지점간의 통신신호를 묶어서 전달해 주는 장치
가입자운용보전시스템: 전화가설이나 고장수리를 집중관리
케이블: 전화국과 가입자 댁내를 연결해 주는 매체(지하 / 가공)
MDF(본배선반): 교환기와 케이블을 연결해 주는 장치
통신구: 다량의 케이블 설치를 위한 지하 구조물(전화국 내 / 외)
관로: 지하케이블을 넣기 위해 지하에 설치한 구조물(pvc관)
인·수공: 케이블을 접속, 점검 등을 할 수 있는 지하 공간
접속관: 케이블을 상호 연결하는 접속 자재(지하 / 지상)
전주: 케이블을 가입자까지 연결하고 지지하기 위한 자재
단자함: 케이블과 인입선을 연결하는 함체(전주위)
인입선: 전주위 케이블에서 댁내로 들어가는 회선

2. 무선통신 망 및 설비

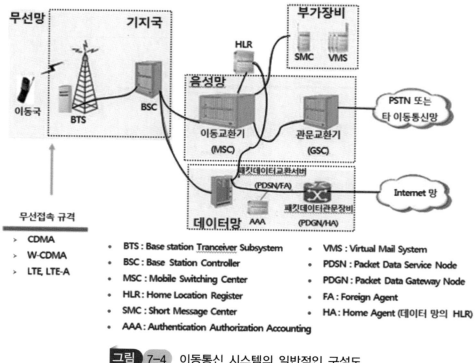

- BTS : Base station Tranceiver Subsystem
- BSC : Base Station Controller
- MSC : Mobile Switching Center
- HLR : Home Location Register
- SMC : Short Message Center
- AAA : Authentication Authorization Accounting
- VMS : Virtual Mail System
- PDSN : Packet Data Service Node
- PDGN : Packet Data Gateway Node
- FA : Foreign Agent
- HA : Home Agent (데이터 망의 HLR)

그림 7-4 이동통신 시스템의 일반적인 구성도

이동통신시스템은 크게 이동국(MS: Mobile Station), 기지국(BS: Base Station), 이동통신교환국(MSC: Mobile Switching Center)으로 구성된다. 이동국은 서비스 영역 내에서 이동하는 무선가입자의 단말기를 말하며, 기지국과 무선채널을 통하여 통신하게 된다. 기지국은 무선채널의 효율적인 이용을 위하여 넓은 지역을 셀이라는 작은 지역으로 분할하여 각 셀에 기지국을 두고 이를 통하여 이동국과 무선통신을 수행한다. [그림 7-4][7)와 같이, 이동통신 교환국은 공중전화통신망(PSTN) 혹은 타 통신망과 이동통신망의 인터페이스 역할을 담당하여 가입자들에게 회선

---

7) 출처: http://review.cetizen.com/4298/view/51/4298/rview/5/10075/history.

교환서비스를 제공할 뿐만 아니라 무선자원의 관리기능, 이동국의 위치를 추적하여 항상 서비스 가능하도록 하는 기능, 통화 중 이동국이 이동하더라도 통화를 지속시켜주는 기능 등을 제공한다. 이러한 기지국 시스템은 서비스 별로 사용하는 주파수에 따라 안테나 및 RF(Radio Frequency) 단의 종류가 다르므로 각 서비스별로 별도의 기지국이 필요하다.

1) 기지국 시스템

전파법 제19조 제2항 및 전파법시행령 제29조(무선국의 분류)에서 기지국을 "육상 이동국과의 통신 또는 이동중계국의 중계에 의한 통신을 하기 위하여 육상에 개설하고 이동하지 아니하는 무선국"으로 정의하고 있다. [그림 7-4]에 보인 바와 같이 기지국 시스템의 일반적인 구성은 안테나, BTS(Base Station Transceiver Subsystem, 기지국 송수신 시스템) 및 BSC(Base Station Controller, 기지국 제어장치)로 구성되어 있으나, 이동통신사업자는 기지국을 BTS, 광중계기 등 통화권 확대의 목적에 따라 셀을 설계하고 개설된 업무에 따라 여러 종류의 기지국으로 정의하고 있다. 기지국 시스템 설비를 살펴보면, BSC에서 BTS 사이는 중계회선 (E1/T1급 회선)으로 연결되며, 이동통신 교환기(MSC)에서 BSC 사이는 E1/T1급 회선으로 연결되어 이동가입자에게 무선통신 서비스를 제공하는 무선국이다. 기지국 시스템은 이동통신 교환기에서 이동가입자를 호출하기 위해 교환기에서 가입자 호출신호를 가입자 정보처리장치에 등록되어 있는 정보에 해당 기지국 제어장치와 기지국으로 전달하여 호출하게 된다. 기지국에서는 BSC로부터 전달된 디지털 신호를 RF로 변환하여 가입자를 호출하는 역할을 수행한다. BTS는 기저대역 처리부와 무선처리부로 구성되어 있으며, 기지국 장치의 출력 등의 성능을 시험하기 위한 시험장치가 있어 이동교환국에서 원격으로 측정이 가능하다. 기지국과 기지국간의 동기를 일치시키고 핸드오프 등을 수행하기 위해서 GPS 위성신호를 직접 위성으로부터 수신하기 위한 GPS 안테나가 있다. 또한 기지국은 통화권 확대를 위하여 1~4국 정도의 광중계 기지국과 광중계 이동중계국을 종속으로 가지며, 이때 종속되는 광중계 기지국과 광중계 이동중계국은 기지국에서 받은 주파수 범위 내에서 운용이 가능하다. 기지국 건설은 광중계기기지국 건설에 비해 많은 건설비용이 들어가기 때문에 각 이동통신사업자간 기지국의 철탑 등을 공동 사용할 수 있도록 기지국 공용화를 전파법 제48조 제2항 및 전파법시행령 제69조에 의거 법으로 정하여 건설토록 하고 있다.[8] 기지국은 설치 환경에 따라 일반 실내형과 외장형으로 크게 구분하며, 통화권확대 단위 지역 가입자의 불균형한 증가 및 보다 세분화된 설치환경에 따른 통화량 및 경제성 수용을 위해 광중계기지국과 소형 광중계기지국 등으로 세분화 된다.

2) 안테나

일반적으로 이동통신 시스템의 기지국 안테나는 전방향 안테나(Omni-directional Antenna)가 사용되어 방향에 상관없이 모든 방향으로 일정한 이득을 갖도록 제작한다. 이럴 경우 안테나에 송수신되는 모든 신호들은 기지국의 송수신 안테나와의 거리에 따라 송신출력의 정도를 달리하여 송수신되며 송수신 희망 신호에 간섭의 영향을 미친다. 따라서 기지국 안테나는 선택적으로 신호에 이득을 주어 송수신할 수 없다. 이러한 간섭의 영향을 줄이기 위해 셀을 여러 섹터로 나누어 여러 개의 안테나를 사용하는 방법이 있는데, 예를 들면, 셀을 3개의 섹터로 나누어 3개의 안테나를 사용하여 각 안테나가 120도를 담당하도록 한다면 간섭의 영향을 1/3로 줄일 수 있다. 이동통신 시스템의 신호 입사각이 주위환경 및 상황에 따라 가변적일 때는 여러 안테나 소자로 구성된 어레이(Array)를 사용하는 것이 보통이다. 안테나 어레이는 원거리 신호원들의 위치를 파악하거나 그들로부터 나오는 신호들을 선택적으로 송수신하는 데 이용되고 주변으로부터 들어오는 방해 전파를 제거하는데 이용된다. 대표적인 어레이 안테나로는 스마트 안테나를 들 수 있으며, 스마트 안테나 시스템이란 배열된 안테나의 위상을 제어하여 원하는 방향의 신호만을 선택적으로 송수신하고 간섭신호의 영향을 최소화시킴으로써 가입자 상호간의 간섭을 획기적으로 감소시켜 주는 안테나이다. 즉 셀 내의 각 단말기에 독립된 빔을 송수신간에 제공하고 원하는 단말기 방향으로 송신출력을 극대화 되도록 빔을 형성시킴으로써 다른 단말기의 수신 방향에 전파량을 극소화할 수 있다. 스마트 안테나 시스템은 통화 채널 간 방해 전파를 최소화하여 통화 품질을 향상시키고 가입자 수를 증가시킬 수 있는 시스템이며 원하는 방향으로 전파가 집중되어 각

---

8) 안준오, "차세대 이동통신 기지국 시스템에서 능동안테나시장 확보를 위한 전략분석", ETRI 최종연구보고서, 2010, 57면.

단말기는 저전력으로 통화가 가능하므로 배터리 수명도 획기적으로 연장할 수 있는 기술이다. 결국 스마트 안테나 시스템이란 각 단말기 방향으로 독립된 빔 패턴을 제공하여 통신 용량을 증대시키고 통신 품질을 대폭 개선할 수 있는 지능형 기지국을 실현하는 기술이다. 즉, 안테나 빔 형성 기술을 이용해 특정 사용자의 신호를 선택적으로 송수신하고, 간섭 신호의 영향은 최소화함으로써 데이터 전송용량과 품질을 크게 높여주는 기술이다. 이는 간섭신호를 제거해 전송용량을 증대시키고 다중경로 반사파인 페이딩의 영향을 적게 받아 우수한 품질을 유지할 수 있다. 반면에 하드웨어의 복잡도가 증가하고 비용이 높아지는 단점을 가지고 있다.[9]

3. 인터넷 망 및 설비

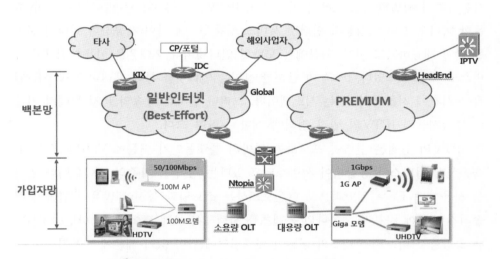

그림 7-5 인터넷 망의 일반적인 구성도(출처: kt)

인터넷 망의 일반적인 구성도는 계층별로 크게 가입자망과 백본망으로 구성되어 있다. [그림 7-5]에 보인 바와 같이 인터넷망은 일반인터넷(Best-Effort)망과 QoS(Quality of Service)를 보장하는 프리미엄(Premium)망으로 구성되어 있으며,

---

9) 안준오, "차세대 이동통신 기지국 시스템에서 능동안테나시장 확보를 위한 전략분석", ETRI 최종연구보고서, 2010, 46-47면.

가입자망은 공동으로 사용한다. 가입자망은 속도에 따라 초고속인터넷(100 Mbps)과 GiGA인터넷(500 Mbps~1 Gbps)으로 구분하며 망 구성방식은 동일하다. 인터넷 망 관련 설비로 IPTV와 인터넷 데이터센터(IDC)에 대해서 살펴보도록 한다.

1) IPTV

IPTV(Internet Protocol Television, 인터넷 프로토콜 텔레비전)은 광대역 연결 상에서 인터넷 프로토콜을 사용하여 소비자에게 디지털 텔레비전 서비스를 제공하는 시스템을 말한다. 또한 같은 기반구조를 이용하는 주문형 비디오(VOD; Video On Demand)는 물론 기존 웹에서 이루어지던 정보검색, 쇼핑이나 VoIP(Voice over IP) 등과 같은 인터넷 서비스를 부가적으로 제공할 수 있게 되어 사용자와의 활발한 상호작용이 가능하다. IPTV는 가정용으로 많이 제공되며 주문형 비디오 서비스 상품과 인터넷 서비스 상품을 결합하여 제공하며 인터넷 전화를 같이 제공하기도 한다. 최근에는 모바일 인터넷이나 휴대폰을 이용한 IPTV 서비스도 제공되고 있다. IPTV의 단순한 정의는 인터넷을 통해 텔레비전 방송을 원하는 시간에 시청할 수 있는 시스템이다. 그러나 실시간 방송의 문제 등에서 기존의 방송사들과 IPTV의 법적 정의에 대한 논란이 크다.

IPTV의 장점은 인터넷 프로토콜 기반의 플랫폼이기 때문에 VoIP와 같은 고속통신망 서비스와 통합되어 서비스되고 있다는 점이다. 기존의 케이블이나 위성을 사용하는 TV는 일방적으로 다운로드하는 스트림과 동시에 많은 채널들이 전송되기 때문에 사용자는 하나의 콘텐츠를 선택해서 보게 되어 있다. 반면에 IPTV는 양방향 서비스로 콘텐츠의 내용이 네트워크에 남아 있기 때문에 사용자들이 원하는 시간에 콘텐츠를 골라서 볼 수 있다는 장점이 있다. 또한 안드로이드 OS를 기반으로 하는 스마트 IPTV는 실시간 방송 시청과 동시에 웹 서핑, 스마트 앱을 이용한 양방향 콘텐츠를 이용할 수도 있다.

IPTV 단말기가 실시간 방송을 네트워크로 수신해서 AV(Audio/Video) 신호로 보내기 때문에 사용자는 TV나 HDTV의 튜너를 쓰지 않고 AV 입력 기능을 사용한다. 따라서 사용자는 비디오 입력이 지원되는 모니터만 가지고 있다면 IPTV를 볼 수 있다.

2) 인터넷데이터센터(IDC)

IDC(Internet Data Center, 인터넷 데이터 센터)는 서버 컴퓨터와 네트워크 회선 등을 제공하는 시설을 말한다. IDC는 서버 호텔(server hotel)이라고도 불리며 인터넷의 보급과 함께 폭발적으로 성장하기 시작하였다. 인터넷 검색, 쇼핑, 게임, 교육 등 방대한 정보를 저장하고 웹 사이트에 표시하기 위해 수천, 수만 대의 서버 컴퓨터가 필요하게 되자, 이 서버 컴퓨터를 한 장소에 모아 안정적으로 관리하기 위한 목적으로 인터넷 데이터 센터를 건립하게 되었다. 통신업체의 데이터 센터는 인터넷 데이터 센터(Internet data center), 클라우드 서비스를 위한 데이터 센터는 클라우드 데이터 센터(cloud data center)로 부르기도 하나, 요즘 이러한 용어들의 구분은 거의 사라지고 데이터 센터라는 용어 하나로 통합되어 쓰이고 있다. 데이터센터는 1일 24시간, 1년 365일 중단 없는 서비스를 제공하기 위하여, 안정적인 전력 공급과 인터넷 연결 및 보안이 중요하다. 데이터 센터는 주로 여러 층으로 된 고층 빌딩에 설치하며, 각 층마다 사용자 그룹별로 케이지(cage)를 설치하고 그 안에 여러 개의 랙(rack)을 설치한 뒤, 각 랙마다 스위치(switch)를 두고 여러 대의 서버 컴퓨터를 연결하는 구조로 되어 있다. 또한 서버 컴퓨터에서 방출하는 열기를 식히기 위한 대용량 냉각 장치 등 일정한 온도와 습도를 유지하기 위한 항온 항습 장치를 설치하여 운영하고 있다.

정부와 대기업은 자체 전산 설비를 운영하기 위해 별도의 데이터 센터를 운영할 수 있으나, 규모가 작은 공공기관과 중소기업들은 독자적인 데이터 센터를 운영하기가 어렵다. 이러한 기업들을 위해 데이터 센터의 일정 공간과 회선을 임대해 주는 서비스가 생겨났는데, 이를 코로케이션(colocation) 서비스라고 한다.

데이터 센터는 굉장히 많은 열을 발산하므로 냉각이 중요한데, 냉각 비용이 업체들에게는 부담이 된다. 페이스북(Facebook)은 2014년경 데이터 센터의 냉각 비용을 절감하기 위해 스웨덴의 북극권에 데이터 센터를 설립한다는 계획을 발표하기도 하였다.

제3절 사업용 전기통신설비 규제

1. 규제대상 및 규제의 취지

"사업용 전기통신설비"는 전기통신역무를 제공하는 사업에 제공하기 위한 전기통신설비를 말한다(법 제2조). 여기서 전기통신역무란 전기통신설비를 이용하여 타인의 통신을 매개하거나 전기통신설비를 타인의 통신용으로 제공하는 것이므로, 결국 사업용 전기통신설비란, "타인의 통신을 매개하거나 타인의 통신용으로 제공할 수 있는 설비"를 의미한다.

이와 비교하여, "자가전기통신설비"는 사업용 전기통신설비 외의 것으로 특정인이 자신의 전기통신에 이용하기 위하여 설치한 전기통신설비를 의미하고(법 제2조 제5호), 엄격하게 용도를 제한하여 타인통신 매체 및 타인의 통신용으로 제공하는 것이 원칙적으로 허용되지 않는다(법 제65조).

한편, 방송통신발전기본법은 전기통신설비 외에도 「방송법」 제2조 제14호에 따른 전송망사업자가 설치 · 운용 또는 관리하는 방송통신설비, 「인터넷 멀티미디어 방송사업법」 제2조 제5호 가목에 따른 인터넷 멀티미디어 방송 제공사업자가 설치 · 운용 또는 관리하는 방송통신설비를 모두 포함하여 '사업용 방송통신설비'라는 개념을 사용하고 있다.

2. 전기통신설비의 유지 · 보수 의무

전기통신사업자는 전기통신역무의 안정적인 공급을 위하여, 그가 사업용으로 구축, 사용하는 전기통신설비를 대통령령으로 정하는 기술기준에 적합하도록 유지 · 보수할 의무를 부담한다(법 제61조). 언제 어디서나 전기통신역무가 원활하게 제공되는 것은 단순한 사업자의 영리 추구의 의미에 국한되는 것이 아니라, 통신역무가 국민이 기본권을 실효성있게 보장받기 위한 필수적인 공익적 성격을 가지고 있다는 점이 고려된 것이다. 아울러 통신역무가 원활하게 제공되는 것은 재난

상황 등 유사시 국민의 안전보장에 반드시 필요하다는 점도 반영된 것이다.

한편, 사업용 전기통신설비 설치자에게는 공정경쟁 촉진, 이용자 보호, 서비스 품질개선 및 자원의 효율적 활용 등에 관한 의무가 부과되고 있다. 그 의무의 구체적 내용에 관하여는 대통령령인 「전기통신설비의 기술기준에 관한 규정」이 2008. 2. 29. 제정되었다가, 방송 및 통신 서비스의 융합 추세와 방송설비 등을 함께 규제하기 위하여 2011. 1. 4. 방송설비에 관한 내용을 포함하도록 개정하고 시행령의 명칭을 「방송통신설비의 기술기준에 관한 규정」(대통령령 제24445호)으로 변경하였다.

「방송통신설비의 기술기준에 관한 규정」은 ① 방송통신발전 기본법, ② 전기통신사업법, ③ 전파법, ④ 주택건설기준 등에 관한 규정이 위임하고 있는, 방송통신설비·관로·구내통신선로설비 및 방송통신기자재등의 기술기준에 관하여 규정하고 있다.

방송통신설비가 다른 사람의 방송통신설비와 접속되는 경우에는 그 건설과 보전에 관한 책임 등의 한계를 명확하게 하기 위하여 분계점이 설정되어야 한다(제4조). 또한 방송통신설비는 이에 접속되는 다른 방송통신설비를 손상시키거나 손상시킬 우려가 있는 전압 또는 전류를 송출하거나, 다른 방송통신설비의 기능에 지장을 주거나 지장을 줄 우려가 있는 방송통신콘텐츠를 송출하는 것이 금지된다(제6조). 그 외에도 방송통신설비의 설치로 인하여 인체에 위해를 가할 수 있는 부분들은 미래창조과학부장관이 고시하는 각종 안전규격에 맞추어 규제된다.

3. 전기통신설비 설치의 신고 또는 승인

1) 전기통신설비 설치시 신고제도

기간통신사업자가 중요한 전기통신설비를 설치하려는 경우, 통신망 구성도가 포함된 명세서 및 전기통신설비의 보안 대책을 마련하여 미래창조과학부장관에게 신고하여야 한다(법 제62조 제1항 본문).

중요한 전기통신설비를 설치 또는 변경하려는 기간통신사업자는 ① 전기통신설비의 설치 또는 변경 명세서(통신망 구성도 포함), ② 전기통신설비의 보안 대책에 관한 서류를 구비하여 중요 전기통신설비의 설치신고서 또는 변경신고서를 미래창조과학부장관에게 제출하여야 한다(동법 시행령 제51조의2 제1항).

2) 신기술 적용 전기통신설비의 설치시 승인제도

기간통신사업자가 새로운 전기통신기술방식에 의한 전기통신설비를 최초로 설치하는 경우, 미래창조과학부에 전기통신설비 설치승인신청서를 제출하여, 승인을 받아야 한다. 신청서에는 ① 사업계획서, ② 전기통신설비의 보안 대책, ③ 해당 전기통신설비의 국내외 규격 등 기술 동향, ④ 해당 전기통신설비의 국내외 연구개발 현황, ⑤ 협정서(국내외 다른 사업자와 공동으로 설치하거나 사용하려는 경우에만 해당)를 첨부하여야 한다. 미래창조과학부장관은 기간통신사업자로부터 위와 같은 신청을 받은 경우 ① 사업계획의 타당성, ② 전기통신설비 보안 대책의 적정성, ③ 국내외 기술기준과의 적합성, ④ 협정서의 적법성을 심사하고 15일 이내에 그 승인 여부를 신청인에게 알려야 한다(동법 시행령 제51조의2 제3항).

이는 전기통신역무가 일반국민의 생활에 미치는 중요성을 감안하여, 새로운 전기통신기술방식의 도입시에 발생할 수 있는 문제점을 정부가 사전에 검토할 수 있는 기회를 가지도록 하는 제도이다.

3) 전파법상 무선국 개설 허가제도와의 관계

오늘날 우리나라의 주요 전기통신사업자들은 유선통신사업 및 무선통신사업과 방송사업을 함께 영위하고 있다. 전기통신사업자가 통신설비를 설치할 경우에는 전기통신사업법에 따라 미래창조과학부장관에 신고를 하는 것으로 충분하나, 만약 해당 설비가 무선국에 해당할 경우, 전파법에 따른 무선국 개설허가를 받거나, 무선국 개설허가의 예외사유에 해당하여야 한다.

4. 전기통신설비의 공동구축

1) 기간통신사업자의 전기통신설비 공동구축

기간통신사업자는 다른 기간통신사업자와 협의하여 전기통신설비를 공동으로 구축하여 사용할 수 있다(법 제63조). 만약 기간통신사업자가 다른 기간통신사업자와 협의를 진행하여 공동구축의 합의가 성립되지 아니한 경우에 해당 기간통신사업자는 미래창조과학부장관에게 전기통신설비의 공동구축을 권고할 것을 요청할 수 있고(법 제63조), 미래창조과학부장관으로부터 전기통신설비 공동구축의 권고를 받은 기간통신사업자는 그 권고를 받은 날부터 21일 이내에 이에 대한 수용 여부와 그 이유를 미래창조과학부장관에게 알려야 하는바(시행령 제51조의5 제3항), 사실상 기간통신사업자의 설비 공동구축을 압박할 수 있다.

　　나아가 기간통신사업자는 전기통신설비의 공동구축을 위하여 국가, 지방자치단체, 공공기관 또는 다른 기간통신사업자 소유의 토지 또는 건축물 등의 사용이 필요한 경우로서 이에 관한 협의가 성립되지 아니하는 경우에는 미래창조과학부장관에게 해당 토지 또는 건축물 등의 사용에 관한 협조를 요청할 수 있다. 미래창조과학부장관이 이러한 협조 요청을 받은 경우에는 국가기관·지방자치단체 또는 공공기관의 장이나 다른 기간통신사업자에게 협조를 요청한 기간통신사업자와 해당 토지 또는 건축물 등의 사용에 관한 협의에 응할 것을 요청할 수 있다. 이 경우 국가기관·지방자치단체 또는 공공기관의 장이나 다른 기간통신사업자는 정당한 사유가 없으면 기간통신사업자와의 협의에 응하여야 한다.

2) 공동구축 관련한 미래창조과학부의 권한

　　미래창조과학부장관은 ① 기간통신사업자가 설비의 공동구축에 관하여 다른 기간통신사업자와 협의를 할 때 필요한 자료를 조사하여 제공할 수 있고(법 제63조 제2항), ② 이러한 자료 조사를 효율적으로 수행하기 위하여 전기통신 분야의 전문기관으로 하여금 해당 조사를 하게 할 수 있으며, ③ 기간통신사업자가 요청하지 않더라도 공공의 이익을 증진하기 위하여 필요하다고 판단하면 직권으로 전기통신설비의 공동구축을 권고할 수 있다.

제4절   자가전기통신설비 규제

1. 자가전기통신설비의 개관

자가전기통신설비란 사업용전기통신설비 외의 것으로서 특정인이 자신의 전기통신에 이용하기 위하여 설치한 전기통신설비를 말한다(법 제2조 제5호). 자가전기통신설비는 설비의 설치자 및 운영자, 그리고 이용자가 동일하기 때문에 사업용전기통신설비에 대하여 적용되는 공정경쟁 촉진, 이용자 보호, 서비스 품질 개선 및 자원의 효율적 활용 등의 의무가 적용되지 않는다.

2. 자가전기통신설비 목적외 사용의 원칙적 금지

만약 자가전기통신설비로 타인 통신의 매개 또는 타인의 통신용도로 제공하는 것을 자유롭게 허용한다면, 사업용전기통신설비에 비하여 느슨한 규제를 적용받는 자가전기통신설비를 설치하여 전기통신사업을 영위하는 경우가 발생할 수 있고, 이러한 결과는 막대한 비용을 들여 전기통신설비를 구축하고 각종 법적규제를 받으면서 전기통신사업을 영위하는 기간통신사업자 등의 사업에 불의의 타격을 주어 기간통신사업의 근간을 훼손할 수 있다. 따라서 자가전기통신설비를 이용하여 타인의 통신을 매개하는 행위와 자가전기통신설비를 설치한 목적에 어긋나게 운용하는 행위는 원칙적으로 금지되고(법 제65조 제1항), 매우 제한적인 경우에만 예외적으로 허용된다.

자가전기통신설비를 이용하여 타인의 통신을 매개하거나 설치 목적 외로 사용할 수 있는 경우로는, ① 다른 법률에 특별한 규정이 있는 경우(법 제65조 제1항 단서), ② 경찰 또는 재해구조 업무에 종사하는 자가 치안 유지 또는 긴급한 재해구조를 위하여 사용하는 경우(공익적 사용), ③ 자가전기통신설비의 설치자와 업무상 특수 관계에 있는 자 간에 사용하는 경우(특수관계자 간의 사용[10]), ④ 전시·사

---

10) 미래창조과학부장관은 자가전기통신설비 목적외사용의 특례범위에 관하여, ① 자가전기통

변·천재지변이나 그 밖에 이에 준하는 국가비상사태가 발생하거나 발생할 우려
가 있는 경우(법 제66조 제1항) 등이 있다.

3. 자가전기통신설비 규제의 연혁

자가전기통신설비에 대한 규정은 1983년 전기통신기본법 개정으로 처음 도입
되었다. 1983년 당시에는 자기전기통신설비를 설치하기 위하여 매우 엄격한 규제
를 받아야 했으나, 아래 표와 같이 그 뒤로 점차 완화되어 왔다.

현재 대규모 자가전기통신설비를 보유한 기관은 ① 한국전력공사, ② 철도공사
(코레일), ③ 한국도로공사가 있고, ④ 그 외에 유비쿼터스도시를 추진하던 지방자
치단체가 있다. 2010년 이전 무렵까지는 해당 기관들이 보유한 전기통신설비를 적
절한 범위 내의 사람들을 대상으로 한 통신역무에 제공하려는 논의가 상당히 진행
된 적이 있었으나, 2010년경 스마트폰의 보급으로 촉발된 통신시장의 모바일 중심
재편 현상이 심화된 이후로 이러한 논의는 주춤한 상태다. 2015년 현재 시범사업
이 진행 중인 재난망 구축사업도 일종의 자가전기통신설비 구축사업으로 볼 여지
가 있다.

신설비가 설치되어 있는 구내에서 사용하는 경우로서 자가전기통신설비의 설치자와 그의
설립목적사업과 관련되는 업무를 수행하는 자간에 사용하는 경우 또는 설립목적 사업과 관
련되는 업무를 수행하는 자 상호간에 사용하는 경우(위 고시 제1조 제1호), ② 이 고시 시행
이전에 「전기통신기본법 시행령」(대통령령 제12898호)에 따라 정보통신부장관이 목적외 사
용을 인정한 경우(같은 조 제2호), ③ 「철도산업발전 기본법」에 따라 종전의 철도청 자가전
기통신설비가 국토교통부로 이관된 경우로서 철도관련 자가전기통신설비를 「한국철도시설
공단법」에 따른 한국철도시설공단과 「한국철도공사법」에 따른 한국철도공사가 공동 사용하
는 경우(같은 조 제3호), ④ 「고속국도법」 제6조 제1항, 제2항 및 같은 법 시행령 제2조 제1
항에 따라 국토교통부장관의 교통정보제공업무를 한국도로공사가 대행하고 있는 경우로서,
한국도로공사의 자가전기통신설비를 국토교통부장관이 「도로법」 제87조에 따른 교통정보제공업
무를 위하여 사용하는 경우(같은 조 제4호), ⑤ 「유비쿼터스도시의 건설 등에 관한 법률」
제2조 제2호 및 같은 법 시행령 제2조에 따른 유비쿼터스도시서비스 중 교통·환경·방범
및 방재 업무를 수행하는 국가 및 지방자치단체의 행정기관이나 공공기관이 비영리·공익
목적의 정보 이용 및 제공을 위하여 「유비쿼터스도시의 건설 등에 관한 법률 시행령」 제4조
에 따른 유비쿼터스도시내 통합운영센터에 설치되어 있는 자가전기통신설비를 사업용전기
통신설비를 통하여(자가전기통신설비가 동일구내에 설치되어 있거나, 교통·환경·방범 및
방재 업무를 수행하는 자의 자가전기통신설비를 이용하는 경우는 제외) 사용하는 경우(같은
조 제5호)를 고시하였다(「자가전기통신설비 목적외 사용의 특례 범위」, 미래창조과학부 고
시 제2013-86호).

표 7-1 자가전기통신설비 관련 법규 개정 연혁

시행일	주요내용
1984. 9. 1.	경제적 혹은 지리적 조건 등에 의하여 사업용 전기통신설비로 통신수요를 충족할 수 없는 경우에 한해 예외적으로 도입할 수 있도록 허용 허가제 원칙(예외적 신고제) 공중통신설비 설치 지역의 설치 금하고 예외는 심의를 거치도록 규정
1991. 12. 11.	기간통신사업자에게 설비제공 가능토록 허용
1994. 4. 30.	공공단체 상호간 또는 공공단체와 감독청 사이에 사용하기 위한 자가전기통신설비에 대해 허가제에서 신고제로 완화
1994. 11. 5.	자가전기통신설비 목적외사용의 특례 범위 고시(구내 / 설립목적사업과 관련되는 업무 수행)
1997. 1. 31.	자가전기통신설비의 설치를 신고제로 변경 사업용전기통신설비 이용을 원칙으로 정하였던 규정 폐지
2005. 6. 7.	철도관련 자가전기통신설비 부분이 특례범위내 포함
2007. 6. 29.	한국도로공사의 자가전기통신설비 부분이 특례범위내 포함
2011. 8. 2.	유비쿼터스도시 서비스 (교통 / 환경 / 방법 / 방재) 관련 사항이 특례범위에 포함됨

출처: 최선미 외, 자가전기통신설비 제도개선 방안 연구, 방송통신위원회, 2012, 15면.

한편, 자가전기통신설비의 활용에 관한 규제는 상당히 완화되어, 자가전기통신설비를 설치한 자는 기간통신사업자가 요청한 구간에 설치한 자가전기통신설비 중 자신의 전기통신에 이용하기 위하여 필요한 용량을 초과하는 여유 전기통신설비가 있는 경우에 한하여 기간통신사업자에게 제공하는 것이 허용된다(시행령 제51조의9).

4. 자가전기통신설비의 설치 신고

자가전기통신설비를 설치하려는 자는 해당 설비의 설치공사 시작일 21일 전까지 자가전기통신설비 설치신고서(전자문서 포함)에 자가전기통신설비 설치공사의

설계도서(設計圖書)를 첨부하여 중앙전파관리소장에게 제출하여야 한다(법 제64조, 동법 시행령 제51조의6, 법 제93조, 동법 시행령 제65조 제9호). 자가전기통신설비 설치신고서에는 ① 신고인, ② 사업의 종류, ③ 설치의 목적, ④ 전기통신 방식, ⑤ 설비의 설치 장소, ⑥ 설비의 개요, ⑦ 설비의 운용일 또는 운용예정일이 포함되어야 한다. 자가전기통신설비의 설치 신고 업무는 아래 그림과 같은 순서로 이루어진다.

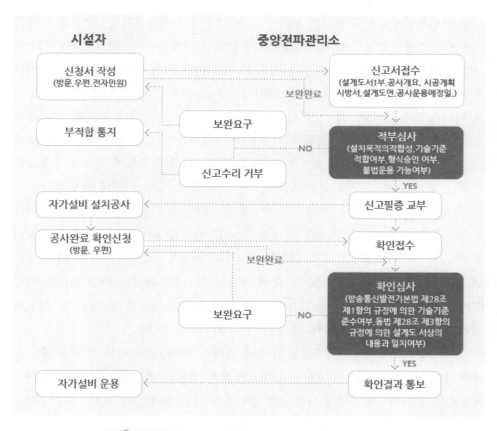

그림 7-6 신고업무 흐름도(출처: 미래창조과학부)

신고 사항 중 ① 사업의 종류, ② 설치의 목적, ③ 전기통신 방식, ④ 설비의 설치 장소, ⑤ 설비의 개요가 변경된 경우에도 위 절차와 동일하게 중앙전파관리소장에게 신고하여야 한다(법 제64조 제1항 후문).

5. 비상 시 통신의 확보를 위한 명령

미래창조과학부장관은 전시·사변·천재지변이나 그 밖에 이에 준하는 국가비상사태가 발생하거나 발생할 우려가 있는 경우에는 자가전기통신설비를 설치한 자에게 전기통신업무나 그 밖에 중요한 통신업무를 취급하게 하거나 해당 설비를 다른 전기통신설비에 접속할 것을 명할 수 있다(법 제66조 제1항). 이는 국가비상사태가 발생하였을 경우, 사인의 소유이고 본래 용도가 제한된 자가전기통신설비라 하더라도 공공의 목적을 위하여 활용할 수 있도록 근거규정을 마련한 것으로서 헌법 제23조 제2항의 재산권의 일시사용에 해당하는 것으로 평가할 수 있다.

또한 비상시 통신확보명령의 법적 성격은 행정법상 행정청이 사인에게 별다른 권리의 부여 없이 의무를 부담하도록 하는 것으로 강학상 하명에 해당한다.

미래창조과학부장관이 전시·사변·천재지변이나 그 밖에 이에 준하는 국가비상사태가 발생하거나 발생할 우려가 있다고 판단하여야 한다. 여기서, 명령의 수범자는 자가전기통신설비를 설치한 자이다. 명령의 내용은 자가전기통신설비 설치자가 직접 전기통신업무나 그 밖에 중요한 통신업무를 취급하게 하거나 해당 설비를 다른 전기통신설비에 접속할 것을 명하거나(법 제66조 제1항), 기간통신사업자가 그 업무를 취급하도록 하는 것이다(법 제66조 제2항).

비상 시 미래창조과학부장관의 명령에 의하여 전기통신설비를 제공한 경우 업무의 취급 또는 설비의 접속에 소요되는 비용은 정부가 부담한다. 다만, 자가전기통신설비가 전기통신역무에 제공되는 경우에는 해당 설비를 제공받는 기간통신사업자가 그 비용을 부담한다(법 제66조 제3항).

한편 전기통신사업법은 토지의 일시사용(법 제73조 제1항), 토지등에의 출입(법 제74조 제1항) 장해물등의 제거(법 제75조)의 경우에 손실보상에 관한 근거규정을 두고 있으나(법 제77조), 비상시 통신확보명령(법 제66조)으로 인하여 자가전기통신설치자가 입게 되는 손실에 대한 보상에 관하여는 그 범위에 포함하고 있지 않다. 재산권의 공용사용에 대하여는 정당한 보상이 이루어져야 하므로(헌법 제23조), 이에 관하여 향후 입법적 보완이 필요하다.

6. 자가전기통신설비 설치규제의 실효성 확보수단

1) 행정제재: 시정명령 및 사용정지명령

미래창조과학부장관은 자가전기통신설비를 설치한 자가 이 법 또는 이 법에 따른 명령을 위반하였을 때에는 일정한 기간을 정하여 그 시정을 명할 수 있고(법 제67조 제1항), 그 시정명령을 위반하는 경우 자가전기통신설비의 사용정지명령을 내릴 수 있다(동조 제2항).

다만, 미래창조과학부장관이 자가전기통신설비에 대한 사용정지를 명하려는 경우 그 사용정지가 해당 자가전기통신설비를 이용하여 제공되는 전기통신역무의 이용자에게 심한 불편을 주거나 그 밖에 공익을 해칠 우려가 있으면 그 사용정지명령에 갈음하여 10억원 이하의 과징금을 부과할 수 있다(법 제90조 제2항). 과징금의 상한액을 정액으로 정해 놓는 방식은 복잡다단한 사회적 현상에 대한 적절한 대처를 어렵게 하고, 실제 과징금을 부과받는 설비사용자의 경제적 자력에 따라 다른 수준의 제재효과를 가져오게 되므로, 독점규제 및 공정거래에 관한 법률에서 정하고 있는 과징금 부과기준과 같이 과징금 납부자의 매출액이나 자산규모 등에 일정한 비율을 곱한 금액의 범위 내에서 부과할 수 있도록 규정하는 것이 바람직하다.

2) 형사제재

전기통신사업법은 ① 제64조 제1항에 따른 신고 또는 변경신고를 하지 아니하고 자가전기통신설비를 설치한 자, ② 제65조 제1항을 위반하여 자가전기통신설비를 이용하여 타인의 통신을 매개하거나 설치한 목적에 어긋나게 이를 운용한 자, ③ 제66조 제1항에 따른 전기통신업무나 그 밖에 중요한 통신업무를 취급하게 하거나 해당 설비를 다른 전기통신설비에 접속하도록 하는 명령을 위반한 자, ④ 제67조 제2항에 따른 사용정지명령 또는 같은 조 제3항에 따른 명령을 위반한 자를

1년 이하의 징역 또는 1천만원 이하 벌금으로 처벌하도록 규정하고 있다.

양벌규정이 있으므로 행위자 이외에 사용인에 해당하는 법인 또는 개인도 벌금형이 병과된다. 다만, 법인 또는 개인이 그 위반행위를 방지하기 위하여 해당 업무에 관하여 상당한 주의와 감독을 게을리하지 아니하였음을 소명하면, 형사처벌을 면할 수 있다.

3) 질서위반행위에 대한 과태료 처분

자가전기통신설비의 설치공사 또는 변경공사를 완료하고 미래창조과학부장관의 확인을 받기 전에 그 설비를 사용한 경우, 1천만원 이하의 과태료가 부과될 수 있다.

다만, 이는 설치신고의무가 있는 경우에만 해당되는 제재조치이므로, 신고의무가 면제되는 ① 하나의 건물 및 그 부지 안에 주된 장치와 단말장치를 설치하는 자가전기통신설비, ② 상호간의 최단거리가 100미터 이내인 경우로서 1명이 점유하는 둘 이상의 건물 및 그 부지(도로나 하천으로 분리되어 있지 아니한 건물 및 부지만 해당한다) 안에 주된 장치와 단말장치를 설치하는 자가전기통신설비, ③ 경찰작전상 긴급히 필요하여 설치하는 경우로서 그 사용기간이 1개월 이내인 자가전기통신설비의 경우에는 이러한 확인을 받지 않고 사용하여도 과태료가 부과되지 않는다.

제5절 전기통신설비의 설치, 운영 및 기자재에 대한 규제

1. 전기통신설비의 통합운영 규제

1) 공동구 또는 관로 등의 설치규제

도로, 철도, 산업단지, 공항, 항만, 물류단지, 관광단지 등의 시설[11]을 설치하거

---

11) 법 제68조 제1항에서 시설설치자가 기간통신사업자의 의견을 들어 내용을 반영하여야 하는 시설 등은 다음과 같다.
　(1) 「도로법」 제2조 제1호에 따른 도로, (2) 「철도사업법」 제2조 제1호에 따른 철도, (3) 「도시

나 조성하는 자(이하 "시설설치자"라 한다)는 전기통신설비를 수용할 수 있는 공동
구 또는 관로 등의 설치에 관한 기간통신사업자의 의견을 듣고, 특별한 사정이 없
는 한 그 내용을 반영하여야 한다(법 제68조 제1항 및 동법 시행령 제51조의11). 만
약 시설설치자가 위 기간통신사업자의 의견을 반영할 수 없는 경우에는 기간통신
사업자의 의견을 받은 날부터 30일 이내에 그 사유를 해당 기간통신사업자에게
통보하여야 한다.

시설설치자가 제1항에 따른 기간통신사업자의 의견을 반영하지 아니한 경우
해당 기간통신사업자는 미래창조과학부장관에게 조정을 요청할 수 있고, 미래창조
과학부장관은 조정을 하기 전에 관계 중앙행정기관의 장과 미리 협의하여야 한다.

2) 구내용 전기통신선로설비 등의 설치규제

구내통신선로설비란 국선접속설비를 제외한 구내 상호간 및 구내·외간의 통
신을 위하여 구내에 설치하는 케이블, 선조(線條), 이상전압전류에 대한 보호장치
및 전주와 이를 수용하는 관로, 통신터널, 배관, 배선반, 단자 등과 그 부대설비를
말한다(「방송통신설비의 기술기준에 관한 규정」 제3조 제1항 제14호). 또한 이동통신
구내선로설비란 사업자로부터 이동통신서비스 및 휴대인터넷서비스 등을 제공받
기 위하여 건축물에 건축주가 설치·관리하는 설비로서 관로·전원단자·통신용
접지설비와 그 부대시설을 말한다(동항 제15호).

건축물[12]은 구내용 전기통신선로설비 등을 갖추어야 하며, 전기통신회선설비
와의 접속을 위한 일정 면적을 확보하여야 한다(제69조 제1항). 특히 층수가 21층
이상이거나 연면적의 합계가 10만 제곱미터 이상인 건축물[13]은 구내통신선로설비

철도법」 제2조 제2호에 따른 도시철도, (4) 「산업입지 및 개발에 관한 법률」 제2조 제5호에
따른 산업단지, (5) 「자유무역지역의 지정 및 운영에 관한 법률」 제2조 제1호에 따른 자유
무역지역, (6) 「항공법」 제2조 제9호에 따른 공항구역, (7) 「항만법」 제2조 제4호에 따른 항
만구역, (8) 「여객자동차 운수사업법」에 따른 여객자동차터미널, (9) 「물류시설의 개발 및
운영에 관한 법률」에 따른 물류터미널 및 물류단지, (10) 「중소기업진흥에 관한 법률」에 따
라 조성하는 중소기업 협동화사업을 위한 단지, (11) 「관광진흥법」에 따라 조성하는 관광지
또는 관광단지, (12) 「하수도법」에 따른 하수관로

12) "건축물"이란 토지에 정착하는 공작물 중 지붕과 기둥 또는 벽이 있는 것과 이에 딸린 시설물,
지하나 고가(高架)의 공작물에 설치하는 사무소·공연장·점포·차고·창고 등을 말한다.

13) 연면적의 10분의 3 이상을 증축하여 층수가 21층 이상으로 되거나 연면적의 합계가 10만 제
곱미터 이상으로 되는 경우를 포함한다. 다만, 공장, 창고 등은 제외한다.

등을 갖추어야 한다(「방송통신설비의 기술기준에 관한 규정」 제17조 제1항). 다만, 야외음악당·축사·차고·창고 등 통신수요가 예상되지 아니하는 비주거용 건축물의 경우에는 그러하지 아니하다.

또한, ① 공중이 이용하는 지하도·터널·지하상가 및 지하에 설치하는 주차장 등 지하건축물의 각 층 중 바닥면적이 1천 제곱미터 이상인 층, ② 건축물(군사시설 및 제1호에 따른 지하건축물은 제외한다)의 지하층에는 이동통신구내선로설비를 설치하여야 한다. 다만, 단독주택의 지하주차장 등 통신수요가 거의 없다고 미래창조과학부장관이 인정하는 건축물의 지하층에는 이동통신구내선로설비를 설치하지 아니할 수 있다.

구내통신선로설비 및 이동통신구내선로설비는 그 구성과 운영 및 사업용방송통신설비와의 접속이 쉽도록 설치하여야 하고, 구내통신선로설비의 국선 등 옥외회선은 원칙적으로 지하로 인입하여야 하며, 구내통신선로설비 및 이동통신구내선로설비를 구성하는 배관시설은 설치된 후 배선의 교체 및 증설시공이 쉽게 이루어질 수 있는 구조로 설치하여야 한다(동법 시행령 제18조).

구내통신실의 면적은 건축물의 용도에 따라 다른 기준을 적용하고 있는데, 업무용건축물에는 국선·국선단자함 또는 국선배선반과 초고속통신망장비, 이동통신망장비 등 각종 구내통신선로설비를 설치하기 위한 공간(이하 "집중구내통신실"이라 한다) 및 각 층에 구내통신선로설비를 설치하기 위한 공간(이하 "층구내통신실"이라 한다)을 확보하여야 하고, 주거용건축물 중 공동주택에는 집중구내통신실을 확보하여야 한다(동법 시행령 제19조).

또한 구내통신선로설비에는 구내로 인입되는 국선의 수용, 구내회선의 구성, 단말장치 등의 증설에 지장이 없도록 충분한 회선을 확보하여야 한다(동법 시행령 제20조 제1항).

3) 전기통신설비 등의 통합운영(법 제70조)

미래창조과학부장관은 전기통신설비의 효율적인 관리·운영을 위하여 필요한 경우에는 이 법 또는 다른 법률에 따라 설치된 전기통신설비와 그에 부속된 토지·건물이나 그 밖의 구축물(전기통신설비등)을 대통령령으로 정하는 기준과 절차에 따라 선정된 기간통신사업자(통합운영통신사업자)로 하여금 통합운영하게 할 수 있다.

만약 전기통신설비등을 통합운영하게 하려는 경우, 미래창조과학부장관은 미리 통합하려는 전기통신설비등의 설치자와 협의하여 전기통신설비통합운영계획을 수립하여야 한다. 미래창조과학부장관은 전기통신설비통합운영계획을 수립하여 관계 행정기관의 장과 협의한 후 국무회의의 심의를 거쳐 대통령의 승인을 받아야 한다. 전기통신설비통합운영계획에는 ① 통합의 대상·시기·방법 및 절차, ② 통합 후의 전기통신설비등의 운영에 관한 사항, ③ 그 밖에 대통령령으로 정하는 사항이 포함되어야 한다.

4) 전기통신설비 등의 매수

통합운영통신사업자는 전기통신설비등의 통합운영을 위하여 필요한 경우에는 해당 전기통신설비등의 매수를 청구할 수 있다. 이 경우 해당 전기통신설비등의 소유자는 정당한 사유 없이 이를 거부하여서는 아니 된다(법 제71조 제1항).

통합운영통신사업자가 국유 또는 공유의 전기통신설비등을 매수청구하는 경우에는, 「국유재산법」 제27조 또는 「공유재산 및 물품 관리법」 제19조에도 불구하고 통합운영통신사업자에게 매각할 수 있다(법 제71조 제2항). 전기통신설비등의 매각가액은 원칙적으로 「부동산 가격공시 및 감정평가에 관한 법률」에 따른 감정평가업자의 감정평가가격을 기준으로 산정하되, 감정평가업자의 감정이 곤란한 경우에는 협의로 매각가액을 산정할 수 있다. 그 외에 매각절차 및 매각대금의 지급방법 등은 당사자 간에 협의하는 바에 따른다.

통합운영통신사업자가 국유 또는 공유 외의 전기통신설비등을 매수하는 경우에는, 매수가액의 산정방법 및 기준 등에 관하여 「공익사업을 위한 토지 등의 취득 및 보상에 관한 법률」의 제반규정을 준용한다(법 제71조 제3항).

2. 전기통신설비의 설치 및 보전

1) 토지 등의 사용

기간통신사업자는 전기통신업무에 제공되는 선로 및 공중선과 그 부속설비(이하 "선로등"이라 한다)를 설치하기 위하여 필요한 경우, 토지등의 소유자나 점유자와 협의하여 그 타인의 토지 또는 이에 정착한 건물·공작물과 수면·수저(水底)를 사용할 수 있다(법 제72조 제1항). 다만, 기간통신사업자와 토지등의 소유자나 점유자와 협의가 성립되지 않거나, 협의를 할 수 없는 경우, 「공익사업을 위한 토지 등의 취득 및 보상에 관한 법률」에서 정하는 바에 따라 타인의 토지등을 사용할 수 있다(법 제72조 제2항).

2) 토지 등의 일시사용 및 출입

기간통신사업자는 기간통신역무를 제공하기 위하여 기지국 등의 중요한 통신설비로부터 이용자가 있는 장소까지 선로등의 설비를 설치하여야 한다. 이러한 특성으로 인하여 기간통신사업자는 선로등의 설비를 전국 방방곡곡에 설치하여야 하나, 설비의 설치에 필요한 토지 등 부동산을 모두 소유할 수 없고, 타인의 토지, 건물, 전주 등을 이용하는 것이 불가피하다.

기간통신사업자는 선로등에 관한 측량, 전기통신설비의 설치공사 또는 보전공사를 하기 위하여 필요한 경우에는 현재의 사용을 뚜렷하게 방해하지 아니하는 범위에서 사유 또는 국유·공유의 전기통신설비 및 토지등을 일시 사용할 수 있다(법 제73조 제1항). 또한 기간통신사업자의 전기통신설비를 설치·보전하기 위한 측량·조사 등을 위하여 필요하면 타인의 토지등(주거용 건물은 제외)에 출입할 수 있다(법 제74조 제1항).

기간통신사업자가 선로등의 측량, 전기통신설비의 설치공사 또는 보전공사를 위한 타인의 전기통신설비 및 토지등을 일시 사용하는 것을 정당한 사유 없이 방해하는 자(법 제73조 제2항) 또는 토지등에 출입하는 것을 방해한 자(법 제74조 제2항)에게는 3천만원 이하의 과태료가 부과될 수 있다(법 제104조 제2항).

기간통신사업자는 제1항에 따라 사유 또는 국유·공유 재산을 일시 사용하려면 미리 점유자에게 사용목적과 사용기간을 알려야 한다. 다만, 미리 알리는 것이 곤란한 경우에는 사용을 할 때 또는 사용 후 지체 없이 알리고, 점유자의 주소나 거소를 알 수 없어 사용목적과 사용기간을 알릴 수 없는 경우에는 이를 공고하여야 한다(법 제73조 제3항). 제1항에 따른 토지등의 일시 사용기간은 6개월을 초과할 수 없고(법 제73조 제4항), 제1항에 따라 사유 또는 국유·공유의 전기통신설비나 토지등을 일시 사용하는 사람은 그 권한을 표시하는 증표를 지니고 이를 관계인에게 보여주어야 한다(법 제73조 제5항).

이는 측량이나 조사 등에 종사하는 사람이 사유 또는 국유·공유의 토지등에 출입하는 경우에도 마찬가지인바, 토지의 일시사용과 같은 방법으로 점유자에게 통지하여야 하고, 관계인에게 증표를 제시하여야 한다(법 제74조 제3항).

3) 장해물 등의 제거요구권

기간통신사업자는 선로등의 설치 또는 전기통신설비에 장해를 주거나 줄 우려가 있는 가스관·수도관·하수도관·전등선·전력선 또는 자가전기통신설비(이하 "장해물등"이라 한다)의 소유자나 점유자에게 그 장해물등의 이전·개조·수리 또는 그 밖의 조치를 요구할 수 있다(법 제75조 제1항).

또한 기간통신사업자는 식물이 선로등의 설치·유지 또는 전기통신에 장해를 주거나 줄 우려가 있으면 그 소유자나 점유자에게 식물의 제거를 요구할 수 있다(법 제75조 제2항). 만약 이 경우에 식물의 소유자나 점유자가 제2항에 따른 요구에 따르지 아니하거나 그 밖의 부득이한 사유가 있는 경우, 기간통신사업자는 미래창조과학부장관의 허가를 받아 그 식물을 벌채하거나 이식할 수 있으나, 이 경우 해당 식물의 소유자나 점유자에게 지체 없이 그 사실을 알려야 한다(법 제75조 제3항).

기간통신사업자의 전기통신설비에 장해를 주거나 줄 우려가 있는 장해물 등의 소유자나 점유자는 그 장해물등을 신설·증설·개수(改修)·철거 또는 변경할 필요가 있으면 미리 기간통신사업자와 협의하여야 한다.

4) 원상회복

기간통신사업자는 법 제72조 및 제73조에 따른 토지등의 사용이 끝나거나 사용하고 있는 토지등을 전기통신업무에 제공할 필요가 없게 되면 그 토지등을 원상으로 회복하여야 하며, 원상으로 회복하지 못하는 경우에는 그 소유자나 점유자가 입은 손실에 대하여 정당한 보상을 하여야 한다.

5) 손실보상

기간통신사업자가 선로등에 관한 측량, 전기통신설비의 설치공사 또는 보전공사를 하는 과정에서, 토지등의 일시 사용(법 제73조 제1항), 토지등에의 출입(법 제74조 제1항), 장해물등의 이전·개조·수리 또는 식물의 제거 등을 요구(법 제75조), 이러한 일시사용·출입등의 필요가 없게 된 이후 원상회복이 불가능한 경우에, 해당 토지등의 권리자의 손실을 보상하여야 한다.

기간통신사업자가 손실보상을 할 때에는 원칙적으로 그 손실을 입은 자와 협의를 하고, 만약 협의가 성립되지 아니하거나 협의를 할 수 없는 경우에는 「공익사업을 위한 토지 등의 취득 및 보상에 관한 법률」에 따른 관할 토지수용위원회에 재결(裁決)을 신청하여야 한다. 그 절차에 관하여는 「공익사업을 위한 토지 등의 취득 및 보상에 관한 법률」을 준용한다.

3. 전기통신설비의 보호

1) 설비파손금지

전기통신설비를 파손하거나, 파손에 이르지 않더라도 전기통신설비에 물건을 접촉하거나 그 밖의 방법으로 그 기능에 장해를 주어 전기통신의 소통을 방해하면 형사처벌(5년 이하의 징역 또는 2억원 이하의 벌금)을 받게 된다(법 제94조 제3호).

여기서 「전기통신사업법」 제94조 제3호의 문장은 중의적으로 해석이 가능한 바, 동 조항에서 정하고 있는 범죄의 구성요건에 관하여, ① "제79조 제1항 전단을 위반하여 전기통신설비를 파손한 자" 또는 "제79조 제1항 후단을 위반하여 전기통신설비에 물건을 접촉하거나 그 밖의 방법으로 그 기능에 장해를 주어 전기통신의 소통을 방해한 자"로 나누어 보아야 한다는 이유로 전기통신설비를 파손하는 행위만으로 족하다는 견해와, ② (i) 제79조 제1항을 위반하여, (ii) 전기통신설비를 파손하거나 전기통신설비에 물건을 접촉하거나 그 밖의 방법으로, (iii) 그 기능에 장해를 주어 전기통신의 소통을 방해한 자라고 규정을 해석함으로써 그 구성요건이 전기통신설비를 파손하는 행위뿐만 아니라, 전기통신의 소통을 방해하는 결과 및 그 사이의 인과관계를 모두 요구하는 것이라는 견해가 나뉠 수 있다.

살피건대, 「전기통신사업법」은 설비파손행위와 전기통신소통방해행위에 관한 금지규정을 병렬적으로 배치하고 있는 점, 「전기통신사업법」 제94조 제3호의 문언을 전자와 같이 해석하는 것이 더 자연스럽다는 점 등을 고려할 때 본 범죄의 구성요건은 전기통신설비를 파손하는 것만으로 충족되는 것으로 본다.

한편, 전기통신설비를 파손할 경우, 형법상 재물손괴죄(「형법」 제366조)에도 해당할 가능성이 높다. 형법상 재물손괴죄는 타인의 재물, 문서 또는 전자기록등 특수매체기록을 손괴 또는 은닉 기타 방법으로 기 효용을 해한 자는 3년 이하의 징역 또는 700만원 이하의 벌금으로 처벌하고 있는바, 「전기통신사업법」 제94조 제3호에서 규정하고 있는 전기통신설비파손죄는 손괴되는 타인의 재물 가운데 전기통신설비의 공익적 역할을 고려하여 가중처벌규정을 둔 것으로 보이고, 양 규정 사이의 관계는 법조경합 중 특별관계에 해당한다.

2) 전기통신소통방해행위의 금지

전기통신설비에 물건을 접촉하거나 그 밖의 방법으로 그 기능에 장해를 주어 전기통신의 소통을 방해하는 행위를 하여서는 아니 된다(법 제79조 제1항 후단). 이를 위반하여 전기통신설비에 물건을 접촉하거나 그 밖의 방법으로 그 기능에 장해를 주어 전기통신의 소통을 방해하는 행위를 하는 자에 대하여 5년 이하의 징역 또는 2억원 이하의 벌금에 처한다.

3) 전기통신설비 오손 및 설비측량표 훼손금지

전기통신설비에 물건을 던지거나 이에 동물·배 또는 뗏목 따위를 매는 등의 방법으로 전기통신설비를 오손(汚損)하거나 전기통신설비의 측량표를 훼손하는 것은 금지되는데, 이를 위반하여 전기통신설비를 파손하거나 전기통신설비에 물건을 접촉하거나 그 밖의 방법으로 그 기능에 장해를 주어 전기통신의 소통을 방해한 자는 형사처벌(5년 이하의 징역 또는 2억원 이하의 벌금)을 받게 된다.

4) 기간통신사업자의 해저케이블 경계구역지정 신청권

기간통신사업자는 해저에 설치한 통신용 케이블과 그 부속설비(해저케이블)를 보호하기 위하여 필요하면 해저케이블 경계구역의 지정을 미래창조과학부장관에게 신청할 수 있다(법 제79조 제3항). 기간통신사업자는 미래창조과학부장관에게 해저케이블 경계구역의 지정을 신청하면서, ① 경계구역 지정의 필요성, ② 경계구역의 구간과 폭(위도와 경도를 나타내는 좌표를 적은 자료)에 관한 자료를 제출하여야 하고, 경우에 따라 미래창조과학부장관이 추가로 요구하는 자료를 제출할 수 있다.

미래창조과학부장관은 이러한 신청을 받으면 해저케이블 경계구역을 지정할 필요성 등을 검토하고, 관계 중앙행정기관의 장과의 협의를 거쳐 해저케이블 경계구역을 지정·고시할 수 있다. 미래창조과학부장관은 특별한 사정이 없으면 신청일부터 60일 이내에 그 지정을 신청한 기간통신사업자에게 지정 여부를 통보하여야 한다.

미래창조과학부장관이 해저케이블 경계구역을 지정·고시한 때에는, 이를 신청한 기간통신사업자는 경계구역의 위치를 자신의 인터넷 홈페이지 등에 공시하여야 하며, 지정된 구역에 부표 등 구역 표시물을 설치할 수 있다.

4. 전기통신설비가 설치된 토지 등 소유자의 설비이전 등 요구

기간통신사업자의 전기통신설비가 설치되어 있는 토지등이나 이에 인접한 토지등의 이용목적이나 이용방법이 변경되어 그 설비가 토지등의 이용에 방해가 되는 경우에는 그 토지등의 소유자나 점유자는 기간통신사업자에게 전기통신설비의 이전을 요구할 수 있다(법 제80조 제1항). 기간통신사업자는 설비이전요구를 받은 경우, 해당 조치를 하는 것이 업무의 수행상 또는 기술상 곤란한 경우가 아니면 이에 응하여야 한다.

이러한 조치에 필요한 비용은 해당 설비의 설치 이후에 해당 조치를 취하게 된 원인제공한 자가 부담하는 것이 원칙이다. 다만, 위 조치비용을 해당 토지등의 소유자나 점유자가 부담하는 경우로서, ① 기간통신사업자가 해당 전기통신설비의 이전이나 그 밖에 방해요소를 없애기 위한 계획을 수립하여 시행하는 때, 또는 ② 해당 전기통신설비의 이전이나 그 밖에 방해요소 제거가 다른 전기통신설비에 유익하게 되는 때, ③ 국가나 지방자치단체가 전기통신설비의 이전이나 그 밖에 방해요소 제거를 요구하는 때, ④ 사유지 내의 전기통신설비가 해당 토지등을 이용하는 데에 크게 지장을 주어 이전하는 때의 어느 하나에 해당한다면, 기간통신사업자는 그 토지등의 소유자나 점유자가 부담하는 비용을 적절히 감면할 수 있다.

5. 기타 전기통신설비와 관련한 행정청의 권리와 의무

1) 공공기관에 대한 협조요청권

기간통신사업자는 전기통신설비를 설치·보전하기 위하여 차량, 선박, 항공기, 그 밖의 운반구(運搬具)를 운행할 필요가 있으면 관계 공공기관에 협조를 요청할 수 있다(법 제81조). 이 경우 협조를 요청받은 공공기관은 정당한 사유가 없으면 그 요청에 따라야 한다.

2) 설비에 대한 검사 및 보고의무, 시정명령

미래창조과학부장관은 전기통신에 관한 정책의 수립을 위하여 필요한 경우 등에는 전기통신설비를 설치한 자의 설비상황·장부 또는 서류 등을 검사하거나 전기통신설비를 설치한 자에 대하여 설비에 관한 보고를 하게 할 수 있다(법 제82조 제1항). 검사 또는 보고를 하도록 하는 경우에 관하여는 대통령령으로 정하도록 위임하고 있는데, ① 전기통신에 관한 정책의 수립·시행을 위하여 필요한 경우, ② 전기통신설비 설치·운용의 적정 여부를 확인하기 위하여 필요한 경우, ③ 국가비상사태가 발생하거나 재해 및 재난 시의 원활한 통신 확보를 위하여 필요한 경우가 이에 해당한다.

미래창조과학부장관이 설비상황·장부 또는 서류에 대한 검사를 하는 경우, 검사 7일 전까지 전기통신설비 설치자에게 검사 일시·이유·내용 등에 대한 검사계획을 전기통신설비를 설치한 자에게 알려야 한다. 다만, 긴급한 경우이거나 사전에 통지하면 증거인멸 등으로 검사 목적을 달성할 수 없다고 인정하는 경우에는 그러하지 아니하다(동법 시행령 제52조의2 제2항). 이러한 검사를 하는 공무원은 그 권한을 표시하는 증표를 지니고 관계인에게 보여 주어야 하며, 출입 시 성명, 출입 시간, 출입 목적 등이 표시된 문서를 관계인에게 주어야 한다(동법 시행령 제52조의2 제3항).

한편, 미래창조과학부장관은 전기통신사업법을 위반하여 전기통신설비를 설치한 자에 대하여 해당 설비의 제거 또는 그 밖에 필요한 조치를 명할 수 있다(법 제82조 제2항).

6. 전기통신장비(방송통신기자재)에 관한 규제

1) 연혁

2000년까지 전기통신장비는 유선기기, 무선기기 및 전자파적합등록기기 등으로 나뉘어 「전기통신기본법 시행규칙」, 「무선설비 형식검정 및 형식등록 규칙」, 「전자파 적합등록 규칙」에 각각 분산되어 규정되어 있었다. 이러한 규정들을 통합하여 2000. 5. 22. 정보통신부령으로 「정보통신기기인증규칙」이 제정되어 시행되었다. 행정규칙 수준에서는 인증제도가 통합된데 반하여, 법률 수준에서는 유선기기에 대하여는 「전기통신기본법」에 따라, 무선기기에 대해서는 「전파법」에서 각각 규정하는 체계를 유지함으로써 유선기기와 무선기기를 별도로 이원화하여 규제하는 체계를 유지하여 왔다.

그 이후 이원화된 규제로 인하여 방송통신기기 등에 대하여 제조 또는 판매하거나 수입하는데 인증기간 및 인증비용이 과다하다는 비판에 따라, 「전기통신기본법」상 유선기기에 대한 인증 관련 규정을 「전파법」에 통합하는 내용의 개정이 2010. 7. 23. 이루어졌다(전파법 제5장의2가 신설되었다). 2010년 「전파법」 개정에서는 기기별 기준이 아닌 방송통신기자재 등의 위해정도 등을 고려하여 인증유형을 재분류하고 적합성 평가절차를 간소화하는 등의 규제정비가 함께 이루어졌다.

2) 현행 전기통신사업법의 규정

현행 「전기통신사업법」은 ① 사업용 전기통신설비의 기술기준(법 제61조), ② 관로 설치기준(법 제68조 제2항), ③ 전기통신선로설비의 설치기준(법 제69조 제2항)을 준수할 의무만을 남겨 놓고 있다.

이러한 「전기통신사업법」 제61조 · 제68조 제2항 · 제69조 제2항에서 위임한 기술기준을 비롯하여 「방송통신발전 기본법」 제28조 제1항, 「전파법」 제58조의2

제1항 및 「주택건설기준 등에 관한 규정」 제32조에서 각 위임한 방송통신설비·관로·구내통신선로설비 및 방송통신기자재등의 기술기준에 관하여 대통령령인 「방송통신설비의 기술기준에 관한 규정(대통령령 제24445호)」에서 통합하여 규정하고 있다. 다만, 위 대통령령의 주된 상위법률은 「방송통신발전 기본법」이다.

미래창조과학부는 국립전파연구원에 ① 방송통신설비의 기술기준에 관한 사항 중 세부기술기준의 고시에 관한 사항 및 ② 사업용방송통신설비의 기술기준, 관로설치기준 및 전기통신선로설비 등의 설치기준에 관한 사항 중 세부기술기준의 고시에 관한 권한을 위임하고 있다.

이에 따라 2015년 현재 국립전파연구원이 제정하여 운용하고 있는 세부기술기준의 목록은 아래와 같다.

표 7-2 국립전파연구원의 기술기준 목록

	행정규칙 번호	행정규칙 명
1	국립전파연구원고시 제2011-27호	방송통신기자재등의전기안전에관한기술기준
2	국립전파연구원고시 제2012-17호	방송통신설비의기술기준에관한표준시험방법
3	국립전파연구원고시 제2012-22호	전파잡음 측정방법
4	국립전파연구원고시 제2012-26호	항공업무용 무선설비의 기술기준
5	국립전파연구원고시 제2012-31호	무선설비의 안전시설기준
6	국립전파연구원고시 제2014-11호	전력유도전압의 구체적산출방법에 대한 기술기준
7	국립전파연구원고시 제2014-2호	전자파강도 측정기준[14]
8	국립전파연구원고시 제2015-23호	전자파흡수율 측정기준

	행정규칙 번호	행정규칙 명
9	국립전파연구원고시 제2015-11호	전파응용설비의 기술기준
10	국립전파연구원고시 제2015-12호	전파환경측정 등에 관한 규정
11	국립전파연구원고시 제2015-13호	해상업무용 무선설비의 기술기준
12	국립전파연구원고시 제2015-14호	전기통신사업용 무선설비의 기술기준
13	국립전파연구원고시 제2015-16호	방송통신설비의 안전성 신뢰성 및 통신규약에 대한 기술기준
14	국립전파연구원고시 제2015-19호	접지설비구내통신설비 선로설비 및 통신공동구 등에 대한 기술기준
15	국립전파연구원고시 제2015-22호	방송통신기자재등 시험기관의 지정 및 관리에 관한 고시
16	국립전파연구원고시 제2015-24호	단말장치 기술기준
17	국립전파연구원고시 제2015-25호	간이무선국우주국지구국의무선설비및전파탐지용무선설비 등그밖의업무용무선설비의기술기준
18	국립전파연구원고시 제2015-26호	방송통신기자재등의 적합성 평가에 관한 고시
19	국립전파연구원고시 제2015-6호	고출력누설 전자파 안전성 평가기준 및 방법 등에 관한 고시
20	국립전파연구원고시 제2015-7호	무선설비의 공중선 전력과 전파응용설비의 고주파 출력 측정 및 산출방법
21	국립전파연구원공고 제2012-23호	전기안전 및 전자파적합성 시험인증 통합처리지침
22	국립전파연구원공고 제2013-8호	전자파 적합측정설비의 교정검사기준 및 방법
23	국립전파연구원공고 제2015-104호	유선설비의 적합성평가 처리방법

	행정규칙 번호	행정규칙 명
24	국립전파연구원공고 제2015-14호	라인방송통신설비의 내진시험방법
25	국립전파연구원공고 제2015-60호	이동통신용무선설비(LTE) 기술기준 시험방법
26	전파연구소공고 제2010-35호	방송통신기기에 대한 기기부호 및 형식기호

3) 방송통신기자재 등의 관리(전파법 제5장의2)

방송통신기자재 또는 전자파장해를 주거나 전자파로부터 영향을 받는 기자재를 제조 또는 판매하거나 수입하려는 자는 해당 기자재에 대하여 적합성평가기준에 따라 ① 적합인증, ② 적합등록을 받아야 한다(전파법 제58조의2 제1항). 또한, 방송통신기자재 등에 대한 적합성평가기준이 마련되어 있지 아니하는 등의 사유로 적합성평가가 곤란한 경우에 미래창조과학부장관이 관련 국내외 표준, 규격 및 기술기준 등에 따른 적합성평가를 한 후 지역, 유효기간 등의 조건을 붙여 해당 기자재의 제조·수입·판매를 허용(이하 "잠정인증"이라고 한다)할 수 있는 잠정인증 제도를 마련하고 있다(전파법 제58조의2 제7항).

적합성평가기준은 ① 전파법 제37조 및 제45조에 따른 기술기준, ② 전파법 제47조의2에 따른 전자파 인체보호기준, ③ 전파법 제47조의3 제1항에 따른 전자파 적합성기준, ④ 「방송통신발전 기본법」 제28조에 따른 기술기준, ⑤ 「전기통신사업법」 제61조·제68조·제69조에 따른 기술기준, ⑥ 「방송법」 제79조에 따른 기술기준, ⑦ 다른 법률에서 방송통신기자재등과 관련하여 미래창조과학부장관이 정하도록 한 기술기준이나 표준을 의미한다(전파법 제58조의2 제1항). 한편, 방송통신기자재등에 대한 적합성평가기준이 마련되어 있지 않은 등의 사유로 적합성평가가 곤란한 경우로서 위해의 우려가 낮은 경우에는 관련 국내외 표준, 규격 및 기술기준 등에 따른 적합성평가를 한 후 지역, 유효기간 등의 조건을 붙여 해당

---

14) 「전자파강도 및 전자파흡수율 측정대상 기자재」(미래창조과학부 고시 제2015-17호), 「전자파인체보호기준」(미래창조과학부 고시 제2015-18호), 「전자파 등급기준」(미래창조과학부 고시 제2015-16호)은 미래창조과학부가 직접 고시하고 있다.

기자재의 제조·수입·판매를 허용하는 잠정인증 제도를 마련하고 있다.

미래창조과학부장관은 ① 시험·연구, 기술개발, 전시 등의 목적으로 제조 또는 수입하는 경우, ② 수출 전용으로 제조하는 경우, ③ 잠정인증을 요청하면서 해당 기자재에 대한 지정시험기관의 시험 결과를 제출한 경우, ④ 관계 법령에 따라 이 법에 준하는 전자파장해 및 전자파로부터의 보호에 관한 적합성평가를 받은 경우에는 적합성평가는 면제할 수 있다. 여기서, 국내에 유통되지 않거나, 다른 법령상의 절차를 거친 기자재에 대하여 적합성평가를 면제하는 것은 쉽게 납득이 되나, 지정시험기관의 시험 결과만으로 적합성평가의 면제를 허용한 것은 독특한 것으로 평가된다. 제도의 운영 과정에서 지정시험기관에 관하여 엄격한 수준의 관리가 수반되지 않는 이상 기술적으로 적절하지 않은 방송통신기자재가 제한 없이 유통될 우려가 있다. 구 정보통신부는 900㎒ 대역을 사용하는 가정용 무선전화기를 추가로 유통시키지 않음으로써 자연도태시키고 해당 대역을 이동통신용으로 공급하려는 계획을 확정하고, 해당 계획에 따라 기간통신사업자에게 해당 대역을 할당하였으나, 위 계획 확정 이후에도 900㎒ 대역 주파수를 사용하는 저가의 가정용 무선전화기가 대량으로 수입되어 유통됨으로써 이동통신용으로 할당된 주파수 대역에 혼간섭 문제가 발생하여 제대로 활용하지 못한 사례가 있다. 해당 사례는 방송통신기자재의 적합성평가절차의 중요성을 새삼 인식하도록 하였던 사례로 평가할 수 있다.

국제전기통신업무

제1절 국제전기통신업무에 관한 통상규범[1]

다자통상체제 하에서 서비스무역에 관한 통상규범이 최초로 제정된 시기는 우루과이라운드(Uruguay Round) 협상이다. 당시까지 교과서적으로 비교역재(non-tradables)로 취급되어 오던 서비스가 다자통상체제로 편입된 것은 기술발전에 따라 현실적으로 서비스분야에서도 부분적으로 국제 무역이 이루어지고 있다는 현실의 반영이기도 하지만, 실질적으로는 상품무역에서 경쟁력을 급속히 침식당하고 있던 미국 등 선진국들의 생존전략 때문이라고 보아도 과언이 아니다. 이러한 배경 하에서 UR협상을 통해 제정되고 WTO체제 출범을 계기로 발효된 서비스무역에 관한 다자통상규범이 GATS(General Agreement on Trade in Services)이다. GATS 제1조 제2항은 국경 간 공급을 "한 회원국의 영토로부터 그 밖의 회원국의 영토 내로의(from the territory of one Member into the territory of any other Member) 서비스 공급"이라고 간략히 규정한다. 전기통신사업법은 국경 간 공급을 "국내에 사업장을 두지 아니하고 국외에서 국내로 기간통신역무를 제공하는 것"으로 정의한다. 이는 전기통신사업법이 국제전기통신업무에 관하여 정부가 가입한 조약이나 협정에 따로 규정이 있으면 그 규정에 따른다고 하고 있는 점에 비추어 GATS 제1조 제2항의 국경 간 공급 정의를 반영한 것으로 보인다.

통신서비스의 국경 간 공급(cross-border supply)은 국가 간 통신서비스 무역이 이루어지는 방식 가운데 하나로서 국내 이용자를 상대로 통신서비스가 제공됨

---

1) 방송통신 글로벌화에 대비한 제도개선 연구, 정보통신정책연구원, 2011. 12, 88면 이하 참조.

에도 불구하고 그 공급자가 국내에 주재하지 않는다는 점이 그 개념적인 특징이다. 이러한 점에서 국내 이용자와의 물리적 대면(physical proximity)을 전제로 하면서 서비스 분야의 가장 보편적인 무역의 방식인 상업적 주재(commercial presence)와는 분명하게 대조된다. 이와 같은 특성으로 인해 국내법과의 상이성이나, 해외 사업자의 탈법행위, 국내 사업자에 대한 역차별 문제 등 여러 가지 문제점들이 생겨날 수 있다.

1. WTO 기본통신협정

통신서비스분야에 대한 다자협상은 UR에서 시작되었으며, 편의상 GATS를 탄생시킨 1986년부터 1993년까지의 서비스협상그룹(GNS) 하에서의 협상, 1994년에 시작되어 1997년에 종결된 기본통신협상그룹(NGBT: Negotiating Group on Basic Telecom) 하에서의 협상, GATS의 '기설의제(Built-in Agenda)'로서 2001년부터 본격화된 DDA 하에서의 협상 등 3단계로 구분할 수 있다. UR의 서비스협상그룹 하에서의 통신서비스협상은 주로 부가통신서비스(value-added services or enhanced services)에 국한되었으며, 기본통신서비스를 포괄 하는 데는 실패하였다. 이러한 이유에서 UR 종료 시 각료결정(ministerial decision)에 의해 기본통신서비스분야에 국한된 후속협상을 추진하게 되었으며, 기본통신협상그룹이 동후속협상을 추진했다하여 흔히 '기본통신협상'이라 지칭한다.

기본통신협상을 통하여 단계적으로 외국인 지분참여 제한 완화를 중심으로 상업적 주재에 관한 시장접근 및 내국민대우 제한조치 완화를 단행하였다. 한국통신을 제외한 모든 기간통신사업자들에 대해 유·무선을 불문하고 외국인 지분참여가 1998년부터 33%(한국통신 20%), 2001년부터 49%(한국통신 33%)까지로 확대되었으며, 1999년부터는 외국인의 대주주 자격 취득도 허용되었다. 또한 기간통신서비스에 대한 기존 내국민대우에 대한 제한도 폐지하였다. 재판매서비스(별정통신서비스)에 대한 외국인 지분참여도 전면 개방하되, 시내전화망에 접속하여 전화서비스를 제공하는 재판매서비스인 소위 '음성재판매 서비스(voice resale services)'에 대해서는 외국인 지분참여를 1999년부터 49%, 2001년부터 100%까지로 확대하였다.

한편 우리나라는 기본통신협정을 통해 상업적 주재는 물론이고 국경 간 공급에 관해서도 시장개방의 조건으로 제한조치를 완화한 바 있으나, 국경 간 공급의 상업적 가치 및 중요도가 상업적 주재에 비해 떨어진다는 일반적 인식으로 인해 정책당국 및 세간의 관심을 받지 못해왔다. 이러한 사정은 대부분의 무역상대국 관점에서도 크게 다르지 않아 기본통신협정 발효 이후 다자, 양자적으로 상업적 주재에 관한 추가개방이 이루어져 왔음에도 불구하고 유독 국경 간 공급에 대한 제한조치는 한-EU FTA협상 이전에는 외부로부터의 특별한 개방압력을 받지 않고 일관되게 유지될 수 있었다.

2. FTA 통신협정

2000년대 들어 전세계적으로 나타난 가장 확연한 추세 가운데 하나가 FTA의 확산이다. 자유무역협정 FTA 확대는 전세계적인 추세로 우리나라도 이에 발 맞추어 현재 칠레, 싱가포르, EFTA, ASEAN, 인도, EU, 페루, 미국, 터키 등 46개국과 FTA 체결, 발효되어 무역 장벽이 허물어졌으며 이외에도 다른 세계 여러나라와 현재 FTA 협상 진행중이거나 진행 예정에 있다.

물론 이 가운데 협정 내용이 가장 중요한 의미를 갖는 사례는 한미 FTA와 한-EU FTA이다. 협정 내용 측면에서 한-미 FTA와 한-EU FTA의 특징은 여타의 FTA와 달리 시장접근 제한조치와 관련하여 상업적 주재 및 국경 간 공급 모두에 대해 우리나라의 기본통신협정 발효 이후 유지되어온 정책기조를 일부 변경했다는 사실이다.

이 가운데 상업적 주재에 대한 시장개방 양허 개선은 거의 대부분 한-미 FTA 협상에 의하며, 한-EU FTA는 한-미 FTA의 내용이 거의 변경 없이 반영된 정도라고 보아도 과언이 아니다. 주된 내용은 다름 아닌 기간통신사업자에 대한 조건부 외국인 지분소유 제한 폐지이다. 여기에서 조건부란 '공익성심사(public interest tests)'를 통과한다는 전제를 의미한다. 구체적으로는 KT, SK텔레콤을 제외한 모든 기간통신사업자에 대해 공익에 부합함을 조건으로 외국인 간접투자 제한을 폐지하는 것이다. 공익성심사가 외국인 지분소유 또는 통신사업자 허가에 대한 시장접근 제한조치이기보다는 정성적 차원의 국내규제 조치에 해당된다는 점에서 기간통신사업자에 대한 조건부 외국인 지분소유 제한 폐지는 전통적으로 유지되어온 외국인 시장진입에 대한 정량규제로부터 정성규제로의 정책기조 전환을 의미한다.

　한편 국경 간 공급에 대한 시장개방 양허 개선은 한−미 FTA에는 반영되어 있지 않으며, 현재까지는 한−EU FTA에서만 선별적으로 허용된 특이사항이다. 구체적으로 한−EU FTA에서는 통신서비스의 국경 간 공급과 관련하여, 허가받은 국내사업자와 상업적 약정 체결이라는 정책기조에 대한 예외를 만들게 되었다. 협정 발효 2년 후부터 국내 지점 간 연결 서비스를 제외한 한−EU 방송사간 방송신호 전송에 한해 "위성에 기초한 라디오, TV방송 전송서비스(satellite-based services of transmission of broadcasting of radio and TV programmes)"의 국경 간 공급에 대해 상업적 약정 체결 의무를 예외적으로 면제해 왔다. 그리고 2013년 전기통신사업법 개정으로 제86조 제2항 단서를 통해 한−EU 방송사업자 간 텔레비전방송 또는 라디오방송 관련 음성·데이터·영상 등을 전송하는 기간통신역무를 위성을 이용하여 제공하지만, 국내에 있는 방송사업자 간 기간통신역무를 제공하는 것이 아닐 경우에는 미래창조과학부장관의 승인 없이 협정을 체결할 수 있도록 국경 간 공급의 길을 넓게 열어주게 되었다.

제2절　국제전기통신업무에 관한 전기통신사업법

1. 국제전기통신업무에 대한 정의

　전기통신사업법 상의 국제전기통신업무란, 전기통신사업법 제87조 제1항에 의해 "국내에 사업장을 두지 아니하고 국외에서 국내로 기간통신역무를 제공하는 경우(기간통신역무의 국경 간 공급)"이거나 동법 시행령 제56조 제1항의 국제전기통신서비스를 제공하기 위한 위성의 설치 및 임차를 하는 경우를 말한다.

　전기통신사업법 제87조 제1항은 조문의 전반부인 "국내에 사업장을 두지 아니하고 국외에서 국내로 기간통신역무를 제공(이하 "기간통신역무의 국경 간 공급"이라 한다)하려는 자" 즉, 국외에 주재하는 내국인까지 국경 간 공급에 관한 우리법의 정의가 포함되어 있다. 다시 말해 전기통신사업법은 국경 간 공급을 "국내에 사업장을 두지 아니하고 국외에서 국내로 기간통신역무를 제공하는 것"으로 정의한다. 이는 "한 회원국의 영토(국외)로부터 그 밖의 회원국의 영토 내(국내)로의 (from the territory of one Member into the territory of any other Member) 서비스 공급"이라는 GATS 제1조 2항의 국경 간 공급 정의와도 맥락을 같이한다.

2. 국제전기통신업무에 관한 승인

1) 협정의 체결

국내에 사업장을 두지 아니하고 국외에서 국내로 기간통신역무를 제공(이하 "기간통신역무의 국경 간 공급"이라 한다)하려는 자는 같은 기간통신역무를 제공하는 국내의 기간통신사업자나 별정통신사업자와 기간통신역무의 국경 간 공급에 관한 협정을 체결하여야 한다.

전기통신사업법 제87조 제1항의 국내 사업장 부재의 의미는 "전기통신사업법의 규제요건을 통과하여 합법적으로 전기통신사업을 영위할 수 있는 법인이 우리 영토 내에는 존재하지 않음"이라고 해석되어야 한다. 좀 더 구체적으로는 제87조 1항이 거론하는 국내 사업장이란 전기통신설비를 보유하거나 이를 임차 이용하여 기간통신역무를 공급하기 위하여 각각 전기통신사업법 제6조(기간통신사업의 허가) 또는 제21조(별정통신사업의 등록)에 따라 적법하게 허가서 또는 등록증을 발급받고 기간통신사업 또는 별정통신사업을 영위할 수 있는 국내 주재 법인만을 의미하는 것으로 간주된다. 상업적 약정체결 요건은 국경 간 공급을 하고자 하는 주체, 즉 외국사업자에게 부과된 의무이다.

이에 따라 협정을 체결한 기간통신사업자나 별정통신사업자의 협정에서 정하는 역무의 제공에 관하여는 제28조(이용약관의 신고 등), 제32조(이용자 보호), 제33조(손해배상), 제45조부터 제47조까지(방송통신위원회의 재정), 제50조부터 제55조까지(금지행위 등), 제83조(통신비밀의 보호), 제84조(송신인의 전화번호의 고지 등), 제84조의2(전화번호의 거짓표시 금지 및 이용자보호), 제85조(업무의 제한 및 정지), 제88조(통계의 보고 등), 제92조(시정명령) 및 「정보통신망 이용촉진 및 정보보호 등에 관한 법률」 제44조의 7(불법정보의 유통금지)을 준용한다.

2) 승인과 승인면제

(국제)전기통신사업자는 위에서 정의된 국제전기통신업무에 관한 협정을 체결하려는 경우 대통령령으로 정하는 요건을 갖추어 미래창조과학부장관의 승인을 받아야 하고, 이를 변경하거나 폐지하려는 때에도 또한 같다.

협정의 승인을 받으려는 자는 협정서 또는 계약서 사본, 협정 또는 계약의 신·구 대비표(변경승인을 하는 경우만 해당한다), 협정 또는 계약 폐지의 사실을 증명하는 서류(폐지승인을 신청하는 경우만 해당한다)와 사업계획서(법 제87조 제1항에 따른 기간통신역무의 국경 간 공급에 관한 협정의 승인을 신청하는 경우만 해당하고, 국제전기통신서비스를 제공하기 위한 위성의 설치 및 임차하는 경우는 제외)를 미래창조과학부장관에게 제출하여야 한다. 미래창조과학부장관은 법 제87조 제1항에 따른 기간통신역무의 국경 간 공급에 관한 협정을 승인하려면, 서비스의 안정적인 제공 가능성, 국내 통신시장의 경쟁에 미치는 영향, 이용자 보호에 관한 사항을 종합적으로 심사하여야 한다.

기간통신역무를 제공하려는 자가 대한민국이 외국과 양자 간 또는 다자 간으로 체결하여 발효된 자유무역협정 중 미래창조과학부장관이 정하여 고시하는 자유무역협정 상대국의 외국인인 경우, 방송사업자 간 텔레비전방송 또는 라디오방송 관련 음성·데이터·영상 등을 전송하는 기간통신역무를 위성을 이용하여 제공하며, 국내에 있는 방송사업자 간 기간통신역무를 제공하는 것이 아닐 것의 3가지 요건을 갖춘 경우 미래창조과학부장관의 승인 없이 협정을 체결할 수 있다. 이는 위에서 설명한 한-EU FTA의 내용을 반영한 내용이다.

3. 국제전기통신업무 계약의 승인취소 및 정지

미래창조과학부장관은 기간통신역무의 국경 간 공급을 하려는 자 또는 그와 협정을 체결한 기간통신사업자나 별정통신사업자가 제87조 제2항에 따라 준용되는 해당 규정을 위반하는 경우에는 협정승인을 취소하거나 1년 이내의 기간을 정하여 해당 협정에서 정하는 기간통신역무의 국경 간 공급의 전부 또는 일부를 정지하도록 명할 수 있다. 제87조 제4항에 따른 기간통신역무의 국경 간 공급계약은 1회 위반 시 6개월 이내의 정지 또는 신규 이용자 모집 정지, 2회 위반 시 승인취소를 한다. 미래창조과학부장관은 이에 따른 승인취소 또는 정지 처분을 하였을 때에는 그 처분의 내용을 고시하고 이를 해당 전기통신사업자에게 서면으로 알려야 한다.

제3절 기간통신역무의 국경 간 공급[2]

1. 전기통신사업법 제87조의 해석론

1) 해석론상의 문제점

법 제87조 제1항은 "국내에 사업장을 두지 아니하고 국외에서 국내로 기간통신역무를 제공(이하 "기간통신역무의 국경 간 공급"이라 한다)하려는 자는 같은 기간통신역무를 제공하는 국내의 기간통신사업자나 별정통신사업자와 기간통신역무의 국경 간 공급에 관한 협정을 체결하여야 한다."라고 규정하고 있어서, 문언상 상당히 많은 모호한 개념과 용어를 포함하고 있다. 우선 "국내에 사업장을 두지 아니하고"라는 용어가 무엇을 의미하는 것인지, 또한 "국외에서 국내로"라는 표현이 단방향적인 서비스제공을 의미하는 것인지, 그리고 "같은 기간통신역무"란 구체적으로 무엇이 같아야 하는가의 해석상의 난점을 포함하고 있다.

특히 "같은 기간통신역무"라 함이 구체적으로 무엇이 같은 것을 말하는 것인가는 협정체결의 주체를 한정짓는 매우 중요한 의미를 갖고 있기 때문에 더욱 어려운 문제를 야기한다. 이 해석론의 스펙트럼은 가장 넓게는 기간통신역무를 제공하는 국내사업자이기만 하면 된다는 견해로부터 가장 좁게는 제공하고자 하는 서비스와 기술방식 등 모든 면에서 완전히 일치하는 서비스를 제공하는 국내사업자이어야 한다는 견해까지 매우 다양한 시각이 존재한다. 법 제87조 제1항에서 명시

---

2) 본 절은 <국제전기통신업무 제도 개선방안 연구 - 기간통신역무의 국경 간 공급 승인제를 중심으로, 2013. 11, 정보통신정책연구원>보고서 중 오병철 집필 부분에서 필요한 부분만을 전재함.

하고 있는 "같은 기간통신역무"의 구체적인 의미를 밝히기 위해서는 먼저 법 제87조의 규정취지로부터 입법자의 입법의사를 살펴보는 것이 중요하다. 왜냐하면 법 제87조뿐만 아니라 법 어디에서도 "같은 기간통신역무"의 구체적 의미를 밝힐 수 있는 직접적 단서를 찾을 수는 없기 때문이다.

2) 규정의 취지

법 제87조를 두게 된 취지는 GATS(General Agreement on Trade in Services), UR협상 등의 국제적인 흐름 속에서 1990년대 3차례에 걸쳐 통신시장을 개방하는 조치를 취하기 위한 법률 개정의 일환이다. 특히 1996년 4월 수정양허계획서를 제출할 때 국경 간 공급에 대해서 제한적으로 허용하기 시작하게 되었다. WTO 기본통신협상을 통해 국경 간 공급에 관해서 시장의 접근을 허용하되 외국사업자는 허가받은 국내사업자와 상업적 약정을 체결한 후에만 통신서비스공급이 가능하게 하는 방식을 채택한 것이다. 그러므로 법 제87조는 외국사업자의 진입이 봉쇄되어 있는 상황에서 외국사업자의 기간통신역무 제공의 길을 열어주기 위한 수단이었음을 잘 알 수 있다.

특히 기간통신사업에 대해 외국인의 주식소유한도가 엄격히 제한되어 있어서 외국사업자가 국내의 기간통신역무에 직접 참여할 수 없는 환경에서는 법 제87조가 매우 중요한 우회로를 개척해준 것이라고 평가할 수 있다. 또한 당시에는 전기통신회선설비를 설치하지 아니하고 전화역무를 제공하는 사업을 금지하였기 때문에 외국사업자로서는 전기통신설비를 설치하여 기간통신사업자가 되는 길 뿐만 아니라 회선을 임대하여 기간통신역무를 제공하는 길 또한 존재하지 아니하였으므로 법 제87조는 외국사업자에게 국내 통신시장에 참여할 수 있는 유일한 진입통로를 열어준 것이라고 볼 수 있다.

그러나 그 이후 상전벽해의 수준으로 통신시장이 개방되고 법이 개정되어 다양한 진입 경로가 생긴 오늘날 법 제87조의 의미는 그만큼 퇴색할 수밖에 없을 것이다. 외국사업자가 우리나라에서 기간통신사업자로서의 허가를 취득하는 것은 현실적으로 불가능하다고 할 수도 있겠지만, 별정통신사업자로 등록하여 우리나라에서 기간통신역무를 제공하는 사업을 하는 것이 완전히 개방되어 있다면 어떠한 의미에서는 법 제87조는 외국사업자에게는 허가나 등록의 진입규제의 문턱을 협정승인으로 매우 낮춘 일종의 특혜로서 국내사업자에 대한 역차별의 문제를 야기할 수도 있는 상황으로 변경되었다고 볼 수도 있다. 이러한 변화는 법 제87조의 해석론에서도 그대로 반영되어야 할 것이다.

3) "같은"의 의미

가) 무제한설

법 제87조에서 밝히고 있는 "같은 기간통신역무"란 구체적으로 무엇이 같은 것을 말하는 것인가에 대한 해석론이 문제의 핵심으로 부각된다. 이를 문리해석해 보면 다양한 관점을 상정할 수 있는데, 우선 가장 넓게는 기간통신역무를 제공하는 모든 국내사업자는 모두 여기에 포함된다고 볼 여지도 있다. 그 논거로는 첫째로 법 제87조에서 국경 간 공급을 하고자 하는 외국사업자의 서비스를 특별히 한정하고 있지 아니하다는 점을 들 수 있다. 외국사업자가 국경 간 공급으로 제공하고자 하는 서비스가 특정되어 있다면 그와 동일한 서비스라고 한정지을 수 있겠지만, 국경 간 공급이 이루어지는 서비스가 단순히 "기간통신역무"라고 포괄적으로 규정되어 있다면 그와 "같은" 서비스도 당연히 포괄적일 수밖에 없을 것이다. 따라서 무제한설에 따른 법률해석을 한다면 기간통신역무를 제공하는 국내의 모든 기간통신사업자와 별정통신사업자와 국경 간 공급에 관한 협정을 체결하여도 무방하다고 볼 수 있다.

이러한 광의의 해석론은 법 제87조를 문리해석에 국한한 해석방법이고 제도적 취지나 다른 정책적 배경 등은 고려하지 아니한 순수히 자구에 충실한 해석이라고 할 수 있다. 그러한 점에서 목적론적 해석이나 법정책적 고려를 포함하지 아니한 한계는 존재하겠지만, 한편으로는 특별한 해석의 근거를 찾을 수 없음에도 불구하고 자의적으로 제한적 해석을 함으로써 발생하는 영업의 자유와 같은 기본권 침해적 법률해석의 위험성을 미연에 방지하는 긍정적 효과도 찾을 수 있다.

나) 세부역무 동질설

법 제87조의 "같은 기간통신역무"의 의미를 제한적으로 해석할 수 있는 여지도 있다. 2007년 법 시행규칙이 개정되기 이전에는 기간통신역무를 다시 시내 · 시외 ·

국제전화, 인터넷접속, 인터넷전화, 이동전화 등으로 세분화하고 각 서비스 별로 별도의 허가를 받아야 해당 서비스 제공이 가능하였다. 이러한 상황을 전제로 법 제87조를 해석하면, 국경 간 공급을 하고자 하는 외국사업자가 기간통신역무 중에서 위와 같은 세부역무 중 어느 역무를 제공하고자 하는가에 따라서 "같은" 세부적 기간통신역무를 제공하는 국내 기간통신사업자나 별정통신사업자와 협정을 체결해야 한다고 제한적으로 해석할 수 있다. 이러한 해석의 근거는 문제가 되는 법 제87조가 2007년 8월 법 개정을 통해서 최초로 등장한 규정이고, 동 조문을 신설할 당시에는 전기통신사업법 시행규칙에서 세분화된 기간통신역무 체계를 가지고 있었으므로, 이를 전제로 하여 "같은 기간통신역무"라는 표현을 "동일한 세부 기간통신역무"를 제공하는 국내의 기간통신사업자나 별정통신사업자라고 충분히 해석할 수 있을 것이다.

그럼에도 불구하고 2007년 12월 시내·시외·국제전화, 인터넷접속, 인터넷전화, 이동전화 등으로 세분화되어 있던 기간통신역무를 '전송역무', '주파수를 할당받아 제공하는 역무' 및 '회선설비임대역무'의 3가지로 단순화하여 통합을 하였다. 따라서 국경 간 공급을 하고자 하는 외국사업자로서는 국경 간 공급이라는 특성상 '주파수를 할당받아 제공하는 역무'나 '회선설비임대역무'를 제공할 수는 없는 것이 자명하므로, 결국 '전송역무'라는 단일한 기간통신역무에 해당하지 않을 수밖에 없다. 이 시점에서 법 제87조의 규정이 그에 맞추어 개정되었어야 했는데 이를 간과하는 바람에 문제의 발단이 된 것이다. 나아가 2010년 3월 22일 법률 제10166호로 전기통신사업법을 전면 개정하면서 제2조 제11호로 현재와 같이 완전히 통합된 단일화된 기간통신역무의 개념정의가 이루어지고, 기간통신역무의 종류와 내용을 3분류로 규정하고 있었던 법 시행령 제7조는 폐지되기에 이르렀다.[3] 이로써 법 제87조의 해석은 완전히 오리무중의 상태로 빠지게 되었다.

결국 법 제87조의 "같은" 기간통신역무라 함은 "동일한 전송역무" 또는 "세분화된 기간통신역무 중 같은" 기간통신역무로 해석할 근거는 전혀 존재하지 않게 되었다. 완전히 통합된 기간통신역무의 현 체제하에서는 같은 세분화된 기간통신역무란 존재하지 않기 때문이다. 따라서 세부역무 동질설은 과거 법 제87조가 도

---

3) 자세한 내용은 박동욱, "융합환경에서의 방송통신사업 분류체계와 진입규제", 경제규제와 법(제3권 제2호), 2010, 102-122면 참조.

입되던 시점에서는 유일한 법률해석이 되겠지만, 현재로서는 폐기되어야 할 법해석론이 되었다.

다) 기술적 동질설

끝으로 법 제87조의 "같은 기간통신역무"의 의미를 극히 협소한 의미로 해석할 수도 있다. 위에서 살펴본 바와 같이 서비스의 범주를 실질적으로 유의미하게 구분할 수 있는 어떠한 법적 규범도 존재하지 않는 상황에서 자의적으로 "같은"이라는 용어를 제한적으로 적용할 기준을 설정하는 것은 매우 어려운 일이다. 특히 이러한 해석론이 구체적인 법적 분쟁에서 법원이 법률을 적용하는 과정에서 해의론(解擬論)적으로 요구되는 것이라면 모르지만, 사전적인 행정관청의 유권해석으로서 어떠한 기준을 제시한다고 하더라도 이는 역시 추상적이고 모호한 용어를 통해서 동어반복적인 문제점을 내포하게 될 것이다. 예를 들어 "같은 기간통신역무"를 "동일한 기능을 하는 기간통신역무"라거나 "동일한 사회적 역할을 하는 기간통신역무"라고 제한적으로 해석한다고 하더라도 그 모호함은 여전히 존재할 수밖에 없을 것이다.

따라서 법 제87조의 "같은 기간통신역무"를 극히 협소하게 해석하여 국경 간 공급을 하고자 하는 외국사업자와 동일한 세부역무와 더불어 완전히 동일한 기술방식과 사회적 기능과 역할을 하는 기간통신역무를 제공하는 국내 기간통신사업자나 별정통신사업자로 국한할 수 있다. 즉 법 제87조의 "같은"과 "기간통신역무" 사이에 "기술방식과 사회적 기능과 역할을 하는"이라는 문구가 생략되어 있는 것으로 해석하는 것이다.

이렇게 극히 좁게 해석한다면 동일한 서비스를 제공하는 국내사업자가 국내 통신시장의 상황을 고려하여 협정을 체결할 것인지의 여부를 판단할 것이므로 국내 통신시장의 실질적 보호에는 매우 유용한 해석론이라고 할 것이다. 그러나 반대로 이렇게 기술방식까지도 동일한 기간통신역무라고 제한한다면, 외국사업자와 동일한 기술방식을 채택해서 서비스를 실시하고 있는 국내사업자가 아예 존재하지 않는 경우도 빈번하게 존재할 수 있고 이러한 경우에는 아예 외국사업자의 진입 자체가 원천적으로 봉쇄될 것이다. 예를 들어 위성을 보유하고 이를 통해서 직접 미국 이용자와 한국 이용자의 위성이동통신서비스를 제공하는 미국 사업자라면 위성이동통신사업을 하는 국내사업자와 협정을 체결하여야만 할 것이다. 그러나 위성을 통해 사물통신 서비스를 제공하는 외국사업자가 국내에도 그 서비스를 직접 공급하고자 하는 경우에는 위성을 통해 사물통신 서비스 사업을 영위하는 국내 기업이 존재하지 않는다면 아예 협정 대상 주체가 존재하지 아니하므로 협정 체결 자체가 불가능하고 사업 진출은 원천적으로 봉쇄될 것이다.

라) 현행법의 해석론

현행 법 제87조의 규정을 그대로 문리해석하면 무제한설을 따를 수밖에 없을 것이다. 그러한 해석의 논거는 다음과 같다. 첫째로 기간통신역무의 단일 통합으로 더 이상 역무분류를 세부적으로 할 수 없는 상황에서는 어떠한 객관적 기준도 제시할 수 없기 때문이다. 법 제87조를 신설할 당시에는 세부적 역무구분이 있었기에 "같은"이라는 수식어가 객관적으로 명확한 기준을 가지고 있었으나, 역무통합으로 이러한 수식어가 무의미해지는 것을 간과하여 법 제87조를 적절한 범위로 제한하는 개정작업을 하지 못한 부작용의 결과이다. 둘째로는 법규범상의 명확한 기준도 없이 자의적으로 "같은"을 제한적으로 해석할 수는 없다. 법규범상의 명확한 기준이 존재하지 않은 상태에서 "같은"의 의미를 해석론에 의해 제한하게 되면 그 때 그 때 사안별로 다른 해석이 이루어질 위험이 있고 이는 자의적인 법적용이라는 결과를 가져올 것이기 때문이다. 셋째로 "같은"의 의미를 제한적으로 해석하게 되면 통상마찰을 야기할 위험이 매우 크다. 우리나라는 이미 WTO 기본통신협정 본문에서 이미 국경 간 공급을 허용하는 것을 원칙으로 선언한 바 있고 다만 그 조건으로 허가받은 국내사업자와 협정을 체결할 것을 양허표에서 붙인 바 있다. 양허표 어디에도 '같은 역무를 제공하는' 허가받은 통신서비스제공자라고 제한한 바 없고, 더욱이 기간통신역무가 단일통합된 상황에서도 이를 제한적으로 해석하게 되면 새로운 진입규제를 신설하는 것에 다름 아니기 때문이다. 끝으로 정책적으로도 국경 간 공급을 하는 기간통신역무와 기술적으로 완전히 동일한 역무제공자가 국내에 없다면 아예 진입자체를 하지 못하는 결과를 초래하며, 역무가 세분화되어있던 시점에도 기술적 방식까지 동일한 것이 아니라 기능적인 관점에서 세분화되어 있는 역무만 동일하면 되는 것이었는데 이를 더욱 좁혀 기술적 방식까지 동일한 역무로 제한하는 것은 개방후퇴라는 비판을 면하기 어렵다.

생각해보면 결국 이 문제는 기간통신역무를 단일통합하면서 그러한 조치가 법 제87조의 해석에 중대한 영향을 미친다는 사실을 간과하여 기간통신역무를 통합하면서 법 제87조는 그대로 두었다는 사실에 기인한다. 이러한 제도정비상의 과오는 근본적으로는 다음과 같은 입법론으로 해결하는 것이 적절하다고 볼 것이다.

마) 입법론

기간통신역무를 통합하여 단일화한다고 하여도 규제당국이 기간통신역무의 세부적인 서비스에 대한 규제가 하나로 통합되는 것은 아니다. 즉 개별적 규제에서는 시내, 시외, 국제전화, 전기통신 회선설비 임대, 초고속인터넷, 인터넷전화서비스 등을 개별적으로 파악하여 규제하는 것이 필요할 것이다. 예를 들어 보편적 역무 손실 보전금 산정방법 등에 관한 기준 제4조는 시내전화 서비스, 시외전화 서비스, 이동전화, 개인휴대통신 서비스, 인터넷 가입접속 서비스, 인터넷 전화 서비스 등을 구체적으로 적시하고 있다. 그러므로 규제당국은 사업자가 기간통신역무를 통해 다양한 서비스를 제공하는 경우에는 규제의 필요에 따라 개별적으로 서비스의 종류를 획정하여 규제하는 것이 불가피하다.[4]

위와 같은 견해는 국경 간 공급에 대한 규율에서 매우 중요한 시사점을 제공하고 있다. 즉 필요에 따라서는 기간통신역무를 세부적으로 획정하여 이를 규제하는 방법을 채택할 수 있으므로, 국경 간 공급을 희망하는 외국사업자와 "같은" 기간통신역무를 제공하는 국내사업자를 명확히 범주화하기 위해서는 기간통신역무를 다시 세부적으로 획정하는 별도의 법규를 마련하는 것이 가능하다. 그리하여 같은 범주의 기간통신역무를 제공하는 국내사업자를 협정주체로 한정할 수 있는 명확한 법적 근거를 신설할 필요가 있다.

보다 구체적으로는 법 제87조를 다음의 표와 같이 개정하고, 대통령령에서 세부적인 서비스 구분을 하여 같은 기간통신역무를 명확하게 한정짓는 방법이 가능할 것이다. 대통령령에서 어떠한 세부적인 서비스 구분이 바람직할 것인가에 대해서는 심도 있는 기술적 고려와 더불어 사업적 측면에서의 세심한 검토가 필요하다.

---

4) 신종철, 통신법해설, 33면.

표 8-1 국경 간 공급 규정에 대한 개정제안

현행	개정안
전기통신사업법 제87조(기간통신역무의 국경 간 공급) ① 국내에 사업장을 두지 아니하고 국외에서 국내로 기간통신역무를 제공(이하 "기간통신역무의 국경 간 공급"이라 한다)하려는 자는 같은 기간통신역무를 제공하는 국내의 기간통신사업자나 별정통신사업자와 기간통신역무의 국경 간 공급에 관한 협정을 체결하여야 한다.	전기통신사업법 제87조(기간통신역무의 국경 간 공급) ① 국내에 사업장을 두지 아니하고 국외에서 국내로 기간통신역무를 제공(이하 "기간통신역무의 국경 간 공급"이라 한다)하려는 자는 **대통령령으로 정한 영역의** 같은 기간통신역무를 제공하는 국내의 기간통신사업자나 별정통신사업자와 기간통신역무의 국경 간 공급에 관한 협정을 체결하여야 한다.

4) 협정체결 상대방

국경 간 공급으로 기간통신서비스를 제공하고자 하는 외국사업자가 법 제87조에 따라 국경 간 공급에 관한 협정을 체결하고자 하는 경우에 앞서 살펴본 "같은" 기간통신역무를 제공하는 기간통신사업자나 별정통신사업자가 다수 존재한다면 자유롭게 협정 상대방을 선택할 수 있는가의 문제도 생각해볼 수 있다.

살펴보면, 첫째로 법 제87조에서는 협정체결 상대방에 대해 어떠한 제한도 두고 있지 아니하고 있기 때문에 문리해석상 협정 상대방을 제한할 법적 근거는 존재하지 아니한다. 둘째로 기간통신역무의 국경 간 공급에 관한 협정이라는 것이 사주체간의 일종의 계약이므로 계약자유의 원칙이라는 민법의 기본원리가 그대로 적용되어야 하고 따라서 외국사업자가 국내 어떠한 사업자와 협정을 체결할 것인가는 전적으로 자유라고 보아야 한다. 셋째로 법 제86조 제2항에 따라 협정을 체결하려는 경우에는 미래창조과학부장관의 '승인'을 받아야 하는데 이러한 승인은 협정 초안에 대한 가부(可否)의 사후적 통제의 본질을 갖고 있으므로 협정을 누구와 체결해야 하는 가와 같은 사전적 개입을 할 권한까지 갖고 있다고 볼 수 없다. 결론적으로 국경 간 공급으로 기간통신서비스를 제공하고자 하는 외국사업자는 '같은' 기간통신역무를 제공하는 기간통신사업자나 별정통신사업자이기만 하면 자유롭게 협정 상대방을 선택할 자유를 갖고 있다고 보아야 한다. 그리고 미래창조과학부장관은 협정을 체결한 국내사업자에 대한 심사를 통해 승인을 할 것인가의 여부만을 결정할 수 있는 권한을 갖고 있을 뿐이고, 사전에 어느 사업자와 협정을 체결하라고 '지정'하는 행위는 할 수 없다고 보아야 한다.

그러나 협정체결 상대방에 관한 문제는 '같은'이라는 문구를 어떻게 해석할 것인가의 문제와도 밀접한 연관을 갖고 있다. 만약 '같은'이라는 문구를 무제한설에 따라 통합된 포괄적 기간통신역무를 제공하는 사업자이기만 한다고 해석한다면 협정체결 상대방은 매우 넓어지게 되므로 누가 협정 상대방이 될 것인가가 실질적으로 문제로 될 것이다. 반면에 '같은'이라는 문구를 기술적 동질설에 따를 경우에는 이미 '같은'이라는 문구의 해석을 통해 이미 협정체결 상대방은 상당히 제한적인 범위로 축소될 것이므로, 협정체결 상대방을 누구로 할 것인가는 중요하게 다루어질 여지가 없다고 볼 것이다.

2. 협정체결 승인시 심사사항

1) 법 시행령 제56조 제3항의 규율

법 제86조 제2항은 "전기통신사업자는 제87조 제1항에 따른 기간통신역무의 국경 간 공급에 관한 협정과 대통령령으로 정하는 국제전기통신업무에 관한 협정을 체결하려는 경우에는 대통령령으로 정하는 요건을 갖추어 미래창조과학부장관의 승인을 받아야 하고, 이를 변경하거나 폐지하려는 때에도 또한 같다."고 규정하고 있다.[5] 그러나 예외적으로 기간통신역무를 제공하려는 자가 대한민국과 유럽연합 및 그 회원국 간의 자유무역협정 상대국의 외국인이면서 방송사업자 간 텔레비전방송 또는 라디오방송 관련 음성·데이터·영상 등을 전송하는 기간통신역무를 위성을 이용하여 제공하는 동시에 국내에 있는 방송사업자 간 기간통신역무를 제공하는 것이 아닌 경우에는 미래창조과학부장관의 승인 없이 협정을 체결할 수도 있다.

여기에서 대통령령으로 정하는 요건을 살펴보면, 법 시행령 제56조 제2항에서 승인을 위해 제출해야 할 서류를 다음과 같이 열거하고 있을 뿐 그 서류에 포함되

---

5) 기간통신역무의 국경 간 공급 협정에 관한 국내 승인 사례는 국제전기통신업무 제도 개선방안 연구 - 기간통신역무의 국경 간 공급 승인제를 중심으로, 2013. 11, 정보통신정책연구원, 70면 이하를 참조.

어야 할 구체적인 내용에 대해서는 세부적으로 규율하지 않고 있다. 협정체결 승인 시 제출하여야 할 서류는 최초의 승인을 위해서는 협정서 또는 계약서 사본[6]과 사업계획서 뿐이며, 향후 변경승인을 하는 경우에는 협정 또는 계약의 신구대비표를 제출하여야 하고 폐지승인을 신청하는 경우에는 협정 또는 계약의 폐지의 사실을 증명하는 서류를 제출하여야 한다.

2014년 1월 법 시행령을 개정하기 이전에는 미래창조과학부장관은 제출된 협정서 또는 계약서 초안의 어떠한 구체적인 항목을 심사하여 승인하여야 하는지의 '승인심사대상 항목'이나 협정서 또는 계약서 초안에 구체적 항목의 내용을 심사하는 기준인 '승인심사대상 내용'에 관해서는 완전히 개방되어 있었다. 그러므로 국경 간 공급으로 기간통신역무를 제공하고자 하는 외국사업자는 오로지 협약서 또는 계약서만 제출하면 무엇을 심사기준으로 하여 승인을 하여줄 것인지 여부를 결정하는지에 대해 전혀 알 수 없는 문제가 있었다. 이에 2014년 1월 7일 법 시행령 제56조 제3항을 신설하여 국경 간 공급에 관한 협정의 승인 심사사항을 ① 서비스의 안정적인 제공 가능성, ② 국내 통신시장의 경쟁에 미치는 영향, ③ 이용자 보호에 관한 사항으로 명시하게 되었다.

법 시행령 제56조 제3항에서 명시된 심사사항 외에 최근 들어 사회의 관심 대상이 되고 있는 것이 이용자의 개인정보보호와 정보보안이라고 할 수 있다. 기간통신역무 서비스 제공을 위해서는 불가피하게 이용자의 개인정보를 수집할 수밖에 없는데다가, 특히 이 경우에는 외국사업자가 국경 간 공급의 방식으로 기간통신역무를 제공하는 것이므로 이용자의 개인정보가 국외로 이전되는 것을 상정 하지 않을 수 없다. 아래에서 ① 서비스의 안정적인 제공 가능성, ② 국내 통신시장의 경쟁에 미치는 영향, ③ 이용자 보호에 관한 사항 그리고 그 외에 추가적으로 ④ 정보보호와 관련된 사항에 대해서도 함께 함께 살펴본다.

---

6) 법 제86조는 "협정을 체결하려고 하는 경우에는 … 미래창조과학부장관의 승인을 받아야 하고"라고 명시하고 있으므로, 협정을 먼저 체결하고 승인을 받는 것이 아니라 승인을 받은 후에 그 후에 협정을 체결하고 법 제87조에 따라서 기간통신역무를 제공하게 된다. 그러므로 법 시행령 제56조 제2항 제1호의 "협약서 또는 계약서 사본"이 아니라 "협약서 또는 계약서 초안 사본"이라고 하는 것이 정확한 표현이다.

2) 서비스의 안정적인 제공 가능성

가) 안정적 서비스 제공

외국사업자가 국경 간 공급으로 제공하고자 하는 서비스가 기간통신역무이므로 그 기능과 역할이 매우 중요하다. 그러므로 가장 중요한 심사사항은 얼마나 안정적으로 서비스를 제공할 수 있는가 하는 문제이다. 국경 간 공급이라는 특성상 우리나라에 전기통신설비를 보유하지 아니할 뿐만 아니라 임차도 하지 아니한 상태로 기간통신역무를 제공하는 것이기 때문에 안정적 서비스의 제공을 근본적으로 담보하기 어려울 수밖에 없다. 따라서 그러한 제약조건하에서도 기간통신역무를 얼마나 안정적으로 서비스할 수 있는가를 다음과 같은 다양한 관점에서 검토할 필요가 있다.

① 국내시장분석의 합리성 및 서비스 제공계획의 우수성(기간통신사업자 허가 심사사항 1.1)과 ② 기존 유무선 정보통신 인프라의 활용의 효율성(기간통신사업자 허가 심사사항 1.8)은 기간통신사업자 허가 심사사항에서 차용할 수 있는 심사사항으로 생각된다. 그 외에도 ③ 해당 통신서비스 제공에 대한 전문성은 외국사업자가 사업을 본격적으로 수행하고 있는 해당 국가에서 국경 간 공급으로 제공하고자 하는 서비스를 안정적으로 유지하고 있는가의 해외실적을 심사사항으로 검토하여야 할 것이다. 끝으로 ④ 국경 간 공급을 위한 국내 통신사업자와의 협력 계획도 안정적 서비스 제공을 위해 심사하여야 할 것이다. 국경 간 공급을 하고자 하는 외국사업자와 협정을 체결하는 국내사업자는 결국 외국사업자의 국내 대리인(agent)의 역할을 수행할 수밖에 없고 서비스 제공에도 어느 정도 국내사업자의 개입은 불가피하다. 그러므로 협정을 체결하는 국내사업자와의 서비스 제공에 관한 협력 정도를 비계량적으로 심사하는 것이 필요하다.

나) 재정적 능력

재정적 능력은 전기통신사업에서 매우 중요한 사항이라 기간통신사업자의 허가심사사항이나 별정통신사업자의 등록요건에도 매우 상세하게 나타나 있으며, 국경 간 공급을 하고자 하는 외국사업자에게도 재정적 능력은 중요한 심사항목이

되어야 한다. 기간통신사업자의 허가심사사항을 차용하여 고려하면, ① 자금조달 계획의 적정성(기간통신사업자 허가 심사사항 2.1)과 ② 외국사업자 및 국내사업자의 재무구조(수익성, 안정성, 성장성, 신용등급)(기간통신사업자 허가 심사사항 2.2) 등이 중요한 고려사항이 될 것이다. 그리고 ③ 외국사업자와 국내사업자의 이익배분의 적정성은 국경 간 공급의 특성상 반드시 고려되어야 할 고유한 심사사항이 될 것이다.

국경 간 공급에 관한 협정 승인의 심사사항으로 별정통신사업자의 등록요건의 재정적 능력은 사실상 큰 의미가 없을 것으로 생각된다. 왜냐하면 최저 3억원부터 최고 30억원의 납입자본금이 필요한데, 이미 협정을 체결하는 국내사업자는 기간통신사업자 허가를 받았거나 별정통신사업자 등록을 필한 상태이므로 이러한 심사요건을 무의미하다고 할 수 있다. 또한 국경 간 공급을 하고자 하는 외국사업자가 별정통신사업자 등록요건에도 미치지 못하는 자본금을 갖고 있는 영세한 사업자라면 아마도 국내사업자 어느 누구도 그러한 외국영세사업자와 협정을 체결하려 하지 않을 것이고, 그러한 영세사업자가 국경 간 공급으로 기간통신역무를 제공할 역량을 갖추기는 것은 현실적으로 상상하기 어렵기 때문에 별정통신사업자 등록요건의 재정적 능력은 차용할 고려대상이 되지 못한다.

여기에서 간과해서는 아니 될 중요한 구조적인 문제가 존재한다. 법 제86조 제2항에서는 미래창조과학부 장관이 협정을 승인하는 것으로 규정되어 있고, 시행령역시 승인을 위해 제출할 서류를 협정서 또는 계약서 사본과 사업계획서를 요구하고 있으므로 외국사업자나 국내사업자의 재정상태를 나타낼 기본적인 자료를 확보할 수 있는가가 문제가 된다. 왜냐하면 일종의 양당사자간의 계약서류인 협정서와 사업계획서에 그러한 재정능력을 나타내는 객관적 자료가 반드시 포함된다고 할 수는 없으므로 승인을 위한 제출서류에 재정상태를 나타내는 서류를 명시적으로 포함시키는 법 시행령의 개정이 요구된다.

다) 기술적 역량

국경 간 공급을 통해 기간통신역무를 제공하는 경우에는 기술적인 난이도가 상대적으로 높다고 할 수 있으므로 기술적 역량도 심사대상에 포함시켜야 할 것이다. 기간통신사업자 허가 심사사항 중에서 ① 시스템 구성 및 서비스 품질의 우수

성(기간통신사업자 허가 심사사항 3.3)과 ② 타통신망과 상호접속, 운용보전계획, 장
애시 대비계획(기간통신사업자 허가 심사사항 3.4) 그리고 ③ 전문 기술인력 확보(기
간통신사업자 허가 심사사항 3.5) 등은 협정의 승인심사에서도 그대로 차용될 수 있
을 것이다. 특히 전문 기술인력 확보의 경우에는 국경 간 공급을 하는 외국사업자
가 직접 보유하기 보다는 협정을 체결하는 국내사업자의 인력을 활용할 가능성이
높으므로 국내사업자와의 협정에서 어떠한 내용으로 인력지원을 받는지를 구체적
으로 살펴보는 것으로 충분할 것이다.

3) 국내 통신시장의 경쟁에 미치는 영향

법상 기간통신사업자 허가의 심사사항은 기간통신사업자가 전기통신설비를
직접 마련하는 특성을 전제로 고안된 것이므로 이를 국경 간 공급으로 기간통신역
무를 제공하고자 하는 외국사업자의 협정 심사사항에 그대로 적용할 수는 없다.
다만 기간통신역무를 제공한다는 점에서는 동일하므로 기간통신사업자 허가의 심
사사항을 토대로 하여 국경 간 공급의 협정 승인에서 국내 통신시장의 경쟁에 미
치는 영향을 고려한 구체적인 심사사항을 살펴보면 다음과 같다.

우선 ① 정보통신산업과 통신시장의 건전한 발전 및 국민경제에 대한 기여도
(기간통신사업자 허가 심사사항 1.7), ② 서비스 제공관련 전략적 제휴업체들의 기술
적 기여도(기간통신사업자 허가 심사사항 3.2)는 그대로 기간통신사업자 허가 심사
사항에서 차용할 수 있을 것이다. 그러나 국경 간 공급으로 제공하고자 하는 서비
스가 우리나라에서는 존재하지 않거나 또는 극히 미약한 상태에 있는 신규서비스
일 가능성이 높으므로 ③ 제공서비스의 국내산업 활성화 가능성도 중요한 심사사
항이 될 수 있을 것이다. 전형적으로는 해외업체의 기술이 국내로 이전될 수 있거
나 혹은 시너지 효과를 발휘할 수 있는가도 검토대상이 될 수 있을 것이다. 반면
에 전혀 우리나라로서는 현실적으로 기대하기 어려울 정도로 많은 투자가 소요되
거나 규모의 경제를 고려했을 때 적절하지 않는 서비스 영역도 예상해 볼 수 있다.
예를 들어 위성전화 또는 위성인터넷 같은 경우에는 국경 간 공급의 형태로라도
우리나라가 그 서비스를 이용하는 것이 불가피한 경우도 있을 것이다. 이러한 국
경 간 공급 서비스의 경우에는 ④ 해당 서비스의 불가피성 및 국민 생활 향상 기
여도 또한 심사되어야 할 것이다. 끝으로 이미 우리나라에서도 어느 정도 활성화

되어 영역의 서비스를 국경 간 공급으로 제공하고 있는 경우라면 ⑤ 통신시장의 공정한 경쟁활동의 기대가능성도 심사요건으로 다루어져야 할 것이다. 특히 외국 사업자가 주 사업영역인 외국에서 독점이나 담합 등의 공정경쟁에 위반하는 행위를 한 전력이 있는가 또는 경쟁 관련 행정법규를 위반한 사례가 있는가 등이 구체적으로 검토될 수 있을 것이다.

4) 이용자보호를 위한 심사사항

가) 이용자 보호기구

이용자보호를 위해 가장 중요한 것은 이용자 보호를 위한 기구를 설치하는 것이다. 가장 대표적인 것이 이용자가 불만을 갖고 있는 경우에 사업자와 접촉할 수 있는 창구를 개설하는 것이다. 통상 '고객만족센터' 또는 '이용자불만신고센터'라고 이름을 붙이는 대(對) 이용자 창구조직이다. '고객만족센터'의 조직은 아웃소싱을 해서는 아니 되며, 이용자가 접촉하기에 충분히 넓은 인터페이스(전화회선이나 응대하는 안내원 그리고 여유 있는 운영시간 등)를 갖추고 있어야 한다. 또 온라인으로만 존재하는 것이 아니라 오프라인상에서도 영업시간 내에서는 언제든지 직접 방문할 수 있는 물적 시설을 갖추어야 한다. 기간통신역무라는 서비스의 특성을 고려하면 고객만족센터는 크게 3개의 내부적인 업무부서로 구분될 수 있다. 그 하나는 기간통신역무를 제공받고 싶어 하는 이용자가 이용개시를 위해 접촉할 수 있는 서비스 개시 관련 부서와 기간통신역무의 장애를 신고하여 즉시 복구할 수 있도록 하는 장애신고부서가 있어야 하며 끝으로 이용요금 등의 기타 서비스의 불만이나 이용계약 변경 등을 신청할 수 있는 민원처리부서로 나눌 수 있을 것이다. 운영시간은 통상의 업무시간에는 온라인과 오프라인 모두 제한 없이 운영하여야 하지만, 업무시간 이외의 시간이나 휴일이라도 긴급한 장애신고부서는 365일 24시간 연중무휴로 운영을 하여야 할 것이다.

이용자보호를 위한 기구뿐만 아니라 이용자보호를 위한 관련 내부조직도 필요하다. 기간통신역무를 제공하는 내부 조직을 두고 있는가 또 그 내부조직이 인적 물적으로 충분한 시설을 확보하고 있는가도 중요한 심사사항이 될 것이다.

나) 이용자 불만 해소 대책

법 제32조 제1항은 이용자보호 표제 하에서 "전기통신사업자는 전기통신역무에 관하여 이용자 피해를 예방하기 위하여 노력하여야 하며, 이용자로부터 제기되는 정당한 의견이나 불만을 즉시 처리하여야 한다. 이 경우 즉시 처리하기 곤란한 경우에는 이용자에게 그 사유와 처리일정을 알려야 한다."라고 명시하고 있다. 이와 같이 전기통신사업법도 이용자의 불만해소가 이용자보호에 긴요한 것임을 명문으로 밝히고 있다.

이를 위해서는 가장 중요한 것은 이용자의 불만을 해소하기 위한 프로세스를 설정하여 이용자에게 널리 알리는 것이다. 구체적으로는 고객 불만 처리절차를 간소화하여 이용자가 시간과 장소에 관계없이 신속한 서비스를 받을 수 있도록 접수된 모든 불만사항을 최초 고객접점에서 즉시 처리하고, 피해 발생 시 투명하고 공정한 피해보상 제도를 통해 즉시 보상하는 것을 기본원칙으로 한다. 또한 상품, 요금, 이용방법 등 일반문의나 이용요금 확인 등의 사항은 온라인 고객센터를 통하여 신속하게 처리할 수 있도록 하며, 구체적인 문의 및 불만사항은 상담원에 자동 연결되어 불만사항을 처리하여야 한다. 불만사항에 대한 상담원과의 상담결과 즉시 처리가 불가능한 경우, 처리에 대한 시한을 고객에게 미리 통보하고, 불만사항이나 장애가 완료되었을 경우, 즉시 고객에게 불만처리나 장애처리 결과를 통보하도록 하여야 한다. 이러한 고객불만 처리에 대해서는 일정한 프로세스를 정립하고 이를 제시하도록 할 필요가 있다. 그리고 각 프로세스 마다 처리 기한을 정하여 신속한 고객불만 처리가 이루어질 수 있도록 하여야 한다.

적절한 이용자 피해보상 기준도 마련되어야 한다. 소비자기본법 제16조는 소비자분쟁해결기준을 제정하도록 하고 소비자기본법 시행령 제8조 및 제9조에서는 일반적 소비자분쟁해결기준과 품목별 소비자분쟁해결기준을 마련하도록 하고 있다. 공정거래위원회 고시로 마련된 소비자분쟁해결기준 중에서 이동통신서비스업에 관한 소비자분쟁해결기준이 국경 간 공급과 가장 유사한 것이라고 할 수 있다. 아래와 같은 이동통신서비스업에 관한 소비자분쟁해결기준은 승인심사의 중요한 참고자료로 활용될 수 있을 것이다.

표 8-2 이동통신서비스업에 관한 소비자분쟁해결기준

분쟁유형	해결기준
1) 법정대리인의 동의없는 미성년자 계약	계약 취소
2) 명의도용 계약으로 인한 피해	계약 취소
3) 주생활지에서의 통화품질 불량 가입 14일 이내 가입 15일 이후 6개월 이내	계약 해제 계약해지 및 해지신청 직전 1개월 기본료 50% 감면
4) 6시간 이상 서비스 중지 or 장애 피해	손해배상(불가항력 또는 소비자 고의, 과실의 경우 제외)
5) 신청하지 않은 부가서비스 요금 징수	환급
6) 무료서비스 사용 후 소비자 동의 없이 유료서비스로 전환되어 발생한 피해	유료로 전환된 시점에서 부과된 요금 환불 및 계약 해지

다) 약관심사

법 제86조 제2항에 따라 국경 간 공급을 통해서 기간통신역무를 제공하고자 하는 외국사업자는 협정에서 정하는 역무의 제공에 관하여 법 제28조가 준용되어 반드시 이용약관을 신고하여야 한다. 이용약관에 이용자보호와 관련된 위의 내용 이외에도 다양한 내용을 포함하고 있을 것이고 이러한 약관규정이 약관의 규제에 관한 법률(이하 약관규제법)의 강행규정에 위반되는가를 심사할 필요가 있다.

약관규제법 제6조 제2항의 불공정한 조항(고객에게 부당하게 불리한 조항, 고객이 계약의 거래형태 등 관련된 모든 사정에 비추어 예상하기 어려운 조항, 계약의 목적을 달성할 수 없을 정도로 계약에 따르는 본질적 권리를 제한하는 조항)을 포함하고 있는가의 여부, 약관규제법 제7조가 금지하고 있는 면책조항을 포함하고 있는가의 여부, 약관규제법 제8조의 과중한 손해배상의무를 이용자에게 부담시키고 있는가의 여부 등 약관규제법 제6조부터 제14조의 불공정약관조항이 포함되어 있는가를 심사할 필요가 있다. 이는 약관규제법 제17조에서 "사업자는 제6조부터 제14조까지의 규정에 해당하는 불공정한 약관 조항을 계약의 내용으로 하여서는 아니 된다"고 규정하고 있는 입법취지에도 그대로 부합하는 것이다.

라) 준거법 및 관할권

국경 간 공급에 의해 기간통신역무를 제공하고자 하는 외국사업자는 말 그대로 외국기업이므로 이용자보호를 위해 국내 기업과 달리 재판관할이나 준거법에 관해 살펴볼 필요가 있다. 기간통신사업자는 국내 기업이어야만 하고 별정통신사업자도 국내에 법인을 설립하는 경우이므로 재판관할이나 준거법에 관해 특별히 이용자에게 불리한 조항을 둘 까닭이 없으므로 허가를 위한 심사나 등록요건에서 이를 고려할 필요성이 낮지만 국경 간 공급의 경우에는 이용자보호의 측면에서 매우 민감한 문제가 될 수 있다.

약관규제법 제14조는 "고객에게 부당하게 불리한 소송 제기 금지 조항 또는 재판관할의 합의조항"은 무효라고 규정하고 있다. 그렇다면 국경 간 공급에 관한 협정의 승인심사에서 재판관할과 준거법에 대한 심사는 어떻게 이루어져야 하는가에 대한 해답은 국제사법에서 찾을 수 있을 것이다.

재판관할에 대해서 살펴보면, 국제사법 제27조 제4항은 소비자가 제기하는 소는 소비자의 상거소지국(常居所地國)에서도 가능하고, 동조 제5항에서는 소비자를 상대로 하는 소는 반드시 소비자의 상거소지국에서만 가능하다고 규정하고 있다. 이러한 국제사법의 취지를 고려하면 이용자의 상거소지국인 우리나라에 재판관할을 인정하여야만 된다고 보아야 할 것이다. 즉 이용약관에서 우리나라 법원의 재판관할권을 인정하지 아니하는 조항을 두고 있다면 이용자보호를 위하여 승인심사에서 부정적으로 판단되어야 할 것이다.

또한 준거법에 관해서 살펴보면, 국제사법 제27조 제1항은 당사자 자치를 제한하면서 소비자가 직업 또는 영업활동 외의 목적으로 체결하는 계약에서는 당사자가 준거법을 선택하더라도 소비자의 상거소(常居所)가 있는 국가의 강행규정에 의하여 소비자에게 부여되는 보호를 박탈할 수 없다고 규정하고 있다. 따라서 이용약관에서 설령 어느 국가의 법을 준거법으로 하는가의 여부와 관계없이 소비자보호에 관해서는 우리나라의 법령을 우선적으로 준수한다는 사항이 포함되어 있는가를 살펴볼 필요가 있다.

5) 정보보호를 위한 심사사항

가) 개인정보보호

개인정보보호법 제17조 제3항은 "개인정보처리자가 개인정보를 국외의 제3자에게 제공할 때에는 제2항 각 호에 따른 사항을 정보주체에게 알리고 동의를 받아야 하며, 이 법을 위반하는 내용으로 개인정보의 국외 이전에 관한 계약을 체결하여서는 아니 된다."라고 규정하고 있어서 우리나라에서 수집된 개인정보의 국외이전에 대해 강력한 규제를 하고 있다. 국경 간 공급에 대해 위의 개인정보보호법 제17조 제2항을 적용하여 보면 다음과 같은 논의점을 발견할 수 있다.

(1) 개인정보처리자의 개념

개인정보보호법 제17조 제2항의 수범주체는 개인정보처리자이다. 개인정보보호법 제2조는 개인정보처리자를 "업무를 목적으로 개인정보파일을 운용하기 위하여 스스로 또는 다른 사람을 통하여 개인정보를 처리하는 공공기관, 법인, 단체 및 개인 등을 말한다."라고 개념정의하고 있다. 매우 포괄적으로 개인정보처리자를 개념정의하고 있으므로 국경 간 공급을 통해 기간통신역무를 제공하기 위해 이용자의 개인정보를 수집하는 자라면 설령 외국사업자일지라도 개인정보보호법상의 개인정보처리자의 개념에 포함되어야 한다. 특히 대성홀딩스와 스카이프간의 국경 간 공급협정과 같이 국경 간 공급을 하는 외국사업자가 국내사업자와의 협정을 통해 국내사업자가 국내 이용자를 모집하고 가입업무를 처리하는 과정에서 개인정보를 수집하는 등의 행위를 하기로 하였다면, 국내사업자가 개인정보처리자가 되는 점에는 의문의 여지가 없다.

즉 국경 간 공급을 통해 기간통신역무를 제공하기 위해 직접 국내이용자로부터 개인정보를 수집하는 외국사업자뿐만 아니라 국경 간 공급 협정을 체결하여 개인정보를 처리하는 국내사업자도 개인정보보호법상의 개인정보처리자에 해당된다. 따라서 개인정보보호법 제17조 제3항은 국경 간 공급에 그대로 적용될 수 있다.

(2) "국외의 제3자"의 범위

개인정보보호법 제17조 제3항은 개인정보취급자가 개인정보를 국외의 제3자에게 제공하는 경우에 정보주체의 동의를 받도록 하고 있다. 여기에서 국외의 제3자의 범위를 구체적으로 어떻게 보아야 하는가의 논의가 제기된다. 우선 국경 간 공급을 하는 외국사업자가 직접 국내이용자의 개인정보를 수집하는 경우에 개인정보보호법 제17조 제3항이 적용되는가의 문제가 있다. 외국사업자가 국내이용자의 개인정보를 인터넷 등으로 직접 수집하는 경우에는 우선 개인정보보호법 제15조 제2항에 따라 ① 개인정보의 수집·이용 목적, ② 수집하려는 개인정보의 항목, ③ 개인정보의 보유 및 이용 기간, ④ 동의를 거부할 권리가 있다는 사실 및 동의 거부에 따른 불이익이 있는 경우에는 그 불이익의 내용을 고지하고 정보주체로부터 동의를 받아야 한다. 그럼에도 불구하고 또 개인정보보호법 제17조 제3항을 추가로 적용한다고 하면, 개인정보보호법 제15조 제2항에 따라 고지한 사실과 전혀 변동없는 사항을 다시 한번 또 무의미하게 고지하고 추가로 동의를 받아야 하는 모순이 발생한다. 개인정보보호법 제15조 제2항과 개인정보보호법 제17조 제2항(제17조 제3항에 따라 정보주체에게 고지되어야 할 사항)은 실질적으로는 완전히 동일한 것이기 때문이다. 개인정보보호법 제17조 제3항의 취지는 정보주체가 제공한 개인정보취급자 이외의 자에게 자신의 개인정보가 제공되는 경우에 누구에게 어떠한 정보가 왜 제공되는가를 명확히 알려주기 위한 것이기 때문에 설령 개인정보를 수집한 자가 외국사업자라 할지라도 수집한 자가 '타인에게' 그 개인정보를 이전하는 것이 아니라면 개인정보보호법 제17조 제3항을 적용할 아무런 실익이 없다. 그러므로 국경 간 공급을 하는 외국사업자가 직접 국내이용자의 개인정보를 수집하는 경우에는 최초 개인정보를 수집할 때 제15조 제2항에 따른 고지를 하였다면 설령 그 개인정보가 해외에 보관된다고 하여 다시 제17조 제3항에 따라 추가적으로 고지하지 아니하여도 무방하다고 할 것이다.

국경 간 공급을 하는 외국사업자가 국내사업자와의 협정을 통해 국내사업자가 국내 이용자를 모집하고 가입업무를 처리하는 과정에서 개인정보를 수집한 후 그 개인정보를 다시 외국사업자에게 제공하는 경우라면, 명확하게 개인정보보호법 제17조 제3항의 적용대상이 된다. 이 경우에는 반드시 개인정보를 수집한 국내사업자가 다시 정보주체에게 개인정보보호법 제17조 제3항에 따라 동조 제2항의 항목, 즉 ① 개인정보를 제공받는 자, ② 개인정보를 제공받는 자의 개인정보 이용 목적, ③ 제공하는 개인정보의 항목, ④ 개인정보를 제공받는 자의 개인정보 보유 및 이용 기간, ⑤ 동의를 거부할 권리가 있다는 사실 및 동의 거부에 따른 불이익이 있는 경우에는 그 불이익의 내용을 반드시 고지하고 외국사업자에게 그의 개인정보를 제공하는 것에 대한 동의를 받아야 한다. 즉 개인정보 수집시에 정보주체에 일정한 사항을 고지하고 동의를 받은 후, 다시 외국사업자에게 제공할 때 또한번 일정한 사항을 고지하고 동의를 받아야만 한다.

문제는 벌칙에서 제17조 제3항을 위반한 경우에 명시적인 벌칙규정이 존재하지 않는다는 점이다. 개인정보보호법 제71조 제1호는 제17조 제1항 제2호에 해당하지 아니함에도 같은 항 제1호를 위반하여 정보주체의 동의를 받지 아니하고 개인정보를 제3자에게 제공한 자 및 그 사정을 알고 개인정보를 제공받은 자만을 명시하고 있을 뿐 제17조 제3항을 위반한 경우는 전혀 규정이 없다. 죄형법정주의의 엄격한 요청에 따른다면, 제17조 제3항을 위반하여 외국사업자에게 국내이용자의 개인정보를 제공하더라도 형사처벌은 불가능하다고 볼 것이다. 이는 입법론적으로 해결되어야 할 사항이다.

(3) 정보주체의 동의의 형태

개인정보 국외 제3자 제공에 필요한 정보주체의 동의의 형태에 관하여 개인정보보호법은 특별한 세부규정을 두고 있지 아니하다. 그러므로 국외 제3자 제공에 필요한 동의가 구체적으로 어떠한 형태로 이루어져야 하는가에 대해서 살펴볼 필요가 있다. 일단 정보주체의 동의의 형태가 제한되어 있지 아니하므로 특별한 방식을 요하는 것은 아니라고 볼 것이다. 다만 우려할 만한 사항은 개인정보를 수집할 당시부터 국외의 제3자에게 제공하겠다는 사항을 동시에 포괄적으로 받아도 되는가의 여부이다.

국경 간 공급을 전제로 생각해보면, 국경 간 공급을 하는 외국사업자와 협정을 체결한 국내사업자가 국내이용자로부터 동의를 얻어 개인정보를 수집하면서 동시에 외국사업자에게 그 개인정보를 제공하는 데 대한 동의까지도 받는 것도 가능하다고 해석하여야 할 것으로 생각된다. 개인정보보호법 제17조 제3항의 취지는 개인정보의 최초 수집자가 아닌 국외의 제3자에게 사후에 이전되는 것을 전제로 하고 있는 것이라고 보아야 하고, 국경 간 공급의 경우에는 국내이용자가 국내사업자가 외국사업자와 협정을 체결하여 일정한 업무를 담당할 뿐 기간통신역무는 외국사업자가 직접 공급하는 것임을 알고 있는 것이 일반적이므로 국내이용자는 당연히 자기의 정보를 국내사업자가 수집을 하더라도 실질적으로는 외국사업자에게 필요한 것이라는 점을 충분히 이해하고 있을 것이다. 그러한 국내이용자의 예견가능성을 고려한다면, 국내사업자가 개인정보를 수집하는 동의를 얻으면서 이 개인정보가 기간통신역무를 국경 간 공급의 방법으로 제공하는 외국사업자에게도 제공되는 것임을 고지하고 그에 대한 동의를 별도로 받는 것이 정보주체에게 특별히 불이익을 가져올 것이라고 생각되지는 않는다. 그러므로 개인정보의 최초 수집단계에서 아예 외국사업자에게도 제공될 것임을 고지하고 그에 대한 동의까지 받는 방법도 허용되어야 할 것이다.

(4) "국외 이전에 관한 계약"의 의미

개인정보보호법 제17조 제3항은 "이 법을 위반하는 내용으로 개인정보의 국외 이전에 관한 계약을 체결하여서는 아니 된다."라고 규정하고 있다. 여기에서 개인정보의 국외 이전에 관한 계약이란 구체적으로 무엇을 의미하는가가 중요한 문제이다. 특히 그 계약은 누구와 누구 사이에서 체결되는 것이며, 그 계약의 구체적인 형식이나 내용은 무엇인가가 전혀 법문에는 나타나지 않는다. 따라서 해석론에 전적으로 의존할 수밖에 없다. 문리해석을 하여 보면, 계약의 주체에 대해서는 어떠한 제한도 존재하지 않으며 계약의 내용역시 특별한 제한이 있지는 않다. 개인정보의 이전에 관한 내용을 담고 있는 계약이라면 어떠한 내용과 형식의 계약이든 그 계약주체가 누구이든 개인정보보호법의 규정을 준수하는 내용으로만 가능하다는 것이다. 즉 반드시 정보주체에게 국외의 제3자에게 제공한다는 동의를 받아서 국외이전하겠다는 내용이 포함되어 있지 아니하면 안된다는 것이다. 다만 이를 위반한 계약의 효력이 무엇인가에 대해서는 여전히 논란의 여지가 있다고 할 것이다.

이 규정은 국경 간 공급에 관해서는 매우 중요한 의미를 갖는 것으로 판단된다. 국경 간 공급이 이루어지기 위해서는 반드시 외국사업자와 국내사업자 사이에서 협정이 체결되어야 하는데 그 협정에는 국내이용자의 개인정보의 외국사업자에게로의 국외이전에 관한 사항이 반드시 포함될 수밖에 없고, 그 협정의 내용은 개인정보보호법의 사항을 준수하는 내용으로 되어 있어야 한다는 것이다. 즉 법 제87조의 "기간통신역무의 국경 간 공급에 관한 협정"은 개인정보보호법 제17조

제3항에서 말하는 "개인정보의 국외 이전에 관한 계약"에 해당된다는데 의문의 여지가 없다. 결론적으로 국경 간 공급을 위한 협정 중에서 이용자의 개인정보보호 및 외국사업자에의 제공에 대한 조항은 반드시 개인정보보호법을 준수하는 내용으로 구성되어야만 한다.

개인정보보호법 제17조 제3항에 위반하여 개인정보보호법을 위반하는 내용으로 개인정보의 국외 이전에 관한 기간통신역무의 국경 간 공급에 관한 협정을 체결하는 경우에는 반드시 승인을 거부하여야 할 것이다. 이는 곧 개인정보보호법을 정면으로 반하는 위법한 협정이기 때문이다. 다만 그러한 협정의 사법상 효과가 무효인가의 여부는 별도로 다루어져야 할 것이다. 또한 이와 같이 개인정보보호법 제17조 제3항에 위반하여 협정을 체결하는 경우에 어떠한 처벌을 받는가에 대해서는 개인정보보호법의 벌칙 규정에서 제17조 제3항을 위반한 경우에 대한 어떠한 조항도 두고 있지 아니하므로 죄형법정주의의 원칙상 처벌은 불가능하다고 보아야 할 것이다. 입법론적으로 보았을 때 제17조 제3항을 위반하는 경우에 어느 정도의 제재조치가 필요한 것은 아닌가 생각된다. 다만 제17조 제3항 전단의 국외 제3자 제공에 대해 정보주체로부터 동의를 얻지 아니한 경우는, 제17조 제1항의 제3자 제공에 대한 동의를 얻지 아니한 경우에 논리적으로 포섭되는 것이므로 제17조 제1항과 제2항의 위반에 포함되는 것으로 해석될 수 있을 것이다.

(5) 구체적인 승인 심사사항
(가) 외국사업자가 직접 수집하여 자신이 보유하는 경우

국경 간 공급을 하는 외국사업자가 직접 정보주체인 이용자로부터 개인정보를 수집하는 경우에는 개인정보보호법 제15조 제1항 제1호에 의해 정보주체로부터 동의를 받아야만 한다. 예외적으로 개인정보보호법 제15조 제1항 제4호에 의해 정보주체와의 계약의 체결 및 이행을 위하여 불가피하게 필요한 경우에는 정보주체의 동의 없이도 개인정보를 수집할 수 있도록 규정하고 있으나, 국경 간 공급의 구체적 이용양태를 고려하면 사전에 이용계약을 어떠한 형태로든 체결하고 기간통신역무를 제공하는 것이 보편적이므로 예외에 해당되지 아니하고 원칙적으로 정보주체로부터 동의를 받아서 개인정보를 수집하여야만 한다고 해석하여야 할 것이다. 만약 정보주체로부터 동의를 받지 아니하고 수집할 수 있는 경우가 있다

고 하더라도 개인정보보호법 제22조 제2항에 따라 정보주체와의 계약 체결 등을 위하여 정보주체의 동의 없이 처리할 수 있는 개인정보와 정보주체의 동의가 필요한 개인정보를 구분하여야 하며, 이 경우 동의 없이 처리할 수 있는 개인정보라는 입증책임은 외국사업자가 부담하여야 한다. 그리고 개인정보처리자는 정보주체가 개인정보보호법 제22조 제2항에 따라 선택적으로 동의할 수 있는 사항을 동의하지 아니하거나 제22조 제3항 및 제18조 제2항 제1호에 따른 동의를 하지 아니한다는 이유로 정보주체에게 재화 또는 서비스의 제공을 거부하여서는 아니 된다.

정보주체로부터 동의를 받는 경우에는 개인정보보호법 제15조 제2항에 따라 ① 개인정보의 수집·이용 목적, ② 수집하려는 개인정보의 항목, ③ 개인정보의 보유 및 이용 기간 그리고 ④ 동의를 거부할 권리가 있다는 사실 및 동의 거부에 따른 불이익이 있는 경우에는 그 불이익의 내용을 반드시 정보주체에게 고지하여야 한다. 그리고 개인정보보호법 시행령 제17조는 동의를 받는 방법에 대해 ① 동의 내용이 적힌 서면을 정보주체에게 직접 발급하거나 우편 또는 팩스 등의 방법으로 전달하고, 정보주체가 서명하거나 날인한 동의서를 받는 방법, ② 전화를 통하여 동의 내용을 정보주체에게 알리고 동의의 의사표시를 확인하는 방법, ③ 전화를 통하여 동의 내용을 정보주체에게 알리고 정보주체에게 인터넷주소 등을 통하여 동의 사항을 확인하도록 한 후 다시 전화를 통하여 그 동의 사항에 대한 동의의 의사표시를 확인하는 방법, ④ 인터넷 홈페이지 등에 동의 내용을 게재하고 정보주체가 동의 여부를 표시하도록 하는 방법, ⑤ 동의 내용이 적힌 전자우편을 발송하여 정보주체로부터 동의의 의사표시가 적힌 전자우편을 받는 방법, ⑥ 그 밖에 제1호부터 제5호까지의 규정에 따른 방법에 준하는 방법으로 동의 내용을 알리고 동의의 의사표시를 확인하는 방법 중에 하나를 택하여야 한다.

이와 같이 정보주체의 동의를 얻어 개인정보를 수집하더라도 개인정보보호법 제16조에 따라 그 목적에 필요한 최소한의 개인정보를 수집하여야 하며, 이 경우 최소한의 개인정보 수집이라는 입증책임은 개인정보처리자가 부담한다. 그리고 필요한 최소한의 정보 외의 개인정보 수집에는 동의하지 아니할 수 있다는 사실을 구체적으로 알리고 개인정보를 수집하여야 하며, 정보주체가 필요한 최소한의 정보 외의 개인정보 수집에 동의하지 아니한다는 이유로 정보주체에게 재화 또는 서비스의 제공을 거부하여서는 아니 된다.

또한 개인정보보호법 제21조에 따라 외국사업자는 보유기간의 경과, 개인정보의 처리 목적 달성 등 그 개인정보가 불필요하게 되었을 때에는 지체 없이 그 개인정보를 파기하여야 하며, 개인정보를 파기할 때에는 복구 또는 재생되지 아니하도록 조치하여야 한다. 다만, 다른 법령에 따라 개인정보를 보존하여야만 하는 경우에는 파기하지 아니하고 보존할 수 있지만, 해당 개인정보 또는 개인정보파일을 다른 개인정보와 분리하여서 저장·관리하여야 한다.

위와 같은 내용으로 국경 간 공급을 하는 외국사업자가 이용자의 개인정보를 보호하는 이용약관이나 정책을 포함하고 있음이 협정에서 나타나고 있는가를 승인 심사사항으로 고려하여야 할 것이다. 만약 이러한 보호수준에 미흡하다면 국경 간 공급에 관한 협정의 승인을 거부하여야 할 것이다.

(나) 국내사업자가 수집하여 외국사업자에게 제공하는 경우

이용자의 개인정보를 국내사업자가 수집한 후에 다시 외국사업자에게 제공하는 경우라면 우선 국내사업자가 개인정보를 원시적으로 수집하는 단계에서 전술한 바와 같은 개인정보보호법에서 정한 합법적 절차를 준수하여야 한다. 그리고 난 뒤에 외국사업자에게 제공하는 경우에는 개인정보의 국외이전의 문제가 발생하므로 개인정보보호법 제17조 제3항의 규정이 적용된다.

개인정보보호법 제17조 제3항에 따라 개인정보를 수집한 국내사업자가 그 개인정보를 국경 간 공급을 하는 외국사업자에게 제공할 때에는 제17조 제2항 각 호에 따른 사항을 정보주체에게 알리고 동의를 받아야 한다. 즉 ① 개인정보를 제공받는 자, ② 개인정보를 제공받는 자의 개인정보 이용 목적, ③ 제공하는 개인정보의 항목, ④ 개인정보를 제공받는 자의 개인정보 보유 및 이용 기간, ⑤ 동의를 거부할 권리가 있다는 사실 및 동의 거부에 따른 불이익이 있는 경우에는 그 불이익의 내용을 반드시 정보주체에게 알리고 별도의 제3자 제공의 동의를 받아야 한다.

이와 같이 적법하게 외국사업자에게 개인정보를 제공하였다 하더라도 개인정보보호법 제19조에 따라 국내사업자로부터 개인정보를 제공받은 외국사업자는 정보주체로부터 별도의 동의를 받은 경우이거나 다른 법률에 특별한 규정이 있는 경우를 제외하고는 개인정보를 제공받은 목적 외의 용도로 이용하거나 이를 또 다른 제3자에게 제공하여서는 아니 된다.

(6) 정보통신망법상 개인정보 국외이전 규정과의 비교

정보통신망법도 개인정보 국외이전과 관련한 규정을 제63조에서 두고 있다. 정보통신망법의 규정은 앞서 살펴본 개인정보보호법상의 규정과 대동소이하여 핵심적인 근간에는 차이가 없어서, 개인정보 국외이전 시 정보주체의 동의를 받도록 되어 있고 이전되는 개인정보에 대하여 기술적, 관리적 보호조치를 해야 한다고 규정하고 있으며 법 위반에 따른 행정처분이나 형사처벌 규정은 역시 없다.

정보통신망법의 규정과 개인정보보호법의 규정을 비교하여 보면, 양자가 완전히 동일한 것은 아니지만 유의미한 큰 차별성을 찾아보기 어렵다. 양자의 공통점으로 나타나는 것은, ① 국외이전을 위해서는 이용자의 동의를 얻어야 하며, ② 이용자의 개인정보에 관하여 이 법을 위반하는 사항을 내용으로 하는 국제계약을 체결하여서는 아니 된다는 점이다.

그러나 양자는 다음과 같은 차이가 있다. ① 이용자의 동의를 얻을 때 고지할 사항에서 개인정보보호법은 "동의를 거부할 권리가 있다는 사실 및 동의 거부에 따른 불이익이 있는 경우에는 그 불이익의 내용"을 고지하도록 하고 있으나 정보통신망법에는 그러한 사항이 없고, ② 또한 정보통신망법은 "개인정보가 이전되는 국가, 이전일시 및 이전방법"을 고지하도록 하고 있으나 개인정보보호법에는 그러한 사항이 없다. ③ 정보통신망법은 국외이전하는 경우에 보호조치를 의무화하고 그 구체적인 내용을 시행령에서 규정하고 있으나, 개인정보보호법에서는 그러한 보호조치가 규정되어 있지 않다.

법률 사이의 차별성이 그리 크다고 할 수는 없지만, 개인정보 국외이전이라는 세부적인 항목에서도 규정이 완전히 일치하지 않고 있으므로 사업자로서는 어느 법률에 따른 절차와 의무를 준수하고 개인정보를 국외로 이전해야 하는가에 대해 혼란을 느낄 수밖에 없다. 이는 특히 두 법률 중 어느 법률을 우선 적용해야 하는가에 대해 명확한 체계화가 되어 있지 아니한 상황에서는 더욱 심각한 문제가 된다.

기간통신역무의 국경 간 공급에 관한 협약을 체결하는 당사자가 정보통신망법의 적용을 염두에 둔다면, 이용자에게 동의를 얻으면서 고지할 사항과 보호조치에서 추가적인 고려가 반드시 있어야만 할 것이고, 국경 간 공급을 승인하는 정부로서도 이를 심사사항에 반영하여야만 할 것이다.

나) 정보보안

(1) 국경 간 공급에 적용될 정보보안 법규

국경 간 공급으로 기간통신역무를 제공하는 것은 "「전기통신사업법」제2조 제6호에 따른 전기통신역무와 이를 이용하여 정보를 제공하거나 정보의 제공을 매개하는 것"이라고 정한 정보통신망법 제2조 제2호의 정보통신서비스에 해당하며, 국경 간 공급을 행하는 외국사업자나 그에 수반되는 업무를 담당하는 협정체결 국내사업자는 정보통신망법 제2조 제3호가 "「전기통신사업법」제2조 제8호에 따른 전기통신사업자와 영리를 목적으로 전기통신사업자의 전기통신역무를 이용하여 정보를 제공하거나 정보의 제공을 매개하는 자"라고 정하는 정보통신서비스제공자에 해당한다. 그러므로 정보통신망의 안전성에 대해 규율하고 있는 정보통신망법이 국경 간 공급에도 적용되어야 한다.

그러나 국경 간 공급을 행하는 외국사업자는 국내에 전기통신회선설비를 보유하고 있지 아니하므로, 정보통신기반보호법에서 규정하고 있는 주요정보통신기반시설에 대한 규율에는 적용이 없다. 따라서 정보통신기반보호법은 국경 간 공급의 정보보안의 경우에는 적용되지 아니한다.

(2) 정보통신망에 대한 보호조치

정보통신서비스 제공자는 정보통신망법 제45조 제1항에 따라 정보통신서비스의 제공에 사용되는 정보통신망의 안정성 및 정보의 신뢰성을 확보하기 위한 보호조치를 하여야 한다. 미래창조과학부장관은 제45조 제1항에 따른 보호조치의 구체적 내용을 정한 정보보호조치 및 안전진단의 방법·절차·수수료에 관한 지침(정보보호지침)을 정하여 고시하고 정보통신서비스 제공자에게 이를 지키도록 권고할 수 있다(정보통신망법 제45조 제2항). 정보보호지침에는 다음과 같은 조치가 포함되어야 한다. 즉, ① 정당한 권한이 없는 자가 정보통신망에 접근·침입하는 것을 방지하거나 대응하기 위한 정보보호시스템의 설치·운영 등 기술적·물리적 보호조치, ② 정보의 불법 유출·변조·삭제 등을 방지하기 위한 기술적 보호조치, ③ 정보통신망의 지속적인 이용이 가능한 상태를 확보하기 위한 기술적·물리적 보호조치, ④ 정보통신망의 안정 및 정보보호를 위한 인력·조직·경비의 확보 및 관련 계획수립 등 관리적 보호조치 등이다.

(3) 집적정보통신시설 사업자 해당 여부

정보통신망법은 타인의 정보통신서비스 제공을 위하여 집적된 정보통신시설을 운영·관리하는 사업자(집적정보통신시설 사업자)로 하여금 정보통신시설을 안정적으로 운영하기 위하여 대통령령으로 정하는 바에 따른 보호조치를 하도록 규정하고 있다(동법 제46조 제1항). 이러한 집적정보통신시설 사업자로는 IDC 사업자 및 호스팅 사업자가 있으며, 국경 간 공급을 제공하는 외국사업자나 국내사업자 모두 여기에 해당되지 않는다.

(4) 이용자에 대한 보호조치

정보통신망법 제47조의3 제1항에서 정부는 이용자의 정보보호에 필요한 기준을 정하여 이용자에게 권고하고, 침해사고의 예방 및 확산 방지를 위하여 취약점 점검, 기술 지원 등 필요한 조치를 할 수 있도록 규정하고 있다. 또한 정보통신망법 제47조의3 제2항에 따라 주요 정보통신서비스 제공자는 정보통신망에 중대한 침해사고가 발생하여 자신의 서비스를 이용하는 이용자의 정보시스템 또는 정보통신망 등에 심각한 장애가 발생할 가능성이 있으면 이용약관으로 정하는 바에 따라 그 이용자에게 보호조치를 취하도록 요청하고, 이를 이행하지 아니하는 경우에는 해당 정보통신망으로의 접속을 일시적으로 제한할 수 있다. 이용자 보호조치의 요청에 관한 약관사항으로는 ① 이용자에게 보호조치를 요청할 수 있는 사유 및 요청하는 방법, ② 이용자가 하여야 할 보호조치의 내용, ③ 이용자가 보호조치를 이행하지 아니할 경우 정보통신망으로의 접속 제한 기간, ④ 이용자의 보호조치 불이행에 대하여 부당한 접속 제한을 한 경우 이용자의 이의제기 및 배상 절차 등이 있다(정보통신망법 시행령 제55조). 이러한 사항은 국경 간 공급의 이용약관에서도 반영되어야 할 것이다.

3. 국경 간 공급에 따른 법적 책임

1) 문제의 소재

　국경 간 공급에 관한 절차를 살펴보면, 우선 국경 간 공급을 하고자 하는 외국사업자가 같은 기간통신역무를 제공하는 ① 국내사업자를 선택하여 협정을 체결하기 위하여 초안을 작성하고 ② 이 협정 초안을 미래창조과학부장관의 승인을 받아야 하고,[7] ③ 승인을 받은 후 협정을 체결한 후 ④ 국경 간 공급을 개시하여야 한다. 그리고 국경 간 공급을 하는 외국사업자 및 그와 협정을 체결한 국내사업자는 기간통신역무의 제공에 관하여 법 제87조 제2항이 정한 규정을 준수하여야 하며 이를 위반하는 경우에는 법 제87조 제3항에 따라 행정제재를 받아야 한다. 나아가 법 제87조 제2항에 따라 준용되는 규정의 위반에 따른 각각의 벌칙도 추가적으로 적용되어야 한다.[8] 뿐만 아니라 법 제33조는 이용자가 입은 손해에 대한 민사책임에 대한 규정으로 원칙적인 무과실책임을 정하고 있다. 따라서 국경 간 공급에 수반되는 책임은 크게 법 제87조 제3항에 따른 행정제재, 법 제94조 이하의 형사처벌, 법 제33조에 따른 민사책임으로 크게 나누어 볼 수 있다. 이를 표로 나타내면 다음과 같다.

2) 책임주체의 판단

가) 행정제재

　법 제87조 제3항은 "미래창조과학부장관은 제1항에 따라 기간통신역무의 국경 간 공급을 하려는 자 또는 그와 협정을 체결한 기간통신사업자나 별정통신사업자가 제2항에 따라 준용되는 해당 규정을 위반하는 경우에는 제86조 제2항에 따른 승인을 취소하거나 1년 이내의 기간을 정하여 해당 협정에서 정하는 기간통신역무의 국경 간

---

7) 법 제87조 제1항에서는 "협정을 체결하여야 한다"고 규정하고 있지만, 법 제86조 제2항에서 "협정을 체결하려는 경우에는 대통령령으로 정하는 요건을 갖추어 미래창조과학부장관의 승인을 받아야 하고"라고 규정하고 있으므로 엄격하게는 협정 초안을 승인 받은 후 협정을 체결하여야 한다.
8) 이에 관해서는 죄형법정주의 위반의 논란의 여지가 있으며 뒤에서 상술한다.

표 8-3 국경 간 공급의 법적 책임

규제 대상 준용 규정 (전기통신사업법 제87조 제2항)	행정제재	벌칙 또는 과태료	민사책임
법 제28조(이용약관의 신고 등)	승인취소 또는 1년 이내의 국경 간 공급의 전부 또는 일부 정지 (법 제87조 제3항)	1년 이하 징역 또는 5천만원 이하 벌금	
법 제32조(이용자보호)		2년 이하 징역 또는 1억원 이하 벌금	
법 제33조(손해배상)		없음	○
법 제45조부터 제47조 (방송통신위원회의 재정, 알선 등)		없음	
법 제52조 제1항, 제5항		3년 이하 징역 또는 1억5천만원 이하 벌금	
법 제83조 제2항, 제3항 (통신비밀보호, 업무제한 등)		5년 이하 징역 또는 2억원 이하 벌금	
법 제83조 제1항		3년 이하 징역 또는 1억5천만원 이하 벌금	
법 제84조의2 제1항, 제2항		3년 이하 징역 또는 1억원 이하의 벌금	
법 제85조		2년 이하 징역 또는 1억원 이하 벌금	
법 제88조(통계의 보고 등)		과태료	
법 제92조(시정명령 등)		과태료	
정보통신망 이용촉진 및 정보보호 등에 관한 법률 제44조의 7(불법정보 유통금지)		2년 이하 징역 또는 1천만원 이하 벌금	

공급의 전부 또는 일부를 정지하도록 명할 수 있다."라고 규정하고 있으므로 행정제재의 책임주체는 국경 간 공급을 하는 외국사업자와 그와 협정을 체결한 국내사업자 모두이다. 즉 승인을 취소하거나 국경 간 공급의 전부 또는 일부를 정지시키는 것이기 때문에 책임주체는 외국사업자와 국내사업자 모두가 되는 것이 당연하다.

나) 형사처벌 및 과태료

법 제87조 제2항은 "제1항에 따라 협정을 체결한 기간통신사업자나 별정통신사업자의 협정에서 정하는 역무의 제공에 관하여는 제28조, 제32조, 제33조, 제45조부터 제47조까지, 제50조부터 제55조까지, 제83조, 제84조, 제84조의2, 제85조, 제88조, 제92조 및 「정보통신망 이용촉진 및 정보보호 등에 관한 법률」 제44조의7을 준용한다."라고 규정하고 있다. 이 규정은 크게 두 가지의 중요한 문제를 내포하고 있다.

그 하나는 책임주체가 명확하지 않다는 것이다. 협정에서 정하는 역무의 제공에 관하여 다양한 규정을 준용한다고 되어 있으나, 그 규정이 적용되는 행위의 주체에 대해서는 어떠한 표현도 두고 있지 아니하다. 따라서 각 준용규정마다 누가 책임의 주체가 되어야 하는가를 행위양태를 토대로 개별적으로 판단할 수밖에 없다고 할 것이다.

우선 이용약관이나 이용자보호는 외국사업자와 협정을 체결하고 이용자를 모집하고 과금을 하는 국내사업자가 이용자와의 인터페이스를 형성하는 것이 일반적이므로 규정의 취지 상 협정을 체결한 국내사업자가 책임을 부담해야 할 것이다. 실례로 스카이프와 대성홀딩스 간의 국경 간 공급에 관한 협정에서도 대성홀딩스가 이용약관을 작성하고 이용자와 계약을 체결하는 형태를 취하고 있으므로 이러한 해석이 유용할 것이다. 또한 방송통신위원회의 재정이나 알선에 대한 법 제45조부터 제47조의 준용규정에 대한 책임 역시 이용자와의 관계에 대한 규정이므로 국내사업자가 책임주체라고 하여야 할 것이다. 그리고 통계보고에 관한 법 제88조는 이용자 현황 등에 관한 사항이 주를 이루고 있으므로 국내사업자가 책임주체가 되어야 할 것이다.

그러나 금지행위에 관한 법 제50조부터 제55조에 관한 준용규정에 대한 책임은 기간통신역무 그 자체에 대한 규제이므로 국경 간 공급으로 기간통신역무 자체를 제공하고 있는 외국사업자가 책임주체가 되어야 할 것이다. 시정명령에 관한 법 제92조와 더불어 정보통신망법 제44조의7 불법정보 유통금지 역시 기간통신역무 그 자체에 대한 규제이므로 외국사업자가 책임주체가 되어야 한다.

통신비밀보호에 관한 법 제83조, 제84조, 제84조의2, 제85조는 통신비밀을 다루는 주체가 외국사업자 뿐만 아니라 국내사업자일 수도 있으므로 양자 모두 책임을 부담하여야 할 것이다. 이상의 내용을 정리하면 다음의 표와 같다.

表 8-4 **국경 간 공급의 책임 주체**

규제 대상 준용 규정 (법 제87조 제2항)	벌칙 또는 과태료	책임주체
법 제28조(이용약관의 신고 등)	1년 이하 징역 또는 5천만원 이하 벌금	국내사업자
법 제32조(이용자보호)	2년 이하 징역 또는 1억원 이하 벌금 또는 과태료	국내사업자
법 제45조부터 제47조 (방송통신위원회의 재정, 알선 등)	없음	국내사업자
법 제52조 제1항, 제5항	3년 이하 징역 또는 1억5천만원 이하 벌금	외국사업자
법 제83조 제2항, 제3항	5년 이하 징역 또는 2억원 이하 벌금	외국사업자
법 제83조 제1항	3년 이하 징역 또는 1억 5천만원 이하 벌금	모든 사람
법 제84조의2 제1항, 제2항	3년 이하 징역 또는 1억원 이하의 벌금	모든 사람
법 제85조	2년 이하 징역 또는 1억원 이하 벌금	외국사업자, 국내사업자
법 제88조(통계의 보고 등)	과태료	국내사업자
법 제92조(시정명령 등)	과태료	외국사업자
정보통신망 이용촉진 및 정보보호 등에 관한 법률 제44조의 7(불법정보 유통금지)	2년 이하 징역 또는 1천만원 이하 벌금	외국사업자

또 다른 하나의 문제는 법 제87조 제2항은 준용될 의무규정만을 열거하고 있을 뿐 이를 위반하는 경우의 벌칙조항에 대한 준용규정은 두고 있지 아니하다. 예

를 들어 법 제28조의 이용약관의 신고에 관한 규정은 준용하도록 되어 있으나 만약 이를 위반하는 경우에 적용될 벌칙조항인 제97조 제6호에 대해 준용한다는 규정을 두고 있지 아니하다. 이와 같이 행위를 강제하는 의무조항에 대해서만 준용규정을 두고 있고, 이를 위반한 경우에 적용되어야 할 벌칙조항에 대한 준용규정이 누락되어 있는 경우에도 벌칙을 적용할 수 있는가는 특히 죄형법정주의에 따른 논란의 여지가 있다.

　법 제87조 제2항의 열거된 조문만을 보면 벌칙을 적용하지 않아야 하는 것처럼 보인다. 그러나 다음과 같은 이유에서 국경 간 공급을 하는 외국사업자나 그와 협정을 체결한 국내사업자가 법 제87조 제2항에서 열거된 준용규정을 위반하면 설령 벌칙조항은 열거되어 있지 아니하더라도 벌칙조항의 적용이 가능하다고 해석되어야 한다. 가장 중요한 이유는 법 제87조 제1항이 국내사업자와의 협정을 체결하는 것을 전제로 하여 국경 간 공급을 허용하고 있으며 협정을 요구하는 가장 큰 이유는 이용자 권리 보호 및 분쟁 발생시 재판관할권을 확보하기 위한 것이기 때문이다.[9] 이러한 규정 도입 취지를 생각해보면, 벌칙을 적용하지 못한다면 아예 재판관할권을 확보할 이유조차 없어지기 때문에 당연히 준용규정을 위반하면 벌칙조항도 적용되고 이 때 재판관할권을 확보하기 위해서 국내사업자와 협정을 체결하라고 요구한 것이 입법자의 의사라고 보는 것이 자연스럽다. 둘째로 법 제87조 제2항은 다수의 준용될 규정을 명시하고 있으므로 국경 간 공급을 하는 외국사업자와 국내사업자는 준용규정에서도 수범자의 지위에 있다고 해석되어야 하고, 개별적인 의무조항의 수범자가 되면 당연히 벌칙조항의 수범자로 되어야 한다고 해석해야 한다. 셋째로 처벌의 근거가 제87조 제2항에서 바로 도출되는 것이 아니라 벌칙에 따른 처벌의 근거는 제94조 이하의 벌칙조항이고 그 벌칙조항의 위반 전제조건이 되는 항목에 준용되는 규정은 당연히 포함된다고 해석해야 할 것이다. 예를 들어 통신비밀의 누설을 살펴보면, 법 제94조 제4호는 "제83조 제2항을 위반하여 재직 중에 통신에 관하여 알게 된 타인의 비밀을 누설한 자"는 5년 이하의 징역 또는 2억원 이하의 벌금에 처하도록 규정하고 있다. 여기에서 "제83조 제2항

---

9) 통신개발연구원, WTO 기본통신협상 종합보고서, 1997; 주재욱 외, 방송통신 글로벌화에 대비한 제도개선 연구(방송통신정책연구 11-진흥-가-04), 방송통신위원회, 2011, 103면에서 재인용.

을 위반하여"라는 문구에는 제83조 제2항뿐만 아니라 이를 준용하고 있는 제87조 제2항을 포함하는 것이라고 해석할 수도 있는 것이다. 따라서 위와 같은 제도적 취지와 해석론을 고려하면 동일한 법률 내에서 실체조항을 준용하면 이를 위반하는 경우의 벌칙조항 역시 그대로 적용될 수 있다고 해석되어야 할 것이다.[10]

다) 민사책임

법 제33조는 "전기통신사업자는 전기통신역무의 제공 또는 제32조 제1항에 따른 의견이나 불만의 원인이 되는 사유의 발생 및 이의 처리 지연과 관련하여 이용자에게 손해를 입힌 경우에는 배상을 하여야 한다. 다만, 그 손해가 불가항력으로 인하여 발생한 경우 또는 그 손해의 발생이 이용자의 고의나 과실로 인한 경우에는 그 배상책임이 경감되거나 면제된다."라고 규정하고 있으며, 이는 사법상의 의미에서는 매우 중요한 손해배상책임규정이다. 즉 전기통신사업자의 전기통신역무의 제공으로 이용자에게 손해를 입힌 경우에는 사업자는 무과실책임을 지며, 설령 불가항력 또는 이용자의 귀책사유가 있는 경우에도 배상책임이 경감되거나 면제될 수 있을 뿐이다. 이러한 강력한 손해배상책임규정은 어느 법률에서도 찾아보기 힘든 사업자에게 무거운 민사책임을 지우는 것이다.

법 제33조는 전기통신역무와 관련한 이용자의 손해이므로 국경 간 공급의 경우에 비추어 보면, 제공되는 기간통신역무 그 자체의 결함으로 인한 손해에 대한 배상책임이므로 실질적으로 기간통신역무를 제공하는 주체인 외국사업자가 배상책임을 부담한다고 해석하여야 할 것이다. 즉 급부행위 자체로 인한 손해에 대한 책임이므로 급부를 담당하고 있는 외국사업자가 책임주체가 되는 것이 타당하며, 이를 위해 국내에서 이용자를 모집하고 계약을 체결하는 보조적인 역할을 하는 국내사업자는 급부 그 자체로 인한 손해에 대한 책임을 부담하지 않는다고 보아야 할 것이다. 따라서 법 제33조를 준용하는데 따른 민사책임의 주체는 외국사업자이다.

---

10) 단정지을 수는 없으나 서둘러 제87조를 도입하면서 벌칙조항의 준용 여부에 대해 면밀하게 검토하지 못한 입법상 누락이 아닌가 의심된다.

3) 책임과 관련한 협정의 효력

가) 행정제재

행정제재에 대해서는 외국사업자와 국내사업자 모두가 주체가 되어야 하므로 양 당사자의 협정에서 이와 다른 약정을 한다고 하더라도 이는 아무런 의미가 없다고 할 것이다.

나) 형사처벌 및 과태료

법상의 벌칙은 형사처벌로서의 성격을 가지므로 양 당사자가 책임주체를 임의로 협정으로 정할 수 없으며, 과태료 역시 행정벌로서 당사자가 협정으로 책임주체를 정할 수 없다. 따라서 협정에서 형사처벌 및 과태료에 대한 책임주체를 정하더라도 이는 효력이 없으며, 국가는 스스로 판단한 책임주체에 대해 형사처벌 및 과태료를 부과할 수 있다.

다) 민사책임

민사책임에 대해서는 이용자에 대한 손해배상책임을 누군가가 부담하기만 하면 이용자로서는 불이익에 처하지 않으므로 양 당사자가 자유롭게 책임부담에 대한 약정을 할 수 있다고 할 것이고, 이용자의 손해에 대해 책임을 누가 부담할 것인가를 협정을 통해서 설령 국내사업자로 정하더라도 이는 유효하다고 할 것이다.

4) 협정체결 국내사업자에 대한 책임 추궁

국경 간 공급을 제공하고자 하는 외국사업자와 협정을 체결한 국내사업자는 본질적으로 법상의 기간통신사업자 또는 별정통신사업자이므로 법적 책임을 추궁하는 것이 전혀 어렵지 않다. 행정제재이건 형사처벌이건 행정벌이건 나아가 민사책임이건 국가의 관할권 내에 존재하므로 특별한 법적 문제가 존재한다고 보기 어렵다.

5) 외국사업자에 대한 역외 적용의 문제

가) 근본적 문제점

국경 간 공급을 하고자 하는 외국사업자는 국내에 어떠한 사업장도 가지고 있지 아니하므로 전혀 물적 인적 자원을 우리나라에 보유하지 않는다. 그러므로 외국사업자가 우리나라 내에서 법에 저촉되는 행위를 하더라도 우리나라의 규제관할권을 적용하는데 상당한 어려움이 존재한다. 이러한 난점이 결국 법 제87조를 통해서 일종의 사업상 국내 볼모를 잡아두는 역할을 하게 된 것이다. 그럼에도 불구하고 앞서 살펴본 바와 같이 법 제50조부터 제55조(금지행위에 대한 조치 등)나 정보통신망 이용촉진 및 정보보호 등에 관한 법률 제44조의 7(불법정보 유통금지)의 책임주체는 외국사업자가 될 것이므로 법 제87조에도 불구하고 여전히 관할권의 적용문제는 남게 된다.

나) 실효성 확보 방안 제안

국내에 사업장을 두지 아니하고 국경 간 공급을 하는 외국사업자에 대해 우리나라의 관할권을 실질적으로 확보하는 것은 주권개념이 존재하는 한 현실적으로 기대하기 어렵다. 특히 형사처벌 중 신체구속의 자유형의 경우에는 아예 불가능하다고 보아야 할 것이다. 그러나 벌금이나 과태료 또는 과징금의 재산형의 경우에는 실효성을 확보할 수 있는 우회적인 방안도 고려해 볼 수 있다. 특히 법 제103조는 양벌규정을 두고 있어서 벌칙에 대해 행위자뿐만 아니라 법인에게도 해당 조문의 벌금을 과할 수 있도록 되어 있으므로 현실적으로 실효성 있는 방안으로 고려해 볼만 하다.

일반적으로 국경 간 공급을 하는 외국사업자는 유상으로 제공하는 기간통신역무의 대가로 국내이용자에게 이용대금을 청구하게 되는데 만약 국내이용자가 아직 지급하지 않은 이용대금이 있다면 이를 압류하여 벌금이나 과태료 등에 충당하는 방법을 고려해 볼 수 있다. 구체적으로 벌금을 납부하지 아니한 납부의무자에 대한 검찰의 그 징수절차 중 채권의 강제집행을 살펴보면 다음과 같다.

제3채무자에 대한 납부의무자의 금전채권 또는 기타 재산권에 대한 강제집행은 집행법원의 압류명령에 의하여 이루어지며 그 진행은 압류, 환가, 변제(배당금의 교부) 등 3단계로 이루어진다. 실무상으로는 검사가 집행법원에 압류명령의 신청을 하고, 법원은 압류명령을 발하여 납부의무자의 제3채무자에 대한 채권을 압류한 후 제3채무자에게는 납부의무자에 대한 지급을 금지하고, 납부의무자에게는 채권의 처분과 영수를 금하게 하며, 다시 검사의 신청에 의하여 추심명령 또는 전부명령을 하여 환가한다.[11]

이러한 벌금의 강제집행절차를 국경 간 공급에 적용하여 보면, 국경 간 공급으로 기간통신역무를 제공하는 외국사업자는 국내에 사업장을 두고 있지 아니하여 우리나라에 어떠한 재산도 가지고 있지 않으며 오로지 보유하고 있는 재산은 국내이용자가 납부하여야 할 통신이용료에 대한 채권뿐이라고 할 수 있다. 국경 간 공급을 하는 외국사업자가 전기통신사업법 등을 위반하여 벌금형이 확정된 경우에 외국사업자가 벌금을 납부하지 않는다면 검사는 집행법원에 국내이용자에 대한 통신요금 채권에 압류명령을 신청하고 법원이 압류명령을 발하게 되면 국내이용자에 대한 통신요금 채권은 압류가 되고 국내이용자는 외국사업자에게 통신요금을 납부하는 것이 금지되며 외국사업자는 국내이용자에 대한 채권의 처분이나 대금의 수령을 금하게 된다. 그 후 검사의 신청에 따라 추심명령 또는 전부명령을 하여 환가하여 통신요금을 벌금에 충당할 수 있다. 현재로서는 이 방법만이 유일한 실효성 있는 국내법 역외적용의 구체적 실현방안이 될 것이라고 생각된다.

---

11) 김승연, "벌과금 징수 업무," 검찰(제110호), 법무부, 1999, 276-277면.

저자약력

이상직(Sang Jik Lee)
고려대학교(법학사), 사법연수원 제26기
정보통신부 통신위원회 재정과장
(주)케이티 윤리경영실 법무센터장, 전무
현, 법무법인(유한) 태평양 방송통신(IT)팀장,
파트너변호사

박규홍(Park, Kyuhong)
연세대학교(공학사)
사법연수원 41기
미래창조과학부 TDD 연구반
현, 법무법인 세종 소속변호사

계경문(Kyoung Moon Kye)
한국외국어대학교 대학원(법학박사)
사법연수원 제18기
법무법인 대종 구성원 변호사
KAIST 초빙교수
현, 한국외국어대 법학전문대학원 교수

고환경(Hwan Kyoung Ko)
고려대학교(법학사)
사법연수원 제31기
미국 Georgetown University, Law Center(LL.M)
미국 뉴욕주 변호사
현, 법무법인 광장 파트너변호사

권오상(Osang Kweon)
연세대학교 대학원(법학박사)
미국 American University, Washington College
of Law (LL.M)
미국연방통신위원회(FCC) 법률인턴
현, 미디어미래연구소 방송통신정책센터장

권헌영(Hun Yeong Kwon)
연세대학교 대학원(법학박사)
정부 3.0 추진위원회 법제도 특별위원회 위원장
광운대학교 법과대학 교수
현, 고려대학교 정보보호대학원 교수

김　남(Nam Kim)
연세대학교 대학원(공학박사)
미국 Stanford대학교, Caltech 방문교수
현, (사) 전파통신과 법 포럼 의장
현, 충북대학교 정보통신공학부 교수

김영수(Young Soo Kim)
미국 Arizona State University, Electrical &
Computer Engineering(공학박사)
Signal & System Technology Co., U.S.A.,
Consultant
한국전자통신연구원 전파응용연구실 실장
현, 경희대학교 전자공학과 교수

김현호(Hyeon Ho Kim)
서울대학교 국제경제학과(학사), 사법연수원 33기
정리금융공사 사내변호사
(주)케이티 국내법무팀장
현, 김앤장 법률사무소 변호사

류동근(Dong-Keun Ryou)
미국 위스콘신 주립 대학교(LL.M)
미국 뉴욕주 변호사
KTF, SK Teletech, Pantech 근무
한국퀄컴(주) 대외협력담당

신종철(SHIN, JONGCHUL)
Southern Illinois University(Juris Doctor)
행정고시 41회
일리노이주 변호사
미래창조과학부 통신정책국 과장
현, 방송통신위원회 편성평가정책과장

오병철(Byoung Cheol Oh)
연세대학교 대학원(법학박사), 충북대학교 대학
원(공학박사)
독일 Mannheim 대학교, 미국 University of
Washington 객원학자
경상대학교 법과대학 교수
현, 연세대학교 법학전문대학원 교수

유현용(Hyeon Yong Yu)
한국외국어대학교 대학원(법학박사)
한국전파진흥협회 과장
동반성장위원회 전문위원
현, CJ푸드빌 부장

윤혜선(Hye-Sun Yoon)
서울대학교 대학원(법학박사)
정부 3.0 추진위원회 법제도 특별위원회 위원
미국(뉴욕주)/캐나다(온타리오주) 변호사
현, 한양대학교 법학전문대학원 조교수

이희정(Hee Jung Lee)
서울대학교 대학원(법학박사)
방송통신위원회 방송평가위원회 위원
국민권익위원회 비상임위원
현, 고려대학교 법학전문대학원 교수

정필운(Pilwoon Jung)
연세대학교 대학원(법학박사)
미국 UC Berkeley, School of Law, Visiting
Researcher
한국전산원 선임연구원, 한국방송통신전파진흥
원 선임연구원
현, 한국교원대학교 일반사회교육과 조교수(공
법학)

전기통신사업법연구
───────────────────────────────

2016년 8월 5일 초판 인쇄
2016년 8월 10일 초판 1쇄발행

저 자   김   남   외
발행인   배   효   선
도서
발행처   출판   法 文 社

주 소   10881 경기도 파주시 회동길 37-29
등 록   1957년 12월 12일/제2-76호(윤)
전 화   (031)955-6500~6, 팩스 (031)955-6525
e-mail   (영업) : bms@bobmunsa.co.kr
         (편집) : edit66@bobmunsa.co.kr
홈페이지 http://www.bobmunsa.co.kr
조 판   법 문 사 전 산 실

정가 34,000원   ISBN 978-89-18-09051-1